中国超大城市
国际传播能力建设研究

以深圳市为例

**Exploring the International Communication
Capacity-Building of Chinese Mega-Cities**
A Focused Analysis on Shenzhen

姚曦　吴定海　等著

中国社会科学出版社

图书在版编目（CIP）数据

中国超大城市国际传播能力建设研究：以深圳市为例 / 姚曦等著. -- 北京：中国社会科学出版社，2024.10. -- ISBN 978-7-5227-4455-1

Ⅰ．G206

中国国家版本馆 CIP 数据核字第 20241M1W16 号

出 版 人	赵剑英	
责任编辑	张　潜	
责任校对	李　莉	
责任印制	张雪娇	

出　　版	中国社会科学出版社	
社　　址	北京鼓楼西大街甲 158 号	
邮　　编	100720	
网　　址	http://www.csspw.cn	
发 行 部	010-84083685	
门 市 部	010-84029450	
经　　销	新华书店及其他书店	

印　　刷	北京明恒达印务有限公司	
装　　订	廊坊市广阳区广增装订厂	
版　　次	2024 年 10 月第 1 版	
印　　次	2024 年 10 月第 1 次印刷	

开　　本	710×1000　1/16	
印　　张	24.5	
插　　页	2	
字　　数	388 千字	
定　　价	138.00 元	

凡购买中国社会科学出版社图书，如有质量问题请与本社营销中心联系调换
电话：010-84083683
版权所有　侵权必究

序

2023年10月，全国宣传思想文化工作会议召开，会议首提习近平文化思想。习近平总书记对宣传思想文化工作作出重要指示，提出"七个着力"的要求，再一次强调"着力加强国际传播能力建设、促进文明交流互鉴"，为做好新时代新征程国际传播工作、担负起新的文化使命提供了强大思想武器和科学行动指南。

党的十八大以来，习近平总书记对国际传播工作作出了"下大气力加强国际传播能力建设""加快构建中国话语和中国叙事体系""采用贴近不同区域、不同国家、不同群体受众的精准传播方式，推进中国故事和中国声音的全球化表达、区域化表达、分众化表达，增强国际传播的亲和力和实效性""向世界展现真实、立体、全面的中国"等一系列重要论述和重大部署。2021年5月31日，习近平总书记在中共中央政治局第三十次集体学习时，全面总结我国国际传播能力建设实践，提出"形成同我国综合国力和国际地位相匹配的国际话语权"，"着力提高国际传播影响力、中华文化感召力、中国形象亲和力、中国话语说服力、国际舆论引导力"的目标。党的二十大报告要求"讲好中国故事、传播好中国声音，展现可信、可爱、可敬的中国形象""加强国际传播能力建设，全面提升国际传播效能，形成同我国综合国力和国际地位相匹配的国际话语权"，将党对新形势下开展国际传播工作的规律性认识提升到新高度。提升中华文化影响力，创新推进国际传播，已经成为国家级重要战略，被纳入我国"十四五"规划和2035年远景目标纲要。

加强国际传播能力建设，全面提升国际话语权，通过系统性、规范化、立体式的国际传播，实现从政治经济大国向文化强国跨越，是国家发展的普遍规律。近代以来，欧美国家享有近乎全球性的信息垄断，其媒体机构所获得的信誉和权威既传承自这些国家在殖民时代的地位（比如BBC），也源自它们对当今时代新殖民主义体系的掌控（如CNN）。尤其是"二战"后的美国，抓住英国国力式微的机遇，依托自身强大的经济力量和科技水平，持续建设并完善了一个国家主导、直接服务于国家总体战略目标的宣传体系，着力提高其国际地位、国际话语权，打破了"英式全球化"的信息垄断神话。在战略层面，美国利用以"普世价值"为核心的全球性"软权力"战略框架，整合美国政府多个部门，分别开展对内、对外宣传活动。在实施层面，通过电影、美剧、餐饮、语言等文化工具，以协调一致的方案、规划、主题、信息和产品，建构起一个庞大、高效、精准的全球传播体系。如今，美国政府主导的国家传播体制已经进入一个成熟的、更加具有联动运作能力的发展阶段，其专业化、制度化的战略传播体系成为国家"软权力"最重要的构成部分。

世界政治经济结构的变迁必然会引起信息传播关系及其结构的变化。在百年未有之大变局、中华民族伟大复兴战略全局的新时代背景下，中国崛起逆转了新自由主义全球化浪潮。然而，全世界范围内，关于信息生产和传播的理论主导范式仍然以西方为中心，一些西方国家和民众本身对东方或中国早已形成落后封闭的刻板印象，加之少数国家、媒体固守意识形态偏见，对中国媒体长期施压、增压，进行一系列围堵刁难，中国在国际传播中的弱势地位仍未改变。中国亟须提升国际传播能力，用生动的故事、感人的细节唤起跨文化的情感共鸣和文化认同感，展现一个真实、立体、全面的中国形象，扭转在国际话语权领域的被动形势。不可回避的是，我们的国际传播能力和发达国家相比，仍有较大差距，缺乏与国际社会交流对话的能力，还未建立起易于被国际社会所理解和接受的学科体系、学术体系、话语体系，主要体现在国际传播产业化的系统规划能力和统筹推进能力较弱，传播品牌在全球传媒市场的占比份额不高、力度不强，自主推动跨国译介、媒介创新、载体更新、效果评估等基础工作的专业化能力不精等诸多方面。

提升国际传播效能，充分展示新时代中国为解决全人类问题贡献的智慧和力量，让东方文明大国在白热化国际竞争中把握主动权，甚至在"大外宣"格局中实现"弯道超车"，已经成为中华民族伟大复兴的重要议题。其中，城市成为国际传播能力建设过程中的重要节点。

新中国成立以来，中国的城镇化水平不断提高。国务院2023年政府工作报告显示，中国常住人口城镇化率已经达到65.2%，根据住建部发布的《2022年城市建设统计年鉴》统计，超大城市、特大城市快速崛起成为中国式现代化发展的重要特征，全国超大、特大城市数量达19个。将城市传播，尤其是超大城市传播作为国际传播的重要议题，既具有人类共同关注的普遍性，也具有中国改革发展成就的特殊性。在全球互联网平台兴起的语境下，以城市传播为路径、以中国式现代化为核心叙事的国际传播研究，将迎来全新的理论机遇和实践空间。

一

经济全球化、金融国际化以及信息全球化，加速了世界城市体系转型。全球城市的建设成为世界政治、经济发展的"支点"，其意义已超越一座城市本身的经济社会发展功能，很大程度上代表本国发展和引领世界潮流能力。近年来，中国香港、中国台北、北京、上海、广州、深圳等城市在实施国际化发展战略和城市形象国际化传播战略上持续发力，在成为具有巨大影响力、较高知名度和良好美誉度的全球化城市道路上疾步前行，并围绕传播主体、传播内容、传播途径三个维度持续推进国际传播能力建设。

传播主体解决了"谁来传播"的问题，也是城市国际传播能力建设的基础性问题。不同于以往主流媒体在对外传播中"一家独大""统一出口"和规模化传播，数字化时代背景下的国际传播更加凸显出多元平等、多向交互的特征，赋予社会组织、企业、个人更多的传播资源和传播主体性。信息生产者、传播者、接受者角色交替循环，传播主体呈现广泛化、多元化特征，由"国家"这一单一主体向政府、社会、企业以及个人共存的多主体转变。其中，政府发挥主导作用，引领多主体协同合作，助推城市传播走向规范化、现代化、国际化。有些城市还注意到"他者传播"在跨文化对外交流中的重要作用，采取诸多举措吸引目标国家文化圈层内的政府机构、社会组织、专家学者以及普通民众的注意力，鼓励他们讲述中国经历、展示中国形象，用世界语言讲好中国故事，起到了事半功倍的国际传播效果。由此可见，城市国际传播能力建设并非单一主体力所能及，需要上升至战略层面予以统筹考虑，凝聚多元主体合力。

传播内容解决的是"传播什么"的问题。传统的城市国际传播遵循"绩效正当性"，更加注重物理空间建设的现代性，过度强调城市发展的外在形态，建构了以宏观经济社会发展成就为主的国际传播话语体系。随着对"发展"观念理解地深入，城市传播的内涵和外延也得到相应延伸，它不仅指通过大众媒介信息传递，促进人们的沟通与交往，亦是借由实体空间诉说城市文化的过程。换言之，传播不只是虚拟空间内的信息传递，也是实体状态下基础设施的流通，是人们在城市内或城市间穿行的感受和体验。城市国际传播的内容需要体现"城市的灵魂"，即内在的精神内核，重视城市治理的内在逻辑、城市文明的精神开掘，挖掘生活在城市中的"人"与城市价值观、国家历史文明和民族文化之间的勾连和关系，建构起"价值正当性"的传播话语体系。国际传播面向不同种族、不同语言、不同文化背景的受众，只有"人"的精神面貌和生活态度，才能展现具有独特个性、激发普遍共情和共鸣的城市气质。打造"创新城市""文明城市""人文城市"等叙事框架，润物细无声地完成文化和价值观的传递，才能抵御或超越对单纯经济价值和物质欲望的追求，突出城市文化和文明的核心价值，完成城市国际传播话语创新。鉴于每个城市资源禀赋、发展理念、历史特色不同，国际传播还可以从多个侧面展现城市多维形象，逃离"千城一面"、不容易被记忆的传播怪圈。

传播渠道解决的是"如何传播"的问题。城市国际传播渠道经历了一个从传统媒体到新媒体的过程，见证了信息传播的技术更迭。数字信息时代，以往点对点定向传播、单向流动的传播渠道已经不能满足受众信息获取的需要，交互式、网络化以及社交媒体带来的圈层化传播成为城市传播日常。这意味着城市国际传播走向了多向互动模式，传播渠道也从报纸、期刊、电视等迅速转变为互联网尤其是移动互联网，具体形式包括直播、评论、弹幕、点赞等在线交互式渠道。在这些渠道中，大数据实时监控为大量抓取数据、刻画目标受众形象提供了技术手段支撑，信息采集和算法助推城市国际传播精准化，能够帮助传播者及时调整国际传播策略，实现因人而异、因时而异、因事而异的定向传播，进而在国际传播中掌握主动权。毋庸置疑的是，基于人对参与式体验的情感需求，线上传播渠道并不能完全替代线下"面对面"的交流场景。因此，城市国际传播的渠道还应包括举办大型活动论坛、开展活跃的跨文化交流项目、提供城市具有代表性和视觉冲击力的文化符号等，以全方位提升城市国际影响力、增加美誉度、强化认同感。

随着城市传播理念转变和媒介基础设施技术升级，我国城市的国际传播影响力也逐步提升。但无论是国际城市评测结果还是全球媒体新闻报道的监测报告，都显示出中国城市的国际传播效果还有很大提升空间，即便是上海，国际知名度仍落后于伦敦、纽约等城市。基于西方中心主义意识形态主导的国际传播格局现状，全球新闻传播整体不平衡态势依然延续"二战"以来"西强东弱"的基本格局，存在"中心—半边缘—边缘"等级结构。国内城市在世界上的形象很大程度上仍是"他塑"，"自塑"的议程设置常常"失语"，存在着信息流进大于出的"逆差"、中国真实形象和西方主观印象之间的"反差"、软实力和硬实力的"落差"。在争夺国际话语权方面，城市传播依然缺乏行之有效的提升战略和实践路径，还未形成系统化、专业性的国际传播体制机制，国际议程设置能力较弱，针对舆论风险的预警处置能力还有待加强等问题。

综上所述，城市国际传播能力建设包含跨地理空间、跨语言文化、跨交际圈等多重因素，关涉话语权、价值观与意识形态竞争，是一项长期性、艰苦性、科学性和系统性的巨大工程。提升国际传播能力，首先要准确认识全球城市在世界流动网络中扮演的系统枢纽和主要节点角色，充分运用有效的对话沟通机制，发挥出城市独特价值。信息资本是全球网络联通的关键手段，全球城市国际传播可以被视为地方与全球之间重要的调节力量和缓冲地带。就传播功能维度而言，国际传播由"信息灌输"向"注重效能"转变，提升效能成为最终目的，体现了城市作为网络节点加密关系网络的价值目标。从传播战略转型角度来看，全球城市国际传播从传统意义上的"印象管理技术"转为"互惠型关系维护"，在交互与对话中不断扩充交流视野，以此实现内获认同、外获信赖、汇聚合力，达成合作的传播目标，即在质效合一的基础上，实现多元文化主体间的精神链接。提升城市尤其是超大城市国际传播效能，既有助于城市文化软实力提升，又能够体现地区、国际影响力和竞争力，更是在全球城市网络中遵循现代化、全球化发展规律的必要举措。

二

改革开放以来，党和国家不断调整深圳城市发展的战略定位。1980年，中央决定创办经济特区，深圳率先承担起先行先试、为改革开放探路的重要历史使命。40余年弹指一挥，深圳已经成为多重国家战略交汇地，不仅是副省级城市、计划单列市和超大城市，同时也是国家级经济特区和中国特色社会主义先行示范区，还是综合性国家科学中心城市、全球海洋中心城市、粤港澳大湾区四大中心城市之一和三大全国性金融中心城市之一。深圳在国家战略体系中的定位呈明显上升趋势，从"先行先试"走向"先行示范"，从"经济特区"到"社会主义先行示范区"，意味着中央希望深圳率先发挥窗口作用、代表国家参与全球城市合作与竞争，在各方面发挥示范、引领和标杆作用，从发展窗口跃升为文明的窗口，在世界范围内获取文化认同和身份认同，在不同地缘世界观、治理理念和价值体系冲突中展现文明优势。新的战略定位和战略框架为深圳国际传播提出了新要求、指明了新方向、提供了新支撑。

近年来，深圳持续加强国际传播能力建设，以城市形象综合营销为主题，采取多项行动措施，讲述中国式现代化的深圳故事，在国际上全面、立体、系统宣传推广深圳城市形象。一是完善国际传播机制，发布了《关于进一步加强和改进国际传播能力建设行动计划》，确立了城市国际传播的目标和路径。二是拓展国际传播平台。2023年6月，EyeShenzhen九语种网站上线试运行，"深圳全球传播使者"计划启动，"深圳报业全球传播中心"正式挂牌。在对外活动方面，深圳成功举办高交会、文博会两大国际性展会，"国际科技影视周""一带一路国际音乐季"等重要的国际性文化活动。三是加强国际传播人才培养。探索具有重大国际影响力的国际传播智库建设，集聚国际传播研究的"深圳学派"，组织开展一系列聚焦国际传播主题的研究课题，培育了一批国际传播"主力军"。一套"组合拳"彰显出深圳"打造新时代国际传播典范"、勇当"中外文化交流交融的先锋"的信心与决心。

行必果，事必成。深圳的国际影响力持续提升。参考消息报社发布的中国城市海外影响力分析报告（2020）显示，北京、上海、深圳、广州、成都的海外影响力居于前五。2022年2月，北京师范大学新闻传播学院选取谷歌新闻（Google News）、推特（Twitter）、优兔（YouTube）、抖音国际版（TikTok）四个在线平台作为数据来源，北京、上海、武汉、广州、深圳的海外网络传播力在中国337座城市居于前五。2022年5月，北京外国语大学推出《2022国际传播能力指数方阵》，上海、北京、成都、深圳、武汉的城市国际传播能力位居前五。根据澳大利亚智库研究机构2thinknow发布的《城市创新指数2022—2023》（Innovation City Index），深圳在全球500个城市中排名第74，在上榜的中国城市中排名第5，前面分别是北京、上海、台北和香港，属于第二等级的枢纽型城市。

这些以信度和效度作为评估城市国际传播能力的评价方式，一定程度上客观显示了深圳国际传播能力现状，但过于依赖大众媒介内容的量化数据，使上述评估指标忽视了"城市国际形象本质上是城市国际化水平和城市治理媒介化水平的再现"的现实。城市内部以及城市与城市之间人际与群体交往与互动、跨文化的价值理念、城市多元文化的融合及创新力，成为跨文化传播评价体系和城市国际传播能力建设的重要维度。为实现这一目标，形成与深圳身份、地位相匹配的国际传播能力，深圳市社会科学院联合武汉大学新闻与传播学院开展了本研究，希望利用跨时空、跨交际、跨话语、跨文化国际传播理论与方法，为深圳进一步国际化发展提供新视域。

本书以国际传播能力建设为主题，以国际传播中的"跨文化传播"为重要研究切口，从跨文化城市建设、城市文化记忆、城市品牌效能等不同向度，构建起一套国际传播研究框架和话语体系。其中，尤其注重"人"的文化身份转化的体验和感受。研究方法上，利用调查问卷、文化研究、田野调查、个案研究等多维学术研究方法对深圳国际传播能力建设进行深入探析，以期激活政府、社会、个人等多元主体城市传播能力建设的主体动能，寻找城市、媒介、技术、文化、传播融合发展的着力点与平衡点，凸显超大城市可沟通构建与跨文化构建的重大意义，为超大城市的国际传播能力建设提供新的学理支持与实践应对。

本书是国内较早以城市为对象，系统探索国际传播能力建设的阶段性成果。当然，鉴于城市国际传播能力建设内涵丰富，本书所建构的指标体系还处于验证性阶段，仍存在一些需要继续跟进与磋商的问题。但是，任何指标体系的建构都不可能一蹴而就，而是需要在可操作性、动态性、客观性、有效性等维度上不断试错与创新。这意味着本书不仅是一项成果，更是一个崭新的开端。在未来的研究中，我们会不断丰富、持续地讨论，进一步验证指标的科学性及可操作性，并在此基础上对评价体系进行理论更新与内容升级，以适应不同城市的效能评估需要，进而推动城市国际传播能力的可持续发展。

三

当前，我们对城市国际传播能力建设的认识还存在单一性和局限性，具体表现为"重硬轻软"，重视传播技术设备、传播网络铺设以及覆盖全球的多模态媒介分支机构等硬件设施，对传播目标、传播效能缺乏敏感意识、目标不清晰，导致效能评估无法建构明确的"对标"基础，难以从实际意义上考量短期、中期的目标完成效度，甚至难以实现或实施长期战略。这种认知性不足也可以从国际传播研究现状得到验证。已有研究多是聚焦大众传播范畴下城市国际传播能力和形象塑造的效果研究，表现出多种局限。其一，过度依赖大众媒介发布的信息内容，将主流媒体数据作为重要评估单位，忽视了城市的国际形象本质上是城市的国际化水平和城市治理的媒介化表征。其二，我国城市国际传播研究与实践更多地强调政府作为传播主体，忽视了城市内部以及城市间的人际与群体的交往互动早已进入全球传播流动过程。其三，当下各种痴迷于排序、指标、模式的国家形象建构理论，引导城市国际形象研究进入"中心与边缘""西方与非西方"的形象谱系，忽略了形象的多样性、流动性和不确定性。其四，国际化给城市带来了更为复杂的文化多样性，如何激活文化多样性对城市发展的活力与创造力，需要政府在城市规划和治理中提高跨文化能力和素养。但目前国内已有的城市国际传播研究还未触及城市的跨文化能力研究领域。

整体而言，城市国际传播能力是一项系统性、专业性、规范性工作。国际传播能力包括传播融合生产能力、传播渠道利用能力、传播工具整合能力、精准传播能力和传播效果导向能力等，涉及传播管理部门和执行机构等多个专业部门的系统化、专业化、产业化领域，需要从顶层设计做起，将低清晰度的城市空间打造成具有国际话语权的、国际影响力和国际竞争力的高清晰度城市实体空间。要在宏观上注重战略布局，微观上讲求方法与效能。一方面，城市品牌国际传播效能的评估必须嵌入城市发展的国际规划中，只有将其理解为一种战略活动，才能超越纯粹的城市营销，转化为城市生产力、竞争力和传播力。另一方面，媒介技术快速发展在实现传播多内容、多功能、多模式、多通道和多载体的同时，又对城市国际传播融入全球社交网络的互动秩序、参与目标、对话生产和协作文化等能力提出了新的挑战。本书以深圳为代表的中国超大城市的国际传播能力建设案例及其传播实践，既可以为中国式现代化过程中的城市发展提供成功经验和可能路径，也能够为广大发展中国家走符合本国国情的城市化道路提供借鉴，具有重要的理论价值和实践意义。

　　超大城市空间关系关涉政治、经济、文化、社会、技术、教育、交往等方方面面。各个维度之间的连接和融合既受城市治理的水平影响，也受新的媒介技术制约。超大城市文化地理的塑造和调整需要考虑"多元主体"和"主体间"概念，其基本出发点是"关系"，目的是建构起政府、社会与个人的交互与流动的社会网络。在这一复杂的社会网络交互中，文化与社会是一体两面，离开了文化，社会将冰冷机械、了无生气。离开了社会，文化也如无本之木、无从发展。文化与社会产生勾连的过程中，传播无处不在，且举足轻重。超大城市的国际传播能力建设，正是基于多层面、多维度、多面向社会网络关系的、文化与社会的深度融合，立足"驱动力—创新力—融合力"维度，从技术与媒介的视角观照超大城市国际传播能力建设是一条可行性路径。

　　驱动力要求城市正视自身发展实际与特色，寻找国际传播能力驱动的原动力。就国际传播理念转变而言，需要基于城市特点，打造城市品牌，将可沟通城市、跨文化城市作为城市发展的重要目标，以主动、平等、公开、透明等作为政府公报等的基本规范，提升城市的公信力、影响力、竞争力和美誉度。就城市国际传播顶层设计而言，需要盘活城市国际传播公共资源，在地理、组织、制度乃至技术等多方面实事求是，形成各司其职、各负其责的城市国际传播管理部门和执行机构。

　　创新力的高低关乎超大城市国际传播能力建设的成败。在互联网、人工智能等新媒介技术手段的加持下，创造性地利用传播渠道、整合传播工具，进而提升精准传播、有效传播的能力。要促成城市、文化、技术、媒介的多维合力，形成政府、社会、个人三维主体的社会化关系网，通过挖掘城市独特的文化资源和文化品牌，面向国际开展定时、定点、定位的精准传播，构建体现国际传播能力的社会化网络。同时，善用人工智能、算法等网络信息技术赋能城市国际传播平台，由"融媒""智媒"转向"浸媒"，更加重视全球主流社交媒体平台的账号运营，积极利用短视频、直播等视觉传播技术打造社交媒体传播矩阵，突出内容生产数字化、互动性、沉浸式特征，在社交网络布局、社交关系延展、社交技术识别和社交数据倾听等维度全面发力，在"你中有我，我中有你"的代入体验中，催生"感同身受"的共情效应，不断提升城市国际传播影响力。

所谓融合力，则考验城市创造性打造跨时空、跨语境、跨交际和跨地域的流动圈层的能力。城市是一个陌生人社会，具有巨大的流动性，难免对文化的传承、稳定与积淀带来一定的负面影响。思考如何在新媒介环境下，健全城市品牌传播的专业化机制，实现人与人、人与城市的文化、情感、精神等连接，成为超大城市国际传播能力建设的题中之义。

党的二十大报告阐述了"中国式现代化"的科学内涵，为中国城市国际传播的新型话语塑造提供了新的理论视角。现代化是包括政治、经济、科技、文化等在内的多维观念和体系实践，因而，中国式现代化必须置于中国的现实场域中加以把握和考量。相比经济快速增长、设施发达完善等物质文明的现代化，后续中国城市国际传播要更加突出历史文化、精神文明、城市性格等精神文明的现代化。在这个过程中，城市要在机制规划、资源聚集、符号挖掘以及多元协作的传播体系建设方面，构建、完善、夯实城市国际传播的内在动力和运行系统，逐步形成极具正能量的、兼具传播手段创新、传播方式创新与传播效果彰显的、可沟通的、跨文化的新型城市国际传播能力。

深圳市社会科学院（社会科学联合会）党组书记、院长、主席
吴定海
2023 年 10 月

目　　录

第一章　城市国际传播能力的理论探索与深圳实践 …………（1）
　第一节　深圳国际传播能力建设的价值与意义 …………（1）
　第二节　理论基础 …………………………………………（4）
　第三节　国内主要城市国际传播能力建设的概况及困境分析 ……（11）
　第四节　深圳国际传播能力建设的现状 …………………（23）
　第五节　多元主体视角下深圳国际传播能力的综合分析 …（42）
　第六节　总结：深圳城市形象国际传播的问题与挑战 ……（62）

**第二章　从世界之窗到世界之家：深圳建设跨文化城市的
　　　　　逻辑与进路** ……………………………………（66）
　第一节　缘起：国际传播在深圳城市建设中的内生动力 …（68）
　第二节　文献综述：城市国际传播能力与跨文化城市 ……（71）
　第三节　研究设计：将深圳作为中国跨文化城市建设的
　　　　　改革样本 ……………………………………………（103）
　第四节　深圳：建设中国第一座"跨文化城市"的基础 …（107）
　第五节　深圳跨文化城市建设的问题及优化路径 ………（169）

第三章　激活城市记忆：深圳国际传播能力建设的可能路径 …（183）
　第一节　旅行者、城市记忆与国际传播 …………………（184）
　第二节　深圳的城市记忆规划与实践 ……………………（189）
　第三节　网络游记、城市记忆与深圳文化传播 …………（210）
　第四节　城市记忆视角下的城市国际文化传播反思 ……（239）

第四章　打造世界城市品牌：深圳城市品牌国际传播效能评价与提升路径 ……………………………………………… (246)
 第一节　问题提出 ……………………………………………… (246)
 第二节　国内外相关学术研究的文献梳理 …………………… (250)
 第三节　相关概念与理论依据 ………………………………… (259)
 第四节　深圳城市品牌国际传播效能的评价体系构建 ……… (264)
 第五节　城市品牌国际传播效能的测度与评价 ……………… (270)
 第六节　深圳城市品牌国际传播效能现状分析 ……………… (296)
 第七节　提高深圳城市品牌国际传播效能的可行方向 ……… (350)

第五章　超大城市代表性城市：深圳国际传播能力建设的现实路向 ……………………………………………………… (353)
 第一节　技术与媒介：超大城市国际传播能力建设的理论逻辑 ……………………………………………………… (353)
 第二节　以深圳为代表的超大城市国际传播能力建设的现实路向 ………………………………………………… (363)

后　记 …………………………………………………………… (372)

第一章

城市国际传播能力的理论探索与深圳实践

第一节 深圳国际传播能力建设的价值与意义

当前世界正处于百年未有之大变局的历史范式转型中，全球化与逆全球化的声音交织，极端民族主义与民粹主义倾向抬头，国际格局和国际力量发生着重大变化，出现"东升西降"之势，以中国为代表的发展中国家正在国际秩序重构、人类命运共同体的建构中发挥着越来越重要的作用。然而，"西强我弱"的格局，尤其是在国际话语权层面，并没有得到根本性的改变，我国在国际传播中仍然面临着诸多"有理说不出""说了传不开""传了叫不响"的尴尬局面。因此，加强和改进我国国际传播工作，讲好中国故事、传播好中国声音，展示真实、立体、全面的中国，形成同我国综合国力和国际地位相匹配的国际话语权，在如今的时代背景和中国的发展蓝图中具有重要的战略意义和价值。

城市作为国家的组成单元，是国际形象建构的重要元素，它为世界了解中国文化、了解中国的发展和变迁、了解立体真实的中国图景提供了重要的渠道，也是中国与世界产生连接的重要窗口。在全球化的背景下，城市的国际传播能力具有多重价值：对于城市自身来说，城市的国际传播影响力不仅是其知名度的体现，也是衡量其对外吸引力的重要指标，一个作为对外窗口的典范城市，不仅有助于推动区域内政治、经济、文化的发展，还对周边地区具有辐射和带动作用。对于国家来说，城市不仅是对外交往的名片，亦是国家机体的重要组成部分，城市国际化程度的加深将推动中国更好地融入全球化浪潮，促进国际间的理解、互信和往来，实现经济、政治、文化的深入合作。因此，加强城市的国际传播能力建设亦是做好国际形象建设的重要一环。而作为中国特色社会主义先行示范区、粤港澳大湾区核心引擎、中国改革开放的窗口以及科创之城等多重特色定位的深圳，为中国在国际传播讲好自身故事中提供了重要的叙事内容和传播载体。

首先，深圳在中国城市的发展中具有独特且重要的样本价值。其一，深圳经济特区的成功经验回答了改革开放的目的：改革开放40多年来，深圳从一个"边陲小镇"发展到一座现代化创新型国际大都市的进程与国家改革开放的进程同步，可以说，深圳是中国"完全自主知识产权"式建造、培育起来的通向世界的窗口城市，深圳这40多年来经济社会所取得的进步很好地诠释了中国特色社会主义制度的活力来源。其二，深圳改革发展的模式是典型的中国渐进式改革的代表，经历了从点到面、从局部到整体、从非公有制到公有制经济的先实验、后推广、再逐步拓展开的路径，同时又坚持党中央的整体领导和控制。其三，深圳建设全球标杆城市符合国家治理现代化的战略定位。[①] 党的十九大强调要不断推进国家治理体系和治理能力现代化，[②]《中共中央、国务院关于支持深圳建设中国特色社会主义先行示范区的意见》（以下简称意见）明确指出了深圳的发展方向和路径，深圳已经完成了从经济特区到经济中心再到国际化大都市的发展目标，下一步就是按照《意见》指引建设竞争力、创新力、影响力卓越的全球标杆城市，在服务型政府的内涵基础上，探索现代政府治理的民主化、法制化、文明化和科学化。[③]

其次，深圳经济的高速发展为其国际传播能力的建设提供了重要的实力背书。2021年全球城市GDP排名显示，深圳超过休斯敦与首尔，首

[①] 张树剑、谷志军、黄卫平：《深圳经济特区40年：实践经验及理论贡献》，《深圳社会科学》2020年第5期。

[②] 俞可平：《中国的治理改革（1978—2018）》，《武汉大学学报》（哲学社会科学版）2018年第3期。

[③] 薛澜、李宇环：《走向国家治理现代化的政府职能转变：系统思维与改革取向》，《政治学研究》2014年第5期。

次晋级世界前10,①在胡润研究院发布的《2021全球独角兽榜》全球20强城市独角兽数量排名中,深圳排名第5,②《财富》杂志发布的2021年世界500强企业数量排行榜中,深圳排名第9。③ 2022年,美国《时代》周刊发布了"全球100家最具影响力企业"榜单,本次榜单共有8家中国企业上榜,其中,4家都来自深圳,分别是华为、腾讯控股、大疆、比亚迪。上述数据充分表明深圳的经济水平较高,在世界上已经具有相当的影响力。当前,经济全球化、金融业的快速国际化以及全球信息化导致了城市体系的加速转型,全球城市已经成为当今世界政治经济发展的"支点",其意义已经超越一座城市本身的经济社会发展功能,很大程度上代表着本国在世界上的发展和引领能力。④ 在深圳从经济中心城市向竞争力、创新力、影响力显著的全球标杆城市迈进的过程中,其国际传播能力的建设成为城市发展议题的重中之重。

最后,深圳政府已从顶层制度的设计上为深圳国际传播能力建设做好战略性支持。2021年6月,深圳市对外发布《深圳市国民经济和社会发展第十四个五年规划和二〇三五年远景目标纲要》(以下简称《纲要》)指出,到2025年,深圳希望建成现代化国际化创新型城市,基本实现社会主义现代化;到2030年,建成引领可持续发展的全球创新城市,社会主义现代化建设跃上新台阶;到2035年,建成具有全球影响力的创新创业创意之都,成为我国全面建成社会主义现代化强国的城市范例,率先实现社会主义现代化;到21世纪中叶,以更昂扬的姿态屹立于世界先进之林,成为竞争力、创新力、影响力卓著的全球标杆城市。⑤ 从这一系列规划可见,深圳正力图通过阶段性的、有节奏的打法,不断放大自

---

① 聚汇数据:《世界城市GDP排行榜(前20)—2021年》, https://gdp.gotohui.com/topic-55 [2024-11-25]。

② 胡润百富:《2021年胡润全球独角兽榜》[2024-11-25], https://hurun.net/zh-CN/Rank/HsRankDetails? pagetype=unicorn&num=A5D32YKF。

③ 财富中文网:《2021年〈财富〉世界500强排行榜》, https://www.fortunechina.com/fortune500/c/2021-08/02/content_394571.htm [2024-11-25]。

④ 张树剑、谷志军、黄卫平:《深圳经济特区40年:实践经验及理论贡献》,《深圳社会科学》2020年第5期。

⑤ 深圳政府在线:《深圳市国民经济和社会发展第十四个五年规划和二〇三五年远景目标纲要》, http://www.sz.gov.cn/cn/xxgk/zfxxgj/ghjh/content/post_8854038.html。

身创新的城市特质，以便在世界诸多城市之中找准独特的定位、建构自身的差异化的城市品牌和城市形象，从而获得与自身经济实力相匹配的国际话语权和影响力。

新技术革命为国际传播带来了风险与机遇交织的可能，世界局势所呈现的百年未有大变革之态进一步加深了国际交往的复杂性。面对这种利弊交织的不确定性，中国有必要化被动为主动，积极把握机遇，在顶层设计、传播者、传播内容、传播用户、传播产品、传播平台与业态以及传播效果等多方面入手，切实提高国际传播能力，争取在新一轮的国际话语权博弈中占据优势地位。如前述分析，在新的时代背景下，提升深圳的国际传播能力建设具有重要性、必要性和可行性，同时，深圳独特又不失典型性的发展路径和历史脉络也使其具备了国际叙事的天然优势。因此，深圳应担当起提升国际传播能力建设的重任，在向全球标杆城市迈进的路程之中形成可推广的经验，为我国其他城市建设全球城市提供重要参照，也为我国争取与自身实力相匹配的国际话语权作出积极贡献。

第二节　理论基础

建设城市传播的能力是提升城市竞争力的必要过程，在经济全球化、政治多极化、社会信息化和文化多元化的背景下，一个城市国际传播能力的建设更是重中之重。因此，本书将"深圳城市形象"的建设放在"国际传播"的背景之下，将国际传播中的"跨文化传播"作为重要的研究切口，从"文化地理学"与"跨文化传播"相结合的角度来探究深圳的区域文化如何扩散、融合，从而具备包容性更强的全球性文化容器的特质，其中，尤其注重"人"的文化身份转化的体验和感受。

具体而言，本书第一部分的重点是对深圳当前城市形象的国际传播现状进行概述，系统梳理了深圳为打造"创新之城""未来之城""包容之城"的新定位所采取的措施以及持续激活发展"设计之都""全球科技产业重镇""全民阅读之城"等城市品牌所做出的努力，并从多元主体跨文化传播的角度对深圳形象的国际传播进行了补充；第二部分聚焦于深圳城市品牌国际传播效能的研究，通过具体指标体系的建构为深圳城市品牌建设提出针对性策略；第三部分主要研究深圳跨文化城市建设的现状，通过翔实的案例、报道和数据资料，搭建起系统的评价指标，为深圳跨文化城市建设提供重要的参考依据；第四部分将城市记忆与城市文化传播作为研究重点，从"城市旅行者的游记"这个小切口切入来考察深圳的城市建设水平和传播能力，从相对微观的层面探讨社会化媒体的背景之下深圳城市形象的现状与问题，弥补国外城市传播能力建设中对受众与传播效果关注不足的问题；最后一部分是在前述研究的基础上，对深圳城市形象的国际传播提出系统性、建设性的意见，为深圳城市发展提供重要的战略参考。

基于此，本书在理论基础部分对国际传播、跨文化传播、文化地理学以及城市形象等关键概念进行界定，以便更好地理解"国际传播"这一大的主题背景、"跨文化传播"与"跨文化城市"的勾连、"城市品牌"与"城市形象"之间的关系以及"文化地理学"中文化认同与文化身份的问题，并为"城市文化记忆"关注到"旅行者游记"这一视角提供理论背书。

一　国际传播与跨文化传播

国际传播是指以民族、国家为主体而进行的跨文化信息交流与沟通，它包括广义和狭义两个部分。广义的国际传播是指国与国之间的外交往来，包括首脑互访、双边会谈以及其他相关事务。狭义的国际传播则是指"以大众传播为支柱的国与国之间的传播"[1]，随着信息全球化的展开和社会化媒体的兴盛，狭义的国际传播形式变得越来越重要。通常来讲，国际传播与国际利益相关联，带有明显的政治倾向性和意识形态色彩，它是一种由政治所规定的跨国界的信息传播。[2]

然而，新时代的国际传播迎来了诸多的变革和挑战。首先，信息全球化推崇一种非组织化、非控制的过程，要求在世界范围内消除壁障、减少信息传播中的控制、政治倾向和意识形态色彩，这与传统国际传播的要求相悖；其次，在后疫情时代，逆全球化潮流出现、极端民粹主义

---

[1]　郭庆光：《传播学教程》，中国人民大学出版社1999年版，第229页。
[2]　程曼丽：《信息全球化时代的国际传播》，《国际新闻界》2000年第4期。

倾向抬头，全球传播的复杂性和不确定性增强；最后，中国与世界的关系也有了重大的变化，整个世界正处于百年未有之大变局中，世界的力量格局呈现"东升西降"之势，如今的中国不再是国际秩序的被动接受者，而是参与者、建设者和引领者。在这种背景之下，新时代的国际传播有必要与时俱进进行理论与实践的创新，如跳出过去把国际传播仅作为一种功能性手段的认识和理解范式、跳出过去以媒体宣传为主要抓手的实践范式、跳出"内外有别"的理解范式，取而代之的是，构建多主体、立体式的大外宣格局，尤其是要充分利用具备超越国界、天然落地、快速到达等特点的新媒体资源；① 加强顶层设计和研究布局，构建具有鲜明中国特色的战略传播体系；基于文化性、学术性、商业性的专业领域交往，向世界展示"可沟通的中国"，达成更长久意义上的长效沟通。②

跨文化传播是国际传播中的一种重要形式，它将"文化"作为传播的核心要素，其核心问题是我们与他者如何交流。③ 史安斌指出："跨文化传播是西方中心的学科体系，它所强调的'文化的异质性'，以'民族国家'为基本单位，所谓'跨'就是跨越时间和空间的限制，进行两种甚至多种文化之间的接触。但从实际效果来看，是强势文化对弱势文化的征服和吸纳。"④ 单波认为跨文化传播围绕文化与传播、人与人的传播关系、他者的意义等问题展开，为不同文化背景的人提供了在更大范围内寻找文化相似性并建立文化共识的可能性，它应当具有文化创造与文化选择的自由以及多样性的文化生态，处于跨文化传播过程中的个体应当理解并接受差异性，在差异中理解自我的意义，在对话中建立互异性理解。然而，跨文化传播在现实的实践中往往面临诸多困境：第一，遭遇异质文化的冲击，个体容易产生情绪焦虑、文化身份混乱、价值判断失据等文化不适应问题；第二，考虑到文化身份排他性对于接受传播内

---

① 田智辉：《论新媒体语境下的国际传播》，《现代传播》（中国传媒大学学报）2010年第7期。

② 张毓强、庞敏：《新时代中国国际传播：新基点、新逻辑与新路径》，《现代传播》（中国传媒大学学报）2021年第7期。

③ 李加莉、单波：《跨文化传播学中文化适应研究的路径与问题》，《南京社会科学》2012年第9期。

④ 史安斌：《从"跨文化传播"到"转文化传播"》，《国际传播》2018年第5期。

容的阻碍，跨文化传播更倾向于选择一些具有普适性的内容，某种程度上导致了传播内容的同质化问题加剧；第三，跨文化传播有时会受到政治、权力关系的渗透，表现为拥有优势政治、经济地位与传播手段的文化体系进行全球扩张的过程。[1] 总体来看，跨文化传播面临着不稳定性、工具性和功利性突出等问题。

二 跨文化传播与文化地理学

文化地理学是以文化为研究对象的地理学，它强调特定的文化是有疆域概念的，文化的疆域特征体现为具象的文化景观、文化标志，也表现于无形的气质与风情之中，地域的文化特征是在长期的社会生活中人类行为与区域环境之间互动的结果。文化地理学研究的四大主要领域包括文化区研究、文化生态学研究、文化整合研究、文化景观研究。

与文化地理学密切相关的最早研究就是跨文化传播，文化地理学就是穿越文化间（可见的或者无形的）障碍、通过不同文化群体之间文化流动、扩散的基础"地图"。文化地理学知识的引进对于跨文化传播具有重要的启示。第一是文化的区域概念，文化不是一个点，而是形成了地域的一片，这种文化区不断濡化、浸润、扩散，并与其他区域碰撞与融合。第二是区域文化的社群概念，集团文化与地方和群体密切相关，包括一些在空间上可能分散（如离散人口）的想象社区（社群）。第三是地域文化融合的概念，文化是杂糅的、整合的，每个地区的文化都是文化吸纳与排除的双向结果。第四是文化的接近性概念，文化的接近性既可以是天然形成的，也可以是后天建构的，文化的渊源和亲和性在文化融合的过程中扮演着重要的角色。[2]

斯特劳巴哈提出了"多层次文化认同"的概念来阐释从本土到全球不同层级文化身份的"共存"状态，分解了文化的接近性，指出了由"地方""地区""国家"三个层次所构成的文化认同体系。在这一体系中，民族国家是重要但非包罗万象的层次，在其以上的层次中更加强调"区域"而非"全球"的影响。这一体系强调受众具有"杂糅"多重文

---

[1] 单波、王金礼：《跨文化传播的文化伦理》，《新闻与传播研究》2005年第1期。
[2] 郭镇之：《理论溯源：文化地理学与文化间传播》，《全球传媒学刊》2019年第2期。

化身份，使其相互"结合"而非"对抗"的能力，① 同时，文化接近性提示了全球传播必须克服陌生感、创造接近性与产生认同感的目标及任务。

三 城市形象与国际传播

国外最早提出"城市形象"概念的是美国城市学专家凯文·林奇，他在1960年《城市形态》一书中首次提出了通过视觉感知城市物质形态的理论。凯文·林奇认为城市形象的主要构成要素包括：道路、边界、区域、节点和标志物。同时，他强调城市形象主要通过人的综合"感受"而获得。②

在国内，郝慎钧早在1988年4月译《城市风貌设计》一书时认为，城市的风貌是一个城市的形象，反映出一个城市特有的景观和面貌、风采和神姿，表现出城市的气质和性格，体现出市民的精神文明、礼貌和昂扬的进取精神，同时还呈现出城市的经济实力、商业的繁荣、文化和科技事业的发达程度。认为城市风貌是一个城市最精彩的高度概括。③

20世纪80年代，随着企业市场营销理论的发展与成熟，我国不少学者提出将企业形象的概念引入城市形象的研究中去。如张鸿雁提出了城市形象识别系统CIS（City Identity System），该系统包括三个基本构成要素：城市视觉形象（City Visual Identity，简称CVI）、城市行为形象（City Behavior Identity，简称CBI）和城市理念形象（City Mind Identity，简称CMI）。④ 其中，城市视觉形象是一个城市最外露、最直观的表现，主要包括城市规划、城市基础设施、城市设计、城市标志和城市造型等。城市行为形象指城市中群体与个体的行为规范、行为准则、行为模式、行为取向和行为方式，包括城市中居民的文化程度，精神风貌、行为言论、服务水平、职业道德、敬业精神、市民的生活水准、居住及生产环境、公共关系等。由于城市的范围涉及很多方面，所以城市行为形象可以按

---

① 梁悦悦：《金砖国家经验与全球媒介研究创新——约瑟夫·斯特劳巴哈教授访谈》，《国际新闻界》2017年第3期。
② ［美］凯文·林奇：《城市形态》，林庆怡译，华夏出版社2001年版。
③ 董晓峰：《城市形象研究的兴起》，《西北史地》1999年第5期。
④ 杨慧芸：《旅游城市形象的传播策略》，《对外传播》2009年第7期。

两种标准分类：其一是根据行为主体，将之分为政府行为、企业行为与市民行为；其二是依据行为主体涉及的领域，分为经济行为、社会行为、文化行为等。城市理念形象是城市形象的核心。它是一个城市的思想系统和战略系统，主要包括城市使命、城市宗旨、城市发展策略、城市发展定位、城市精神、城市发展哲学、城市发展目标、城市的道德观、价值观及城市的社会风气等。

进入 21 世纪，营销理论又将品牌的概念引入城市形象传播研究之中，提出了城市品牌传播。凯文·凯勒（Kevin Keller）在他的《战略品牌管理》一书中指出："'城市品牌化'是指当人们提及一个特定的城市形象时，它会迅速地与城市联系起来，并产生勾连。"① 而科特勒（Kotler）强调从地域性品牌营销中，要选取最具竞争力的差异因素作为品牌独特定位的基础，然后再运用各种营销手段进行传播与推介。② 因此，品牌必须是真实、可信、吸引人且独特的。③ 阿克（Aaker）强调，营销过程中的所有元素都必须与品牌的定位策略保持一致，才能使品牌发挥出最佳的效果。④ 近年来，其他学科的加入丰富了城市品牌理论。首先，由于城市品牌是城市治理的重要部分，因此城市品牌的建设应纳入更广泛的利益主体，如当地企业、地方利益集团、公民等。⑤ 其次，有研究发现城市品牌本身具有复杂且难以完全控制的特质，它更多地是在有机且混乱的信息中形成的，并非简单的品牌管理的结果。⑥ 最后，城市品牌的定位与塑造是一个缓慢推进的过程，既依赖于社会互动与协商，也需要多元利益主体、城市文化的共同参与。⑦

---

① ［美］凯文·莱恩·凯勒：《战略品牌管理》，吴水龙、何云译，中国人民大学出版社 2014 年版，第 35 页。

② Kotler P., "Marketing management: analysis, planning, and control", Prentice-Hall, 1972.

③ Kotler P., Gertner D., "Country as brand, product, and beyond: A place marketing and brand management perspective", *Journal of Brand Management*, Vol. 9, No. 4, 2002, pp. 249 – 261.

④ Aaker D. A., *Building Strong Brands*, Simon and Schuster, 2012.

⑤ Anholt S., "Place branding: Is it marketing, or isn't it?" *Place Branding and Public Diplomacy*, Vol. 4, No. 1, 2008, pp. 1 – 6.

⑥ Parkerson B., "From schlock to hot: Shifting perceptions of Brooklyn", *Place Branding and Public Diplomacy*, Vol. 3, No. 4, 2007, pp. 263 – 267.

⑦ Green A., Grace D., Perkins H., "City branding research and practice: An integrative review", *Journal of Brand Management*, Vol. 23, No. 3, 2016, pp. 252 – 272.

在日趋激烈的全球化竞争中，越来越多的地方政府将城市营销作为城市竞争战略的重要手段。学者菲利普·科特勒（Kevin Keller）指出，任何国家和城市都可以利用企业的营销策略包装自己，即"城市营销"的概念。[①] 具体而言，城市营销是以充分发挥城市整体功能为立足点，通过树立城市独特形象，提升城市知名度和美誉度，从而满足政府、企业和公众需求的社会管理活动和过程的总称。城市营销的根本目的是提高城市的竞争力，其主要的目标市场是争夺稀缺资源和高级人才，包括旅游者、居住者、投资者、出口市场。[②] 有学者提出，城市营销系统包括城市品牌（CB）、城市形象（CI）和城市事件（CE）三部分。学者何国平进一步提出"城市营销"的具体步骤。第一，在城市定位和城市形象元素中发掘城市营销的核心价值，根据城市资源的特点，开发和打造出丰富的城市产品来吸引城市使用者和消费者。第二，通过城市品牌标识、城市图像、城市品牌化找准"城市品牌"，使城市形象在目标群体记忆中生成识别性、结构化、差异化的稳定图谱。第三，通过节庆营销、展会营销、体育演艺营销、公关活动等营销组合的方式来扩大城市的知名度、优化城市形象，将"主题化、品牌化、针对性、公共利益最大化"作为城市形象策略的指导思想，以整合营销传播作为底层逻辑。[③]

综合上述文献，本书对城市形象做出如下总结：城市形象是一座城市的内在历史底蕴和外在特征的综合表现，是城市总体的特征和风格。它是在城市功能定位的基础上，将城市的历史传统、城市标志、经济支柱、文化底蕴、市民风范、生态环境等要素塑造成可感受的形象，是对城市各种内在资源挖掘、提炼并通过城市品牌的打造，城市视觉、行为、理念形象的统一构建以及有节奏的城市营销的策划等方式来传播。

城市形象国际传播是指文化外部公众和外部企业的相关城市形象传播活动，主要功能在于吸引包括资金、技术、人才等在内的流动性生产要素和购买力、提高城市的国际知名度和影响力。伴随着全球信息化、

---

① [美] 菲利普·科特勒：*The Marketing of Nations*，Free Press，Reprint 2011。
② Hamlin M. A., Rein I., Haider D. H., "Marketing Asian places: attracting investment, industry and tourism to cities, states and nations", 2002.
③ 何国平：《城市形象传播：框架与策略》，《现代传播》（中国传媒大学学报）2010 年第 8 期。

全球经济一体化以及中国国际影响力的日益扩大，城市形象国际传播成为中国城市参与全球资源配置的必由之路，也是提高中国国际影响力的重要途径。① 目前，国内对于城市形象国际传播的研究成果较为丰富，对许多城市展开了个案研究。主要研究成果集中在北京、上海、广州等一线城市、杭州、西安、重庆和成都等新一线城市以及云南、广西、海南等省区具有地方特色的城市。主要研究视角包括城市文化与城市形象国际传播、重大事件与城市形象国际传播、对外报道及宣传片与城市形象国际传播以及受众与城市形象国际传播四个方面，涉及城市营销、城市品牌、跨文化传播等多种理论。② 本书将在国内外城市形象国际传播现状进行系统性梳理的基础上再展开对深圳城市形象的研究，力图在一个相对广泛的参照系中找到深圳的特色和不足所在。

第三节　国内主要城市国际传播能力建设的概况及困境分析

一　国内主要城市国际传播能力建设的概况

浙江大学传媒与国际文化学院发布的《2021 中国城市国际传播影响力指数报告》，以网络传播影响力、媒体报道影响力、社交媒体影响力、搜索引擎影响力、国际访客影响力 5 个基本的考察维度作为一级指标，计算出了中国城市国际传播影响力排名，其中，中国城市国际传播影响力排名前十的分别是北京、武汉、上海、广州、重庆、成都、杭州、西安、南京与天津（未统计港澳台地区）。报告指出，从整体来看，我国城市的国际传播影响力与城市的地位及地理区位存在一定联系。从行政级别看，直辖市、副省级城市整体排名较高。从地理区位看，东部沿海的城市整体排名相对靠前，西北和西南地区的城市整体排名靠后。③

---

① 梁琳琳、王宏俐：《城市形象跨文化传播策略研究——以西安为例》，《对外传播》2021年第11期。
② 唐子钦：《成都城市形象对外传播研究——基于在蓉留学生的调查》，硕士学位论文，电子科技大学，2021年。
③ 韦路：《数字时代的国际城市传播——解读〈2021 中国城市国际传播影响力指数报告〉》，https://www.dutenews.com/n/article/6255616 [2024 - 11 - 25]。

表1-1　　　　　国内一线城市国际传播影响力现状分析

北京	特色	体育传播： 奥运会、冬奥会。 展示一个城市整体的对外形象，反映其民族风貌、精神状态、社会文化等各方面的内涵，显示一个城市的综合实力和水平	外事活动： "一带一路"国际合作高峰论坛、亚洲文明对话大会、世界园艺博览会	新媒介形式： 微纪录片、短视频，"视频优先""移动优先"的原则。 策划推出"40年回眸，我们和北京一起绽放"微纪录片，总浏览量5亿人次，海外浏览量2000万人次，覆盖200多个国家和地区①
	不足	Twitter、Google、YouTube等重要的国际自媒体中的城市形象，在政治、环境、社会和交通议题层面依然具有较多负面的争议，如空气污染和雾霾、民族、宗教问题等②		
上海	特色	文化贸易： 政府提供政策、资金、金融以及人才方面的有力保障； 提升文化信息、创意设计、游戏和动漫版权等领域的文化品牌，培育了创意产业与设计服务企业的国际竞争力； 拓宽对外文化的贸易渠道：传统的展会项目（美国洛杉矶艺术展）、"一带一路"倡议的美国演艺出品人年会、文化版权贸易重点展会（中国香港国际授权展）	外事活动： "国际体育赛事之都"； 外事活动中建立了良好的中外沟通渠道：上海市政协每年召开针对驻沪领事官员"情况通报会"；定期开展外籍商务人士在沪生活满意度调查	文教资源： 全国高校、科研院所和文化机构最为集中的城市之一。 举办或参加国际文化、教育与学术交流活动（温哥华电影学院的成立，加深与北美电影教育的交流与合作）。 中国重要的文化会展中心。（上海国际电影节、上海国际艺术节、中国国际动漫游戏博览会）③

---

① 徐和建：《国际传播建构北京城市形象的思考》，《对外传播》2020年第2期。
② 徐翔、朱颖：《北京城市形象国际自媒体传播的现状与对策——基于Twitter、Google+、YouTube的实证分析》，《对外传播》2017年第8期。
③ 李本乾、王大可、冯妮：《后世博时代上海国际传播能力建设的实践与探索》，《对外传播》2017年第6期。

续表

上海	不足	官方对于上海城市形象的定位与其他国际化大都市如伦敦、纽约、东京、巴黎等城市的特点具有高度重合性。 "上海文化在表现新旧关系上不及北京，在新兴文化活力上不及港台，其辐射能力更居弱势。"[1]		
广州	特色	外事活动： 《财富》全球论坛 中国发展高层论坛、 博鳌亚洲论坛、 世界城市峰会	整合营销： 城市景观形象宣传（城市形象宣传片《广州因你而生》）； 特色文化传播（"首届世界广府人恳亲大会"各项宣传工作）； 生活习俗推介（定期举办以"广州味道"为主题的岭南特色文化推介活动、依托国际纪录片节而打造"广州之夜"品牌）[2]	媒体拓展与利用： 与路透社、美联社、BBC等众多世界主流媒体保持密切联系； 通过Facebook、Twitter等境外社交媒体发布广州信息； 组织接待世界主流媒体看广东采访团、非洲国家联合新闻团等
	不足	大学国际知名度较低、城市软实力开发不足[3]		

近年来，中国整体国家实力的提高和国际话语权的提升为中国城市的国际传播提供了更广阔的舞台，杭州、重庆、成都、西安、武汉等作为国内新一线城市也在激烈的国际传播中逐渐找到了自己的赛道。

---

[1] 方洁：《重提"海派文化"：上海城市形象的对外传播》，《南方传媒研究》2020年第5期。

[2] 胡泓媛、伍庆：《广州城市形象对外传播体系整合提升策略研究——基于整合营销的视角》，《新闻知识》2017年第4期。

[3] 王毓、钟晓雯、钟敏琦：《日本人眼中的广州城市形象调查研究》，《赤峰学院学报》（自然科学版）2014年第10期。

表1-2　　　　　国内新一线城市国际传播影响力现状分析

杭州	特色	体育赛事： 2018年的全国学生运动会，2018年世界短池游泳锦标赛、2020年的世界游泳锦标赛，2022年举办的亚洲运动会。作为展示城市魅力的重要组成部分，不仅可以通过体育赛事吸引基础设施建设所需要的巨额资金，还可以通过一系列重大活动提升和扩大城市的影响力和美誉度①	外事活动： 2016年的G20峰会，对举办城市在增加投资、刺激消费、完善经济结构、促进产业升级等方面能够产生积极的影响	城市品牌营销： "东方休闲之都""生活品质之城""历史文化名城" "电子商务之都"；"钱塘江时代"； "全国创意产业中心"； "城市、产业、企业"三大品牌层级、"生活、生态"两大品牌指数全方位、多角度勾画建设现状和发展方向②
	不足	城市品牌战略顶层设计的缺乏使得各层级的子品牌各自为政，营销未形成合力；品牌宣传的路径单一、手段传统③		
成都	特色	城市宣传片： 2003年"一座来了就不想走的城市"一举打响了成都作为"休闲之都"的名号；④ 2010年成都凭借《典型中国，熊猫故乡》奠定国际传播中"熊猫之都"的IP形象⑤；	城市品牌： 2001提出"中国休闲之都"的城市品牌定位，其后专门成立了"四川省休闲文化研究会"推广该城市品牌形象。2007年提出的"走进东方伊甸园，体验休闲之都"，2009年重新定位为建立"世界现代田园城市"，"休闲之都"的城市定位不断被丰富。2010提出"熊猫之都"的城市品牌定位，首先通过《典型中国，熊猫故乡》进行城市IP定位，又在2018年由成都市政府向全球发出"熊猫之都"策划	

---

① 常德胜：《大型体育赛事促进杭州城市品牌建设与传播的路径研究》，《浙江体育科学》2018年第5期。
② 朱向军：《夯实"生活品质之城"的基础——对提升杭州学习生活品质的思考》，《中共杭州市委党校学报》2007年第4期。
③ 中国指数研究院：《中国产业新城运营理论与实践》，中国发展出版社2018年版。
④ 田大菊、周卫萍、黄强、李如阳、刑彦妮：《成都推进国际传播能力建设的研究》，《新闻研究导刊》2018年第22期。
⑤ 唐子钦：《成都城市形象对外传播研究——基于在蓉留学生的调查》，硕士学位论文，电子科技大学，2021年。

续表

成都	特色	2013年"财富之城,成功之都"拓展了城市自身的形象内涵; 2020年《有一种生活美学叫成都》采取"一国一策"的精准传播策略,以新加坡作为首发国家,在海外重要的社交媒体平台上传播总量超过100万人次① 征集方案,通过主动向国内外媒体设置议程,进一步扩大了"熊猫之都"的影响力。 2019提出"三城六都"、六个"三年计划"来打造更完整的国际形象定位体系。充分挖掘其自身的旅游资源,如都江堰、青城山,以及其作为赛事名城、美食之都、音乐之都等多重身份属性,旨在将成都朝着国际化和世界性的战略方向发展
	不足	缺少具有较大国际传播影响力的媒体资源、缺乏系统规范的国际传播活动; 国际传播定位方面存在着转换速度快、区域跨度大等问题,过多且过快的定位转换可能会使受众的认知模糊②
西安	特色	短视频与社交媒体: 2018年,政府与抖音平台达成全面战略合作,通过抖音平台下全系产品来建构西安城市形象; 西安市旅游发展委员会与抖音合作举办"世界的西安-中国文化DOU动全球"短视频挑战赛的方式; 官方牵头鼓励优质UGC内容,促使西安城市的对外形象传播形成了良性的生态格局,出现大量如"90后"西安网红导游《冰蛋》这类优质的自媒体创作者,设计一些有趣幽默、通俗易懂的解说方式,将教育性与观赏性相结合,用讲述西安故事的方式让游客了解西安历史文化③
	不足	西安官方在国外主流社交媒体,如推特上的传播效果不佳,存在着账号发布内容单一、发文频率低、转赞评等数量较少等问题; 国外用户对于现代化的西安,其发展的新面貌、新风尚并不了解; 其在经济发展规模、对外开放程度、生态环境的治理等方面的评价存在较大的提升空间④

---

① 《在变局中创新城市形象国际传播新路径——以英文系列短视频〈有一种生活美学叫成都〉为例》,《对外传播》2020年第11期。

② 田大菊、周卫萍、黄强、李如阳、刑彦妮:《成都推进国际传播能力建设的研究》,《新闻研究导刊》2018年第22期。

③ 薛倩:《新媒体语境下西安国际城市形象跨文化传播策略研究》,《西部广播电视》2020年第21期。

④ 梁琳琳、王宏俐:《城市形象跨文化传播策略研究——以西安为例》,《对外传播》2021年第11期。

近年来，地方结合自身资源积极开展国际传播取得一些较好的效果，各种特色城市、地区各显神通，共同奏响了我国城市国际传播的乐章。

表1-3　　其他特色城市国际传播影响力现状分析

丽江	通过文化旅游产业反哺城市品牌国际传播 第一步，1997年丽江被列入《世界遗产名录》，短时间内迅速打开了城市知名度，丽江抓住这一机遇发展兼具自然、人文和神秘感的观光旅游业； 第二步，丽江围绕文化因素积极开发古城世界文化遗产、玉龙雪山和纳西古乐。纳西古乐会先后到20多个国家和地区进行演出，与此同时，当地的纳西古乐会共接待了来自60多个国家和地区的客人。 第三步，丽江将城市品牌的定位进一步确定为"小资天堂"，进一步强调游客对文化、历史、生活的体验。邀请张艺谋导演策划《印象丽江》等文化项目、举办了"七星杯国际越野挑战赛"活动①
贵阳	策划了"贵阳系列故事"的国际传播项目，充分展示其少数民族特色和文化传统、当地特色美食和喀斯特地貌等，在避开其经济劣势的同时，突出自身长板，开拓了一条国际传播的新途径。该宣传片在播出后被美联社、彭博社在内的两百余家海内外媒体相继报道
敦煌	作为丝绸之路上盛唐文化西传的必经之地、拥有文化招牌"莫高窟"，当地政府自2016年起，每年举办一次丝绸之路（敦煌）国际文化博览会，邀请众多国家政要、文化旅游界的官员和专家走进敦煌，对扩大敦煌的国际知名度起到了关键作用
张家界	将城市品牌嵌入文化产品中进行国际传播。通过成为电影《阿凡达》取景地扩大了在国际的知名度
劣势	局限于本地传播，需要媒介提供"一站式"的国际传播服务来扩大其影响力②

总体来看，我国城市的国际传播能力呈现出差异化状态，不同梯队的城市处于不同的发展阶段，北京、上海、广州、深圳作为国内城市发

---

① 张艺：《城市品牌建设中的文化因素研究——以云南丽江为例》，《今日民族》2008年第12期。

② 李富根、李东：《讲好中国地方故事　拓宽国际传播路径》，《对外传播》2019年第2期。

展的排头兵，依托自身的政治、经济、媒介资源，拥有国际传播的先天性优势，已经形成了较为完善的传播体系，展现出中国城市从观察世界到参与"全球未来"的积极形象。杭州、成都、西安等新一线城市充分利用传媒文化产业和新媒体技术、挖掘自身丰富的历史、文化资源，找准自身定位，打造差异化的城市品牌，成为对外传播梯度中的中坚力量。类似于云南丽江、湖南张家界、甘肃敦煌这类自身拥有特色资源的城市，目前多通过依托文化产业，如旅游业或者文化产品来扩大自身知名度，但该类城市的国际传播尚需依托外部成熟的对外传媒体系来传递自身声音。近年来该类城市的国际传播频次不断提高，但无法形成系统、稳定、持续的战略性输出。

二 我国城市传播"走出去"的困境及原因

城市国际传播能力是一个长期积累，由量变到质变的过程。尽管近年来我国各大城市"走出去"的步伐频频加快，但仍然面临着存在重政治轻文化、重说教轻故事、重形式轻效果等问题，这一方面固然是因为存在着国际话语权缺失的客观情况，但更多地需要从传播主体自身与传播策略等问题上进行反思。

（一）传播主体：以我为主的姿态形成交流壁垒

国际传播实质上是跨国境、跨文化、跨语言的传播，其核心问题就是跨文化传播的问题。由于国际传播主体和传播对象分别处于两种截然不同的文化背景之中，其内容及方式必须适应这种情况才能取得传播效果，才能对路。[1] 我国目前城市国际传播的主体仍然以官方机构为主，在国际传播的过程中仍然习惯于宏大抽象的模板式叙事风格，采用严肃、正派的传播姿态，往往忽略了他国民众的文化背景和思维习惯。其中较为典型的就是用传统宣传思维来讲述"本地故事"，过多展示城市功能建设上取得的辉煌业绩，忽视城市的内在精神和文化底蕴，不仅没有达到"攻心"的传播目的，反而可能引起受众的审美疲劳甚至是反感。此外，从表面上看当下"友好城市"遍地开花，城市的对外交流日趋频繁，但

---

[1] 陈国昌：《我国地方对外媒体跨文化传播策略研究——以英文版〈深圳日报〉(Shenzhen Daily) 为例》，《东南传播》2020 年第 3 期。

实际上许多交流只是流于形式，高质量的公共活动并不多，这种"数字GDP"公共外交泛滥的局面如果得不到遏制，反过来可能会有损于城市的国际形象。①

（二）传播内容：宏大单一的叙事加重文化折扣

从跨文化传播的视角来看，中国语言含蓄留白的"高语境"解码思维与西方语言清晰直接的"低语境"解码思维存在着先天性的矛盾。同时，受制于宣传重于内容的目标导向限制，各地丰富多彩的优秀文化没有得到很好地开发和利用，"千城千面"被简化为"千城一面"，丰富的在地性经验被同质化的普适性包装代替，最终多是呈现出宏大单一的表达模式，降低了传播内容的趣味性与感染力，加大了文化输出过程中的文化折扣，很难达到预期的传播效果，最终沦为传播者的自说自话。与之相对的，2019年在YouTube平台上收获千万粉丝的中国短视频博主李子柒则是通过深入挖掘本土优秀的传统文化资源、以全球共享的文化叙事，如个体主义、人文主义、环保主义、世界主义等视角切入来生产出一系列超越文化边界的高质量产品，成功获得了国内外广大受众的认可。李子柒的成功对于国际传播的重要启发即跨文化传播的内容需要根植于本民族的文化底蕴，以一种自信的方式将本土文化中的动人故事娓娓道来，同时，在讲故事的过程中要注重叙事方式、视角与逻辑的选择，要将民族的与世界的更好地结合起来，以一种能够跨越民族国家和文化界限的情感、能够引起全球受众极大共鸣的叙事逻辑作为故事阐述的核心。

（三）传播资源：碎片化的媒介渠道降低传播效能

国际传播媒体是跨文化传播的核心载体和全球性的符号资源，文化通过国际传播媒体和新兴网络媒体得以向国际受众持续传播，经过长期的信息积淀和"文化记忆"的积累，形成对该国某些文化价值观念的亲近和认同，这就是国际传播媒体价值渗透力和文化传播力的关键所在。②

---

① 苏萍、朱新光：《上海国际化大都市公共外交的路径选择》，《社会科学》2016年第4期。

② 刘肖：《国际传播力：评估指标构建与传播效力提升路径分析》，《江淮论坛》2017年第4期。

然而，从国际媒体格局来看，当前的国际的主流话语权仍然被少数的西方国家所垄断，加之政治敏感性问题以及由意识形态差异所带来的隔阂，我国城市的国际传播面临着声量微弱和传播遇冷的问题。从国内媒介资源的分配来看，国际影响力较大的媒体都是中央一级的主流媒体和新闻机构的"巨头"，如中央电视台、中央人民广播电台、新华社、《人民日报》等，本地媒体在国际舞台上基本处于"无音"状态，这就使地方城市的优质内容难以及时形成强势信息流向外辐射。最后，从媒介属性的分析来看，过往城市的国际传播往往未完全跳出"媒体本位""宣传本位"的思维框架，在对产品定制、多渠道推介、多介质展现等方面仍然有较大提升空间，尤其缺少对以"体量小、可视化、微呈现"为特征的"轻传播"的重视，未能形成新旧媒体联合、有效辐射面、统一传递对外声音的媒介矩阵。

（四）传播效果：匮乏的专业思维与产业化程度影响高质量输出

城市国际传播能力的建设是一项系统工程，需要统筹兼顾、充分调动相关部门与社会各界的积极性与能动性，投入众多资源、久久为功才能取得理想效果。具体而言，在专业化方面，我国地方的国际传播还处于摸索阶段：传播策略的创新、传播内容的"在地性"与"全球化"的兼容、传播人才的培养、传播工具的选择、传播效果的评测优化等工作还不够专业，对于国际传播的数据、案例、理论的研究仍有较大的探索空间，对于城市品牌建设、城市营销的开展往往缺乏顶层设计的统一，难以形成一致对外、分阶段、有节奏的传播打法，使得城市的品牌建设未能形成体系化、整合化的传播效果，海外受众对于城市的定位、印象比较模糊。

与此同时，国际传播的产业化程度也需要提升，这个领域的发展离不开人财物的积累，也离不开科学的产业布局、合理的投资与系统的运营。需要创造性地利用数字经济的发展成果，有效地使用和融入新的介质、体系与模式。而上述专业化和产业化的需求在我国城市国际传播领域中还有相当大的提升空间，这在很大程度上限制了我国城市国际传播能力的建设，是亟待突破的关键问题。

在新时代的背景下，国际传播的舆论环境、媒介技术与理论方法都已翻新，中国的国际传播事业正处于升级迭代的窗口期，需要积极争取与国际地位相匹配的话语声量。其中，传播资源进一步深入城市，挖掘中国的地方故事,以鲜活的在地性经验去传递中国声音、丰富中国的形象显得尤为重要。因此,本土媒介如何提高跨文化传播能力传递国际化信息、推广城市文化、打造城市品牌、形成统一的对外国际形象议程的重要性不言而喻,而综观中国城市国际传播能力建设的现状,这些目标的达成还有较长的路要走。

三 国外城市国际传播范例

随着全球化进程的推进,世界上的各个国家之间的联系日益密切,不少国家正加快国际传播进程。国家、城市间的经贸往来、文化沟通、跨国旅行等都是国际传播的重要途径,通过这些有效的传播途径打造"国际城市"是国际传播的重要目标。国内外学者对国际城市作出了界定,提出一个城市如果一个或几个方面的跨国交流比较频繁,其辐射力和吸引力会对全球或区域产生重大影响,这类城市便可称为国际性城市(International City)。当前由于国家整体实力的提高,我国的一些重要城市如北京、上海、深圳等在世界上的影响力也随之抬升,但客观来看,这些城市尚未达到"国际第一流"城市的标准,未能对大多数国家产生全球性经济、政治、文化影响,[1] 同时,我国其他的一些特色城市在激烈的国际传播的竞争中往往存在城市定位同质化的问题。鉴于此,有必要了解和学习世界上知名度较高的国际城市是如何进行国际传播?有哪些模式和方法可供参考与借鉴?以此来构建中国的国际城市,推动中国城市以更加积极的姿态走向世界中心的大舞台。

表1-4　　　　　　　　国外城市国际传播模式的范例

国际活动的承办以提升城市知名度与影响力	体育赛事	推动城市基础设施的建设,对城市经济文化影响力和相关产业的发展具有巨大的促进作用,如: 1. 日本东京第十八届夏季奥运会带动交通运输业、建筑业、体育和文化产业高速发展。[2] 2. 巴塞罗那"旧城换新城"

---

[1] 蔡旭初:《国际城市综合竞争力比较研究》,《统计研究》2002年第8期。
[2] 石秀梅:《浅析1964年东京奥运会对日本社会经济的影响》,《日本问题研究》2004年第1期。

续表

国际活动的承办以提升城市知名度与影响力	体育赛事	利用奥运会所带来的声势效应最大限度开发旅游商机，形成城市发展的长期红利，如悉尼的"后奥运战略"。 1. 重用国际化媒体，先后邀请了3000多家具有影响力的国外媒体到大洋洲，制作了价值23亿美元的宣传素材。 2. 继续举办大型国际会议，奥运会之后一年创造了举办49次国际会议的纪录①
	政治会议	如举世闻名的"世界音乐之都"维也纳，大量举办国际会议、解决国际冲突、在当地设立较多的国际组织与机构来奠定其"国际城市"的地位（国际原子能机构、石油输出国组织、联合国第三驻地）
文化产业的植入为城市赋予了光环	举办国际电影节	吸引行业精英、世界影迷目光，从而扩大城市的知名度。自身就作为一条附加值极高的产业链，通过产业联动，给城市带来经济收益相对自由、平等、开放的乌托邦式空间，实现跨越国别、种族的交流。 如旅游资源丰富、文化积淀深厚的威尼斯，举办了"威尼斯国际电影节"，借此开展学术、政治、思想、艺术等国际活动，将电影节、城市建筑、文艺作品、绘画雕塑、古今名人的影响发挥到极致②
	将城市品牌嵌入文化产品	城市就作为影视故事的发生地和背景板获取其附加的光环效应。 罗马：《罗马假日》 巴黎：《午夜巴黎》 卡萨布兰卡：《卡萨布兰卡》
差异化的城市品牌建构	基于城市CIS理论系统打造"时尚之都"	1. 城市理念识别（MI）：城市市民社会的价值取向、价值认同和市民准则。如"时尚"是法国民族的精神内核。 2. 城市行为识别（BI）是对城市文化精神和价值理论的外在表现，包括城市管理、城市经济和城市环境的建设行为。如"高级定制"、良好的时尚经济环境（专门的时尚基金）和消费环境（香榭丽舍大街、梦田大道等购物街区和巴黎百货、老佛爷百货等）。 3. 视觉识别（VI）关注城市外表风格和风貌带给人们的直观感受，包括城市景观和城市标志，如"巴黎时装周"

---

① 纪宁：《体育赛事与城市品牌营销新时代》，《体育学刊》2008年第1期。
② 高建国：《基于国际传播的文化名城特色发展之路——以威尼斯、维也纳、名古屋为例》，《苏州科技学院学报》（社会科学版）2016年第4期。

续表

差异化的城市品牌建构	地方IP塑造与运营	成功的IP打造是提高城市认知度、提升城市文化体验和快速聚集人气的有效方式,如日本熊本县的"熊本熊"。 形象设计：基于民族文化和人格特质的研究,爱恶搞、卖萌、耍贱、"事件营销",如"寻找丢失的腮红""减肥失败被降职"等,让受众在有趣的参与式的体验中加强与熊本熊的情感连接。 开源的IP路径,推广"自来水"。对日本境内的一切商业授权均采取免费政策,这一策略让大量农副产品企业纷纷将熊本熊印在包装上,成为熊本熊IP产品的推广"自来水"
	连接传统与创新,充分实现"可沟通"	"可沟通城市"强调"时空平衡",即文化塑造要充分实现传统与现实的交流融合,将厚重的历史镶嵌在当下的日常生活,在创新中赋予历史以新的意义,持久地凝聚着市民对自己城市的认同,如丰富人文资源和浓郁历史风貌的古城名古屋通过城市发展的创新性,使名古屋焕发活力,包括科研与创新,成为日本工业的核心地带;管理创新,运输能力连居全国第一;经营理念的改进,成为享誉世界的旅游热地;老港区进行了改造搬迁,适应了现代城市居民的生活和精神追求
社交媒体的创新性应用,提高城市声量		自下而上的传播路径、平等轻松的传播调性、软性丰富的传播内容、多元复调的传播主体实现了跨国界、跨种族、跨语言的用户覆盖和连接,如： 澳大利亚昆士兰旅游局招募"世界上最好的工作"。在全球范围内以半年高达15万澳元的薪酬招募一名"守岛员",工作内容是住在美景如画的海滨豪宅中通过网络发布他每天的所见所闻。页面浏览量超过5500万人次,用134.7万英镑的成本为昆士兰州换来3.98亿澳元的公关价值。 伦敦市民自发的行为艺术"给伦敦的情书"(Love Letter to London)吸引众多伦敦市民和国外游客驻足观看和拍照转发。伦敦还发起了一个Instagram活动,鼓励市民在城市内不同地点与"胖乎乎的心"合影,从而点亮城市角落。该活动通过国际社交媒体引发全球关注。① 巴黎政府、巴黎旅游局、巴黎大区等各界官方机构积极在国际社交媒体开设账号,以通过细分领域的社交媒体运营来助力巴黎城市时尚形象的传播与打造,分享巴黎时尚讯息。如由巴黎时装周等官方账号发布的"#巴黎时装周#"的新浪微博讨论话题已引发1046.2万人次讨论,48.7亿人次阅读②

① 廖秉宜、任凯伦：《城市品牌国际传播的策略创新》,《对外传播》2020年第2期。
② 单娟、朱林晶、龙彦池：《从营销策略视角看城市品牌形象的建构——以巴黎时尚形象为例》,《全球城市研究（中英文）》2021年第1期。

总体来看，目前我国的城市形象在国际上的知名度与影响力与其经济实力并不匹配，存在着定位同质化、品牌体系混乱、传播渠道不通畅等问题。相比之下，国外的诸多城市在打造自身的国际形象方面已经取得了较好的成绩，有着相对成熟的城市品牌建设模式和经验。因此，我国各大城市在城市形象建设的过程中有必要多了解国外的优秀案例，找到对标范本，结合自身实际去学习与实践，从而在我国打造出具有高水平的国际化大都市。

第四节　深圳国际传播能力建设的现状

经济全球化、金融业快速国际化以及信息全球化导致了世界城市体系的加速转型，全球城市的建设已成为当今世界政治、经济发展的"支点"，其意义已经超越一座城市本身的经济社会发展功能，很大程度上代表着本国在世界上的发展和引领能力。城市国际形象的打造和传播是建设全球城市的关键环节，是一个城市提高知名度、扩大影响力、赢得国际认同、吸引优质资源和人才的重要途径，也是一个国家综合实力的重要体现。

深圳 40 多年的飞速发展被外界普遍视作当代中国现代化进程的缩影，同时，作为国家"粤港澳"大湾区建设的中心城市，也是海上"丝绸之路"的重要城市，深圳在国家战略中被定位为国家创新城市、全国性经济中心城市和国际化大都市。2019 年 8 月 9 日，在《中共中央、国务院关于支持深圳建设中国特色社会主义先行示范区的意见》中，中央站在新的国际国内战略发展的高度，要求深圳先行先试，从经济中心城市向竞争力、创新力、影响力显著的全球标杆城市迈进，成为我国全面建成社会主义现代化强国的城市范例。

强大的品牌资产是一个城市发展、扩大影响力的基础，为城市的发展提供源源不断的能量。城市品牌资产的形成是一个漫长累积过程，一方面源于城市内部的各类物理、自然、文化和商业资源的累积，另一方面也源自公众对于城市品牌形象的主观感知和塑造。传播独特的城市形象有利于城市品牌的打造与城市品牌资产的形成，最终实现城市的核心竞争优势。在这一部分，笔者将综合运用国际传播和城市形象的相关理论，对深圳的"创新之城""包容之城""未来之城"的城市形象建设现状展开分析。

一 CIS 理论视角下的深圳城市形象建构

城市品牌化在"地方形象"建构过程中具有高度选择性和排他性，"地方形象"共同打造了"地方神话"，并在人们对地方的感知中发挥了强大而持久的作用。[①] 只有形成独特的城市形象并不断丰富其内涵，人们才能体验到城市的特色，从而成功激活城市品牌。基于城市 CIS 理论，本书将从深圳城市理念形象（CMI）、深圳城市行为形象（CBI）和城市视觉形象三方面对深圳形象进行构建。

（一）深圳市理念形象（CMI）：特区精神与城市目标

城市理念识别（CMI）是城市品牌塑造的内核部分，是城市共同价值观的提炼与升华。城市理念的准确识别是塑造良好城市形象、打造城市品牌的重要前提。要识别城市理念最为关键的是洞察城市特征、城市精神理念以及城市的发展潜能。其中，城市精神理念是城市精神和市民思想境界的综合体现，反映了城市的历史积淀、城市文化以及市民社会的价值取向，是形成城市内部的认同感以及在对外的城市形象传播中实现差异化竞争的关键要素。城市的发展潜能，往往与城市发展的战略布局、城市规划和发展目标相关，是一个城市短、中、长期发展的重要指南。

深圳这座城市在 40 多年的发展历程中，孕育出产生于特定时代背景、历史时期和实践指导下的、内涵丰富和独具特色的"特区精神"。2010 年 5 月，深圳市第五次党代会报告将"特区精神"归纳为 7 个方面：敢闯敢试、敢为天下先的改革精神；海纳百川、兼容并蓄的开放精神；追求卓越、崇尚成功、宽容失败的创新精神；"时间就是金钱、效率就是生命""空谈误国、实干兴邦"的创业精神；不畏艰险、敢于牺牲的拼搏精神；团结互助、扶贫济困的关爱精神；顾全大局、对国家和人民高度负责的精神。[②] 特区精神对于塑造深圳对外窗口和国家形象具有重要

[①] Shields R., *Places on the Margin: Alternative Geographies of Modernity*, Routledge, 2013.
[②] 王荣：《努力当好科学发展排头兵 加快建设现代化国际化先进城市——在中共深圳第五次代表大会上的报告·深圳年鉴2011》，内部印刷，2011 年。

意义。

一方面，深圳"特区精神"是在改革开放这一特殊的历史背景下、在特区发展的历史演进中逐步成形，是一代深圳人共有的文化记忆。始于1978年的改革开放是中国社会转型的起步，一切改革皆为摸着石头过河，在这样的背景下，经济特区深圳承担了改革开放试验田、先行地和窗口的功能，不仅面临着探索中国特色社会主义道路的任务，还需要"革经济体制的命，革旧思想观念的命"，于是敢闯敢拼的硬核特区精神应运而生。在深圳特区此后的发展中，无数深圳人又不断为"特区精神"增添新的注脚，如蛇口一声炮响产生了"时间就是金钱、效率就是生命"的口号，催生了特区人的竞争意识和开拓创新精神；1979年两万基建工程部在深圳打响了特区建设第一枪，士兵们在深圳艰苦创业，用劈山开路，移土填海的实际行动诠释了"拓荒牛"精神；当股票还被一些人视作资本主义"代名词"时，特区人敢于涉险滩，率先发行股票、创建证券交易所，并逐步探索构建了多层次的资本市场，用突出表现诠释了实干家精神。

另一方面深圳精神是深圳面向未来、走向世界的强大文化基因和精神动力。倡导"海纳百川、兼容并包"的深圳精神让深圳不仅仅停留于过往的成绩和内部文化认同上，而是注重不断提升自身竞争力，在开放中博采众长，树立全球意识，在合作共赢中共同繁荣。基于此，深圳特区准确判断国际形势，抓住全球化机遇，构建了立体化的开放型经济体制，外向型经济得到迅速发展，成为展示我国对外开放成就和国际社会观察我国改革开放成就的重要窗口。此外，深圳这座城市的开放包容也铸就了它独特的移民文化，"来了就是深圳人""深爱人才"这些宣传标语让无数年轻人在这里找到归属感、价值感。因此，深圳"特区精神"是在纵向的历史坐标中不断积淀演化，并在横向的多元主体的交流、融合中产生集体认同感和文化凝聚力。

城市的发展策略和发展目标是城市战略系统的重要部分，也是城市理念形象的核心内容。2021年6月，深圳市对外发布《深圳市国民经济和社会发展第十四个五年规划和二〇三五年远景目标纲要》（下文简称《纲要》），详细描述了深圳作为中国特色社会主义先行示范区的建设成就和规划目标。对标中央国际传播能力建设的总体要求，《纲要》的相关内容已凸显现代化国际化的深圳目标，展现深圳在全面建设社会主义现代化国家新征程中作出新的更大贡献的远景目标。具体包括如下内容。

到2025年,深圳希望建成现代化国际化创新型城市,基本实现社会主义现代化。跻身经济实力、发展质量到全球城市前列,大幅提升文化软实力,提高公共服务水平,生态环境质量达到国际先进水平。

到2030年,建成引领可持续发展的全球创新城市,社会主义现代化建设跃上新台阶。经济总量和居民人均收入大幅跃升,建成现代化经济体系;基础研究和原始创新能力大幅提升,创新能级跃居世界城市前列;粤港澳大湾区核心引擎和资源配置功能显著增强,国际交流更加广泛,成为全球重要的创新中心、金融中心、商贸中心、文化中心,跻身全球先进城市行列;建成高水平公共服务体系,人民生活更加美好;实现碳排放达峰后稳中有降,社会文明达到新高度。

到2035年,建成具有全球影响力的创新创业创意之都,成为我国全面建成社会主义现代化强国的城市范例,率先实现社会主义现代化。成为高质量发展高地,城市综合经济竞争力世界领先,经济总量、人均地区生产总值在二〇二〇年基础上翻一番;成为法治城市示范,建成一流法治政府、模范法治社会,营商环境位居全球前列,城市治理体系系统完备、科学规范、运行高效;成为城市文明典范,开放多元、兼容并蓄的城市文化特征更加鲜明,城市品位、人文魅力充分彰显,时尚创意引领全球;成为民生幸福标杆,实现幼有善育、学有优教、劳有厚得、病有良医、老有颐养、住有宜居、弱有众扶,市民享有更加幸福安康的生活;成为可持续发展先锋,打造人与自然和谐共生的美丽中国典范。

到21世纪中叶,以更加昂扬的姿态屹立于世界先进城市之林,成为竞争力、创新力、影响力卓著的全球标杆城市。那时的深圳将是让世界刮目相看的另一番新景象,拥有高度的物质文明、政治文明、精神文明、社会文明、生态文明;那时的深圳将充分彰显中国特色社会主义的制度优势,代表中国参与全球竞争合作,引领世界城市发展潮流;那时的深圳将成为全球城市版图中的璀璨明珠,习近平总书记寄望的盛景将在鹏城大地全面绽放。[1]

---

[1] 深圳政府在线:《深圳市国民经济和社会发展第十四个五年规划和二〇三五年远景目标纲要》,http://www.sz.gov.cn/cn/xxgk/zfxxgj/ghjh/content/post_8854038.html。

从上述分析可见，创新、现代化、国际化已成为深圳未来发展的主要目标，这与深圳"创新之城""未来之城""包容之城"的城市定位不谋而合，这些共同助力于城市理念形象的打造，推动深圳成为现代化国际化创新型城市。

（二）深圳市行为形象（CBI）：创新之城、未来之城、包容之城

城市行为形象指城市中群体与个体的行为规范、行为准则、行为模式、行为取向和行为方式，包括城市中居民的文化程度、精神风貌、行为言论、服务水平、生活水准、公共关系等。城市行为形象可分为两种标准分类：其一是根据行为主体，分为政府行为、企业行为与市民行为；其二是根据行为主体涉及的领域，分为经济行为、社会行为、文化行为等。文本将采取第二种分类依据，从经济、社会和文化三个层次来分析深圳市行为形象（CBI）。

从经济行为层面来看，深圳在对外经济、明星企业、高新战略产业等领域的发展都为其打造"创新之城"的品牌形象奠定了坚实的基础。对外经济方面，近年来，深圳不断提高对外投资水平，截至2021年12月底，深圳已在全球146个国家和地区投资设立了8169家企业及机构，累计实际投资额624.76亿美元；企业累计对外承包工程完成营业额1954.90亿美元，其中，对外承包工程完成营业额131.73亿美元，在全国城市中排名第一。此外，深圳的对外投资还在"一带一路"共建国家和地区持续发光发热，如位于越南海防市的深越合作区自实施"精准招商"策略以来，具备中资成分入园的企业投资总额占97.87%，达到4.6亿美元，成为践行国家"一带一路"倡议的示范项目之一，也是树立深企良好形象的一个缩影。[①] 除了对外投资"走出去"交流，深圳也充分展现了自身的实力与诚意，吸引大量外资落地。如深圳出台了《深圳市鼓励跨国公司设立总部企业办法》，为外资引进提供政策支持，并在全国首创外商投资促进公共服务体系，建设外商投资企业权益保护服务工作站，完善"深圳外商投资促进服务信息平台"，为外商投资企业提供全方位、全生命周期的贴心服务。在这些努力之下，深圳实际使用外资金额呈逐

---

① 深圳政府在线：《深圳对外投资146个国家和地区》，http://www.sz.gov.cn/cn/zjsz/fwts_1_3/yxhjjc/content/post_9538408.html。

年递增趋势，数据显示，在2016—2021年，深圳市新设外商投资企业超4万家，实际使用外资金额累计超490亿美元。规模从2016年的超66亿美元，增长至2021年超100亿美元，创历史新高。①

明星企业方面，8月3日《财富》杂志在其官网全球同步发布的2022年世界500强排行榜显示，深圳共有10家企业上榜，上榜数量位居全国第三，这10家企业分别是中国平安保险、正威国际、华为、腾讯、招商银行、万科、中国电子信息、深圳市投资控股、比亚迪以及顺丰，②这说明深圳的本土企业正在世界上拥有越来越大的影响力。2022年全球PCT国际专利申请人排行榜发布，瑞声科技以累计超过14000件专利位居国内制造业类第一，与华为、中兴、腾讯、大疆等7家深圳企业一起跻身全球前50位。从一家默默无闻的小企业成长为全球精密制造龙头，这样的励志故事在深圳高新区还有很多。如从仓库中走出来的大疆，不仅成功开拓了消费级无人机市场，还成为全球最受欢迎的消费级无人机品牌，在2020中国独角兽TOP10榜单排名中，以1660亿元的估值排名第7，占据全球民用无人机市场80%份额，成为全球消费级无人机的"巨无霸"。③还有已经形成了汽车、轨道交通、新能源和电子四大产业的全产业链生态闭环的比亚迪。如今比亚迪已抓住了时代机遇，成为一家提供新能源整体解决方案的500强企业，其新能源汽车足迹遍布全球70多个国家和地区、超过400个城市。④总体来看，深圳目前已形成以企业自主创新为主体的产业集群，头部的"明星企业"全面领跑，形成了极富生机的高科技企业密集地带。而这些"明星企业"的价值不仅在于向国外打响深圳"创新之城"的品牌形象，更为重要的是它们的发展与深圳的发展同频，它们的命运与深圳共系，它们正是讲述"深圳精神"、传递"深圳故事"、记录"深圳面貌"的绝佳载体。

---

① 深圳政府在线：《300家世界500强投资深圳》，http：//www.sz.gov.cn/cn/zjsz/fwts_1_3/yxhjjc/content/post_9696579.html［2024-11-25］。

② 深圳政府在线：《10家深企跻身世界500强》，http：//www.sz.gov.cn/cn/zjsz/fwts_1_3/yxhjjc/content/post_9998691.html［2024-11-25］。

③ 深圳政府在线：《深圳高新区＝科技高产田》，http：//www.sz.gov.cn/cn/zjsz/fwts_1_3/yxhjjc/content/post_9596993.html［2024-11-25］。

④ 深圳政府在线：《10家深企跻身世界500强》，http：//www.sz.gov.cn/cn/zjsz/fwts_1_3/yxhjjc/content/post_9998691.html［2024-11-25］。

高新战略产业方面，2022年6月出台的《深圳市人民政府关于发展壮大战略性新兴产业集群和培育发展未来产业的意见》提出了"20+8"的产业集群建设目标，指出到2025年，战略性新兴产业增加值超过1.5万亿元，成为推动经济社会高质量发展的主引擎。培育一批具有产业生态主导力的优质龙头企业，推动一批关键核心技术攻关取得重大突破，打造一批现代化先进制造业园区和世界级"灯塔工厂"，形成一批引领型新兴产业集群，网络与通信、软件与信息服务、智能终端、超高清视频显示、新能源、海洋产业等增加值千亿级产业，集群发展优势更加凸显，半导体与集成电路、智能传感器、工业母机等产业短板加快补齐，智能网联汽车、新材料、高端医疗器械、生物医药、数字创意、现代时尚等产业发展水平显著提升，合成生物、区块链等未来产业逐步发展成为新增长点。[①] 其中，智能网联汽车产业是深圳市重点打造的二十大战略性新兴产业集群之一，对此，深圳市频频发力，在南山区成立了首个自动驾驶智能研究中心，并依托香港科技大学、清华大学、瑞士苏黎世联邦理工学院、新加坡南洋理工大学等国内外知名高校，聚焦车联网技术、车载传感器、智能感知等自动驾驶领域关键核心技术，深化产学研融合，致力于打造业界标杆解决方案。[②] 此外，为了鼓励智能网联产业的顺利推进，作为先行示范区的深圳还提供了更广阔的空间和更有力的法律保障。2022年8月，我国第一部智能网联汽车管理法规——《深圳经济特区智能网联汽车管理条例》在深圳正式实施，首次将完全自动驾驶纳入立法范围，为无人驾驶事故划分责任，支持有条件自动驾驶（L3）及以上级别的自动驾驶在特定区域、路段行驶。深圳是全球首个公交出租车全面电动化的城市，汽车产业智能化、网联化、电动化走在全国前列。深圳本土企业比亚迪在2022年上半年首登全球新能源汽车销冠王，而除了比亚迪这种龙头企业以外，更有全球最完整的新能源汽车产业链：有开沃等整车企业，还有航盛电子、比克电池、大地和电机及贝特瑞、汇川等

---

① 深圳新闻网：《深圳市人民政府关于发展壮大战略性新兴产业集群和培育发展未来产业的意见》，https://www.sznews.com/news/content/2022-06/06/content_25173311.htm［2024-11-25］。

② 深圳政府在线：《深圳自动驾驶智能研究中心落地南山 系粤港澳大湾区首个自动驾驶智能研究中心》，http://www.sz.gov.cn/cn/zjsz/fwts_1_3/tzdt_1/content/post_9835627.html［2024-11-25］。

大批新能源汽车关键零部件企业和核心材料企业,已形成产业链闭环。①由此可见,深圳在未来的"创新战略"中表现出了高瞻远瞩的判断力和果断高效的行动力,这背后既有强大的经济实力和资源的背书,亦是一贯的"开拓创新、稳扎实干"的深圳精神内驱动的结果。

从社会行为层面来看,深圳作为中国特色社会主义先行示范区,一直在探索新的、符合时代发展潮流的、最先进的城市治理理念,不断提升自身的治理能力,积极拥抱人类文明新形态,如元宇宙、平行的虚拟社会等,深圳在社会行为层面的各项举措助力深圳向着"未来之城"的目标不断靠拢。

城市治理方面,为了贯彻落实《中共中央、国务院关于支持深圳建设中国特色社会主义先行示范区的意见》,深圳早在2019年深圳就开启了城市治理现代化、国际化的有益探索。其中最为突出的是"国际化街区"建设的全面启动,深圳正在尝试将产业规划、营商环境、人才引进以及世界多元文化融入街区建设与管理,其首批创建的20个国际化街区遍布全市10个区(新区),并将进一步总结和推广首批国际化街区建设模式。

"国际化街区"的设计充分体现了深圳在城市治理中对于"跨文化"的考量、抓住了"文化接近性""融入"的关键要素,通过产城融合、理念融合、中外居民融合、空间规划布局、公共配套建设、智能平台打造等领域入手,来后天建构文化的亲和性和接近性,打造一套兼具"深圳范"与"全球化"的国际化街区创建标准,让跨国工作、旅行、移居的友人减少文化冲突和不适应感,建立起对深圳本土文化的认同感和归属感,促进城市新一轮对标全球先进的国际化发展。

具体而言,深圳国际化街区为打造现代化、国际化的"未来之城"、增强城市国际传播影响力提供了诸多有益的发展思路。

第一,融合全球创新智力,位于福田区的深港科技创新合作区成为粤港澳大湾区创新发展新引擎和国际科技创新合作新平台,打造了国际化的科研环境,包括国际化的科研载体、科研空间以及引进专业社会组

---

① 深圳新闻网:《高质量发展调研行·产业扫描丨深圳抢占汽车产业革命下半场先机》,https://www.sznews.com/news/content/2022-08/19/content_25319577.htm。

织组建国际化街区人才队伍；南山区也已拥有众多国际合作项目，如清华—伯克利深圳学院、深圳布里斯班国际创意孵化中心、苹果深圳研发中心等，集聚了大量国际高端人才，后续南山区将继续完善辖区内国际医疗机构、国际化学校等基础配套设施，对境外人员管理中心、外国人服务站等设施提供更多支持，尤其是在人员素质提升方面。

第二，在传统文化中彰显国际元素，深圳国际化街区的创建标语是"Live Local, Live Global（越深圳，越国际）"，这说明一方面深圳拥有坚定的本土文化自信；另一方面，深圳也懂得通过将本土文化与国际文化相结合，来打造更具亲和力的"在地性"城市传播。如罗湖区创建的东门街区承载着深圳记忆，东门街道前身是东门墟，也是深圳的发源地，拥有历史文化积淀。该街区今后的创建就将深入挖掘"东门墟、深圳根"元素，结合改革开放的独特文化，推动文化、艺术、娱乐、创意体验等多元业态类型发展和街区空间改造，综合运用城市更新、文化复兴、整治翻新等方式打造承载深圳历史和文化底蕴的国际化商业街区。类似地，龙华区的观澜街区也同样历史悠久、人文荟萃，拥有客家民居、碉楼等多种物质文化遗产，以及客家山歌、舞麒麟、赛龙舟等非物质文化遗产。拥有深圳目前唯一完整保留的古代墟市街区——观澜古墟，全球最大的版画原创产业基地——观澜原创版画基地等。今后龙华区将致力于活化街区资源，设计打造主题公园、景观小品、建筑元素和街边涂鸦等街区特色，实现主要场所中英双语标识全覆盖，构建"观澜印象"街区 IP 体系。

第三，承载绿色生态愿景，海洋资源是深圳未来发展的宝贵财富，深圳的滨海盐田区对标世界先进理念，立足梅沙滨海旅游特色优势打造梅沙国际化街区。结合"最美森林小镇"建设，该街区将以建筑标准国际化、街区形态国际化、人文环境国际化、管理（治理）机制国际化、生活品质国际化为规划建设标准，对梅沙门户区域进行高标准改造。同时，梅沙街区还将推进城市慢行系统建设，加快辖区智慧交通建设，开展多功能智能杆试点建设，推动建设梅沙片区智慧停车三级诱导系统升级工程。除此之外，作为深圳承载绿色健康梦想的功能新区，大鹏新区积极探索"生态友好型"全新模式。大鹏国际化街区致力于建设旅游产业与食品健康产业繁荣发展的国际化滨海特色小镇。大鹏国际化街区还将高起点谋划建设深圳国际食品谷，参考荷兰食品谷建设发展模式，依托中国农业科学院深圳农业基因组研究所技术力量，将深圳国际食品谷率先打造为国际农业及食品科技创新中心和人才聚集区、未来农业和安全健康食品示范区。

最后，特色产业引领创新发展，5G、大数据、城市云等。龙岗区坂田街区富有浓浓的"科技感"，该街区将发挥以华为等龙头企业为主导的高新产业集群技术引领示范作用，延长产业链链条，带动技术、资本等资源要素聚集，以新一代信息产业为先导引领整个片区发展。坂田街区将借助5G基站建设基础，发挥大数据资源优势，提升街区治理科学化、智慧化水平，打造新型智慧城市标杆片区。同时，立足粤港澳大湾区面向全球，宝安区的会展新城街区未来定位为开放引领的国际会展门户区、创新共享的湾区科技新引擎、高效复合的西部城市中心极核、产城融合的绿色生态城区。该街区将重点培育"国际会展+"生态圈，在会展周边建设高品质国际化、多元化的活力街区，并计划引入希尔顿、万豪等国际性品牌酒店商业，布局沃尔玛、山姆会员店、奥特莱斯等大型国际性商业服务品牌，强化对国际化业态的引导，满足多元化人群的需求。[1]

社会文明新形态的探索方面，一方面，深圳紧跟时代之趋和全球之势，以高瞻远瞩的战略目光布局"元宇宙"，主动创造与世界对话的机会。2021年10月28日，Facebook正式对外宣称公司将改名为Meta（元），掀起"元宇宙"高潮，成为全球性现象。对此，深圳各界相关人士也纷纷入局，腾讯CEO马化腾表示腾讯将在社交媒体、人工智能、游戏等相关领域探索与元宇宙相关的体验；华为也进行了相关的有益探索，发布了一款基于虚实融合技术Cyberverse（河图）的AR交互体验App——"星光巨塔"；2021年11月20—23日，由深圳科协指导，科学与幻想成长基金（以下简称科幻基金）联合元宇宙创新实验室发起的全国首个科幻周于深圳正式启动，以"百年后的深圳"为主题，采用数字化互动方式，打造深圳的"科幻走廊"。深圳在新技术革新中所展现出的战略野心和迅速的行动，有助于使城市在知识经济的时代增强自身的竞

---

[1] 深圳外事办：《市委外办"国际化进行时"专栏——开启城市治理现代化国际化的全新探索》，http：//fao.sz.gov.cn/ztzl/lszt/gjhjxs/content/post_11748.html。

深圳国际化街区首批创建名单
(2019—2022年)

宝安区
1. 宝安中心区
2. 会展新城

光明区
1. 公明街区

龙华区
1. 民治街区
2. 观澜街区

龙岗区
1. 坂田街区

坪山区
1. 坪山街区

南山区
1. 蛇口街区
2. 招商街区
3. 粤海街区
4. 桃园街区

福田区
1. 香蜜湖街区
2. 深港科技创新合作区
3. 华强北街区

罗湖区
1. 翠竹街区
2. 东门街区
3. 桂园街区

盐田区
1. 梅沙街区
2. 海山街区

大鹏新区
1. 大鹏街区

图1-1　深圳国际化街区首批创建试点名单图示
（来源：深圳外事办）

争力和个性特质，从而在跨文化传播中彰显出更具有独特的叙事底蕴和对话资本，对于"元宇宙"的各种尝试也为深圳的城市形象增添了科技化、现代化的色彩，引导人们畅想着"未来之城"的形态。

另一方面，深圳也在倾其全力打造"城市文明典范"布局支持体系，如2022年8月深圳市委宣传部与南方科技大学合作共建"全球城市文明典范研究院",助力深圳快速建成体现"全球视野、国家立场、时代精神、深圳表达",在国内外有广泛影响力的全球城市文明学术研究中心、决策咨询高地、交流传播平台。该研究院将在后续全面推进城市文明典范研究工作、构建全球城市文明专业信息咨询库和深圳市城市文明典范建设数据库、创办"全球城市文明论坛"、合作开展文明城市人才培训,为新时代国际传播、国家文化自信、城市文明和区域城市文明发展提供理论研究、数据支持和评估、管理工作,助力深圳全面建设与中国特色社会主义先行示范区相匹配的城市文化软实力。[①]

从文化行为层面来看,无论是对内还是对外,深圳这座城市都展现出极强的开放与包容之态,一致且稳定地向人们传递着"包容之城"的城市形象。

对内方面,"移民城市"是深圳一个重要的标签,据统计,每1000个深圳移民中,就有226个来自广东,135个来自湖北,143个来自湖南,101个来自江西,其余依次分别是河南、四川、安徽、黑龙江、吉林等。几乎大半个中国的人,都或多或少与深圳这座城市产生勾连,因此,深圳人鲜少有"土著"的概念,相反,"来了就是深圳人"逐渐成为这个城市的共识和话语标志。曾供职于《深圳特区报》的记者胡野秋在为深圳立传时曾写过一段话:"深圳是'杂交'文化,并非'多元'文化,多元是一种多样并行的文化体,但杂交则是产生一种全新的文化体,是全国独一无二不可复制的文化结构。"也正是这种独特的文化结构赋予了深圳极大的包容性和活力。

在对待少数群体、弱势群体方面,深圳也体现出了其包容的特质。如深圳是典型的"女性友好城市",设有30个性别平等、婚调、反家暴、心理服务示范点,373个不同形式的维权站,为了消除就业性别歧视,2018年,深圳便成立了反就业性别歧视工作领导小组,设立了反就业性别歧视投诉专线,让就业环境更趋公平。此外,深圳作为科技创新之城,

---

① 南方科技大学:《南方科技大学"全球城市文明典范研究院"揭牌》,https://mp.weixin.qq.com/s?__biz = MzA5MTk2OTA4NA = = &mid = 2650054057&idx = 1&sn = 8c61e547a63e-1cd736c9b40b47e8f43e&chksm = 88747efabf03f7ec99727e9d6607bc1b57434211ee3d0442e1c4ae9600-edd044043973629190&scene = 27。

女性科技工作者占比近 40%。2021 年 12 月，全国首家主要由国有资本注资支持的"深圳市巾帼科技创新基金"诞生，将重点聚焦粤港澳大湾区女性科技创新企业，致力于搭建女性科技人力资源、产学研用对接合作平台，为女性科技创新提供金融扶持、管理服务和技术支持。①

对外方面，2020 年，深圳目前与全球 56 个国家和地区的 88 个省市地区结为友好城市或友好交流城市，包括美国休斯敦市、巴西圣保罗市、德国柏林市、日本大阪市、柬埔寨金边市、澳大利亚布里斯班市、韩国釜山市、意大利米兰市、阿联酋迪拜市等，国际友好城市"朋友圈"遍布全球。深圳不断推进与国际友城在经贸、文化、科技、职业教育等领域务实合作。② 到 2021 年 12 月，深圳友好交流城市数量升至 65 个。③ 城市文化建设方面，深圳政府也推出了诸多国际化的文化事业重大工程。并借助中国（深圳）国际文化产业博览交易会、"一带一路"国际音乐季、深圳（国际）科技影视周、深圳国际摄影大展、中国国际新媒体短片节、中国国际钢琴协奏曲比赛等来展现出深圳多元的文化包容生态。④

（三）深圳市视觉形象（CVI）：现代之城与滨海之城

城市的视觉形象是城市外表风格和风貌给群众的直观感受，包括城市规划、城市基础设施、城市景观、城市标志、城市造型等。深圳市将"国际化"作为城市景观设计和建筑的重要理念。学者吴予敏曾指出："国际化本身并不具备特定的符号意义，也不可能有统一的外在形式，城市景观体系，在自然生态结构的基础上建立，最重要的是她透出的文化的力量。国际化城市，完全是因为其内在生命力的充盈、历史的积淀、结构的和谐和特色的展现而取得了国际地位。"⑤

---

① 南方报业传媒集团南方＋客户端：《深圳诞生全国首只国有资本注资巾帼科创专项基金》，https：//www.163.com/dy/article/GSFU6IJA055004XG.html。
② 深圳政府在线：《开放包容》，https：//www.sz.gov.cn/cn/zjsz/fwts－1－3/tzfw/tzys/content/post_11424220.html［2024－11－25］。
③ 深圳市人民政府外事办公室：《深圳市友好城市信息总表》，https：//www.fao.sz.gov.cn/ztzl/gjyhcs/［2024－11－25］。
④ 深圳政府在线：《政府工作报告》，http：//www.sz.gov.cn/zfgb/2021/gb1121/content/post_8852606.html［2024－11－25］。
⑤ 吴予敏：《景观美学与国际化城市的景观体系——以深圳市经验为案例》，《当代生态文明视野中的美学与文学国际学术研讨会论文集》，2005 年，第 430—449 页。

2005年，深圳建设国际化城市的目标是努力建成高科技城市、现代物流枢纽城市、区域性金融中心城市、美丽的海滨旅游城市、高品位的文化生态城市。其中，为了实现"美丽的海滨旅游城市和高品位的文化生态城市"的目标，深圳调整了产业结构与生态城市的关系，逐步建立了以金融、高新技术产业、服务业等三大产业取代传统的工业和加工业。同时，还将治水和管山结合起来，从用水源头上严格"把关"，通过对水资源的控制，实现对山地水源的涵养和植被保护，对260千米的海岸线展开全面规划，开发利用丰富的海洋资源，建成了如深圳湾公园、西湾红树林公园、欢乐港湾摩天轮、蛇口海上世界、杨梅坑等景区，为人们休闲、娱乐、旅行提供了绝佳的目的地，使深圳整体上成为名副其实的滨海城市。

深圳中心区的设计采取了以生态审美主义为导向的设计方案，城市中轴线，北起莲花山公园小平铜像广场正中央，贯穿市民中心、会展中心、市民广场等轴线上的地标，形成了全长2千米的绿色休闲、娱乐的长廊。中心广场及南中轴景观环境项目是全市最大、最重要的城市广场及大型公共空间，也是展示深圳国际化城市形象的重要场所，更是深圳城市生活和城市精神的所在。北中轴是由深圳书城中心城、地下车库、地铁站、休闲广场、四个文化公园等组成的多功能复合空间。中心地区的周围筑以绿色堤坝，并在堤坝内修筑巡游小路，堤坝的内侧建造伴有细微起伏的倾斜地形，并设计兼作蓄水池的细长水域，高大乔木的绿冠有如绿云般覆盖了美丽的绿岛。这条轴线不仅有降低建筑密度、休闲、环保的作用，长远的目标是将生态、人居合为一体，形成可持续发展的生态轴线。

在城市景观体系中，标志性建筑和以大型空间雕塑为代表的公共艺术是最主要的亮点，它们不仅仅是技术载体、经济实力的炫耀或政治宣言的诉求，更重要的是它承载着这个城市的历史，是某种共同的精神风貌的物化呈现。[1] 对深圳来说，比较有代表性的地标建筑，如建于1994年的"世界之窗"，其中包含了全球各地历史建筑、文化景观，其中包括

---

[1] 吴予敏：《景观美学与国际化城市的景观体系——以深圳市经验为案例》，《当代生态文明视野中的美学与文学国际学术研讨会论文集》，2005年，第430—449页。

了"意大利比萨斜塔""巴黎埃菲尔铁塔"等,代表了刚"开门"的深圳人睁眼看世界的渴望。还有建于 1996 年的高层建筑——地王大厦,以 384 米的高度成为当时的亚洲第一高楼,这个建筑以两天半一层楼的施工速度,成为"深圳速度"的写照。① 总建筑面积约 160.5 万平方米,由 19 个展厅共同组成、大小相当于 6 个鸟巢的"深圳会展中心"则象征着深圳的国际化、开放性、文明程度迈上了新的台阶。②

图 1-2　深圳"世界之窗"

（来源：视觉中国）

从世界城市发展的规律来看,城市化和现代化是共同的必经阶段,也正因如此,城市功能、国际化的管理模式、语言环境、生活和文化特点都开始趋于同质化,而城市的景观体系是保留城市个性的重要因素,它是一个城市经济和社会发展水平的显示,更是这个城市的文化标识和

---

① 深圳大件事:《或成深圳首个!又一未来新地标即将崛起,大量效果图曝光,就在这里》,https://mp.weixin.qq.com/s/R8KLrgBRZgHASa4YViJjUA［2024-11-25］。

② 一个深圳:《深圳地标,一个比一个厉害!》,https://mp.weixin.qq.com/s/V3MmHf_zZ8C65JUPCJ46GA［2024-11-25］。

价值象征，任何拥有国际影响力的城市都必须建立起自己高水准、独特性和典范性的景观体系。对于深圳来说，已初步建立了滨海城市、绿色生态城市以及现代化城市的景观体系，但总体来看，深圳还缺少具有国际影响力的经典建筑和差异化的景观风格，这或许是深圳的城市视觉形象在未来需要发力的方向。

二 深圳城市品牌建设与城市营销

在全球一体化的时代，资金流动和人员往来变得越来越自由，与此同时，城市与城市的同质化现象越发普遍，在激烈的城市竞争的赛道上，城市品牌所具有的吸引力、凝聚力、辐射力等独特的价值能够发挥出"磁铁效应"，为城市吸引优秀的人才和丰富的资源，形成自身发展的竞争优势。此外，城市品牌的建设配合各种推广营销策略，可以使城市在跨文化传播中形成差异化的、系统的、一致对外的声音和形象，有利于提高整个城市的知名度和美誉度，增强城市在国内外的影响力和辐射力，从而提升整体城市形象。

（一）设计之都

深圳是一座充满创意、激情的城市，设计与深圳的城市精神特质在基因上是相同的。"崇尚创意、鼓励多元、宽容失败"是深圳具有代表性的移民文化特色，也是深圳创意产业发展的长期理念。20 世纪 80 年代，深圳就成为中国现代设计理念的发源地，进入 21 世纪后，深圳发展成了中国的设计重镇和现代设计的核心城市之一。2003 年，深圳在国内率先确立了"文化立市"的战略，提出了打造"设计之都"的目标。2008 年 11 月，联合国教科文组织批准深圳加入创意城市网络，成为联合国教科文组织认定的中国第一个、全球第六个"设计之都"，深圳以此为契机，开始大力推进"设计之都"品牌建设。

"设计之都"的品牌形象的成功打造为深圳城市形象进行跨文化传播提供了重要的途径。在品牌建设的过程中，深圳充分利用联合国教科文组织这一平台的权威性和影响力，发挥其作为创意城市网络成员城市的优势，一方面将本土活动扩大至平台其他四十多个成员城市以及其他国际创意城市，在全球范围内同五十多个创意城市保持密切的人员往来。另一方面，深圳借力发力，借助这一渠道在其他创意城市网络成员的官方网站上进行城市品牌宣传，用最少的资源发挥最大的宣传效果。此外，深圳在推广"设计之都"品牌中对媒体的选择和利用也值得借鉴。首先，深圳充分发挥主流媒体和网络媒体对创意设计的引导宣传作用，国内《人民日报》、新华社、《光明日报》、人民网等主流媒体对深圳打造"设计之都"给予了极高的关注，对深圳的相关实力和开启创意设计时代的前景做了大量报道和分析。其次，深圳"设计之都"中英文网站与四十多个创意城市网络成员国的官方网站、二十多个设计协会的官方网站相互连接，为城市的品牌的国际声量打响打下了重要基础。最后，深圳本地的重要媒体，如《深圳特区报》《晶报》《深圳英文日报》等纷纷为"设计之都"的品牌宣传开设了专栏，相关文章超过五千篇，很好地为城市品牌造势，有效地传播了深圳"设计之都"的形象。

（二）全民阅读之城

深圳虽然是一座建市仅40多年的年轻城市，但深圳的发展并未忽视文化建设，城市发展和文化建设同频共振，共同铸就了深圳这座城市独特鲜明的气质，"全球全民阅读典范城市"是深圳一张亮眼的文化名片，也是城市品牌体系中的重要部分。

深圳是一个全城浸润着书香的城市，深圳人的求知和创业是水乳交融、相互赋能的，拉动了城市阅读与城市建设的契合度和关联度，"全民阅读之城"的城市品牌建设充分发挥了多主体共建的能动性：2000年起，深圳率先在全国举办读书月，连续举办了22年；2003年，深圳第一个在全国提出建设"图书馆之城"，深圳图书馆是第一家面向所有市民无差别开放、自动化程度最高的公共图书馆；深圳城市阅读指数全国第一，城市个人阅读指数全国第一，人均购书数量连续31年居全国第一；2013年，深圳荣获"全球全民阅读典范城市"称号，成为全球唯一获此殊荣的城市。[①]

2021年，在深圳抢抓"双区"驱动、"双区"叠加、"双改"示范重大战略机遇的背景下，第二十二届深圳读书月突出"全域、全景、全民、全媒"的特色，以发挥"全球全民阅读典范城市"示范作用、助力城市

---

① 吴筠：《城市文化名片与城市精神塑造——从深圳城市形象传播看全民阅读的作用与意义》，《新阅读》2021年第12期。

文明典范建设为使命任务，聚焦科学科普、生态博物、地理发现、科幻想象等领域，组织开展了250余项、1400多场主题活动，使深圳"全民阅读之城"的品牌形象更加鲜明，突出对人文的追求和阅读的引领，成为讲好中国故事，展现城市形象的新型文化传播平台。

具体而言，"全域"强调读书月要加强粤港澳大湾区及境内外联动，通过举办"读书志：香港内地读书杂志主编对话"、深港澳三地远程共读、"合颜悦设——联合装帧设计分享展""深圳·澳门文化交融互鉴"等活动，让书香氛围辐射全国乃至全球。"全景"——开展"走读新视界——深读·书空间发现之旅"走读活动，邀请作家、书评人绿茶带领市民读者开启"坪水相逢""时光穿梭""书与港湾""阅见南山""书遇未来"5条走读路线的漫游阅读空间之旅，展现城市文化空间。"全民"——首次设立各区分会场，"10+1"区充分发挥各区优势，凸显各区特色。温馨阅读不眠夜也创新设立了各区分会场，陪伴市民读者"读到月落日出"。"全媒"——读书月进行全程、矩阵化"全媒"传播。据统计，中央和省、市媒体刊播报道3500多篇，推出新媒体产品3万多条，13场网上直播活动全网阅读量超2亿人次。深圳京基100、地王大厦、汉国中心、深圳湾一号、华润春笋大厦等地标建筑纷纷为深圳读书月亮灯。[①]

深圳"全民阅读之城"的城市品牌充分透露着城市"以人为本"的建设理念，其中"读书月"活动既体现了城市的美学特征，又充分表达了人文关怀，扩充了深圳城市品牌的内涵。

（三）全球科技产业重镇

20世纪80年代，国际社会对于深圳的认知主要通过境外的学者和媒体记者来塑造，深圳的国际形象多以"经济特区"呈现。进入21世纪后，深圳逐渐发展成在世界范围内拥有较大影响力的高科技研发和制造业基地，因此其国际形象也愈发丰满立体，获得了"硬件硅谷""科技天堂"等美誉。

有国外学者指出，开放的环境、法治建设和鼓励创新的机制与文化在深圳崛起成为全球高科技龙头城市的过程中起到了重要作用，在这些

---

① 焦子宇、韩文嘉：《深圳读书月：以品位塑造城市形象》，《深圳特区报》2021年12月31日第A01版。

方面，深圳已经成为中国乃至世界的典范。① 2010年世界银行发布了一份研究报告，总结了深圳特区的四方面经验：良好的经商环境、聚焦体制改革、充分保障地方决策权以及提供适当的优惠政策。这份报告将以深圳为代表的经济特区和工业园区视作中国在改革开放年间经济持续高速增长的法宝。2014年，印度发行量最大的英文日报《印度教徒报》的一篇报道中将深圳称为"硬件硅谷"，高度肯定深圳在高端科学技术行业做出的成绩和影响。② 同年，《经济学人》杂志对深圳进行了深度报道，称深圳是"科技的天堂"，是"硬件新秀"。③ 2017年《经济学人》杂志再次刊发深度报道，将珠江三角洲视为"硅洲"，而深圳则是"硅洲"龙头，是"世界创新皇冠上的明珠"。④

近年来，深圳在"科技天堂"的品牌建设层面，已经不仅仅局限于"硬件"，而是更加突出"高科技产业"方面的创新，如深入实施加快高新技术产业高质量发展"七大工程"，前瞻布局5G、人工智能、4K/8K超高清视频、集成电路、生物医药等产业，获批建设国家人工智能创新应用先导区。深圳的创新型产业也在不断壮大，深圳国家级高新区综合排名全国第二，其中可持续发展能力指标排名第一。值得一提的是，深圳目前已形成以企业自主创新为主体的产业集群，本土创新型企业集群的形成是深圳城市创新最重要的特色。⑤

现在的深圳汇聚了众多世界500强企业，也孕育了一些优秀的本土企业，如目前中国最大的电信设备商——华为，还有极具影响力的公

---

① Kelvan Chan. China's high-tech future emerges in factory town Shenzhen, AP News, https://www.apnews.com/987a6c9ee139437f86bf5b663e777fab, 2019-07-10.

② How Silicon Valley gurus shaped Shenzhen's rise, The Hindu, https://www.thehindu.com/news/international/How-Silicon-Valley-gurus-shaped-Shenzhen%E2%80%99s-rise/article14847442.ece, 2019-07-05.

③ Hardware startup: Hacking Shenzhen - Why southern China is the best place in the world for a hardware innovator to be, The Economist, https://www.economist.com/special-report/2014/01/16/hacking-shenzhen, 2019-07-07.

④ Welcome to Silicon Delta, Shenzhen is a hothouse of innovation-Copycats are out, innovators are in, The Economist, https://www.economist.com/special-report/2017/04/08/shenzhen-is-a-hothouse-of-innovation.

⑤ 深圳政府在线：《创新驱动》，http://www.sz.gov.cn/cn/zjsz/gl/content/post_11411589.html［2024-11-25］。

司——腾讯和无人机领域的领军者——大疆等。深圳要进一步强化"全球科技产业重镇"的城市品牌形象，可以联合本土已有一定知名度的企业品牌，在企业通过多途径进行品牌宣传、参与国内外展览、推动产品与"服务"走出去的过程中突出深圳的实力和创新背景，同时在深圳进行城市形象的国际传播中，也可以将具有较大国内外知名度的企业品牌作为自身"全球科技产业重镇"形象的有力背书。

第五节 多元主体视角下深圳国际传播能力的综合分析

传播主体是城市形象传播的发起者和实施者，表面看来，城市形象对外表现为一定的整体性、作为个体存在，而在其内部，其结构和规定性又是立体、多面的。因此城市形象的传播主体是多维度的，每一个维度都应该成为该城市某方面形象的传播主体，具体包括政府、企业、媒体、社会组织、公民等。[①] 城市形象的国际传播中，跨文化传播是非常重要的部分，它更需要尊重相异文化的主体地位，尊重文化间性，通过多传播主体的互动来增强"互惠性理解"、减少传播中的文化冲突与文化折扣。在前文中，笔者主要对政府在深圳城市形象国际传播中的作为进行了较为详细地梳理，接下来的内容，本书将主要聚焦于企业、媒体以及市民这三个行为主体，通过典型案例的梳理、问卷调查以及访谈等方法来分析深圳市的国际传播能力。

一 本土明星企业与国际化媒体的案例分析

近年来，中国企业在世界上的影响力不断扩大，许多企业开始尝试向全球供给物质化和内容化的新媒体平台，打造整体出海生态，为创新跨文化互动方式、跨越跨文化传播中的文化壁垒、实现与"他者"的联结做出了重要的探索和贡献，其中以腾讯和华为为代表的深圳本土企业提供了很好的范本。

腾讯集团"出海"东南亚流媒体市场的创新实践，包括通过腾讯视

---

① 吴献举：《国家形象跨文化传播的系统特性与实现路径》，《中州学刊》2020年第5期。

频海外版 WeTV 的本地化运营和收购东南亚流媒体 Iflix，由点到面地打造腾讯集团的视频平台生态，并搭载文化出海。2020 年 2 月 29 日，腾讯视频海外版 WeTV 官方宣布已进军印度尼西亚、泰国、越南、印度和马来西亚等东南亚国家和地区。WeTV 不仅输出优质影视内容和多元化的中国故事，实现与海外用户的深度连接，还与印度尼西亚当地影视公司 MD Pictures 深度协作打造剧集，建立双向文化交流渠道。在平台本地化运营上，WeTV 根据不同地区用户的需求运作细分海外市场，如针对印度尼西亚用户的兴趣偏好和观影习惯提供相应影视剧，保障内容的亚洲特色和多样性。针对语言不通的文化壁垒，WeTV 通过字幕翻译、相关释义语境转换及本地化配音呈现优质内容。

华为主要通过打造出海生态联盟，以开放创新的思维连接 HMS (Huawei Mobile Services) 生态、平台开发者与海外用户，并围绕 HMS 构建包括华为系统程序和合作应用在内的整体生态，为中国优质内容和中国文化的海外传播提供更为完善的平台基础。HMS 联盟不仅帮助合作伙伴快速对接华为的海量用户，还为合作伙伴解决了产品本地化、本地合规、本地推广三大"出海"难题，拓展了全球业务，发起后三个月合作企业数量已超 100 家。[①] 此外，华为通过个体化叙事自觉回应全球关切，促进文化间的相互倾听的"咖啡对话"活动也是跨文化传播的典型案例，很好地感知和回应了人们的情绪。2019 年，华为在深圳总部举办了三期"A coffee with Ren"（"与任正非咖啡对话"，简称"咖啡对话"）活动，对话内容涉及信息时代海外用户最关注的美国对华为的封锁、5G 技术及华为产品安全问题等。任正非通过回应华为"不被信任"的争议、与学者探讨 5G 时代华为如何与海外企业技术合作与创新等，试图与海外用户重建信任关系。任正非对话媒体，向世界传递的友好声音，构建国际社会对华为乃至中国的信任。[②]

[①] 武汉大学媒体发展研究中心：《2020 年中国跨文化传播创新实践研究》，https：//mp.weixin.qq.com/s/yaKVAgwbaf0b0KHmHlt0Zw。

[②] 武汉大学媒体发展研究中心：《2019 年中国跨文化传播创新实践研究》，https：//mp.weixin.qq.com/s/BA5ao-3W9R6Icu845zU7kQ。

图1-3　深圳国际化街区首批创建试点名单图示

（来源：网络）

目前深圳已有10余家本土企业挤入世界500强的行列之中，和腾讯、华为一样拥有强大的跨文化传播的实力、潜能和影响力。然而也需看到在国际认知之中，深圳面临着本土企业品牌属性强但城市品牌属性相对较弱的窘境，换言之，深圳并未充分开发利用其"明星品牌企业"的国际影响力。因此，未来深圳可以进一步思考如何借助明星深企的光环来扩大自身城市的知名度和美誉度，让城市和企业实现品牌层面的共赢。

对外媒体建设方面，深圳逐渐形成了自己的媒体矩阵并产生了较好的影响力。根据2021年中国优秀政务平台推荐及综合影响力评估结果，深圳英文门户网站——"爱深圳 EyeShenzhen"荣获"2021年度最具影响力外文版政府网站"，该网站由专业多媒体团队运营，发布大量原创文章、高质量照片和多语视频。网站注重线上线下结合，举办各种涉外活动，调动各行各业外籍人士积极参与。网站举办的"深圳外国人中文演讲暨中华才艺大赛"和"国际友人在深圳"摄影大赛等已经成为本地外籍人士耳熟能详的品牌活动。网站抗疫专题每天24小时滚动公布外籍人士关注的各项政策，包括签证政策、通关信息、出入境政策、小区通行规定等。这些权威信息的及时公布，极大地便利了外籍人士的生活和工作。[①]

---

① 深圳新闻网：《双语深圳｜EyeShenzhen website wins award "爱深圳"又获奖啦!》，http://www.sznews.com/news/content/2021-12/29/content_24848086.htm［2024-11-25］。

创刊于 1997 年的英文《深圳日报》，因其对于"地道英语、原汁资讯、国际眼光和独家视角"的编辑方针的坚持，现已成为华南地区被境内外媒体转载率最高的英文媒体。新冠疫情期间，英文《深圳日报》通过及时公开疫情信息，积极设置议题，结合全媒体时代移动化、社交化、可视化的发展趋势向全球受众推出一系列多媒体产品，在稳定人心、向世界讲好深圳城市的抗疫故事、增强抗疫信心、维持城市居民正常生活等方面起到了重要作用。如新冠疫情爆发之初，英文《深圳日报》建立涉外信息公开联动机制，开始每日发布动态疫情信息，包括英文每日疫情数据通报、每日病例变化图表、常见问题解答、抗击新冠疫情工作每日简讯及多语种防控疫情告知书等产品，极大地便利了外籍人士的生活和工作。除此之外，新冠疫情期间该报还采访了大量外籍人士和留学生，从他们的角度讲述防疫抗疫取得的成功和生活体验，如英文《深圳日报》微信公众号发表了一位返深英籍教师的自叙：《回到深圳，我感到安全了》（*I feel safe after returning to SZ*），真实地展现了中国的抗疫成绩。[①] 此外，英文《深圳日报》还积极拥抱媒体的变化，及时展开数字化和网络化转型，除了拥有纸质版报纸、网站数字版以外，还推出了微信公众号、脸书、推特账号，构成了一个全方位、多层次的国际传播平台，实现了全天候的互动沟通和营销推广，不仅提升了报纸的互动性和知名度，还成为一个服务广大外籍人士、面向全球、联结中外、沟通世界的综合性服务平台。[②]

学者李成家、彭祝斌提出了"跨文化共情传播"的概念。传播者在跨文化传播活动中巧妙地培养和运用共情，力求传播的信息内容获得来自不同文化背景的受众——"他者"的同向解读与情感共鸣，进而引发"他者"的行动反馈。[③] 2022 年深报视听围绕"中外居民同舟共济，抗疫无国界"这一主题，策划制作了《"我是外国人但我不是外人"》短视频

[①] 董海涛、邓含能：《讲好城市抗疫故事——以英文〈深圳日报〉为例》，《对外传播》2020 年第 8 期。

[②] 陈国昌：《我国地方对外媒体跨文化传播策略研究——以英文版〈深圳日报〉（Shenzhen Daily）为例》，《东南传播》2020 年第 3 期。

[③] 李成家、彭祝斌：《论跨文化共情传播——基于国际互助抗疫的探索》，《现代传播》（中国传媒大学学报）2021 年第 5 期。

系列产品，该视频在 2022 年 6 月就取得了国际传播层面综合传播量过亿，在国内传播层面综合传播量超 3000 万的传播效果。①

通过外籍志愿者在深圳生活所产生的思考和行动，《"我是外国人但我不是外人"》展现深圳在抗击疫情过程中的深圳力量，以及生命至上、同心抗疫的精神，形成了文化间的互惠理解。在视听语言上，抓拍了大量外籍志愿者实地工作的特写画面、重视人类共同审美的表达、选取 Michael Jackson 的 *We Are The World* 这首经典歌曲，成功唤起人类的集体情感。同时值得肯定的是将外国人作为传播者，通过他们来讲述深圳故事，这种实施接近性传播的策略，有助于打破不同文化间的传播障碍，以外国人更易接受和理解的方式构建深圳外宣形象。

图 1-4　视频截图

（来源：新传播智库）

二　市民对深圳国际传播能力感知的定量分析

前期为了更加准确、全面地了解深圳国际传播能力，本书将以从事深圳市国际传播工作的人群作为研究对象，设计了一份针对深圳城市文

---

① 新传播智库：《这部抗疫短视频爆款何以能实现跨文化共情传播》，https：//mp.weixin.qq.com/s/9MtQcSAldIOBxyvpyox9-A［2024-11-25］。

化记忆与文化形象、深圳城市品牌国际传播以及跨文化城市建设感知评价状况的调查问卷，共回收有效问卷500份。

（一）受访者基本情况介绍

本次问卷调查受访者覆盖了深圳市与国际传播相关职业的四大类人群，包括公务员及事业单位、国际交流（非编制）、文化传播（非编制）、其他。本次调查中，来自公务员及事业单位的受访者人数最多，从事国际交流类工作的受访者占比次之，这两部分群体的总受访者人数占据了总样本的80%以上。本次问卷调查中男性受访者人数为291人，占受访者总人数的58.2%；女性受访者人数为209人，占受访者总人数的41.8%。调查结果显示，受访者男女性别所占比例相当，不存在显著的性别差异。55.8%的受访者在深圳居住5年以上，大部分受访者对深圳有足够的认知。

（二）受访者对深圳文化的认知分析

1. 深圳文化的地标认知

本次问卷调查统计了受访者认知中能代表深圳市的文化地标，具体地标及其所占比例如图1-6所示。最为突出的文化地标是深圳市博物馆和深圳国际会展中心，共有335名受访者将深圳市博物馆列为最能代表深圳文化的地标，占比67%；有331名受访者选择了深圳国际会展中心，占比66.2%。

图1-5 深圳会展中心

（来源：百度词条）

此外，认为邓小平画像是深圳文化地标的受访者达到了288名，占比57.6%；认为深圳革命烈士纪念碑是深圳文化地标的受访者有255名，占比51%；认为世界之窗能作为深圳文化地标的受访者有240名，占比48%。另外，还有167名受访者认为深圳市图书馆是深圳文化地标，占比33.4%；139名受访者提名民俗文化村，占比27.8%；135名受访者提名地王大厦，占比27%；134名受访者提名红树林海滨生态公园，占比26.8%；还有118名受访者认为中英街是深圳文化地标，占比23.6%。

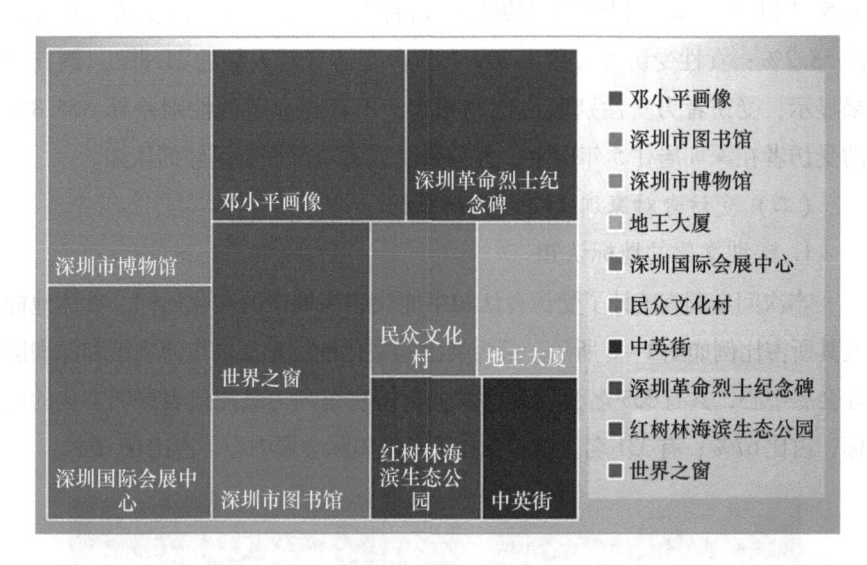

图1-6 受访者对深圳文化的地标认知

表1-5　　　　受访者对深圳文化的地标认知统计分析

	地标	频数	占受访者总人数的百分比（%）
代表深圳文化的地标	深圳市博物馆	335	67.00
	深圳国际会展中心	331	66.20
	邓小平画像	288	57.60
	深圳革命烈士纪念碑	255	51.00
	世界之窗	240	48.00
	深圳市图书馆	167	33.40
	民俗文化村	139	27.80
	地王大厦	135	27.00

续表

代表深圳文化的地标	地标	频数	占受访者总人数的百分比（%）
	红树林海滨生态公园	134	26.80
	中英街	118	23.60

2. 深圳文化的话语认知

本次调查问卷的结果显示，受访者认为最能代表深圳文化的话语是"改革创新是深圳的根、深圳的魂"，其以 381 名受访者选择、占比 76.2% 位居第一。其次，"深圳精神不是喊出来的，而是干出来的"和"深圳，与世界没有距离"都以较大优势领先其他话语，分别被占 66% 和 65.6% 的受访者选择。

另外，有占比 45.8% 的 229 名受访者选择"时间就是金钱，效率就是生命"作为深圳的代表性话语，占比 42.2% 的 211 名受访者认为"来了就是深圳人"是深圳的代表性话语，还有占比 38.2% 的 191 名受访者选择"胆子更大一点，步子更快一点"作为深圳的代表性话语。

图 1-7 视频截图："来了就是深圳人"

［来源：青春深圳公众号（深圳共青团委官方账号）］

最后，还有 144 名受访者认为代表深圳文化的话语是"鼓励创新，宽容失败"，占比 28.8%；134 名受访者选择了"让城市因读书而受人尊重"，占比 26.8%；84 名受访者选择了"有困难找义工，有时间做义工",占比 16.8%;以及 52 名受访者选择了"杀出一条血路",占比 10.4%。

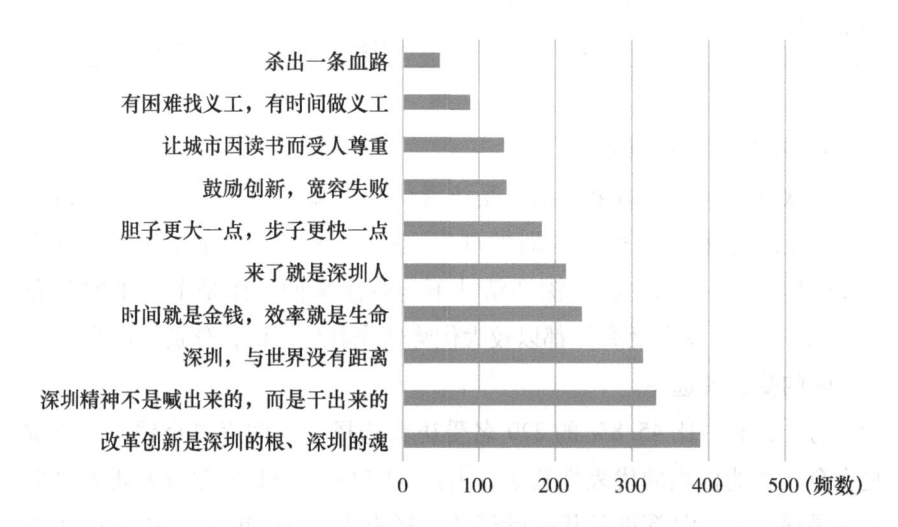

图 1-8 受访者对深圳文化的话语认知

表 1-6   受访者对深圳文化的话语认知统计分析

	地标	频数	占受访者总人数的百分比（%）
代表深圳文化的话语	改革创新是深圳的根、深圳的魂	381	76.20
	深圳精神不是喊出来的，而是干出来的	330	66.00
	深圳，与世界没有距离	328	65.60
	时间就是金钱，效率就是生命	229	45.80
	来了就是深圳人	211	42.20
	胆子更大一点，步子更快一点	191	38.20
	鼓励创新，宽容失败	144	28.80
	让城市因读书而受人尊重	134	26.80
	有困难找义工，有时间做义工	84	16.80
	杀出一条血路	52	10.40

3. 深圳文化的表述认知

对于代表深圳文化的表述，"创新"被 432 名受访者选择，占比 86.4%，以较大优势领先于其他表述。其次，有 312 名受访者选择用

"开放"表述深圳，占比 62.4%；269 名受访者选择"包容"，占比 53.8%；256 名受访者选择"效率"，占比 51.2%；254 名受访者选择了"国际"，占比 50.8%。

除此之外，占比 49.2% 的 246 名受访者选择用"智慧"作为代表深圳文化的表述；占比 43% 的 215 名受访者选择"年轻"；占比 40.2% 的 201 名受访者选择"改革"；还有 116 名受访者认为"活力"也是深圳文化的代表性表述，占比 23.2%；以及 56 名受访者选择了"务实"，占比 11.2%。

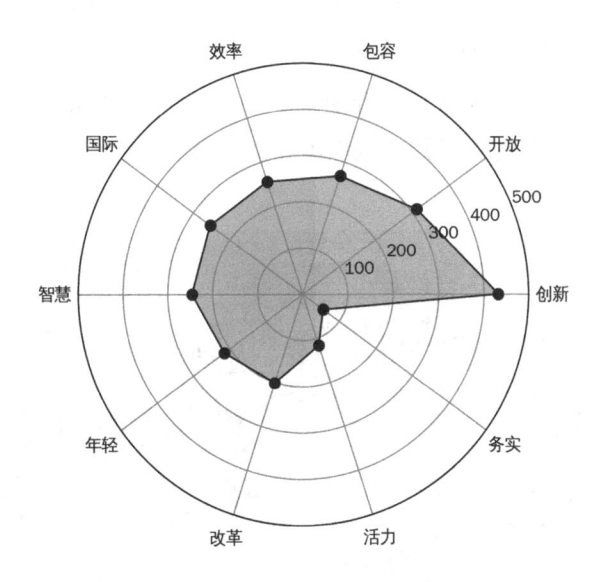

图 1-9 受访者对深圳文化的表达认知

表 1-7　　　　　受访者对深圳文化的表述认知统计分析

	表述	频数	占受访者总人数的百分比（%）
代表深圳文化的表述	创新	432	86.40
	开放	312	62.40
	包容	269	53.80
	效率	256	51.20
	国际	254	50.80
	智慧	246	49.20
	年轻	215	43.00
	改革	201	40.20

续表

代表深圳文化的表述	表述	频数	占受访者总人数的百分比（%）
	活力	116	23.20
	务实	56	11.20

4. 深圳文化的活动认知

对于深圳文化活动的认知，本次调查问卷结果显示，绝大部分受访者都知晓深圳国际文化产业博览会，共有432名受访者选择，占比86.4%。另外，还有占比66.2%的331名受访者知晓深圳高新技术博览会；占比62.8%的314名受访者知晓"一带一路"国际音乐节；以及占比52.6%的263名受访者知晓深圳国际文化周。

图1-10　深圳国际文化博览会
（来源：《深圳特区报》公众号）

其他文化活动的认知占比均低于40%，如有32.4%的受访者选择了深圳国际马拉松赛，32%的受访者选择了设计之都公益广告大赛，27.2%的受访者选择了世界无人机锦标赛，26.6%的受访者选择了深圳公园文化季，23.8%的受访者选择了中国设计大展，以及20%的受访者知晓深圳读书月。

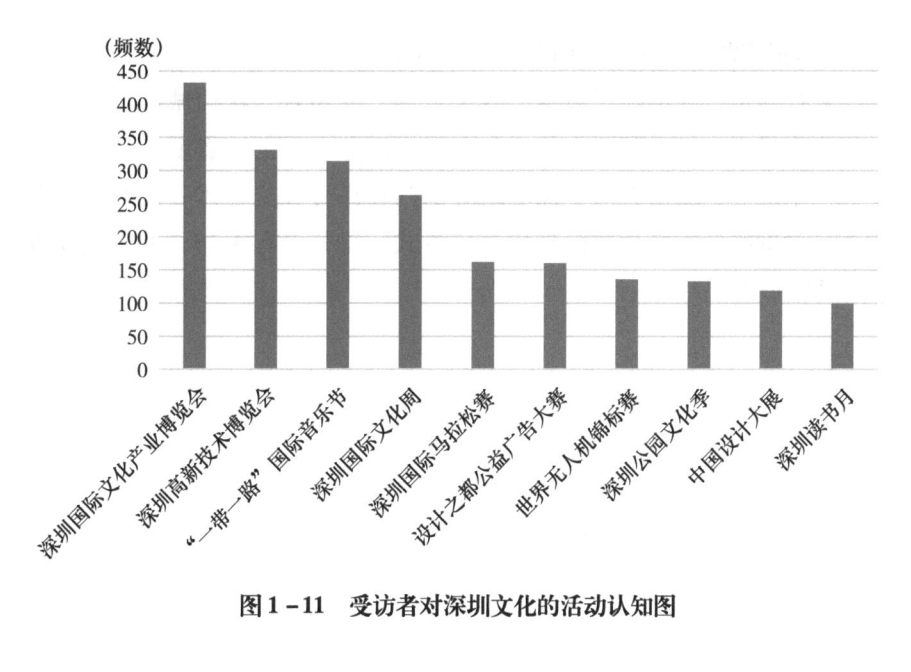

第一章　城市国际传播能力的理论探索与深圳实践 / 53

图1-11　受访者对深圳文化的活动认知图

表1-8　　　　　　受访者对深圳文化的活动认知统计分析

	地标	频数	占受访者总人数的百分比（%）
代表深圳 文化的活动	深圳国际文化产业博览会	432	86.40
	深圳高新技术博览会	331	66.20
	"一带一路"国际音乐节	314	62.80
	深圳国际文化周	263	52.60
	深圳国际马拉松赛	162	32.40
	设计之都公益广告大赛	160	32.00
	世界无人机锦标赛	136	27.20
	深圳公园文化季	133	26.60
	中国设计大展	119	23.80
	深圳读书月	100	20.00

（三）受访者对深圳城市品牌国际化建设的评价分析

本章从深圳市的国际形象推广、国际传播效果、国际整体评价、城市能力、城市包容性和综合影响力六个维度对深圳城市品牌形象感知现状进行评估。下列数据均来自面向深圳市公务员、事业单位等城市管理服务者的调查，每项具体指标满分为5分。

1. 深圳城市品牌建设中的国际形象推广

数据显示,在国际形象推广效果方面,受访者对深圳城市形象宣传的满意度最高,且对国际宣传广告和城市形象宣传的满意度也达到近似的较高水准。但受访者对于深圳政务部门在海外社交媒体开设并经营账户的满意度略低于其他国际形象推广方式,得分仅有 4.18,低于其他维度 4.34 的均分。

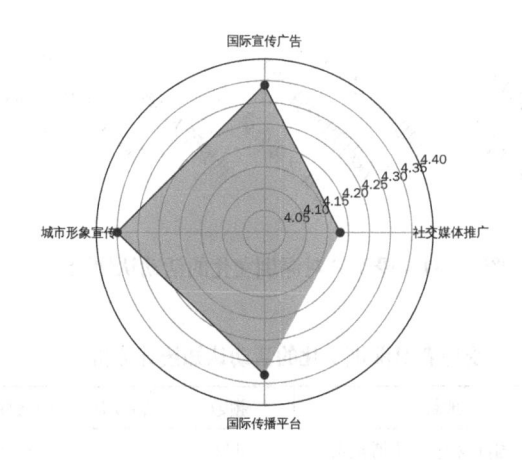

图 1-12　受访者对深圳市的国际形象推广综合认知雷达

表 1-9　　　受访者对深圳市的国际形象推广认知分析

评价	具体指标	得分
国际形象推广	社交媒体推广	4.18
	国际宣传广告	4.34
	城市形象宣传	4.35
	国际传播平台	4.33

2. 深圳城市品牌建设中的国际传播效果

对于深圳市国际传播效果,受访者在各个维度上的评估结果比较均衡,且均分达到了 4.28,处于较高水平。其中,海外受众转发推介的程度以 4.24 的得分略低于点击、点赞和评论的维度,这也符合社交媒体中互动强度的一般规律。

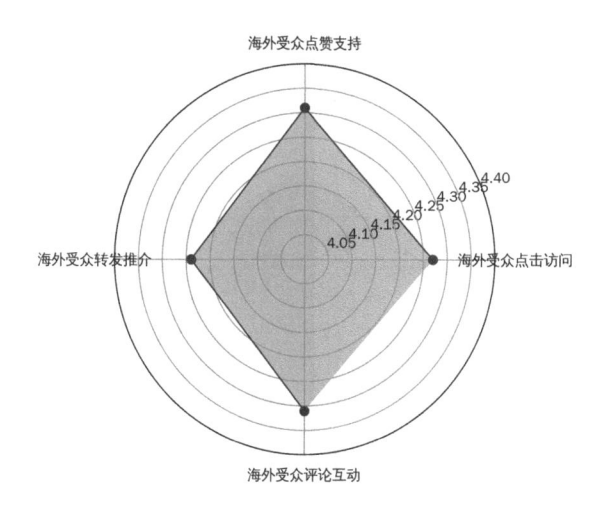

第一章　城市国际传播能力的理论探索与深圳实践　/　55

图 1-13　受访者对深圳市的国际传播效果认知雷达

表 1-10　　　　　受访者对深圳市的国际传播效果认知分析

认知	具体指标	得分
国际传播效果	海外受众点击访问	4.27
	海外受众点赞支持	4.31
	海外受众转发推介	4.24
	海外受众评论互动	4.31

3. 深圳城市品牌建设中的国际社会评价

通过对深圳市国际影响力评价及其构成指标分析，发现受访者对城市国际形象评价和国际城市排名的满意度普遍较高，但对于海外媒体负面报道和海外媒体曝光度的满意度较低，海外媒体负面报道得分仅有 3.97，构成指标中最高得分和最低得分间的差值达到了 0.42。这反映了深圳市在海外媒体中可能存在曝光不足或负面报道较多的问题。

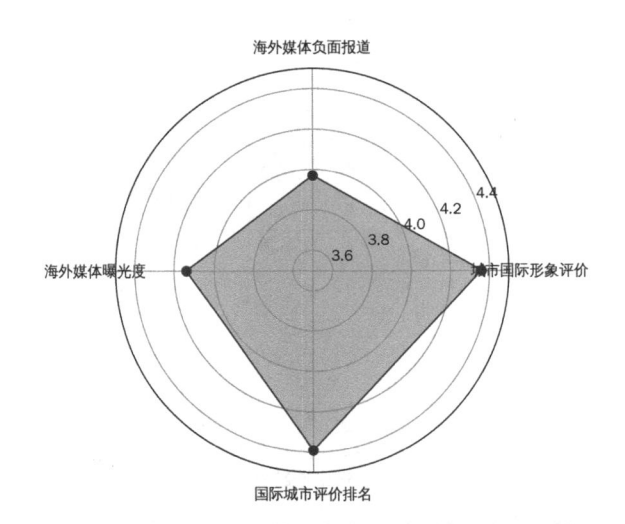

图1-14 受访者对深圳市的国际社会评价认知雷达

表1-11　　　受访者对深圳市的国际社会评价认知分析

认知	具体指标	得分
国际社会评价	城市国际形象评价	4.36
	海外媒体负面报道	3.97
	海外媒体曝光度	4.14
	国际城市评价排名	4.39

4. 深圳城市品牌建设中的综合能力分析

对深圳市城市综合能力六个维度的评估和分析结果显示，得分在4.34—4.45之间，受访者对深圳市城市综合能力总体评价较均衡，城市能力较优秀。但其公共服务水平、文化培育环境和居民公共素养相对其他方面较低，反映了与城市居民具体生活相关的城市能力略低于宏观上的城市能力。

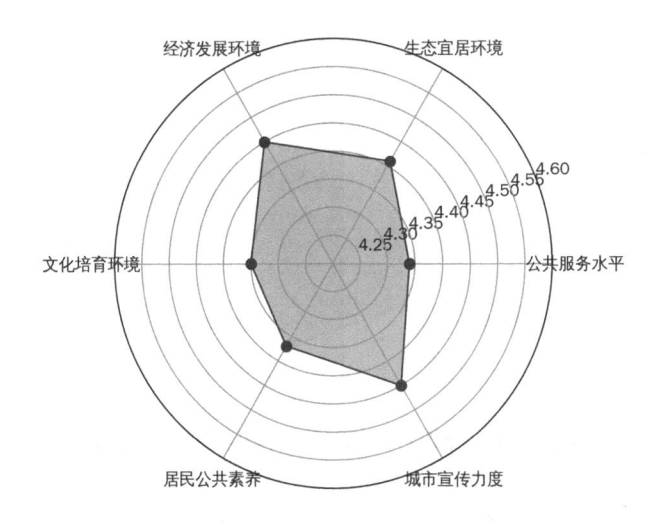

第一章　城市国际传播能力的理论探索与深圳实践 / 57

图 1-15　受访者对深圳市的综合能力评价分析雷达

表 1-12　　　　　受访者对深圳市的综合能力评价分析

评价	具体指标	得分
深圳市城市综合能力	公共服务水平	4.34
	生态宜居环境	4.41
	经济发展环境	4.45
	文化培育环境	4.35
	居民公共素养	4.37
	城市宣传力度	4.45

5. 深圳市城市包容性

通过对五个城市包容性构成指标的分析，可知受访者认为深圳市的文化多元性、包容友好度和社会治安均处于较高水平。然而，深圳的公平发展机会得分为 4.07，无歧视程度得分为 4.17，明显低于其他维度指标 4.45 的均分。深圳被誉为"年轻的城市"，其较高的包容性或许就是吸引年轻人的原因之一，但包容性构成指标间的差异反映了深圳的个人发展资源可能存在分配不公平问题，且有可能遭遇歧视问题。

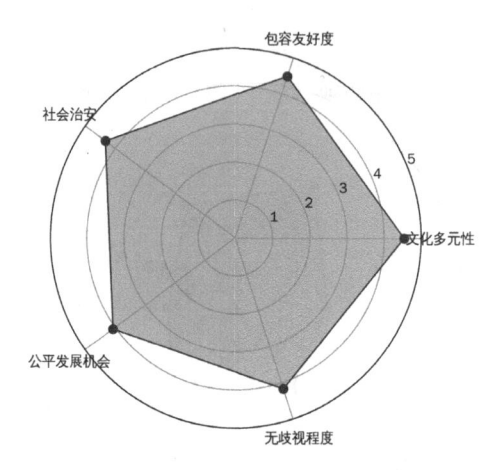

图1-16　受访者对深圳市包容性评价分析雷达

表1-13　　　　　受访者对深圳市包容性评价分析

评价	具体指标	得分
深圳市城市包容性	文化多元性	4.54
	包容友好度	4.48
	社会治安	4.33
	公平发展机会	4.07
	无歧视程度	4.17

6. 深圳市综合影响力

数据显示，受访者一致认为深圳市的综合国际影响力以及当地媒体的国际传播力较高，总分为10分，各维度得分均高于8.6。且受访者对深圳市在粤港澳地区的区域影响力评价更为乐观，认为深圳在区域内的影响力高于国际影响力。

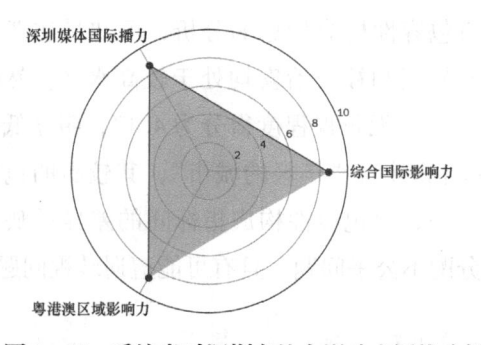

图1-17　受访者对深圳市综合影响力评价分析雷达

表1-14　　　　受访者对深圳市综合影响力评价分析

评价	具体指标	得分
深圳市综合影响力	综合国际影响力	8.62
	深圳媒体国际传播力	8.62
	粤港澳区域影响力	8.72

（四）深圳市提升国际交往与传播能力的着力点分析

对于提升深圳国际交往与传播能力的方式，受访者认为最重要的是拓展深圳的外交能力与交往范畴，这条建议的重要性得分是最高的（得分1049）。除此之外，就重要性而言，"开展更多国际知名文化活动、跨国的文艺演出与交流，如国家级、国际化的展会，以及节庆、论坛等文化活动""推动更多国际企业或组织的引进与落地""加大国际人才的引进"是紧随其后的建议，重要性得分都超过了800。另外"打造更多国家级、国际性、综合型大规模展览和交易平台如全球招商大会、中国国际高新技术成果交易会、中国（深圳）国际文化产业博览交易会、中国公益慈善项目交流展示会"排在第五位（得分761）。而从被建议的广泛程度而言，有333位受访者提出要"开展更多国际知名文化活动、跨国的文艺演出与交流（如国家级、国际化的展会、节庆、论坛等文化活动）"、287位受访者提出要"打造更多国家级、国际性、综合型大规模展览和交易平台如全球招商大会、中国国际高新技术成果交易会、中国（深圳）国际文化产业博览交易会、中国公益慈善项目交流展示会"，紧随其后的还有"推动更多国际企业或组织的引进与落地""拓展深圳的外交能力与交往范畴"以及"加大国际人才的引进"，这说明这些建议无论是从重要性还是从被提及的频率都是很高的，对提升其国际交往和传播能力的作用是非常显著的。

此外，受访者普遍认为可以通过提升城市基础服务功能，以此来加强深圳的国际交往和传播能力，如完善外事争议和纠纷的解决机制（得分655）、完善涉外的基础设施和公共服务建设（得分525）以及提高涉外公职人员的跨文化敏感度和跨文化沟通能力（得分183）。在文化方面，部分受访者提到激励本地品牌建设与对外推广（得分452）、提高地方媒体的国际传播水平（得分448）以及深化深圳教育的国际化（得分79）可能是有效之举。还有受访者指出了市民在提升深圳国际交往与传播能力中的潜在作用，建议提高市民的跨文化敏感度和跨文化沟通能力（得分187）。"创建国际宜居城市"（得分120）和"积极参与国际智库建设"（得分80）也被部分受访者提及，他们认为参与国际事务与排名能够增强深圳的国际交往与传播能力。

表1-15 受访者对提升城市的国际交往与传播能力的建议

	具体措施	重要性得分	排序	选择频次	排序
提升城市的国际交往与传播能力	拓展深圳的外交能力与交往范畴	1049	1	246	4
	开展更多国际知名文化活动、跨国的文艺演出与交流（如国家级、国际化的展会、节庆、论坛等文化活动）	1010	2	333	1
	推动更多国际企业或组织的引进与落地	865	3	252	3
	加大国际人才的引进	804	4	215	5
	打造更多国家级、国际性、综合型大规模展览和交易平台（如全球招商大会、高交会、文博会、慈展会）	761	5	287	2
	完善外事争议和纠纷的解决机制	655	6	162	8
	完善涉外的基础设施和公共服务建设	525	7	177	7
	激励深圳本地企业的品牌建设与对外推广，拓展深圳的对外贸易交流和合作	452	8	199	6
	提高地方媒体的国际传播水平	448	9	145	9
	强化深圳在粤港澳大湾区的核心作用	281	10	126	10
	提高市民的跨文化敏感度和跨文化沟通能力建设	187	11	102	11
	提高涉外公职人员的跨文化敏感度和跨文化沟通能力	183	12	97	12
	创建"国际宜居生态城市"	120	13	70	13
	积极参与国际智库的建设	80	14	41	15
	深化深圳教育的国际化	79	15	47	14

三 多元主体关于提升深圳市国际传播能力的策略建议

2020年至2021年，学者曾文娜通过半结构式访谈的方式，就"如何提升深圳城市形象进行传播"的主题采访了7位受访者，包括居住在深圳的外国人、在深圳和广东省进行外事报道的媒体记者以及相关领域的研究人员，该研究试图找到深圳的城市形象在跨文化传播中的问题并提出一些策略建议。

在采访的过程中，一位在深圳从事驻唱工作的意大利音乐人，正在着急地寻找本地的中国志愿者，"希望可以来帮我管理抖音账号和微博。我不懂怎么去运作，甚至无法在深圳找到可以长期驻场的地方，因为不知道要去哪里找、什么网络平台会有这些信息。只能去北京、广州，因为那里我有认识的音乐人，可以安排驻唱的场地"（受访者1，2021年1月9日）。这是一种数字鸿沟的典型表现，即用户无法有效地运用网络手段去获取所需要的资讯，在外国人这个群体中，这种差距主要来源于语言和对社交媒体的运用差异。这位受访者在其更为熟悉的社交媒体上（如 Twitter、Facebook）备受关注，并"经常收到演出邀请"，然而在抖音上的推送很少，浏览量1000已是最高纪录。文化适应、语言差异都是造成这些外国人群体数字鸿沟的原因。反观之，同样从事音乐、来自亚洲国家的某乐队会讲中文，对社交媒体的使用也较为熟悉，甚至在微信上已经有了固定的粉丝群，其融入中国的社交媒体较为容易（吴婷婷，2021）。

这种数字鸿沟现象其实已经被媒体记者注意到。一位从事十多年英文报道的中国记者指出，"（我们的）文化版、旅游版、新闻版都是倾向于少登一些关于领导的报道，多登实在的新闻，以此照顾我们的读者，但事实上，外国人不能领悟我们的文化，比如我们报道一些会议，中国人可以通过这样的报道领悟会议精神，所以是有用的信息，但是外国人不行。文化差异是一个问题"（受访者2，2020年2月14日）。但是这种对于文化差异的弥补，更多地体现在对报道题材的选择上，如这位受访者所说，英文报道并不是主流，英文媒体的记者从事重要一线报道的机会并不多，"更多地处于翻译的阶段"。

而就外国人群体对微信等社交媒体的资讯依赖上，如何运用网红来进行社交媒体资讯的传播，进而树立城市形象的途径，是一种可以寻求的方式。一位从事政务报道的媒体人认为："在全媒体时代，第一，网红加入城市形象传播很重要。第二，宣传还要精准一点。剑桥分析（Cambridge Analyica）就是在特朗普大选的时候很精准地发现了中间者、摇摆者，同时精准识别什么人容易被改变"（受访者3，2020年2月15日）。

这一看法与问卷调查结果是呼应的,所谓的"中间人群"也就是那些认为自己对深圳城市形象的感知,没有受到中国主流媒体影响的人群。

曾温娜认为,如何在深圳外国人群体中有效传播深圳城市形象,主要需通过英文版的中国主流媒体和中国社交媒体。首先,对深圳的城市形象传播应避免因文化差异而导致的数字鸿沟现象。这需要从硬件和软件进行更新换代,即提供更符合外国人使用习惯的网络资讯入口,英文的本地报道采用英语的思维方式,更多地从外国人群体角度进行报道。其次,通过建立社区去影响他们,再去影响他身边的人。比如,通过网红,运用民间话语,走软新闻的路,讲深圳生活的细节,不要宏大叙事。正如一位记者所说:"要做接地气的、融入本地生活的媒体,真正国际化的东西就是可以让每一个人都无障碍地生活。'本地外国人的居委会大妈',我们就是这么定义自己。"(受访者4,2020年2月24日)①

第六节　总结:深圳城市形象国际传播的问题与挑战

总体来看,深圳作为一个现代化的国际大都市的地位与形象已在世界范围内得到了普遍的认可。乔纳森·巴赫认为,深圳的城市化和资本化及其构成要素已经成为全球讨论的对象,其经济发展和人文诉求的联系也引人关注,从这些角度看,深圳已成为其追求的"世界之城"。② 然而,在域外,深圳城市形象传播仍然面临着传播渠道狭窄、话语权不畅通、文化软实力有待提高以及城市刻板印象等问题,需要看到的是深圳距离"全球城市"的远景定位仍然还有较长的一段路要走。

(一)传播主体相对单一,叙事话语融合度不足

在跨文化传播的视角下,传播的主体大多是官方组织或权威媒介,在"对外宣传"和"国际传播"的关系处理上缺乏多样性。对于深圳来

---

① 曾温娜:《数字鸿沟、跨国文化与深圳城市形象传播》,https：//www.dutenews.com/n/article/6608562 [2024-11-25]。

② Douglas Zhihua Zeng, ed. Building Engines for Growth and Competitiveness in China：Experience with Special Economic Zones and Industrial Clusters, https：//doi.org/10.1596/978-0-8213-8432-9.2019-07-05.

说，其传播主体主要倚重城市形象宣传片，以及《深圳特区报》和《南方都市报》等主流媒体，个体话语在传播中尚未形成较好的补充，民间力量的参与尚不构成独立的传播力量。在这方面可以借鉴国内其他城市，如重庆利用抖音平台进行城市宣传，其城市形象的相关视频传播总量达113.6亿，成为最受欢迎的"抖音之城"，而据白皮书统计，其中播放量TOP100的视频中超80%由个人用户创作，形成了城市形象传播的多元主体格局以及良好的正反馈生态。

（二）形象建构的维度不平衡，文化维度张力不足

从形象维度建构的视角看，从20世纪80年代的"特区"经济属性，到当下"全球科技产业重镇"的科技属性，深圳城市形象的维度正在逐步丰富，但其文化维度上的形象建构与其他方面仍存在较大差距，呈现出不平衡的发展态势，文化体验性感知仍有提升空间。从客观条件来看，深圳在四十年间从一个"小渔村"一跃发展为国际大都市，确实存在城市发展的历史积累不足的问题。因此，外界可能在既有事实的基础上进行夸大和想象，为深圳贴上"文化沙漠"和"缺乏底蕴"的刻板标签。尽管深圳拥有"1700多年的郡县史、600多年的南头城史、大鹏城史和300多年的客家人移民史"，但历史上的深圳始终是远离政治中心的一个边陲之地，它的历史与文化资源自然无法同北京、南京、西安等都会相提并论。所以在发展文化软实力层面，深圳本地的历史文化资源难以使其在与同等档次的城市比较中形成自身的竞争力，对此，深圳更应当别出心裁，从其特殊的生命历程中挖掘养料，如"深圳特区精神"就是深圳有别于国内其他城市乃至世界其他城市的独特的"文化资本"，是深圳提升自身文化软实力、建设城市形象的王牌资源。此外，深圳作为国内超一线的大都市，应充分利用其政治经济资源优势，拓展外交能力和交往范畴，其中尤为重要的是"开展更多国际知名文化活动、跨国的文艺演出与交流，如国家级、国际化的展会以及节庆、论坛等文化活动""推动更多国际企业或组织的引进与落地""加大国际人才的引进"。

（三）文化信息缺乏开发与整合，文化国际传播有待融入国际话语体系

习近平总书记多次强调："文化自信是更基础、更广泛、更深厚的自信。"以文化自信建设为核心，补足文化价值观认同的缺口，是新媒体时

代讲好中国故事的关键一招。文化信息整合，是以文化价值观认同为基础的体系化的文化传播系统，其目的在于从宏观上把握中外文化价值观的差异性，并在微观上寻求文化观念中的共有部分，以求获得文化行为和文化内涵的接受和认同，提升中国故事和深圳故事在国际舞台上的传播力。目前，深圳培育了诸多拥有较大国际影响力的本土企业，2022年世界500强排行榜显示，深圳共有10家企业上榜。然而，深圳的城市形象相较于这些明星企业的形象展现出一种较弱的国际感知，因此，如何更好地开发利用深圳本土的明星企业来提升深圳的区域文化自信、讲好深圳故事，是深圳城市形象传播在后续需要持续发力的方向。此外，作为外来人口汇聚的大市，深圳约70%的人口来源于广东省外，其中湖南、湖北、江西、广西、四川、河南为主要来源省份。虽然有"来了就是深圳人"的文化共融属性，但在区域文化信息的整合上却较难形成高度的文化认同，这为深圳文化价值观和文化信息的整合带来了一定挑战。

（四）城市形象的品牌建设中主动性不足，对社会化媒体的利用不够

深圳城市品牌形象的传播较被动，主动外宣较少，存在在海外媒体中曝光不足或负面报道较多等问题。有研究指出，对深圳报道最多的就是"经济发展""企业"和"赛事"这些主题，通常与经济发展取得成就、企业融资上市进程跟踪或赛事结果消息引起媒体主动介入相关，而城市"形象"和"文化"主题的相关报道较少。目前，深圳城市品牌形象的传播还处于较为被动的阶段，主动对外宣传得较少，且多依靠传统媒体进行外宣。① 在后期的国际传播中，可以借鉴香港模式，建立起深圳城市品牌官方网站，并设置互动的区域，与网民进行沟通互动，了解其需求和反馈。此外，深圳城市品牌的宣传要更多结合新媒体的发展优势，充分利用社会化媒体，在微信、Facebook、Twitter 上建立深圳城市品牌官方号，通过打造话题、发布形象宣传香港内容并及时互动，建立起与国内外网友的良性互动关系，树立积极的城市品牌形象。同时，本书发现深圳城市的综合能力评估中，公共服务水平和文化培育环境两个维度的评价偏低，针对这些问题，深圳在未来的国际传播能力建设中，可以注

---

① 宋婷：《深圳城市品牌国际知名度的特征以及提升策略研究——基于传统媒体与社交媒体的比较》，硕士学位论文，深圳大学，2020年。

重提升城市基础服务功能，如完善外事争议和解决的机制、提高涉外公职人员的跨文化敏感度和跨文化沟通能力、深化深圳教育的国际化、提高市民在深圳国际交往与传播中的参与度和影响力来增强深圳的国际交往和传播能力。最后，深圳面临着城市品牌新旧更迭的挑战，可能面临着旧的印象僵化，新的打不响，同时造成对外品牌定位模糊的问题。如何将深圳传统的城市品牌如"设计之都""全民阅读之城"等品牌印象进行激活和内涵扩充，同时结合深圳未来的发展规划，如何更有节奏地推出"未来之城""包容之城""创新之城"等新的城市品牌？这些都需要有一套系统的城市品牌建设规划，通过建立起动态的城市品牌矩阵，合理调动城市营销资源向外传递一致的深圳形象，讲好深圳故事。

第二章

从世界之窗到世界之家：
深圳建设跨文化城市的逻辑与进路

2021年5月31日，习近平总书记在主持十九届中央政治局第三十次集体学习时强调："讲好中国故事，传播好中国声音，展示真实、立体、全面的中国，是加强我国国际传播能力建设的重要任务。"[①] 城市作为国家的组成单元，也在不断加强国际传播能力建设，强调通过构建对外的城市形象和提升国际影响力，努力成为世界了解中国的载体。从既有研究出发，我国城市的国际传播研究与实践更多强调的是城市形象的媒介化建构与对外传播，鲜有从文化间沟通和理解的角度关注城市国际传播问题。城市国际传播问题之所以重要，是因为工业化、城市化以及全球化的推进，加剧了资本、信息与人员的大规模流动，使得城市在社会治理与国际交往互动中都不可避免地面对跨文化传播与交流的现实语境。城市国际形象本质上是城市国际化水平、城市治理以及城市整体生活质量的媒介化表征。基于此，若论及提升城市国际传播能力建设的路径突破，需要深入探索城市建设与城市传播的跨文化转向。

传统的跨文化传播研究主要聚焦人际或群体互动中对文化差异的敏感度、认知与适应，抑或讨论文化差异带来的矛盾冲突。城市国际传播中对于跨文化的关注也多聚焦于如何跨越语言、文化的壁垒，进而对外讲好城市故事，鲜有中国学者从跨文化视角讨论城市多元文化的治理问题。随着城市化与全球化的深化，城市的文化多样性和不同文化群体在

[①]《加强和改进国际传播工作 展示真实立体全面的中国》，《人民日报》2021年6月2日第1版。

城市的融合共存也逐渐成为我国城市治理的重要组成部分，跨文化传播也成为城市治理和城市传播研究需要关注的对象。

因此，需要引入"跨文化城市"（Intercultural City）的理念来作为城市提升国际传播能力的路径。"跨文化城市"由欧洲委员会（Council of Europe）提出，是以跨文化视角进行城市治理的一种方式。跨文化城市寄望城市发展从城市规划、城市场所的设计等方面凸显世界主义（cosmopolitanism）的价值理念，激发城市内部文化多样性的活力和资源，从而提高城市对人才的吸引力与全球竞争力。中国是一个多民族的国家。我国在发展社会主义以及积极融入全球治理的过程中，对内逐步形成了"以人为本的多元化""以国家利益为重的一体化"的价值取向，对外积极推动"一带一路"建设和全球"人类命运共同体"的构建，内外都在践行"和而不同"的传统文化价值理念，这与欧洲的跨文化城市的构想存在不少相通之处。

建设具有中国特色的跨文化城市，除了需要继续完善当前城市国际传播的媒体基础设施建设、创新讲好中国城市故事的方式和内容，还需要进一步扩大城市与其他国家或战略地区的城市关于外事、经济、贸易、科技、文化等方面的交往合作，扩大中国城市在各个方面的全球影响力和可见性，提高城市的全球口碑和竞争力，从而有利于吸引更多人才在城市的会聚与交往。当越来越多外来移民进入中国城市时，城市在建设规划以及治理方面也要调整相应的政策，增设相关部门和公共服务，帮助外来移民更好地融入中国城市，丰富中国城市的文化多样性，为城市带来更多的创新和活力，同时也进一步深化中国城市的国际化程度以及全球融入。

此外，城市的口碑和形象也离不开本地市民的感知体验和传播。中国跨文化城市建设也需要对内处理好城市本身存在的异质群体的社会融合问题，从治理政策及其实施、公共空间的规划与建设、文化和公共活动与服务层面考虑不同社会文化群体的需求和特殊性，将以人为本的多元化和平等互惠的跨文化对话意识植入政府治理和社会公民教育的框架中，加强政府与民众的交流对话，提高市民公共参与的自由度、方便度、活跃度以及对城市的满意度、认同感和情感依附。城市内部治理的成果以及市民对城市的积极感知与评价自然会转变为城市对外传播与形象建构的重要内容。

深圳自改革开放起就一直作为中国看世界与沟通世界的窗口,作为一个全球性城市,其不仅积极构建对外形象,内部也已融合了多元文化。深圳对于多元文化的治理如何让它更好地通过改革开放融入世界,以及把世界融入深圳,进而从"世界之窗"迈向"世界之家"呢?跨文化城市是可借鉴的一条路径。基于此,本书以跨文化城市为核心切入点,通过分析深圳建设跨文化城市的逻辑与进路,来探讨深圳从"世界之窗"到"世界之家"的发展可能性。

第一节 缘起:国际传播在深圳城市建设中的内生动力

一 深圳的城市定位及其目标

深圳明确将其城市文化定位于:国际化、开放、包容、和谐。作为中国最具标志性的经济特区,历经40多年的发展,其城市文化逐渐内化成深圳的价值内涵。综合《深圳市国民经济和社会发展第十四个五年规划和二〇三五年远景目标纲要》[1]《政府工作报告》[2] 等相关文件,深圳正在规划自身从现代化国际化创新型城市,到引领可持续发展的全球创新城市,到具有全球影响力的创新创业创意之都,再到竞争力、创新力、影响力卓著的全球标杆城市这样的目标逐一迈进。此外,深圳力图将自身打造成国际消费中心城市、国际贸易中心城市、国际免税城、国际会展之都、世界著名花城、国际新型智慧城市标杆、全球创新资本形成中心、金融创新中心、金融科技中心、全球海洋中心城市、世界级旅游目的地、国际著名体育城市等,以期在金融、贸易、交通、文化、旅游等各个方面成为世界城市的典范。

深圳作为中国改革开放的"试验田"和最早对外开放的城市,具有

---

[1] 深圳政府在线:《深圳市国民经济和社会发展第十四个五年规划和二〇三五年远景目标纲要》,(2021-06-09)[2022-09-11],http://www.sz.gov.cn/cn/xxgk/zfxxgj/ghjh/content/post_8854038.html。

[2] 深圳政府在线:《政府工作报告》,(2021-12-30)[2022-09-11].http://www.sz.gov.cn/zfgb/2021/gb1121/content/post_8852606.html。

国际传播能力建设的基因。历经40多年的发展，深圳吸引了大量的外资和外国人，深圳市政府也一直在加强外事文化交流活动，且因其毗邻香港、澳门，与粤港澳大湾区的合作往来一直很频繁，充分发挥深圳作为大湾区的核心引擎功能也是深圳"十四五"时期的重点任务之一，这使其形成了一种对外来文化开放与接受的心态。此外，深圳因其经济发展模式吸引了大量全国各地的人口来深工作生活，进一步增加了城市的多样性。由此，深圳承载了多种文化的交融，既有本土的文化，也深受港澳地区的文化传入，还接纳了各国民众和国内各地人口的文化迁入，它具备国际传播能力建设的可行性和必要性。

二 "世界之窗"作为城市精神的隐喻

如上提及，改革开放40多年的进程中，以深圳为代表的经济特区，既是中国特色"渐进式改革"的"试验田"，又成为中国对外开放的窗口。在经济特区内尝试各种改革措施，目的并不局限于追求特区自身的经济发展，而是充分发挥改革开放的"窗口"和"试验田"作用，围绕"经济建设"这个中心，成功地大规模引进国外资本、先进技术和管理经验，引领经济高速增长，开创性地把市场经济与社会主义结合起来，才有了全国全方位开放局面和社会主义市场经济体制的确立，大大促进了全国的经济发展。可以说，经济特区在一定程度上是为探索新体制而诞生的。习近平总书记在深圳经济特区建立40周年庆祝大会上的讲话强调，"锐意开拓全面扩大开放"。"推动建设开放型世界经济，推动构建人类命运共同体""一花独放不是春，百花齐放春满园。我们坚定不移奉行互利共赢的开放战略，既从世界汲取发展动力，也让中国发展更好惠及世界。经济特区建设40年的实践离不开世界各国的共同参与，也为各国创造了广阔的发展空间、分享了发展利益。欢迎世界各国更多地参与中国经济特区的改革开放发展，构建共商共建共享共赢新格局"[①]。

深圳作为改革开放的前沿城市，一方面，深圳向世界展示了中国，成为世界了解中国的一个新的窗口；另一方面，世界各种不同的文化也

[①] 习近平：《在深圳经济特区建立40周年庆祝大会上的讲话》，《人民日报》2020年10月15日第2版。

通过深圳跨文化的主题景区把世界浓缩地呈现在国人面前，深圳也成为中国人接触世界的窗口之一。1994年6月18日，大型文化旅游景区、主题公园"世界之窗"建成开园，其以1∶1、1∶15、1∶26等不同比例，惟妙惟肖地仿建了世界著名历史遗迹、名胜、世界奇观、民居、雕塑、绘画等118个景点，并划分为世界广场、亚洲区、欧洲区、非洲区、南美洲区、北美洲区、现代科技区、雕塑区、国际街、生活服务区十大景区。在景区内，游客不仅可以观赏到世界各国的著名建筑，如法国埃菲尔铁塔、英国白金汉宫、意大利威尼斯水城、俄罗斯红场、埃及金字塔等，以及世界各地民居、景观，还可以品尝到数十种饮食风味。深圳世界之窗荟萃了几千年的人类文明精粹，[①] 吸引了大批游客。2019年全年世界之窗游客人数达到400万人次，居深圳主题公园首位，也是当年门票收入最高的主题公园。[②] 深圳世界之窗属于国家5A级景区，获得"深圳市十大历史性建筑"等多项荣誉称号。作为微缩景区和典型的文化主题景区，世界之窗的主旨在于弘扬世界文化，它定位于"文化为主，游乐为辅，文游兼具"，实现文化区与体验区的合二为一。[③] 对于游客，尤其是中国大陆居民而言，景区就是一扇接触世界的窗口，它把世界浓缩在深圳，使得中国游客实现"一日游遍世界"，感受多元灿烂的人类文明，体验无穷乐趣。经过近30余年的发展，深圳世界之窗已积累了一定的知名度和口碑，游客来深圳基本形成"来深圳必游世界之窗"的想法。"世界之窗"作为深圳市的标志性景点和特色名片，与此同时，也是中国改革开放融合全球多元文化的隐喻。

"世界之窗"是深圳的重要城市定位之一。"世界之窗"的建设距今20余年，作为一个长期保存的物理场所，它逐渐演变为中国融入世界，和世界融入中国的文化交汇点。这使得"世界之窗"这四个字成为中国城市国际化、多元化、开放化的隐喻。与此同时，深圳城市发展的远景目标提到"让世界刮目相看的'拥有高度的物质文明、政治文明、精神

---

① 骆仲遥：《深圳开放"世界之窗"景区》，《今日中国》（中文版）1994年第5期。
② 陈霄、蔡欣儒、陈少楠、陈桂纯、黄宝玲：《深圳主题公园旅游吸引力游客感知研究——以世界之窗为例》，《特区经济》2021年第10期。
③ 程珊珊、夏赞才：《基于网络文本的文化主题景区旅游形象感知对比研究——以深圳、长沙世界之窗为例》，《旅游论坛》2018年第5期。

文明、社会文明、生态文明的'新景象",成为"最能代表中国的城市参与全球竞争合作""全球城市版图中的璀璨明珠",这引领着世界城市发展潮流。[①]

要想更积极地与世界对接并实现上述目标,深圳要做的就不仅是对外塑造良好国际形象,同时也要对内处理好不同文化的人口融入深圳时的共生共存问题,只有把城市治理好,让它具有文化的吸引力,才会吸引更多的人来深圳,进而提升深圳的总体形象。跨文化城市作为一种新型跨文化融合模式,是国际传播的重要基础和支点。那么,如何从跨文化城市建设的角度提升深圳国际传播能力建设?在梳理城市国际传播能力与跨文化城市相关文献后,本书将以深圳为个案,构建跨文化城市的基础评价指标,以期为深圳国际传播能力建设提供具有针对性和可操作性的方案。

第二节　文献综述:城市国际传播能力与跨文化城市

上述内容说明,深圳已具备建设跨文化城市的潜力和基础。跨文化城市的建设还可以从已有的理论基础中汲取线索与启发。由此,本节将梳理当下国内外关于城市国际传播能力与跨文化城市相关研究。

一　我国城市国际传播能力研究概况

(一)城市国际传播能力建设的主要评估

自习近平总书记2021年5月31日讲话后,国内城市传播的一些学者开始转向对城市国际传播能力进行评估,先后推出了一系列关于城市国际传播能力的测量指标体系。比如,2020年,人民网舆情数据中心推出了《中国城市国际形象传播影响力研究报告》(以下简称《报告》),《报告》基于媒介等因素在城市国际形象生成机制中的显著作用,构建了包

[①] 深圳政府在线:《深圳市国民经济和社会发展第十四个五年规划和二〇三五年远景目标纲要》,(2021-06-09)[2022-09-11],http://www.sz.gov.cn/cn/xxgk/zfxxgj/ghjh/content/post_8854038.html。

含媒体传播指数、综合社交指数、传播创新指数、全球认知指数四个维度在内的指标体系。该指标体系试图涵盖城市传统媒介渠道在不同语种下的对外传播情况，同时考虑到视频、短视频、图片等新载体在当下国际传播中的重要作用。此外，还将搜索引擎数据及互联网平台生活类数据纳入考量，以尽可能客观呈现城市在国际上的影响力。选取推特（Twitter）、照片墙（Instagram）、优兔（YouTube）等相关数据，最终构建了中国城市国际传播影响力指数（City International Communication Influence Index，CICII）的三级指标框架（见表2-1）。评估结果显示武汉、北京、上海、深圳、广州的城市国际形象传播影响力名列前五。[①]

表2-1　　　中国城市国际形象传播影响力指标体系总表

序号	一级指标	权重	二级指标	三级指标	权重
1	媒体传播指数	0.35	媒体报道影响力	城市英文报道量	0.2
				城市其他外文语种报道量	0.15
2	综合社交指数	0.25	综合社交认知力	城市推特（Twitter）日均推文量	0.25
3	传播创新指数	0.2	图片社交影响力	照片墙（Instagram）城市英文标签话题量	0.05
			视频社交影响力	优兔（YouTube）近一年城市视频1万以上观看量	0.05
				谷歌趋势（Google Trends）视频搜索指数	0.05
			短视频社交影响力	抖音海外版（TikTok）城市英文标签话题量	0.05
4	全球认知指数	0.2	国际访客影响力	猫途鹰涉城市的点评总量	0.1
			搜索引擎影响力	谷歌趋势搜索指数	0.1

（来源：中国城市国际形象传播影响力研究报告）

浙江大学韦路教授团队于2021年10月发布了《中国城市国际传播影响力指数报告》，将网络传播影响力、媒体报道影响力、社交媒

[①] 张昆、张明新主编：《中国国家形象传播报告（2020—2021）》，社会科学文献出版社2021年版，第118—141页。

体影响力、搜索引擎影响力、国际访客影响力5个基本考察维度作为一级指标。由于绝大部分城市英语、法语和西班牙语的单词拼写一致，为了降低语种统计误差对测算精度的影响，故将社交媒体影响力及搜索引擎影响力指标对应的三种语言汇总为合并指标，最终5个一级指标下设11个二级指标，又在网络传播影响力、媒体报道影响力、社交媒体影响力3个维度下设置三级指标，再结合熵值法、用户配比法，设定各级指标的具体权重（见表2-2）。[①] 评估结果显示，北京、武汉、香港、上海、澳门成为过去一年中国城市国际传播影响力排名前五；北京、武汉、上海、广州、重庆则成为中国内地城市国际传播影响力的前五。

表2-2　省会城市以及特别行政区的国际影响力指标体系权重设置

一级指标	二级指标	三级指标	权重（%）	权重（%）
网络传播影响力	官方社交媒体	Facebook 粉丝数量	8.52	≈19.22
		Twitter 粉丝数量	1.07	
		Instagram 粉丝数量	3.53	
		YouTube 粉丝数量	6.09	
媒体报道影响力	国内外文媒体	英语	5.10	20.60
		俄语	2.55	
		西班牙语	4.20	
		法语	1.30	
		阿拉伯语	2.30	
	国外外文媒体	英语	1.70	
		俄语	0.85	
		西班牙语	1.40	
		法语	0.43	
		阿拉伯语	0.77	

---

① 韦路、李佳瑞、张子柯、左蒙、陈俊鹏：《2021中国城市国际传播影响力指数报告》，(2021-10-14) [2022-09-11], https://mbd.baidu.com/newspage/data/landingsuper?context=%7B%22nid%22%3A%22news_9745765322811557860%22%7D&n_type=-1&p_from=-1。

续表

一级指标	二级指标	三级指标	权重（％）	权重（％）
社交媒体影响力	Facebook 关键词词频	英语/西班牙语/法语	7.96	26.16
		俄语	1.91	
		阿拉伯语	1.73	
	Twitter 关键词词频	英语/西班牙语/法语	1.00	
		俄语	0.24	
		阿拉伯语	0.22	
	Instagram 关键词词频	英语/西班牙语/法语	3.30	
		俄语	0.79	
		阿拉伯语	0.72	
	YouTube 关键词词频	英语/西班牙语/法语	5.69	
		俄语	1.37	
		阿拉伯语	1.23	
搜索引擎影响力	英语/西班牙语/法语搜索指数		12.63	18.41
	俄语搜索指数		3.04	
	阿拉伯语搜索指数		2.74	
国际访客影响力	城市（酒店、景点玩乐、餐厅）评论总数量		15.61	15.61

（来源：浙江大学官方百家号）

2022年2月，北京师范大学新闻传播学院海外网络传播力课题组推出了《中国城市海外网络传播力》。该研究选取谷歌新闻（Google News）、推特（Twitter）、优兔（YouTube）、抖音国际版（TikTok）这4个在线平台作为数据来源，通过专家法在每个平台下设置不同的指标和权重，具体指标体系如表2-3所示。其中，谷歌新闻、优兔和推特等3个平台的指标均包含有"非负面新闻/视频/信息数量"这一项，该指标是通过随机抽样的方式，对新闻、视频和信息等条目进行正负面情感倾向编码得到负面信息率后计算而来的。推特平台维度还包含"点赞量""转发量"和"评论量"等3个指标，所占权重分别为7%、4%和4%。抖音国际版是2021年首次加入的平台维度，它包含一个指标"浏览总量"，所占权重为20%。研究发现北京、上海、武汉、广州、深圳的海外网络传播力在中国 337 座城市居于前五。[①]

表 2-3　　　　　中国城市海外网络传播力指数指标体系

维度	指标	权重（%）	
谷歌新闻	非负面新闻数量	20	20
推特	点赞量	7	30
	转发量	4	
	评论量	4	
	非负面信息数量	15	
优兔	非负面视频数量	30	30
抖音国际版	浏览总量	20	20

（来源：《国际传播新格局下中国城市海外网络传播力分析》）

2022 年 5 月，北京外国语大学推出了《2022 国际传播能力指数方阵》，分别评估国家、城市、企业、媒体、学者等多种传播主体的国际传播能力和影响力。其中，"城市国际传播能力指数 2022"以覆盖我国大陆地区（不含香港、澳门、台湾）全部省份的 53 个重点城市为研究对象，以城市政府为主体，从硬实力（包括政府、大型活动、经济、外国访客）和软实力（包括语言、新媒体、形象）两个维度对城市政府在国际传播中的投入和成效进行评估，设立 2 个一级指标、7 个二级指标和 21 个三级指标，采用主客观综合赋权法确定指标权重。报告显示上海、北京、成都、深圳、武汉的城市国际传播能力位居前五，城市国际传播能力指数指标体系如表 2-4 所示。[②]

[①] 北京师范大学新闻传播学院海外网络传播力课题组、刘绍强、杨志鹏、姜桐桐、蔡华丽：《国际传播新格局下中国城市海外网络传播力分析》，《对外传播》2022 年第 2 期。

[②] 北京外国语大学：《国际传播能力指数方阵》，（2022-05-29）[2022-09-11]，https://mp.weixin.qq.com/s/axcR0xCscQ3on9tL2-dOkQ。

表 2-4　　城市国际传播能力指数指标体系

一级指标	二级指标	三级指标
硬实力	政府	国际事务政策文件
		独立专设机构
		文化体育与传媒支出
	大型活动	国际赛事
		国际会议
	经济	海外直航城市
		进出口总额
		国际旅游收入
		外商投资
	人员	境外访客
		外国居民
		留学生
软实力	语言	公共场所英文标识规范（有/无）
		博物馆网站语种
		外宣网站语种
	新媒体	海外点评日评论量
		海外社交媒体官方账号数量
		海外社交媒体官方账号发文量
		海外社交媒体官方账号粉丝量
	形象	城市形象宣传片数量
		国际友好城市数量

（来源：北京外国语大学国际新闻与传播学院）

由上述梳理可见，学者们已提出了许多具有一定信度和效度的评估城市国际传播能力工具，但多是聚焦于大众传播范畴下的城市国际传播能力和形象塑造的效果研究，具有一定的局限性。其一，过度依赖媒介内容的量化数据作为一个重要的评估指标，忽视了城市的国际形象本质上是城市的国际化水平和城市治理的媒介化再现。其二，目前，我国的城市国际传播研究与实践更多强调了政府作为传播的主体，忽视了在社交媒体时代，随着国际化的推进，城市内部以及城市与城市之间的人际与群体的交往与互动早已进入全球传播流动中。其三，单波曾指出，当下关于国家形象的各种理论都沉迷于国家形象的建构、塑造和影响模式，痴迷于等级化的排序，实质上这一技术理性路线内含于东方主义话语、他者化的形象建构，固化了"中心与边缘""西方与非西方"的形象谱系，只看到了某种确定性的指标，看不见形象的不确定性。① 作为国家形象的一部分，城市的国际形象研究也不可避免会落入这一逻辑中。其四，国际化给城市带来了更为复杂的文化多样性，城市作为一个重要的行政单位，其如何在城市规划、政策制定与治理以及对外交往中践行跨文化的价值理念、保障和激活城市多元文化的融合和创新力，不仅关系城市的活力、创造力及稳定发展，将城市的国际传播进一步推向跨文化语境，也关系我国国家形象的建构与跨文化传播。因此，需要一个更全面科学的评价体系来解决上述局限。在此之前，还需对本书面向的个案深圳的国际传播能力建设情况有所认知。

（二） 对深圳国际传播能力建设的主要评价

综合来看，深圳在各大评估体系中取得了较为可观的排名。不论是城市国际形象传播影响力（人民网舆情数据中心，2020）、城市国际传播能力（北京外国语大学，2022），还是城市海外网络传播力（北京师范大学，2022），均在我国城市中名列前五。在一些学术研究中，深圳还被海内外网友认为是宜居而充满活力的现代化国际大都市。

具体来说，深圳除了整体的国际传播能力评价较高，其城市宣传片也具有相当出色的传播效果。城市宣传片作为一种传媒形式，可以凭借视觉冲击和影像效果构建与传播城市形象，概括性地展示出一座城市的文化、精神和内涵，是一座城市的视觉名片。2020 年，《人民日报》海外网数据研究中心发布了《中国城市形象宣传片海外传播影响力指数报告（2020）》，《报告》选取了全球城市实验室（Global City Lab）2019 年全球城市 500 强榜单中 31 个具有国际影响力的中国大陆城市，抽取其在党的十九大后发布的 275 条城市形象宣传片作为样本，以精准的传播大数据和指标为依托，对各城市形象宣传片的海外传播效果进行分析和案例解剖。研究发现，深圳传播指数远远领先于其他城市，并在总观看量、条

---

① 单波：《论国家形象跨文化转向的可能性》，《兰州大学学报》（社会科学版）2017 年第 5 期。

均观看量、最高观看量这三项指标都处于领先地位,例如深圳城市风貌宣传片《深圳:移民实验》(Shenzhen: The Migrant Experiment,后文简称《深圳》)境外观看量近125万。

表2-5　　　中国城市形象宣传片海外传播影响力指数榜

排名	城市	发布指数	传播指数	互动指数	影响力指数
1	深圳	74.80	88.21	74.57	99.26
2	杭州	75.40	80.55	79.69	96.93
3	武汉	80.80	83.69	73.42	96.36
4	上海	84.60	76.10	71.26	93.24
5	北京	81.40	76.30	67.96	91.98
6	青岛	80.80	75.96	65.35	91.41
7	长沙	76.60	71.95	81.23	90.59
8	苏州	78.40	72.11	72.24	88.94
9	西安	81.40	74.43	46.42	86.47
10	厦门	75.40	72.12	46.24	85.83
11	郑州	74.80	73.92	45.72	85.61
12	沈阳	74.80	68.32	53.50	79.19
13	广州	79.60	54.01	56.16	69.50
14	福州	75.40	52.41	57.30	67.51
15	成都	82.20	50.72	48.52	66.73
16	天津	76.00	48.83	45.86	63.84
17	南京	74.20	51.99	41.51	62.17
18	无锡	73.60	45.02	49.47	59.89
19	大连	72.40	41.00	45.55	55.71
20	佛山	76.00	37.42	49.97	52.57
21	昆明	73.00	25.95	44.60	45.88
22	哈尔滨	72.40	23.05	41.24	33.00
23	重庆	83.60	20.94	43.33	31.85
24	东莞	72.20	10.97	41.17	28.89
25	温州	73.00	10.39	40.92	28.48
26	烟台	72.80	9.42	40.38	25.44
27	宁波	75.40	7.17	42.12	23.56

续表

排名	城市	发布指数	传播指数	互动指数	影响力指数
28	绍兴	62.40	6.93	39.45	22.00
29	常州	61.80	5.22	37.09	21.27
30	济南	63.60	3.46	35.10	20.67
31	长春	51.20	2.26	32.05	20.13

《报告》针对海外传播效果最好的五条城市形象宣传片，围绕其出品单位、视频时长、发布时间、发布平台、发布账号、视频内容等元素进行分析。排行榜TOP1为深圳城市风貌宣传片《深圳》。2018年12月12日，《深圳》在脸书（Facebook）和优兔（Youtube）平台发布，观看量超过120万，获得点赞9546次，该宣传片以"移民实验"为主题，采访居住在深圳的外国人和中国其他地区的人关于在深圳长期生活学习的体验，同时细致展现了改革开放四十年中深圳的发展变化。该宣传片文字、声音、图像符号的运用方面均可圈可点，取得了较好的传播效果。[①]

此外，还有研究聚焦域外大众感知的深圳形象，通过对在线问答社区Quora深圳板块中共计50个议题和411条回帖进行内容分析后发现，在深圳生活过的海内外网友围绕深圳的城市化和资本化，以及经济发展和人文诉求展开丰富讨论。网友们基本能感受到深圳的快速发展及其成效，普遍认可深圳作为一个现代化国际大都市的地位和形象。在宜居性方面，网友们总体认为深圳宜居且充满活力；在金融领域，深圳经济更具活力、创业机会更多的事实备受认同，但相对于香港仍显不足；在文化体验方面，深圳城市文化资本相对薄弱，尚有提升空间。[②]

评估指标作为量化工具，可以相对客观地呈现城市的国际传播能力建设现状，但在数据背后，城市该秉持什么样的原则和理念，使自身做到多元包容、积极开放呢？从相关理论的主要观点中可以得到一些启发。

[①]《人民日报海外网发布〈中国城市形象宣传片海外传播影响力指数报告（2020）〉》，（2020-06-17）[2022-09-11]，https：//m.haiwainet.cn/middle/3541083/2020/0617/content_31815289_1.html。

[②] 唐磊：《深圳国际城市形象：域外"专家意见"与"大众感知"》，《深圳大学学报》（人文社会科学版）2020年第2期。

图 2-1 《深圳：移民实验》（Shenzhen：The Migrant Experiment） 截图
（来源：海外网）

（三）相关理论的主要观点

1."可沟通城市"

吴予敏谈到，从传播学看城市主要有两个视角。一个视角从信息载体或传播介质方面着眼，观察人的生存空间和行为方式。由此提出 mediated city（媒介化城市），含义是城市可以被当作巨大的媒介"星丛"，在城市里生活的人们不可避免地依存于整个城市媒介的生产方式。城市的形象和影响力必须通过媒介来传播扩散，城市也成了信息枢纽的虚拟空间的聚合；另一个视角从人的沟通交往方面着眼，观察人的社会关系和社会形态。网络时代，信息的自由流动和丰富形式重构了各个不同社会阶层的知识、观念和形象。人们的社会共同体意识变得模糊虚幻。城市正在成为各种不同的利益群体博弈冲突的聚焦点。由此提出 communicative city（可沟通的城市），关注的是当今城市的可沟通性问题，或者从本质上说，是如何通过理性化的沟通过程重建社会共同体意识的问题。可沟通的城市是在媒介信息网络快速发展并构成了新型城市的基础以后，如何在社会制度、社会结构和社会观念上进行全面的深度的变革，以真正形成可沟通的城市社会，使这样的城市成为有共享的文化认同的社会共同体。①

根据复旦大学信息与传播研究中心团队，"可沟通城市"体现了以传播为中心的新城市主张，即"将沟通/传播视为人类的生存方式和城市的构成基础，各类主体通过信息传递、社会交往和意义生成等多种传播实践活动，实现城市的多元融合、时空平衡、虚实互嵌和内外贯通，在人性充分实现维度上的多重'可沟通性'"。其中，多元融合强调既尊重多样性，又打破区隔。时空平衡强调传统、现实的交流融合。虚实互嵌强调实体空间与虚拟空间相互嵌入、高度融合。内外贯通强调与社区、乡村、国家以及其他城市之间形成多重维度、多种机制的连接。团队成员还指出，可沟通是现代城市的基本品质，"可沟通城市"涉及三个方面内容：一是信息传递的快速、高效、透明。二是社会交流的自由、通畅。三是文化意义的建构与分享。城市应当是一个共同体，给予我们最真切的归属感。② 为便于分析、描述，团队主要区分出三个维度，即城市传播的三重网络：1. 地理网络，即城市实体空间的面对面交往与聚合，体现了传播的空间性。2. 信息网络，即城市各类虚拟平台的社会交往、公共参与等，体现了传播的社会性。3. 意义网络，即城市在精神、文化层面的共享与认同，体现了传播的象征性。各个维度的城市传播及可沟通性诉求如表2-6所示。

表2-6　　　　　　　可沟通城市的传播维度与价值诉求

城市传播的维度	城市可沟通性诉求	核心价值
地理网络	1、城市为市民的聚合交往、对话合作提供了充足、多样的物质空间。 2、城市为市民的聚合交往、对话合作提供了便利的交通设施。 3、市民能够自由出入城市公共空间，与各种异质人群会遇、交往、对话、合作。 4、城市地理空间体现了城市特征与历史，为市民形成认同感、地方感提供了条件	多元融合 时空平衡 虚实互嵌 内外贯通

① 吴予敏：《从"媒介化都市生存"到"可沟通的城市"——关于城市传播研究及其公共性问题的思考》，《新闻与传播研究》2014年第3期。
② 孙玮：《可沟通：构建现代城市社会传播网络》，《探索与争鸣》2016年第12期。

续表

城市传播的维度	城市可沟通性诉求	核心价值
信息网络	1、城市为市民提供了多种虚拟空间进行社会交往。 2、城市公共机构能够及时发布市民所需信息。 3、城市为市民提供了多种参与公共治理的平台和媒介。 4、市民能够自由、方便、灵活地使用各种线上线下平台、媒介进行交往、参与。 5、市民通过交往、参与能够产生城市认同	多元融合 时空平衡 虚实互嵌
意义网络	1、城市有适当的场所体现城市的特征与历史。 2、城市有丰富多样的关于城市的文化产品。 3、市民能够自由、便利地使用、接触城市文化产品。 4、市民对于城市有归属感、认同感	内外贯通

来源：复旦大学信息与传播研究中心课题组、谢静、潘霁、孙玮：《可沟通城市评价体系》，《新闻与传播研究》2015年第7期。

为了更全面地评价"可沟通城市"，团队还设计了一套评估系统，考察在城市的地理网络、信息网络、意义网络中（1）城市的传播基础设施（包括公共建筑设施、交通基础设施、信息基础设施）的安全性、多样性、可及性、适宜性和可读性；（2）市民在城市的传播行为活动（包括社交文娱活动与公共参与活动）的自由度、活跃度和参与度；（3）市民的传播感知评价，包括市民对城市空间及各种行为活动体验的满意度、价值感、认同感、地方感等。以上内容具体如表2-7所示。

表2-7　　　　可沟通城市评估的层次、内容与指标

评估层次	评估内容	评估指标
基础设施	公共建筑设施 交通基础设施 信息基础设施	安全性 多样性 可及性 适宜性 可读性
行为活动	社交文娱活动 公共参与活动	自由度 活跃度 参与度

续表

评估层次	评估内容	评估指标
感知评价	满意度 价值感 认同感 地方感	感受体验 态度评价

（来源：复旦大学信息与传播研究中心课题组、谢静、潘霁、孙玮：《可沟通城市评价体系》，《新闻与传播研究》2015年第7期）

"可沟通性"概念，关联城市生活的各个面向，以更为综合、包容的方式理解和规范城市，使之更加符合城市本质。同时在学理上，借助"可沟通城市"概念，有望打通城市研究的三大传统壁垒，即建筑/规划/地理、媒介/信息和历史/文化三个相对独立的领域，超越功能主义和建构主义、物质主义和象征主义的二元对立，创新城市研究和传播研究。因此，"可沟通城市"概念是基于传播研究新范式——城市传播理论创新，而以"可沟通性"作为评价城市的基本指标，则是这种范式与理念的具体应用。[①]

"可沟通城市"期望将城市作为实现社会共同体理念的新的生存空间，概念中包含的基本价值尺度是维护多元文化主义，以及社会公平正义和基本人权。[②] 那么，何为多元文化主义？

2. 多元文化主义

北美国家是最早将城市的文化多样性纳入城市治理议程的践行者。两次世界大战后的人口流动以及早先的殖民历史使得一些最先进入全球化的城市不得不面对文化多样性以及复杂的多元文化身份问题。早期的城市管理者、实践者以及跨文化传播学者提出了文化同化模式，试图将城市打造成基于文化多元主义的"熔炉"（melting pot），即倡导外来文化或者少数族群的文化融入主流文化中，试图弥合文化族群间的差异。纽

[①] 复旦大学信息与传播研究中心课题组、谢静、潘霁、孙玮：《可沟通城市评价体系》，《新闻与传播研究》2015年第7期。

[②] 吴予敏：《从"媒介化都市生存"到"可沟通的城市"——关于城市传播研究及其公共性问题的思考》，《新闻与传播研究》2014年第3期。

约是其中的一个代表城市,曾被称为文化大熔炉。

在一些学者看来,多元文化主义的政治理念应体现在:(1)承认社会的多元种族、民族构成;(2)政策制定者要制定一些具体的社会公共政策帮助移民参与主流社会、提高他们的社会和经济地位、建立平等的权利以及预防和消除歧视;(3)构建一个接受并支持社会人口文化异质成分的社会心理。这些多元文化主义的理念指导了欧美一些国家,包括澳大利亚、加拿大、美国、英国、瑞典和荷兰等,在其政府认可、教育、必要机构的培训及信息服务、宣传材料、法律、宗教包容、食物及广播与媒体等方面都采取了一些具体的政策和行动,致力于推动社会多元文化的团结和整合。总之,文化的多样性(diversity)与包容(inclusion)成为多元文化主义的核心价值观。国内学者肖珺和王桐也提出,多元文化主义似乎逐渐发展成为一个维护社会稳定的全球性的政治正确。中国是一个多民族的国家,而我国在发展社会主义以及积极融入全球治理的过程中,对内逐步形成了"以人为本的多元化""以国家利益为重的一体化"和"以弱势补偿为先的公平正义"的价值取向,对外积极推动"一带一路"共建国家的往来和全球"人类命运共同体"的构建,都在践行"和而不同"的传统文化价值理念,这与西方的多元文化主义存在本质上的相似之处。[①]

然而,随着"9·11"恐怖袭击事件、国际金融危机以及因经济、地缘政治冲突等造成的难民危机,一些国家的反移民和反难民的情绪高涨,多元文化主义的政策遭到了质疑。有学者认为,多年的"多元文化主义"的实践无法从本质上解决社会基于种族与社会阶层的分裂,一定程度上反而强化了"白人中心主义",忽视了不同社会成员的社会平等(equality)。基于对这些跨文化城市发展模式的反思,欧洲在解决移民问题时,试图探索一个新的跨文化融合模式(intercultural integration model),由此提出了"跨文化城市"的理念。

---

① 肖珺、王桐:《跨文化传播视野下的多元文化主义理论反思》,《跨文化传播研究》2020年第1期。

二 跨文化城市理念及海外建设现状

(一) 跨文化城市的概念及内涵

"跨文化城市"是基于对多元文化主义的理解、反思、批评、完善，提出的一种城市治理实践式的构想。可以说，多元文化主义在一定程度上是跨文化城市的理论基底。但不同的是，多元文化主义在实践中因过度强调群体间差异，有时会造成不同文化群体的分离、边缘化或隔离的情况，导致差异成为城市治理的矛盾来源之一，而跨文化城市则强调差异是一种创新性资源。跨文化城市的提出首先调整了城市治理者对于文化差异的认知，进而把这种认知放到不同的城市治理层面去执行。

何为"跨文化城市"？简言之，跨文化城市是在多样性、包容性的基础上致力于保障不同文化群体在城市中平等、和谐、可持续地共存，并大力推动、拓展和实现文化间、国际有效对话的一种全球城市发展主张和可行路径。它是一种新的跨文化融合模式，转向互惠性和平等认同的、倡导社会团结的、可持续的跨文化城市建设，是以跨文化视角进行城市治理的一种方式方法，是未来国际化城市发展的方向之一。[1] 平等、多样性和积极互动是跨文化城市的三个核心原则。跨文化城市能够容纳不同国籍、出身、语言或宗教信仰的人。城市的政治领导人和大多数市民都认为多样性是一种资源，在不损害人权、民主和法治原则的情况下，积极打击偏见和歧视，通过调整治理结构、机构和服务来适应多样化人口的需求，确保所有人的平等机会。在与企业、民间社会和公共服务专业人士的合作中，跨文化城市制定了一系列的政策和行动，以鼓励跨越文化、性别、年龄和其他差异的融合和互动。当局还鼓励城市中可能已经存在的任何跨文化做法，不断提高政策的有效性，使城市变得更加和谐。[2]

国内也有学者讨论城市跨文化传播的相关论题，比如，有学者以广

---

[1] The intercultural city step by step (Revised edition), [2022 – 09 – 11], https://edoc.coe.int/en/living – together – diversity – and – freedom – in – europe/7982 – the – intercultural – city – step – by – step – revised – edition.html.

[2] Intercultural Cities Key Terminology, [2022 – 09 – 11], https://rm.coe.int/intercultural – cities – key – terminology/16809ebb5c.

州市为蓝本，认为跨文化城市的推广需要加强三个方面的策略建设：第一，面向多元文化群体，既要保障景区等硬件设施具有完善的条件，更要满足人文等软件条件的需求；第二，营造多语种（如粤语、普通话和英语等）环境；第三，搭建与世界的多元化交流与对话的平台。[1] 有学者引入跨文化传播中的第三文化空间理论，即来自异文化脉络的双方在交流时，为解决"感知文化差异"（perceived cultural differences）带来的焦虑感，需寻找两种文化的共同点，建立共通语义空间。以镇江市为例，赛珍珠文化正是打破屏障的第三文化，在镇江城市形象的跨文化传播中扮演着协商与调整的重要角色。[2] 此类研究多围绕城市形象的跨文化传播策略展开，而非针对跨文化城市建设，与跨文化城市的概念有所区别。那么，欧洲委员会提出的"跨文化城市"概念该如何应用于具体实践呢？

（二）欧洲跨文化城市评价指标

2004年由英国智库Comedia主导的基于英国、美国、澳大利亚、新西兰和挪威的调研报告"跨文化城市：充分利用多样性"（The Intercultural City: Making the Most of Diversity）最早提出了"跨文化城市"这一概念。该报告主要分析这几个国家及其城市如何解决由移民和国际化带来的跨文化差异问题，试图探索如何将跨文化差异视为城市可持续发展与创新的重要资源，而非社会矛盾与问题的来源，从而使得城市在对外交往与传播中更具吸引力与竞争力。[3] 基于这一报告以及以西班牙巴塞罗那为代表的一些欧洲城市的跨文化融合经验，欧洲委员会联合欧盟委员会（European Commission）于2008年发起了"跨文化城市项目"（Intercultural Cities Programme，ICCP），旨在帮助欧洲国家的城市治理者设计与实施相关政策和机制，将跨文化平等、包容的价值理念与沟通能力纳入政府的城市治理框架以及居民的市民身份建构中，从政治结构层面推动

---

[1] 傅蜜蜜：《全球化背景下跨文化城市推广研究——以广州市为例》，《江西社会科学》2017年第6期。

[2] 毛艳枫、李新朝：《基于赛珍珠文化的第三方文化空间——镇江城市形象的跨文化传播策略》，《新闻界》2014年第17期。

[3] COMEDIA, The intercultural City: Making the most diversity, 2005 - 05, 访问时间：2022 - 09 - 01, https://rm.coe.int/16804925cd。

城市的跨文化交流与矛盾的化解，建立"互惠互补共生共赢"的跨文化关系，从而提升城市内外不同文化群体的社会融合和团结。城市社会的多元与包容自然也是城市在对外建构与传播城市形象的基础与支点。

表2-8所示，为了更好地推动跨文化城市建设，欧洲委员会构建了跨文化城市指数（ICC Index）用以评估城市的跨文化治理能力以及识别城市的跨文化治理问题。这一评估体系主要由两个部分构成，第一部分主要梳理城市的一些基本信息，包括城市的人口结构与政策、行政分区、GDP等；第二部分主要以跨文化的视角从12个维度84个指标来评估城市治理的政策、结构和行动，具体考察（1）城市对跨文化融合有所投入，包括相关政策的制定、财政投入、实施以及评估等；（2）城市的教育、社区规划与治理、公共服务、商业与劳动市场、文化与社会生活、公共空间等是否体现跨文化的视角与价值理念；（3）城市是否设立跨文化矛盾调解的机构和服务；（4）城市是否提供可进行跨文化交流的语言能力培训与服务；（5）城市的媒体传播与信息服务是否体现多样性与包容的价值导向；（6）城市的国际交往与合作；（7）城市市民、政府工作人员等是否具备跨文化知识与能力；（8）城市是否欢迎外来人员；（9）外来移民是否有机会参与城市的选举与政治决策的过程；（10）城市是否设置与实施反歧视的政策；（11）移民或少数群体是否可以充分参与城市的公共生活中；（12）城市全民互动的程度等。它的局限性是只考虑了地方文化政策的几个方面，如拨款的分配、文化活动和文化产品等。[1]

表2-8　ICC Index 问卷关于跨文化政策、结构和行动的信息

评估维度	指标题项
承诺	1. 您的城市是否正式通过了一项公开声明，表明它是否希望成为一个跨文化城市？
	2. 您的城市是否采取了跨文化融合战略或多样性/包容战略？
	3. 您的城市是否通过了跨文化行动计划？
	4. 您的城市是否为跨文化战略和/或行动计划的实施分配了预算？

---

[1] Campagna D., Jelincic D. A., "A Set of Indicators of Interculturalism in Local Cultural Policies: A Study of Three Croatian Candidates for the European Capital of Culture", *Croat. & Comp. Pub. Admin.*, Vol. 18, 2018, p. 47.

续表

评估维度	指标题项
承诺	5. 您的城市是否囊括了所有种族或文化背景的人参与政策咨询和/或共同设计的过程？ 6. 是否有跨文化战略/行动计划的评估和更新过程？ 7. 您的城市的官方传播活动中是否明确提到了城市的跨文化承诺？ 8. 您的城市是否有一个官方网页来传达其跨文化声明、战略和/或行动计划？ 9. 您的城市是否有专门的机构或跨部门的协调机构负责实施跨文化战略？ 10. 您的城市是否承认或表彰那些为鼓励当地社区的跨文化主义而做出特殊贡献的当地居民/组织？
通过跨文化视角看城市	教育 11. 几乎所有小学生都有相同的种族/文化背景吗？ 12. 学校教师的种族/文化背景是否反映了城市的人口组成？ 13. 是否有学校大力让有移民/少数民族背景的家长参与学校生活（而不是只邀请他们参加家长会）？ 14. 学校是否开展跨文化项目？ 15. 您的城市是否有政策来增加学校中的民族/文化融合（从而避免"白人逃离"和民族集中）？ 邻里关系 16. 您的城市有多少个小区/社区是文化/种族多元化的？ 17. 您的城市是否有政策来增加社区的多样性，避免族群集中？ 18. 您的城市是否鼓励一个社区的居民与其他社区的不同移民/少数民族背景的居民见面和互动？ 19. 您的城市是否有政策鼓励有移民/少数民族背景的居民与居住在同一社区的其他居民见面和交流？ 公共服务 20. 公共员工的移民/少数民族背景是否反映了城市的人口组成？ 21. 您的城市是否有一个招聘计划，以确保其员工队伍有足够的多元化比率？ 22. 您的城市是否采取行动，鼓励私营部门企业的多元化劳动力、跨文化融合和竞争？ 23. 您的城市在提供以下服务时，是否考虑到所有居民的移民/少数民族背景（可多选）？

续表

评估维度	指标题项
通过跨文化视角看城市	劳动力市场 24. 是否有一个本地、区域或国家级的企业伞式组织，其目标之一是促进劳动力市场的多样性和非歧视？ 25. 您的城市是否采取行动，鼓励少数民族的企业超越民族经济，进入主流经济和高附加值部门？ 26. 您的城市是否已采取行动，鼓励"商业区/孵化器"吸收足够比例的具有移民/少数民族背景的企业家参与，并提供活动，鼓励他们和主流企业家一起参与并开发新产品/服务？ 27. 在有关采购货物和服务的决定中，市议会是否偏向于具有跨文化包容/多样性战略的公司？ 文化和社会生活 28. 市议会在向协会和倡议分配资金时，是否将跨文化主义作为一个标准？ 29. 您的城市是否在艺术、文化和体育领域组织活动，以鼓励来自不同种族/文化背景的人进行交流？ 30. 您的城市是否鼓励文化组织在其产品中处理多样性和跨文化关系？ 31. 您的城市是否就文化多样性和共同生活这一主题组织过公开辩论或运动？ 公共空间 32. 您的城市是否采取行动，鼓励在公共空间进行有意义的跨文化融合和互动（可多选）？ 33. 您的城市在设计、改造和管理新的公共建筑或空间时，是否考虑到人口的多样性？ 34. 当您的城市决定重建一个地区时，它是否使用不同的方法和地点进行咨询，以确保具有不同移民/少数民族背景的人都能有意义地参与？ 35. 在您的城市中，是否有一些空间或区域是由一个族裔群体（多数族裔或少数族裔）主导的，其他人在那里感到不受欢迎或不安全？ 36. 如果您的城市的某些空间或区域由一个（多数或少数）族裔群体主导，并被认为不受欢迎或不安全，您的城市是否有政策来处理这一问题？
调解和冲突解决	37. 在您的城市，哪种组织为调解跨文化交流和/或冲突提供了专业服务？（可多选）？ 38. 在您的城市，哪种情况下会提供跨文化调解服务（可多选）？ 39. 您的城市是否有一个专门处理宗教间关系的组织？

续表

评估维度	指标题项
语言	40. 您的城市在语言能力方面是否提供以下服务（可多选）？
	41. 您的城市是否通过提供后勤或财政支持来提高对移民/少数民族语言的认识（可多选）？
	42. 您的城市是否支持那些试图给移民/少数民族语言以正面形象的项目？
媒体和传播	43. 您的城市是否有一个传播策略，以提高有移民/少数民族背景的人在当地媒体中的知名度和形象？
	44. 您的城市的传播（公关）部门是否得到指示，定期在各种类型的传播中强调多样性是一种优势？
	45. 您的城市是否为具有移民/少数民族背景的记者提供宣传/媒体培训/指导/建立网络媒体创业的支持？
	46. 您的城市是否监控传统的本地和/或国家媒体对有移民/少数民族背景的人的描述方式？
	47. 您的城市是否监控社交媒体对具有移民/少数民族背景的人的描述方式？
	48. 当本地媒体通过负面的刻板印象来描述有移民/少数民族背景的人时，您的城市是否与他们接触？
国际视野	49. 您的城市是否有明确和可持续的政策来鼓励经济、科学、文化或其他领域的国际合作？
	50. 这项政策是否有具体的财务规定？
	51. 如果您的城市没有明确的政策，它是否采取了行动来发展国际联系？
	52. 您的城市是否通过交流项目向外国学生或其他抵达的青年团体进行宣传？
	53. 您的城市是否寻求与散居群体的原籍国/城市发展商业关系（可多选）？
跨文化知识和能力	54. 关于多样性和跨文化关系的统计和定性信息是否被纳入主流，以便为地方/市议会的政策制定过程提供信息？
	55. 您的城市是否直接或通过外部机构进行调查，包括公众对移民/少数民族的看法问题？
	56. 您的城市是否直接或通过外部机构，对有移民/少数族裔背景的人的安全感进行调查？
	57. 您的城市是否在行政管理和公共服务方面提升其官员和工作人员的跨文化能力（可多选）？

续表

评估维度	指标题项
欢迎新移民	58. 您的城市是否有指定的机构、单位、人员或程序来欢迎新移民？
	59. 您的城市是否为新移民提供了一套针对城市的综合信息和支持？
	60. 不同的城市服务和机构是否为特定的新移民群体提供欢迎支持（可多选）？
	61. 您的城市是否会组织公开仪式，迎接所有来到城市生活的人，而不论其出身或国籍？
领导力和公民身份	62. 所有外国公民都可以作为候选人参加地方选举吗？
	63. 所有外国公民都能在地方选举中投票吗？
	64. 在您的城市的市议会中，是否有在外国出生或具有双重国籍的当选成员？
	65. 您的城市是否有一个独立的咨询机构，有移民/少数民族背景的人可以通过该机构表达他们的关切，并就多样性和融合问题向市议会提出建议？
	66. 在监督学校和/或公共服务的强制性委员会中，对有移民/少数民族背景的人的代表性是否有一个标准？
	67. 您的城市是否采取举措鼓励有移民/少数民族背景的人参与政治生活？
反对歧视	68. 您的城市是否对所有的市政规章制度进行了系统审查，以确定可能有歧视移民/少数民族背景居民的机制？
	69. 您的城市是否有宪章或其他有约束力的文件，禁止在市政管理和服务中以种族、肤色、语言、宗教、国籍、民族/族裔出身或性取向为由歧视个人或群体？
	70. 您的城市是否有专门的服务机构为歧视的受害者提供咨询和支持？
	71. 您的城市是否向为歧视受害者提供咨询和支持的民间社会组织提供财政和/或后勤支持？
	72. 您的城市是否定期监测/研究城市中歧视的程度和特点？
	73. 您的城市是否开展反歧视运动或以其他方式提高对歧视的认识？
	74. 您的城市是否参加了解决歧视问题的地区或国际组织？
	75. 您的城市是否有反谣言战略或按照欧洲委员会的官方方法实施反谣言活动？
参与	76. 如果您的城市采取了跨文化融合战略或多样性/包容战略，这是否包括有移民/少数民族背景的人在内的磋商过程的结果？
	77. 如果您的城市已经通过了跨文化行动计划，这是否包括有移民/少数民族背景的人在内的协商过程的结果？
	78. 除投票权或咨询机构外，您的城市是否引入了参与机制，以使所有城市居民，无论其移民/少数民族背景如何，都能平等地参与决策过程（可多选）？

续表

评估维度	指标题项
参与	79. 您的城市是否监督具有移民/少数民族背景的城市居民参与决策过程？
	80. 您的城市是否采取行动，确保有移民/少数民族背景的居民在关键机构和组织中，在工会、公立学校、工作委员会等的董事会或统治机构中有公平的代表性（可多选）？
	81. 您的城市是否引入了一些机制，以确保在参与有关包容具有移民/少数民族背景的城市居民的决策过程的组织中，尊重性别平等？
互动	82. 您的城市是否有一份所有活跃在跨文化融合相关领域的民间社会和基层组织的名单/数据库？
	83. 您的城市是否与活跃在跨文化融合相关领域的民间社会和基层组织进行合作？
	84. 小学/初等教育的教师是否接受跨文化交流和教学法的培训？

表2-8围绕12个1级指标和84个2级指标，对跨文化政策、结构和行动的信息做集中展示。此外，从市民层面，欧洲委员会也开发了一个"跨文化市民"（Intercultural Citizenship）的评估指标，评估城市居民对于文化多样性的感知及其跨文化交流与传播能力，主要是为了进一步探讨如何在学校教育与公共教育层面提高市民的跨文化素养。经过几年的经验积累，跨文化传播与城市治理的研究者联合对欧洲的跨文化城市建设实践进行了案例分析和理论化建构，编撰了两本学术著作和一系列研究论文，包括《跨文化城市：多元文化的优势》（Intercultural City: Planning for Diversity and Advantage）（2007），[1]《跨文化城市身份与人类跨文化城市》（Intercultural City Identity and Human Intercultural Cities）（2014）[2]等。

其中《跨文化城市：多元文化的优势》中菲尔·伍德（Phil Wood）和查尔斯·兰德里（Charles Landry）谈到，为了解决"一个城市的开放程度如何"这一问题确定的四个主要的影响范围是"制度框架""商业环境""公民社会和服务""公共空间"。"制度框架的开放性"主要是由国

---

[1] Wood, P., & Landry, C., *Intercultural City: Planning for Diversity and Advantage*, New York: Routledge, 2007.

[2] Bitsani, E., *Intercultural City Identity and Human Intercultural Cities*, UK: Nova Science Publishing, 2014.

家或地方政府的监管和立法框架决定的。"商业环境的开放程度"指的是贸易和工业、就业市场和培训。"公民社会和服务的开放程度"指的是一个地方的社会结构在多大程度上是可进入和可渗透的？渗透性的程度是可以衡量的。跨文化的经济、社会、文化和公民网络可以通过观察和访谈来衡量。"公共空间的开放性"主要指人们在多大程度上感到他们有"城市的自由"，或者是否有一些空间或整个街区让人感到封闭，甚至对城市中的一个或多个群体有敌意。这些指标将衡量住房和社区的混合程度，以及少数民族在城市所有地区的安全和流动性。具体如表2-9所示。

表2-9　　　　　开放和跨文化的指标：联邦一级

开放性指标	跨文化主义指标	收集方式
制度框架		
容易获得公民身份		归化率
尊重跨文化人权		承认家庭团聚的权利，政府资助语言课程，提供住房、工作、（再）培训、医疗、法律咨询等方面的支持服务
承认《日内瓦难民公约》寻求庇护者的融入政策		法律承认、人身保护令、没有自由裁量权或拘留中心、上诉权
迎接和融合难民的国家计划		难民获得医疗/社会福利、承认特殊需要、医疗保健、语言需要、再培训/资格再认证、安全住房、个体社会工作者
种族关系和反歧视立法		
促进文化多样性计划		政策承诺和指导意见
在体现文化多样性的学校课程中进行强制性的公民教育		

续表

开放性指标	跨文化主义指标	收集方式
外语学习和推广项目		学生参加伊拉斯谟计划下的一年制海外学习项目
政府促进少数民族的培训		根据政府支持计划接受培训的种族分类
	通过多样性战略实现国家创造和创新	
	通过跨文化对话促进文化复兴，反对将移民融入单一的国家叙事中	
商业环境		
商业协会政策和解决劳动力和人力资本的文化多样性问题		
少数民族自营职业的增长		
	承认、培训和保持双语和多语言能力、跨文化扫盲和创新能力	跨文化业务启动的新产品、服务和流程
	跨文化创新的助学金、竞赛指导和资助	
	衡量和监测跨文化创新	
公民社会和服务		
	混血婚姻的发生率	通过人口普查
公共空间		
	在全国范围内推广跨文化规划模式	通过人口普查
存在一套文化多样性/跨文化战略		
公共机构中的文化意识培训		关于定性评估培训的访谈

第二章　从世界之窗到世界之家：深圳建设跨文化城市的逻辑与进路　/　95

续表

开放性指标	跨文化主义指标	收集方式
公开承诺为寻求庇护者和难民创造安全的庇护所		例如，参与"难民城市"计划、欧洲委员会共享城市或培训欢迎难民或包容性的项目的跨文化城市计划
公共机构反歧视和平等机会计划以及对其执行情况的监测		
文化和社会融合的住房		社会和文化混合住房管理政策观察/访谈住房管理者
跨文化规划指导		
促进文化交流和外语课程		通过交流计划出国的学童人数和前来接受语言服务的人数
	公共管理部门和机构的跨文化素养培训	
商业环境		
当地劳动力管理和专业岗位中的种族多样性		
	跨文化调解、动画、公共服务和文化机构的新专业	监控职业和职业简报
公民社会和服务		
经济、社会、文化和公民网络间越来越多地重合		内部或联合协会、论坛、财团
在公共、私营、志愿的领导岗位上越来越多的民族组合。少数民族和主流		在顶级公共和私营部门组织中担任高级职务的人

续表

开放性指标	跨文化主义指标	收集方式
	跨文化经济、社会、文化、公民网络	通过对民族和文化融合的商业协会、社会俱乐部、宗教团体、政党和运动的观察和访谈
	种族间和宗教间论坛在塑造公共服务方面发挥积极作用	
公共空间		
城市中心机构开放访问、混合使用		观察、受众调查；最喜爱的地方调查
吸引少数民族到城市中心的文化机构		受众调查
少数民族社区文化机构越来越大的融合吸引力		观察和访谈
混合地产和社区的增长		
吸引大众/年轻人的开放式公共空间的文化规划		
	人口混合使用的城市中心机构	在城市中心图书馆、博物馆、游泳池、休闲中心观察和访谈
	标志性跨文化公共机构	
	建筑环境绘图的文化多样性	
	具有文化包容性的公共庆祝活动/节目/广播	

（来源《跨文化城市：多元文化的优势》一书，作者已做汉化处理）

如表2-9所示，围绕7个一级指标集中展示了开放性指标和跨文化主义指标。如布鲁诺（Bruno Ciancio）教授所讲，"国际化城市"主要强调城市对外的扩容性，强调城市与世界的接轨，而"跨文化城市"更注重城市内在文化的互通和吸收，多元文化不是现代社会的威胁和阻力，而是机遇和社会前行的动力。全球化的推进造成全球人口流动，不同文明之间的合作和冲突日益加剧，建设跨文化城市成为大势所趋，只有在社区中形成多文明、多元的文化，城市才能有效地发展，因此培养市民的跨文化能力也成为必然。[1] 这两套指标体系为跨文化城市的治理模式、政策、话语与实践、市民的个人参与与跨文化能力建设以及学术研究路径提供了重要参照。基于跨文化城市这一理念，海外目前跨文化城市建设概况如何？

（三）海外跨文化城市建设概况

欧洲委员会于2018年推出了优化版的"跨文化城市项目"，从欢迎外来人员、教育、公共服务、媒介传播等方面制定了16项跨文化城市建设的具体策略，鼓励以跨文化的视角进行城市治理。目前，全球共有156个城市参加到这一项目中，大部分城市来自欧洲，也吸引了日本的滨松、韩国的安山和九老（Guro）、墨西哥的墨西哥城、加拿大的蒙特利尔、澳大利亚的索尔兹伯里等一些亚洲、美洲、大洋洲城市的加入，共同形成了全球的"跨文化城市网络"（Intercultural City Networks）。[2] 西班牙的巴塞罗那是欧洲较早进行跨文化融合（intercultural integration）的城市之一，并与深圳在2021年11月签署了建立友好城市关系协议书，为深圳建立跨文化城市提供了样本。本部分将先重点介绍巴塞罗那，再对跨文化城市中的发展中国家城市墨西哥城以及亚洲城市日本滨松进行介绍。

1997年，当外来移民人口比例占城市总人口的2%时，巴塞罗那市议会就启动了一项"市级跨文化计划（Municipal Plan for Interculturality）"，倡导移民与当地市民同享平等权利、平等机会，并加强城市对移民的跨

---

[1] 上海大学：《"对话——全球化时代下的跨文化城市构建"主题研讨论坛成功举办》，（2013-06-28）[2023-02-03]，https://www.shu.edu.cn/info/1056/7669.htm。

[2] Council of Europe, Intercultural Cities Networks, [2022-09-01], https://www.coe.int/en/web/interculturalcities/networks.

文化服务，创造市民与移民双方的互动与合作的渠道与机会，达成移民与市议会基本框架的协议与合作，① 从政策和行动层面将生活在巴塞罗那的多样化的人群和文化转化为城市可持续发展与创新的资源，而非社会矛盾与问题的来源。② 2002 年至 2011 年，巴塞罗那先后推出"市级移民方案（Municipal Plan for Immigration, 2002 – 2008）""巴塞罗那移民方案（Barcelona Immigration Plan, 2008 – 2011）""巴塞罗那跨文化方案（Barcelona Interculturality Plan, 2010）"，从工作机会、住房、市民权利和义务等方面进一步保障外来移民与本地市民的平等、社会团结（social cohesion）以及共同生活（living together）。2012 年，巴塞罗那提出新版的"巴塞罗那移民方案（Barcelona Immigration Plan, 2012 – 2015）"，要求进一步保障居住在城市的移民的公民权，通过创建公共空间、公共文化以及市民共同体来深化城市的多元文化融合以及所有居民的市民身份认同。几个方案的推出与实践使得巴塞罗那正式将倡导多样性的新公共文化作为其公共文化政策的主要策略（mainstreaming strategy）。

　　巴塞罗那在跨文化城市建设的具体实践中还有许多好的做法。比如，针对罗姆人的反歧视方案。据估计，巴塞罗那有 10000 名罗姆人和游民。《西班牙宪法》宣布了公民的平等权利，但对罗姆人的歧视很常见（获得教育、住房、服务、劳动力市场等）。自 1998 年以来，巴塞罗那市罗姆人理事会促进公民参与政治决策进程。该理事会是一个协商和参与性机构。它促进对罗姆人文化的承认，反对种族主义、歧视，首先是反罗姆人的情绪，并力求确保罗姆人的福祉。③ 巴塞罗那还通过一个"学校推广者"项目帮助解决教育系统中的不平等问题。共有 9 名发起人和 1 名协调员（他们都是罗姆人）。学校推广人员为学校的成功和提高对罗姆文化

---

① R. Zapata-Barrero, "Intercultural policy and multi-level governance in Barcelona: Mainstreaming comprehensive approach", *International Review of Administrative Sciences*, Vol. 83, No. 2, 2017, pp. 247 – 266.

② Zapata-Barrero, R., "Intercultural policy and multi-level governance in Barcelona: Mainstreaming comprehensive approach", *International Review of Administrative Sciences*, Vol. 83, No. 2, 2017, pp. 247 – 266.

③ Active participation and celebration of the Roma community and culture in Barcelona-Intercultural cities programme-publi. coe. int, [2022 – 09 – 11], https://www.coe.int/en/web/interculturalcities/-/active-participation-and-celebration-of-the-roma-community-and-culture-in-barcelona.

的认识做出了贡献。2018—2019学年有720名儿童通过相关活动获得帮助。除此之外，"巴塞罗那投资于政策、计划和监测，以解决歧视问题""巴塞罗那坚定致力于国际市政主义"[①]"宗教事务办公室（ORA）提高学生对宗教多样性的认识""巴塞罗那的邻里计划""巴塞罗那市移民局""为纪念巴塞罗那恐怖袭击的受害者而举行的跨行为仪式""跨文化公共空间"等也是巴塞罗那的部分良好做法。

发展中国家墨西哥的墨西哥城已经建立了一个内部基础设施，以表达和维持其对平等和非歧视的承诺。这包括2017年发布的《墨西哥城宪法》，2011年成立的防止和消除歧视委员会，以及两年一次的防止和消除歧视方案。这一基础设施涵盖了广泛的群体。这一基础设施根植于一系列的国际和国家人权文书，它由墨西哥城的《预防和消除歧视法》驱动。这包括公共机构在预防和消除歧视以及促进平等方面的积极义务。《宪法》包括一项《权利法案》，其中有解决结构性不平等的具体承诺。作为一个"团结的城市"，当局应采取措施，逐步消除结构性不平等现象。作为一个"包容性的城市"，将关注那些由于结构性不平等而面临歧视、排斥、虐待、暴力和实现其权利有障碍的人充分行使其权利。[②] 日本滨松是亚洲的跨文化城市。滨松位于日本静冈县西部。尽管在全国范围内，移民和种族多样性被赋予了很少的优先权，甚至不被承认，但滨松市一直在坚持。从20世纪80年代开始，滨松市公民、商业和第三部门已经联合起来，承认多样性不仅仅是一个短暂的和边缘的现象，而是对增长城市的福祉具有永久意义的东西。滨松市还为所有外国人提供免费和无限制的语言培训，通过语言实现平等。[③]

随着城市化与全球化的推进，城市的文化多样性和不同文化群体的社会融合也在逐渐成为我国城市规划和治理的一个重要部分。欧洲的"跨文化城市项目"可为我国的城市国际化发展和研究提供一个参照模式。

---

① Council Of Europe Portal, Intercultural cities: good practice examples, [2022-09-11], https://www.coe.int/en/web/interculturalcities/-/an-equality-infrastructure.

② Council Of Europe Portal, Intercultural Cities: Good Practice Examples, [2022-09-11], https://www.coe.int/en/web/interculturalcities/-/an-equality-infrastructure.

③ City of Hamamatsu Intercultural Profile, [2022-09-11], https://rm.coe.int/city-of-hamamatsu-intercultural-profile/168076dee5.

三 文献小结：跨文化城市作为提升城市国际传播能力的突破点

综合上述梳理可见，国内外学者们围绕城市国际传播能力建设已提出了不少量化评估工具和观点理念，这些研究成果均值得参考，但也存在局限。深圳在各评估体系中获得可观排名，也被海内外网友认可为现代化国际大都市、宜居、有活力等。整体看来，已有的城市国际传播研究还未触及城市的跨文化能力研究，跨文化传播在城市国际传播能力建设中的重要性被大大低估了。而在当下，全球范围内的跨文化城市建设已不仅是欧洲发达国家的城市，如上文提及的发展中国家墨西哥的墨西哥城、亚洲国家日本的滨松，均已在跨文化城市建设方面取得了一定的突破。因此，我国也急需在跨文化城市建设方面付诸实践。

结合散见各处的评价指标，本书试图构建一个中国跨文化城市建设的基础评价指标，希望可以为我国的城市建设从国际大都会到跨文化城市的转型提供一些探索式的思考，从学理上试图拓展跨文化传播与城市治理的跨学科合作，邀请更多学者加入进来，共同建立具有中国主体性的跨文化城市理论和实践。指标主要包括两个方面：（1）城市的内部融合；（2）城市的国际交往。城市的内部融合测量城市是否致力于建构一个基于平等、公正、多元、融合、和谐的共同体，考察城市是否给不同的文化群体提供了生活空间和文化活动、是否促成异质人群的聚合、交往与对城市的归属感、认同感等。城市的国际交往，意指城市及其政府作为主要的传播主体，其在全球范围或区域范围内在政治、外事、经济、贸易、科技、文化、传媒等方面跟其他国际城市或人员产生的互动。

城市的内部融合主要观测点为"城市的政策制定与实施""城市的文化内容与活动""城市公共空间与服务""市民的公共参与和感知评价"。"城市的政策制定与实施"评估城市是否在各项政府工作和政策制定中关注到城市的不同文化群体的需求；"城市的文化内容与活动"评估城市文化内容与活动的多样性；"城市公共空间与服务"评估城市公共空间与服务的多样性；"市民的公共参与和感知评价"评估市民公共参与的自由度与活跃度、市民对于城市包容性的感知、市民对于城市的文化认同与归属等。各观测点及具体测量指标如表2-10所示。

城市的国际交往主要观测点为"国际往来与影响力""媒体的国际传

播""涉外政府服务机制"。"国际往来与影响力"评估城市与其他国家或国际城市基于外事、经济、贸易、科技、文化等方面的往来与影响力;"媒体的国际传播"评估城市国际传播基础设施和国际传播影响力;"涉外政府服务机制"评估对外国人员的政策,包括旅游、工作与居住等方面以及城市涉外的基础设施与服务。各观测点及具体测量指标如表2-10所示。

表2-10　　跨文化城市建设的基础评价指标（ICC Index）

评价维度	层次	评估内容	具体测量指标
内部融合	1. 城市的政策制定与实施	是否在各项政府工作和政策制定中关注到城市的不同文化群体的需求	1. 城市定位是否体现国际化、开放、包容、和谐的价值内涵 2. 城市对外来人员的政策 3. 城市常住人口的数量与分类 4. 城市的各类民生政策对于少数群体的权益的关注
	2. 城市的文化内容与活动	城市文化内容与活动的多样性	1. 城市的大型文艺演出、文化展览、体育比赛、大规模的社区文艺活动、传统节日活动、城市的物质文化遗产和非物质文化遗产的数量与项目 2. 每年城市对于文化活动的财政投入
	3. 城市公共空间与服务	城市公共空间与服务的多样性	1. 城市博物馆、标志性地标建筑、体育馆、公园、纪念馆、社区活动室、广场、大型购物中心、国际化社区街道、宗教场所等的数量 2. 每年城市对于公共空间与服务的财政投入
	4. 市民的公共参与和感知评价	市民公共参与的自由度与活跃度;市民对市民包容性的感知;市民对于城市的文化认同与归属等;市民的跨文化意识	1. 市民向政府投诉或提建议的通道与数量 2. 市民对于城市文化的主观认知 3. 市民对于城市文化活动和公共空间参与的自由度、参与积极性与满意度评估 4. 市民对城市包容性的主观感知 5. 市民对城市的认同感 6. 市民的跨文化意识

续表

评价维度	层次	评估内容	具体测量指标
国际交往	5. 国际交往与影响力	与其他国家或国际城市基于外事、经济、贸易、科技、文化等方面的往来与影响力	1. 国际友好城市的数量与合作项目 2. 全市 GDP 总值、进出口总额、金融及其全球排名 3. 对外投资与承包工程数量 4. 本市跨国公司和中外合资公司数量 5. 本市的经济产业分布与企业的全球影响力 6. 科技专利数量及其排名；科技合作项目；外资在本市研发中心等 7. 跨国的文化交流活动的数量与内容 8. 本市举办的国际会议、展览、活动的数量与内容 9. 本市在国内外机构发布的全球城市排行榜中的排名
	6. 媒体的国际传播	国际传播基础设施和国际传播影响力	1. 涉外的专业新闻机构数量、业务内容与传播效果评估 2. 涉外的社交媒体账号数量、业务内容与传播效果评估 3. 国内各类城市国际传播力评估体系的排名 4. 外籍人士在本地媒体的呈现
	7. 政府涉外机构与管理机制	对外国人员的政策，包括旅游、工作与居住等方面城市涉外的基础设施与服务	1. 城市外国人口的数量和类型 2. 外籍人士居住或工作的政策 3. 外事机构的类型 4. 外事调节与解决的通道与服务 5. 涉外人员的语言能力与沟通能力及对其培训 6. 城市标识的多语呈现 7. 针对本地外国人口的信息传播媒体 8. 针对本地外国人口的社区化管理

表2-10. ICC Index 所构建的跨文化城市建设的基础评价指标主要评估城市的内部融合与国际交往两个观测点，解决中国跨文化城市建设的基础评价指标测量的问题。

第三节 研究设计：将深圳作为中国跨文化城市建设的改革样本

一 深圳作为"跨文化城市"研究个案的可行性

由上文所述，从提升跨文化能力建设水平的角度观之，深圳将其城市文化定位于"国际化、开放、包容、和谐"，深圳的《深圳市国民经济和社会发展第十四个五年规划和二〇三五年远景目标纲要》《政府工作报告》等政策也在不断推动其自身成为一座充满魅力、动力、活力、创新力的国际化新型城市，结合深圳在各类国际以及国内排行榜的靠前位置，可以说，这些是深圳总体提升城市国际传播能力建设的新的出发点，也是深圳总体提升城市跨文化城市建设的基础。

深圳作为改革开放后迅速崛起的"移民城市"，吸引了全国各个地区和各个民族的劳动者和建设者，深圳具有高度多元的地区文化和民族文化。因此，多元文化的内部融合是深圳跨文化城市建设的重要部分。内部融合关注到城市的不同文化群体的需求，开展多样的城市文化内容与活动，例如"孺子牛雕塑""深圳设计周""深圳读书月"等活动。深圳的跨文化城市建设不仅体现在内部融合，作为国际化城市，深圳积极推进与其他国家或国际城市的友好往来，友好接纳国际人士，例如"WTA年终总决赛""高交会""深港共读""深港城市"等案例。因而，国际交往同样是城市跨文化能力的关键体现。

除此之外，深圳还有区别于其他世界大型城市的特色，作为极具特色的城市个案，本书还研究深圳的区域往来与影响力，进一步选取深圳特色的区域交往——大湾区个案进行研究。2017年7月1日，国家发改委会同粤、港、澳三地政府在香港签署《深化粤港澳合作推进大湾区建设框架协议》，粤港澳大湾区建设正式开始。[①] 习近平在深圳经济特区建立40周年庆祝大会上的讲话强调，"粤港澳大湾区建设是国家重大发展战略，深圳是大湾区建设的重要引擎"。《粤港澳大湾区发展规划纲要》提出"共建人文湾区"，并以"塑造湾区人文精神""共同推动文化繁荣发展""加强粤港澳青少年交流"为要点明确推动"人文湾区"建设。[②] 粤港澳大湾区经常举行各种各样的活动，搭建对内与对外交流平台，是中国近现代具有当代性历史经验、交流互动与文化融合的区域，也是国际上跨文化交流的重要地区。粤港澳大湾区是一个多元文化聚集的"家"，是粤港澳三地复杂、独特的文化实践交融的区域汇合点，塑造着不同于内部融合和国际交往的文化精神，在"融合"中保留各自"特色"与"新元素"，平衡于"同"与"异"之间。深度挖掘深圳与城市所在区域的其他城市基于政治、经济、贸易、文化等方面的往来与影响力，着力考察一些深圳与所在区域形成战略合作伙伴的城市，比如港澳地区与深圳形成的大湾区战略合作。

综上所述，深圳的内部融合、国际交往、大湾区的区域往来与影响力三个维度共同构成了深圳作为"跨文化城市"研究个案的可行性。

二 研究方法

基于上述内容，围绕国家对国际传播能力建设的总体要求和深圳城市发展目标的自我设定，对标全球城市发展的前沿趋势，本书以深圳作为研究对象，深度揭示深圳跨文化城市建设现状，进而构建深圳跨文化城市评价指标，希冀对深圳未来发展提供一种新的思路和可行方案。

根据报告中表2-10. ICC Index 基础量表来测量深圳，本书采用混合研究方法：问卷调查和文本分析，结合问卷收集的数据与开放性回答，以及文本分析的内容，进行归类与整体性分析。后文的所有研究发现均建立在两种研究方法的基础上。

[①] 央广网：《划重点！一文看懂粤港澳大湾区规划纲要》，（2019-02-19）[2022-09-11]，https：//baijiahao.baidu.com/s？id=1625852477241364731&wfr=spider&for=pc。

[②] 中国发展网：《致力建设人文湾区 打造世界首个跨区域跨文化交流船》，（2022-07-11）[2022-09-11]，https：//baijiahao.baidu.com/s？id=1738044696006952487&wfr=spider&for=pc。

其一，问卷调查。具体为采用封闭式＋开放式问题结合的问卷方式对相关深圳市民进行调研等，考察评估深圳的跨文化能力建设和现状。调查问卷通过"Credamo 见数"发布，主要针对深圳从事涉外工作和传播交流等工作人员，测量其（1）涉外沟通能力与障碍；（2）市民对深圳文化的认知；（3）对深圳的包容性的感知；（4）对深圳的国际影响力的感知等。在剔除无效问卷后，最终回收了 500 份有效回答。其中男性受访者 291 人，女性受访者 209 人；公务员或单位受访者 264 人（52.8%），余下受访者均从事国际交流和文化传播相关工作；大学以上教育的受访者为 466 人（占 93.2%）。需要说明的是，该问卷整合多个子课题研究目标，本书采纳其中与跨文化城市及跨文化能力评估内容相关的题项和开放性问题的答题内容，其余无关题项和内容已被过滤。

其二，文本分析。文本来源包括全网抓取的开放文本和线上获取的相关政府政策文件、研究报告、新闻报道、论文、年鉴、通报及国内外社交媒体平台或网站的语料等。课题组在根据研究需求抓取全网开放文本后，成员历经多次讨论确定文本选择的标准和程序，对选择后的文本进行归纳和解析。本书将深圳作为一个深度解剖的个案，涉及深圳的文本来源主要包括：（1）深圳各个政府部门的网站和融媒体账号公开的政策文件、政府工作报告、政务新闻报道；（2）深圳新闻媒体机构发布的本地新闻报道；（3）国内外发布的全球城市评估指标与结果；（4）国内外社交媒体平台或网站上关于深圳内容的相关语料，如哔哩哔哩、微博等。

其三，全文混合使用问卷及文本分析的研究方法，为更好处理相关语料，在写作当中遵循以下的文本编码规则。文本分析来源渠道为微博、哔哩哔哩等社交媒体平台，问卷开放性回答，以及国内外网站 TravelBlog。抽样时间为 2022 年 9 月 11 日。在微博抓取的语料文本编码规则为"评论内容"（W@用户名，评论时间），在哔哩哔哩抓取的语料文本编码规则为"评论内容"（B@用户名，评论时间），在微信公众号抓取的语料文本编码规则为"评论内容"（G@用户名，地区），在外国网站 TravelBlog 抓取的语料文本编码规则为"评论内容"（T@用户名，评论时间）。后文在引用问卷调查数据的开放问题的描述时，文本引用的表述为"开放性问题的内容"(Q+本文问卷编号)。

三 研究步骤

为说明本书的研究步骤,特以内部交往的指标2城市的文化内容与活动这一指标的研究过程作为例子说明。

步骤一:通过公开数据源搜集深圳十大特色文化街区相关信息,检索到高度相关的文章,来自《潇湘晨报》的深圳十大特色文化街区全部报道,该报道提及一份与本书高度相关的文件《深圳市加快推进重大文体设施建设规划》。

进一步搜索相关政策与数据,如深圳市教育局的《深圳市人民政府关于印发深圳市教育发展"十四五"规划的通知》,深圳政府在线的《政府工作报告》,深圳政府在线的《深圳市国民经济和社会发展第十四个五年规划和二〇三五年远景目标纲要》等,找出与指标2城市的文化内容与活动高度相关的内容,概括并分析。

步骤二:提取本书调查问卷与该指标相关度较高的问题内容,如"什么活动被不少人认为能够代表深圳?"分析答案的占比或同意程度等,如"深圳国际马拉松、世界无人机锦标赛、深圳公园文化季、中国设计大展、深圳读书月,分别占比32.4%、27.2%、26.6%、23.8%、20%",进一步归纳与分析。

步骤三:搜集相关度极高的三个典型案例"孺子牛雕塑""深圳设计周""深圳读书月",结合社交媒体平台的语料和全网抓取的新闻报道与微信公众号内容进行文本分析与案例分析。

总的来说,研究首先抓取全网相关数据,这些数据的来源主要是政府政策文件、研究报告、新闻报道、通报和语料等。寻找与"指标2城市的文化内容与活动"下的"小指标1城市的大型文艺演出、文化展览、体育比赛、大规模的社区文艺活动、传统节日活动、城市的物质文化遗产和非物质文化遗产的数量与项目""小指标2每年城市对于文化活动的财政投入"高度相关的内容,然后进行归纳与分析,进而对该指标的基本现状进行总结和分析。

第四节　深圳:建设中国第一座"跨文化城市"的基础

本部分将结合表2-10. ICC Index所述的跨文化城市建设的基础评价指标,结合深圳自身的跨文化特色,即内部融合、国际交往、区域融合(大湾区)的发展特色,遵循研究方法展开整体的论证。

一　内部融合现状

城市的内部融合主要有四个观测点,分别是"城市的政策制定与实施""城市的文化内容与活动""城市公共空间与服务""市民的公共参与和感知评价"。

(一) 城市的政策制定与实施

如表2-10. ICC Index所示,在"城市的政策制定与实施"维度的测量指标主要有四个,下文围绕这些具体指标展开论述。

1. 指标1为城市定位是否体现国际化、开放、包容、和谐的价值内涵。

深圳的相关政策定位了整个城市发展,还明确指出要推动深圳成为一座充满魅力、动力、活力、创新力的国际化新型城市。未来五年,深圳要大幅提升文化软实力,强化深圳开放多元、兼容并蓄、创新创意、现代时尚的城市文化特质。[①] 深圳对各区也有清晰的发展定位,如建设生态宜居、各具特色、品质卓越的国际化街区,实施"东进、西协、南联、北拓、中优"战略。优化"多中心、网络化、组团式、生态型"空间结构,[②] 详见表2-11。结合中国青年报社会调查中心2020年进行的"你怎么看深圳"问卷调查,受访者对于深圳的三个主要印象依次是创新、发

[①] 深圳政府在线:《深圳市国民经济和社会发展第十四个五年规划和二〇三五年远景目标纲要》,(2021-06-09) [2022-09-11],http://www.sz.gov.cn/cn/xxgk/zfxxgj/ghjh/content/post_8854038.html。

[②] 深圳政府在线:《深圳市国民经济和社会发展第十四个五年规划和二〇三五年远景目标纲要》,(2021-06-09) [2022-09-11],http://www.sz.gov.cn/cn/xxgk/zfxxgj/ghjh/content/post_8854038.html。

展、开放。① 2022 年 9 月 13 日，中央电视台纪录频道全国首播深圳自然故事的系列纪录片——《野性都市》。该纪录片包括《湾区庇护所》《海岛食堂》《郊野秀场》，分别聚焦深圳湾、内伶仃岛、马峦山郊野公园，展示了深圳的生物多样性之美，也让大家认识了深圳的另一面。在这座城市里，红树林水岸万鸟齐飞，华侨城湿地豹猫潜行，绘就了人与自然和谐共处、城市与自然共生共融的美丽画卷。② 这些深圳既有政策、相关纪录片和媒体问卷调查共同展示了深圳国际化、开放、包容、和谐的跨文化城市的价值内涵。

表 2-11　　　各区（新区、深汕特别合作区）发展定位

福田区：深圳行政、文化、金融、商务和国际交往中心，总部经济核心区、现代服务业集聚区，聚焦河套深港科技创新合作区、香蜜湖新金融中心、环中心公园活力圈"三大新引擎"，打造具有国际影响力和辐射力的中央创新区、中央商务区、中央活力区
罗湖区：深港社会协同发展示范区、现代服务业创新发展集聚区、金融商贸中心和国际消费中心，重点推进蔡屋围—深圳火车站—东门片区、笋岗—清水河片区、新秀—莲塘片区建设，打造罗湖可持续发展先锋城区
盐田区：国际航运中心、海洋新兴产业高地、滨海旅游重要基地，重点推进沙头角深港国际旅游消费合作区、盐田中心片区、盐田河临港产业带建设，打造盐田国际航运枢纽和离岸贸易中心
南山区：科技产业创新、高等教育和总部经济集聚区，重点推进前海深港现代服务业合作区、西丽湖国际科教城、蛇口国际海洋城、西丽高铁新城、深圳湾超级总部基地建设，打造南山中央智力区和世界级创新型滨海中心城区
宝安区：深圳城市西部中心、国际航空枢纽，重点发展数字经济、会展经济、海洋经济、临空经济、文旅经济和高端制造，重点推进宝安中心区、空铁门户区、会展海洋城、石岩科创城、燕罗智造生态城建设，打造宝安珠江口两岸融合发展引领区

---

① 新浪网：《"来了，就是深圳人" 78.9% 深圳受访者对这句口号感受最深》，（2020-10-14）[2022-09-11]，https：//k.sina.com.cn/article_1726918143_66eeadff020010vjt.html? sudaref=cn.bing.com&display=0&retcode=0。

② 深圳发布：《深圳的另一面："野性都市"》，（2022-09-14）[2022-09-11]，http：//mp.weixin.qq.com/s?__biz=MjM5MDA2MDMwMA==&mid=2650811012&idx=1&sn=336c2512f07ff41c5665a373ae8ffa60&chksm=bdbe10e78ac999f10a43dd5f23b8b10efc843c3858b4c6e25-9fde7d52a1e33323c09a31c2e0f#rd。

第二章　从世界之窗到世界之家:深圳建设跨文化城市的逻辑与进路　/　109

续表

龙岗区:深圳城市东部中心、高等教育国际合作中心、国际文体活动交流中心,重点推进大运深港国际科教城、坂雪岗科技城、东部高铁新城、国际低碳城、宝龙科技城等片区建设,形成"一芯两核多支点"发展格局,打造龙岗国家级产城融合示范区和全球电子信息产业高地
龙华区:深圳中部综合服务中心、数字经济先行区、未来城市试验区、智慧治理示范区、重要交通枢纽、新兴产业高地和时尚产业新城,重点推进北站国际商务区、九龙山数字城、鹭湖中心城、龙华国际商圈、大浪时尚小镇、观澜文化小镇建设,打造大湾区国际化创新型中轴新城
坪山区:深圳城市东部中心、综合交通枢纽、高新技术产业和先进制造业创新集聚区、生物医药科技产业城,重点推进坪山中心区、高新区坪山园区建设,打造深圳未来产业试验区和深港科技创新合作区延伸区
光明区:深圳北部中心、科技创新中心、重要交通枢纽、科研经济先导区、高新技术产业和先进制造业集聚区,重点打造光明科学城装置集聚区、光明中心区、光明凤凰城、茅洲河-龙大复合功能走廊等片区,建设大湾区综合性国家科学中心先行启动区
大鹏新区:滨海旅游服务中心、海洋科技和教育基地、精准医疗和康复医学发展先锋区,重点推进葵涌中心区、坝光国际生物谷、龙岐—新大、下沙—南澳墟镇建设,打造世界级滨海生态旅游度假区和全球海洋中心城市集中承载区
深汕特别合作区:航空航天、装备制造等先进制造业基地,重点推进中心区和先进制造业集中承载区建设,打造深圳产业体系拓展、城市功能延伸的新兴城区和现代化国际性滨海智慧新城,培育带动粤东沿海经济带崛起的新中心

(来源:深圳政府在线)

2. 指标2为城市对外来人员的政策:以"来了就是深圳人"为分析对象

可以看到深圳这几年一直优化在外人士到深圳的就业和落户政策,政策每年跟进并尽可能地落实。在就业政策方面,结合2022年第二季度劳动保障事业主要指标来看,城镇新增就业人数5.55万人,同比增长了5.5万人。[①] 在落户政策方面,结合深圳市外来务工人员积分入户暂行办

---

① 深圳市人力资源和社会保障局:《劳动保障事业主要指标(2022年第二季度)》,(2022-08-23)[2022-09-11],http://hrss.sz.gov.cn/xxgk/tjsj/zxtj/content/post_10040821.html。

法、深圳市外来务工人员积分入户暂行办法、办理条件和程序、监督管理等，深圳加强了人才引进和人才保障。①

包容性与开放性。2010年8月，深圳经济特区建立30周年之际，深圳报业集团启动了"深圳最有影响力的十大观念"评选活动。②深圳的十大理念之一是"来了就是深圳人"。本书收集"来了就是深圳人"相关语料并进行分析。截至2022年9月11日，微博超话#来了就是深圳人#阅读次数506.6万，讨论次数7353，原创人数3473。深圳十大观念中和每个深圳人息息相关的是"来了，就是深圳人"，有网友认为"它展示了深圳的胸襟，更将深圳精神内化成为一种深圳文化，'包容、理解、互助、和谐、共赢'，这是深圳继续前行的力量，也是再造一个激情燃烧、干事创业的火红年代的动力源泉之所在"（W，@青春深圳，2012-8-10）。网友们深刻体会到深圳社会群体、语言文化、美食、居住等方方面面的包容性和开放性，如"在深圳，即使你是外地人，也不会被另眼相待，排外的现象在这里根本不会存在，语言文化以及美食，通通都在这里交融，深圳是一座包容性很强的城市"（W，@乐玩深圳，2022-4-6）。"一个发达的城市，给生活在那里的人提供的应该是不断降低的生活成本和不断变好的生活环境！这才是伟大的城市，带给人们居住的安心感！深圳，具有这种高级感，虽然她很多地方疮痍市侩、贫瘠残酷，还远远不够！但深圳，谦卑而又坚定的高级，越来越让人们疼爱！42岁的青壮年，孩子正在初中的美好年华，这是深圳"（W，@玩家青年club，2022-6-16）。

深圳的包容也体现在弱势群体身上，如"民治地铁站一位拖着行李箱的盲人大哥出闸门时问路，几位地铁工作人员过来帮忙，一位排队充值的女士告知详细路线后，另一名地铁巡逻人员牵着盲人大哥带他出去……看着暖心的背影"（W，@電話本，2015-4-10）。深圳的包容性还扩展到动物群体，如"深圳这一座包容的城市让每一个活在底层的人

---

① 深圳市人民政府办公厅：《深圳市人民政府办公厅关于印发深圳市外来务工人员积分入户暂行办法的通知》，(2012-04-16) [2022-09-11]，http://www.sz.gov.cn/gkmlpt/content/7/7786/post_7786970.html#20044。

② 深圳市档案馆门户网站：《深圳十大观念：〈十大"金句"书写深圳精神〉》，(2021-01-05) [2022-09-11]，http://www.szdag.gov.cn/dawh/spdb/content/post_98486.html。

们、弱势群体都感受到了爱",网友转发了深圳宠物方舱的视频并配文"谢谢你们,没有放弃我"(W,@凯瑟凯瑟王,2022-4-7),这强调在深圳,连宠物都有独属的"家",温暖入人心。无论是外来人还是深一、二代,每个人心中的深圳都是特别的,是"不受约束,敞开拥抱"的城市。如"深圳包容性其实比北上广好。深圳是移民城市。我就住深圳,我们家也不算富裕,可能只是学习压力有点大,但是深圳也在越来越好"(B,@loish__,2020-09-13)。

性别平等。外来人感受到深圳是致力于男女两性平等、和谐发展的城市,网友谈道"前段时间,'深圳女孩'这个名词突然火了!深圳的女性,不需要爱情,因为这里节奏太快,我们上班需要挤早高峰!没有人能静下心和你慢慢谈。深圳只需要谈钱,大胆谈梦想,勇敢去打拼,却唯独谈不起生活谈不起享受,太多的人,被生活,被这座城市的节奏带着往前走,不能停歇,只能勇往直前!说不上深圳哪里好,可是这是其他地方都替代不了"(W,@BottleLemon,2021-4-15)。

城市对外来人员就业、落户和房产政策。许多网友表达了对深圳落户政策和房产政策的认同,如"从此万家灯火中,终于有属于自己的一盏,以后不再是返深,而是回家啦"(W,@我家包子微博,2022-6-17),该网友拿着不动产权证书在深圳市不动产登记中心前拍了一张温馨的照片,诉说着自己有"家"的幸福。有网友强调"接下来就等落户了"(W,@橘野笙,2022-7-28),并展示了自己的深圳市房地产买卖合同(预售)照片,表达了对落户政策的肯定,希望能赶紧落户。

热情洋溢、乐于奉献的志愿者们。本书还发现与"来了就是深圳人"相关的其他话题。截至2022年9月11日,微博话题#来了就是深圳人,来了就做志愿者#阅读次数2.7万,讨论次数530次,原创人数70人。该话题强调深圳热情洋溢、乐于奉献的志愿者们把快乐传递给深圳的每一个人,志愿者们增强深圳团体凝聚力。有网友讲道:"来了就是深圳人,来了就做志愿者,正是这些热情洋溢的义工使深圳更加和谐、美好、充满友爱。每位志愿者都化身舞者,用最真挚、最炫目的姿态服务着每一位'观众'"(W,@China_Volunteers,2017-1-24)。

城中村。网友们自述生动的故事,有网友表达了对城中村偏中立的看法,如"城中村和贫民窟有很多相似的地方。都是高速发展的产物,都是穷人的容居之所,等等。但总归在目的上是不一样的,一个是打工人暂时的驻地,总是要和外部有所联系的。一个是贫民世世代代所苟活的地方,内部设施完善,全然是在城市中自成一派了,完全可以与城市白领老死不相往来。所以对待城中村没必要太悲观,也没必要当成啥宝贝疯狂感恩,正确看待就好"(B,@营养炸弹 NutrientBomb,2021 - 10 - 30)。"我感觉城中村才是人类的未来。你们看科幻片还有动漫片里面描绘未来的场景,城中村的街道不像吗"(B,@码农小白菜,2021 - 10 - 30)。同时,有对城中村持偏消极的态度的网友,他认为城中村条件和自己老家差不多,缺乏归属感,如"城中村怎么说呢,我自己也是住过的,十几平方这样子,一个月租金500,早上醒来一丁点阳光都照不进来,隔音效果也不好,然后周边环境也是挺差,拿到手的工资除去水电费和吃的后,算下来跟老家都快差不多了,打算考虑回去了,虽然老家经济没那么发达,但住的地方比城中村好多了,在城中村住久了,对这个城市感觉都没什么归属感了"(B,@bili_379792813,2021 - 10 - 30)。"来了就住城中村"也是大家常说的"来了就是深圳人"的后一句,这体现了深圳打拼奋斗的年轻人最终都能找到一处遮风挡雨的住处,都有属于自己的"家"。

与此同时,也有网友表达对"来了就是深圳人"的疑惑和不认同,如外来人到深圳工作被拖欠工资的事情,有网友讲道:"我坐出租车的时候,女师傅就是这么说的。但是就凭我2020年三个月的实习工资没有给我,你推我,我推你,我现在就觉得这句话是讽刺"(W,@小哈哈 Hebe,2022 - 5 - 25)。在今年疫情防控反复期间,有网友谈到深圳疫情防控措施影响个体出行的心情,如"来的时候好好的,走的时候走不掉了"(W,@考拉不是骆驼,2022 - 8 - 17)。"我中转联程回不去了! 虚假的深圳速度:快速清零。真实的深圳速度:落地超过一个小时就算本地人。重新定义"(W,@1个初学者,2022 - 2 - 14),他们感到了不安定感。有一位来自河南解除隔离的女士发出自己的心声并写感谢信,"隔离期间,专班工作人员在得知其丈夫生重病住院后,安排心理医生安抚焦虑情绪,及时了解需求"(W,@蛇口消息报,2022 - 3 - 9),深圳疫情工作人员的帮助给她带来归属感与融入感。在疫情危难之际，生活在深圳的外地人感受到相比上海疫情带来更多的归属感和稳稳的幸福，如"上海新增本土确诊 322 例，无症状 19660 例，疫情就像一面照妖镜。越来越觉得深圳的好，深圳的暖，深圳的包容！从 2020 年疫情初期至今，作为生活在深圳的外地人，我从来没有感觉到任何的不便和被冷落，#来了就是深圳人，来了就做志愿者#这句话一直在我耳边回响，2000 万深圳人同心协力抗击疫情，我和所有深圳义工一起用实际行动为深圳加油，时至今日，深圳已经连续四天本土无新增！胜利在望，我们一起为爱加油"（W，@志愿者可可，2022－4－7）。

文本分析可见深圳为外来人员的政策是友好且开放的。作为共青团深圳市委官方微博账号，"青春深圳"讲到"鹏城、文明城市、窗口城市、时尚之都、国际化城市、志愿者之城……这座叫作深圳的城市，在你的心中叫作什么"。这个问题值得人们深思，每个人的眼里都有一个不一样的深圳，象征着不同的情感，是温暖的城市，还是"家"呢？（W，青春深圳，2012－7－19）。总体而言，"来了就是深圳人"推动了深圳内部融合，充分体现了深圳人民的实干精神、包容性和开放性、深圳的胸襟与精神、落户政策和房产政策、性别平等、防控措施、深圳的住所等方面。

3. 指标 3 为城市常住人口的数量与分类：以多民族混居为例

2020 年年末，深圳常住人口为 1763.38 万人。[①] 2021 年年末，深圳常住人口 1768.16 万人。其中，常住户籍人口 556.39 万人，占常住人口比重 31.5%；常住非户籍人口 1211.77 万人，占比重 68.5%。[②] 深圳常住人口在广东全省排名第 3，在全国排名第 6，也是中国十大人口最多的城市之一，户籍人口在全市排名第 6。[③]

[①] 深圳统计：《深圳统计年鉴 2021》，（2021－12－30）[2022－09－11]，http：//tjj.sz.gov.cn/zwgk/zfxxgkml/tjsj/tjnj/content/post_9491388.html。

[②] 深圳市统计局：《深圳市 2021 年国民经济和社会发展统计公报》，（2022－05－07）[2022－09－11]，http：//www.sz.gov.cn/zfgb/2022/gb1248/content/post_9919026.html。

[③] Maigoo：《2021 年中国十大人口最多的城市国内人口最多的城市排行》，（2022－04－29）[2022－09－11]，https：//www.maigoo.com/top/423954.html。

深圳是全国少数民族流动人口最多的城市之一，也是全国少数民族人口聚居最多的城市。深圳被国家列为全国12个"少数民族流动人口服务管理体系建设工作试点城市"之一，2016年被国家民委确定为全国首批"少数民族流动人口服务管理示范城市"之一。深圳原居民为单一的汉民族，自改革开放以来，深圳从单一民族的城市，发展到2002年已拥有55个少数民族。① 深圳现已成为继北京之后全国第二座汇聚了56个民族的超大型城市。深圳不断完善少数民族流动人口服务管理体系，切实保障少数民族群众合法权益和特殊需求，使各族人民群众共享经济特区改革发展成果。② 这些措施深化"来了就是深圳人"的理念，也帮助少数民族融入深圳大家庭中。

2021年，深圳举办了少数民族代表人士培训班，正式施行的《中华人民共和国民法典》融入各族群众的平日生活。③ 深圳市民族团结发展促进会不断开展"民族论坛"活动，深圳近年来举办的关于少数民族培训会近百场，这些增强了少数民族"你中有我、我中有你、谁也离不开谁"的中华民族共同体意识，坚定文化自信、文化与身份认同。年内，人口超过1万人的少数民族有壮族、苗族、土家族、布依族、彝族、回族、朝鲜族、满族、蒙古族、白族、黎族等13个。深圳市少数民族的特点是年轻化、文化程度较高、上进心强、联系面广、没有专门的聚居区，民族感情比在内地更浓。④ 深圳在乡村振兴的背景下建立了中国少数民族特色村寨。作为深圳市深汕特别合作区党政办公室官方微博，深汕发布讲道"红罗村是国家首批'中国少数民族特色村寨'，深圳市深汕特别合作区唯一一个少数民族聚居村，也是'五光十色'都市乡村示范带的重要节点。在党和政府的关怀下，红罗村一步步搬离大山，在乡村振兴的大潮中，实现精彩蝶变，从'筚路蓝缕，以启山林'到日子越过越红火，

---

① 深圳史志网：《民族》，（2022 - 10 - 28）［2022 - 09 - 11］，https：//www.shenzhenshizhi.cn/a/2072.html。

② 南方PLUS：《深圳：让民族团结之花永远绽放》，（2022 - 08 - 21）［2022 - 09 - 11］，https：//baijiahao.baidu.com/s?id=1741787194872603898&wfr=spider&for=pc。

③ 南方PLUS：《深圳：让民族团结之花永远绽放》，（2022 - 08 - 21）［2022 - 09 - 11］，https：//baijiahao.baidu.com/s?id=1741787194872603898&wfr=spider&for=pc。

④ 深圳史志网：《民族》，［2022 - 09 - 11］，https：//www.shenzhenshizhi.cn/a/2072.html。

踏上乡村全面振兴先行示范的新征程"（W，@深汕发布，2022－8－3）。深圳还成立了少数民族同胞志愿服务队，志愿队有许多少数民族的身影，他们共同为深圳的公益事业献身，展现了少数民族的独特风采。志愿队曾践行"绿色环保"理念，来到盐田区海滨栈道共同清理路边的垃圾。除此之外，深圳还举办多样化的民族活动，如"深圳（福田）第二届民族童声合唱节""'让传统丝绸文化闪耀新时代光芒'活动走进海滨社区""深圳援疆举行的'民族一家亲'暨'六一儿童节'爱心捐赠活动"。

深圳福田区民族团结发展促进会对回族同胞马文海半年来遭遇的拉面馆的变故当中给予了帮助，并通过水滴筹平台帮扶他们一家，营造温暖的爱心传递。少数民族因为生活环境、语言与文化等差异，在就业、居住等方面存在种种困难，深圳不断为他们提供强有力的帮助。从上述分析中可以看到深圳的常住人口较多且持续增长速度较快，深圳过去两年虽然经济在转型，但整个城市补短板进展迅猛，其中多民族的城市混居模式体现了深圳跨文化城市多民族内部融合的理念。

4. 指标4为城市的各类民生政策对于少数群体的权益的关注：以深圳率先建设无障碍城市为个案分析

政策视角的变化：营造平等包容的社会氛围。深圳自身定位为全国文明城市，所以对民生方面特别关注。综合《深圳市"十四五"残疾人保障和发展规划》《深圳经济特区无障碍城市建设条例》《关于深圳市残疾人参加我市基本医疗保险有关事项的通知》《深圳市民文明素养提升行动纲要（2021—2025年）》《2022年度文明行为规范实施主题和不文明行为治理清单》等文件，深圳在政策中针对妇女、未成年人和残疾人等弱势群体提出了各类保障，在推动城市文化方面的政策主要包括"完善儿童活动空间，保障儿童以及妇女权益"[①]，"到2025年，显著缩小残疾人物质文化生活水平与社会平均水平之间的差距，全面提升无障碍城市建设水平，形成更加浓厚平等包容的社会氛围，基本完善'弱有众扶'的扶残助残机制，基本实现残疾人事业现代化。到2035年，基本消除基于

---

① 深圳政府在线：《政府工作报告》，（2022－08－21）[2022－09－11]，http：//www.sz.gov.cn/zfgb/2021/gb1121/content/post_8852606.html。

残疾的社会歧视，平等、参与、融合、共享的发展理念得到社会普遍认可"①。深化'修心''养德''守法''尚智''崇文''健体'六大行动，明确将'文明乘车''安全出行''雅言端行''文明作业'作为本年度的文明行为规范实施主题"②。深圳市在全国首次提出无障碍城市理念，《深圳经济特区无障碍城市建设条例》自2021年9月1日起施行，该条例是全国首部无障碍城市建设立法。③ 深圳残疾人医保缴费拟获全额资助，加快建设无障碍城市，实施残疾人服务设施提升工程等政策，体现了深圳对少数群体的关注与扶持。④ 残疾人和有需要者融入社会，无障碍城市建设是关键一招，如图2-2所示。

观念、文化的改善：扩大无障碍城市建设的受益主体。12年来，深圳的无障碍建设历程从"无障碍环境"到"无障碍城市"，政策视角的变化，折射了深圳不断向更文明城市目标迈进的步伐。⑤ "无障碍环境"强调单维度物理层面的空间改善。"无障碍城市"强调"理念、制度、器物"的延伸，区别在于观念、文化的改善，而不仅仅是基础设施的无障碍，深圳积极践行"来了就是深圳人"这句温暖的话，使障碍群体从身心都能感受到城市的包容、尊重和被接纳的"无障碍"，扩大无障碍城市建设的受益主体，让其能够平等地参与城市生活、工作。2022年5月20日，深圳开展了"首届无障碍城市建设随手拍"公益活动，⑥ 鼓励大家将拍摄的无障碍设施图片上传到地图App中，让

---

① 深圳市残疾人联合会：《〈深圳市"十四五"残疾人保障和发展规划〉出台，重点项目逐个看!》，（2022-04-12）[2022-09-11]，http：//www.cjr.org.cn/news/official/content/post_781230.html。

② 深圳前海：《新目标！事关每一个深圳人》，（2022-07-18）[2022-09-11]，https：//mp.weixin.qq.com/s/QGs7ioB2q13RKed0edDXcQ。

③ 深圳市人民政府规章：《深圳经济特区无障碍城市建设条例》，（2021-07-06）[2022-09-11]，http：//www.sz.gov.cn/szsrmzfxxgk/zc/gz/content/post_9453879.html。

④ 深圳政府在线：《深圳市国民经济和社会发展第十四个五年规划和二〇三五年远景目标纲要》，（2021-06-09）[2022-09-11]，http：//www.sz.gov.cn/cn/xxgk/zfxxgj/ghjh/content/post_8854038.html。

⑤ 中国青年网：《深圳出台全国首部无障碍城市建设立法，9月1日正式实施》，（2021-08-26）[2022-09-11]，https：//baijiahao.baidu.com/s?id=1709118585023737832&wfr=spider&for=pc。

⑥ 腾讯地图：《@深圳er，这个520，"无障碍城市建设"需要你的一份力！》，（2022-05-20）[2022-09-11]，https：//mp.weixin.qq.com/s/N60tC4UJaUncKvHiuB08uw。

第二章 从世界之窗到世界之家：深圳建设跨文化城市的逻辑与进路 / 117

深圳市创建无障碍城市的"每一步行动"

01 《深圳市无障碍城市总体规划(2020-2035年)》
明确社会发展战略、目标与要素

02 《深圳经济特区无障碍城市建设条例》
全国首部无障碍城市建设立法

03 《无障碍设计标准》等
建立无障碍城市深圳标准

04 *本次规划《深圳市无障碍城市专项规划》
明确无障碍城市空间发展规划的系统布局、
对接指引其他专项规划和建设实施计划

05 《无障碍城区建设实施方案》
以区为单位推进建设实施项目计划

图 2-2 深圳市创建无障碍城市的"每一步行动"

（来源："公众号"城 PLUS：《深圳：如何建设全民全龄无障碍城市?》）

更多人了解无障碍设施并对其进行优化，建立全城无障碍设施的数据库。

2022年，深圳打造了首个残疾人无条件免费的专属健身房，不仅为残疾人提供场地，还提供私人化的健身计划。许多网友都赞赏深圳此举，如"深圳真的不错，不愧是改革开放的窗口，至今也是我们的窗口，事事都走在前列"（W，@紫藤萝爱玩，2022-07-2），网友们建议全市推广方便且人性化的健身场所。

残障人士余佶璟诠释了"活着就是希望"。更令人感动的是，残障人士余佶璟在她年少时因猝不及防的疾病夺走了胸椎以下的行动能力。因求职来到了深圳，她一到深圳便看见了穿着红马甲的志愿者，这一抹"红"给她带来了温暖和爱，在这座包容与平等的深圳，她进入公司慢慢实现"就业助残"的想法，给数千名残障人士提供了就业机会，也携员工参与深圳市残联举办的集体婚礼、残疾人就业培训、去福利院等机构组建义工服务队,她用自己的经历诠释了"活着就是希望""生生不息,回馈社会"。2021年,何子龙从老家来到深圳,在龙华城市书房明诚书屋从事"口书"教学和直播。他用自己的努力弥补了身体从小失去双臂的遗憾,他不仅一路披荆斩棘读到了大学,还拥有了自己的事业和家庭。① 有网友评论道"如今在深圳,越来越多的残障人士走出家门、融入社会,在工作岗位上实现自我价值"(G,@马克小子,来自广东),这体现了深圳城市各类民生政策对弱势群体权益的关注,政策与实施力度大。

(二)城市的文化内容与活动

如表2-10.ICC Index所示,在"城市的文化内容与活动"维度的测量指标主要有两个,下文围绕这些具体指标展开论述。

1.指标1为城市的大型文艺演出、文化展览、体育比赛、大规模的社区文艺活动、传统节日活动、城市的物质文化遗产和非物质文化遗产的数量与项目:以孺子牛雕塑、深圳设计周、深圳读书月为个案分析

深圳出台多个政策助推城市文化创新,综合《深圳市加快推进重大文体设施建设规划》《关于第二批深圳特色文化街区认定的通知》《深圳市人民政府关于印发深圳市教育发展的通知》《深圳市关于促进消费持续恢复的若干措施》《关于推进学前教育学区化治理的实施意见》《文化艺术》《非物质文化遗产一览表》等文件,深圳在推动城市文化方面的政策主要包括特色文化街区建设、院校学科发展,打造展会、节庆、论坛等方面。2018年启动了"十大特色文化街区"建设,首批"十大特色文化街区"已全部获得认定。② 助推城市文化创新,推动艺术院校和高校艺术

---

① 深圳发布:《直播、带货……这些在深残障人士"云端"逐梦》,(2022-09-15)[2023-01-11],https://mp.weixin.qq.com/s/vRn4AVLqAZjb1bGNyzIu0w。
② 《潇湘晨报》:《深圳十大特色文化街区全部授牌》,(2021-10-25)[2022-09-11],https://baijiahao.baidu.com/s?id=1714579556343729516&wfr=spider&for=pc。

学科发展,高校人才培养与文博会、文交所、文化产业园区建设。① 建设深圳改革开放展览馆、国深博物馆等重大文化设施,推进深圳党史馆等规划建设。培育体育产业。② 打造国际知名文化活动品牌,策划举办一批国家级、国际化的展会、节庆、论坛等文化活动。打造湾区演艺之都,推出一批具有中国气派、深圳特色的原创精品力作。支持发展民间文艺团体,培育一批民办公共文化活动品牌。鼓励在车站、公园等公共空间进行街头艺术表演,创造更多"城市中的剧场",具体内容如表2-12所示。③ 丰富推广城市文化菜单,积极开展草地音乐节、沙滩音乐节、粤剧周、青年艺术周、读书月、美丽星期天等文化活动。推动新时代文艺发展工程。④ 共创学区文化,优质特色发展,打造学区文化品牌,形成"和而不同"的发展特色。⑤ 实现全国文明城市创建"五连冠"。深圳有7项国家级、28项省级、63项市级,共计98项非物质文化遗产,如表2-13所示。2020年,深圳市拥有文化企业超过10万家,⑥ 文化产业成为深圳进行社会经济发展的重要基础和引擎。深圳创立了"胡桃里"音乐餐厅、大疆无人机拍摄、影石360摄像、华强方特熊出没动漫、华侨城欢乐谷主题公园,这些新鲜时尚的文化品牌来源于深圳年轻人新潮的文化消费

---

① 深圳市教育局:《深圳市人民政府关于印发深圳市教育发展"十四五"规划的通知》,(2022-01-27)[2022-09-11],http://szeb.sz.gov.cn/gkmlpt/content/9/9544/post_9544199.html#3316。

② 深圳政府在线:《政府工作报告》,(2021-06-07)[2022-09-11],http://www.sz.gov.cn/zfgb/2021/gb1121/content/post_8852606.html。

③ 深圳政府在线:《深圳市国民经济和社会发展第十四个五年规划和二〇三五年远景目标纲要》,(2021-06-09)[2022-09-11],http://www.sz.gov.cn/cn/xxgk/zfxxgj/ghjh/content/post_8854038.html。

④ 深圳新闻网:《"文化深圳"聚力已久蓄势待发〈深圳市关于促进消费持续恢复的若干措施〉为文体旅游市场注入动力》,(2022-05-27)[2022-09-11],https://www.sznews.com/news/content/2022-05/27/content_25152979.htm。

⑤ 深圳市教育局:《深圳市教育局关于印发〈关于推进学前教育学区化治理的实施意见〉的通知》,(2022-02-09)[2022-09-11],http://szeb.sz.gov.cn/gkmlpt/content/9/9559/post_9559334.html#3314。

⑥ 深圳政府在线:《文化艺术》,[2022-09-11],http://www.sz.gov.cn/cn/zjsz/gl/content/post_7980025.html。

需求。①

表 2-12　　文化事业重大工程

新时代十大文化设施：深圳歌剧院、深圳改革开放展览馆、深圳创意设计馆、国深博物馆、深圳科学技术馆、深圳海洋博物馆、深圳自然博物馆、深圳美术馆新馆、深圳创新创意设计学院、深圳音乐学院
十大特色文化街区：南头古城、大鹏所城、大芬油画村、观澜版画基地、甘坑客家小镇、大浪时尚创意小镇、大万世居、蛇口海上世界、华侨城创意文化街区、华强北科技时尚街区
市级重大文体设施：深圳市文化馆新馆、龙岗国际艺术中心、国深美术馆（暂名）、深圳市青少年足球训练基地、深圳市体育中心改造提升工程、深圳市体育运动学校（深圳市体育实验学校）改造提升工程等
城市文化菜单：中国（深圳）国际文化产业博览交易会、深圳读书月、"一带一路"国际音乐季、中国设计大展、深圳（国际）科技影视周、深圳国际摄影大展、深圳时装周、设计之都（中国·深圳）公益广告大赛、中国国际新媒体短片节、中国国际钢琴协奏曲比赛等
新时代文艺发展工程：创作遴选新时代深圳十大文艺精品，新增百个剧场、音乐厅、美术馆、文化馆等重点文体设施，培育引进千名文艺专才，每年推出万场重点文艺演出

（来源：深圳政府在线）

表 2-13　　非物质文化遗产一览表

序号	名称	级别	类别	保护区域
1	望烟楼的传说	省级	民间文学	宝安区
2	陈仙姑的故事	市级	民间文学	光明区
3	应人石的传说	省级	民间文学	宝安区
4	观澜客家山歌	市级	传统音乐	龙华区
5	客家山歌（石岩客家山歌）	省级	传统音乐	宝安区
6	大鹏山歌	省级	传统音乐	大鹏新区
7	龙岗皆歌	市级	传统音乐	龙岗区
8	盐田山歌	市级	传统音乐	盐田区
9	东山渔歌	市级	传统音乐	大鹏新区

---

① 深圳发布：《打造惠及全民的文化消费，深圳如何破题?》，（2022-09-17）[2022-09-11]，https://mp.weixin.qq.com/s/rnbswaiFXPJlINl5hJm4mA。

续表

序号	名称	级别	类别	保护区域
10	古琴艺术（岭南派·深圳）	市级	传统音乐	南山区
11	古琴艺术（虞山琴派·深圳）	市级	传统音乐	福田区
12	灯舞（沙头角鱼灯舞）	国家级	传统舞蹈	盐田区
13	麒麟舞（大船坑舞麒麟）	国家级	传统舞蹈	龙华区
14	麒麟舞（坂田永胜堂麒麟）	国家级	传统舞蹈	龙岗区
15	狮舞（松山七里狮舞）	国家级	传统舞蹈	宝安区
16	龙舞（龙岗舞龙）	省级	传统舞蹈	宝安区
17	狮舞（福永麒麟）	省级	传统舞蹈	宝安区
18	龙城舞麒麟	省级	传统舞蹈	龙岗区
19	黎围舞麒麟	省级	传统舞蹈	罗湖区
20	观澜舞麒麟	省级	传统舞蹈	龙华区

（来源：深圳市文化广电旅游体育局，部分截图）

（1）孺子牛雕塑:"三牛精神"与深圳文化象征

习近平总书记在2021年春节团拜会上勉励大家"大力发扬孺子牛、拓荒牛、老黄牛精神"[1]。2022年7月28日，广东省人民政府发布《关于公布第十批广东省文物保护单位的通知》指出：建于1984年的孺子牛雕塑和建于2000年的莲花山邓小平铜像入选近现代重要史迹及代表性建筑类别中。[2] 深圳早在建立特区之初就意识到公共艺术对表达和振奋特区开拓精神的巨大作用，深圳邀请当时最有影响力的雕塑家潘鹤创作了《孺子牛》《艰苦岁月》等鼓舞人心并成为特区标志符号的经典作品，深圳还涌现出了深圳体育中心和上步路的公共雕塑系列，表现深圳各阶层移民真实形象的、堪称中国公共艺术经典作品的《深圳人的一天》群雕，

---

[1] 《深圳特区报》:《重温建党百年史"三牛精神"写华章》,（2021 - 05 - 18）[2022 - 09 - 11], http://sztqb.sznews.com/PC/content/202105/18/content_1032809.html。

[2] 深圳学习平台:《人文广东｜深圳四地入选第十批省文物保护单位 孺子牛雕塑、莲花山邓小平铜像在列》,（2022 - 07 - 29）[2022 - 09 - 11], https://article.xuexi.cn/articles/index.html?art_id=7555798927850986340&source=share&cdn=https%3A%2F%2Fregion-guangdong-resource&study_style_id=feeds_opaque&reco_id=101d2161115bc0a822a80005&share_to=weibo&study_share_enable=1&study_comment_disable=1&ptype=0&item_id=7555798927850986340。

以及莲花山顶的邓小平和特区三十周年纪念浮雕墙。① 深圳作为全国最大的移民城市，在保障民生和教育等方面不断解决群众关心的问题，诠释了"怀揣赤子心，甘为孺子牛"的包容精神。孺子牛雕塑作为深圳具有辨识力和魅力的文化符号，该艺术呈现的多元文化承载了深圳城市记忆，引起人们的情感共鸣，为城市增添丰富多彩的文化。

创作"孺子牛"雕塑的潘鹤曾说，"这尊'孺子牛'雕塑，象征着不仅仅是深圳，而是全国要走向一个新的局面"。雕塑彰显了特区建设者开拓创新、甘于奉献、奋发图强、无私奉献的创业精神。2016年3月，潘鹤在现场讲起雕塑"树根"所代表的含义，即表示"当时保守的东西要连根拔掉"，搞特区就是要拔掉"劣根"，要带领全国走向未来。据了解，这座雕塑当初命名原是"开荒牛"，但考虑到"将来开荒完了怎么办"，最后取鲁迅先生"俯首甘为孺子牛"之意，定名为"孺子牛"。②"孺子牛"给深圳留下了许多文化记忆和基因，有网友讲道"一枚明信片的三年旅程：2018年8月在深圳旅行时，当地邮友特地带我去拍了孺子牛雕塑，而后印成了明信片；一年后，贴上了邮票又请了这位朋友帮忙加盖同图风景日戳；谁承想后来碰上了疫情，此事就此搁置；今年这位朋友来泉州出差前，提醒了他这件事；于是他翻箱倒柜找出了早已盖好戳的片，带了过来。就这样，小小的明信片历经三年而得，虽非首日，但却有趣。正所谓，念念不忘，必有回响"（W@和倪走起，2021 - 07 - 30），带有孺子牛的明信片令人怀念。

作为深圳卫视《深视新闻》栏目官方微博账号，深圳卫视深视新闻也在微博上发布了相关评论，如"中国邮政将于2021年7月1日发行《中国共产党成立100周年》纪念邮票1套20枚，纪念封1套1枚。总面值24元。其中，深圳拓荒牛雕塑登上票面！深圳的孺子牛（拓荒牛），已成为深圳精神的一种象征，成为深圳改革开放的主要精神动力。此次登上《中国共产党成立100周年》纪念邮票中心位置，是深

---

① 政协深圳市委员会：《关于用公共艺术来提升深圳公共治理、空间品质及市民认同感的提案及答复》，（2017 - 01 - 05）[2022 - 09 - 11]，http：//www1. szzx. gov. cn/content/2017 - 01/05/content_14745216. htm。

② 新浪博客：《深圳"孺子牛"创作者看雕塑忆当年》，（2016 - 03 - 01）[2022 - 09 - 11]，https：//weibo. com/p/230418bfc0c26e0102w4r0。

圳改革开放的见证，鲜明地体现出深圳人勇于开拓、大胆创新、无私奉献、奋勇前进的精神"（W@深圳卫视深视新闻，2021年6-25），孺子牛不仅仅是深圳特殊旅游景点的记忆，更是象征着深圳精神。深圳晶报官方微博也发布相关评论，如"如果城市有属相的话，深圳一定属牛。孺子牛的牛，拓荒牛的牛。你看，它身体前倾、奋力前行的姿态，像不像每一个闯荡深圳的你、我、他？深圳精神浓缩在这尊雕塑里，并通过它，折射在每一个深圳人的日常里"（W@晶报，2022-8-26）。2022年8月，一篇《"警务孺子牛"谭善爱：转业不转志，永远不忘初心》的文章介绍了广东省深圳市公安局工作的谭善爱为社会做出的贡献。深圳市授予谭善爱深圳市公安系统首届"警务孺子牛"金质功勋奖章，以表彰他圆满完成艰难任务，吃苦耐劳为人民服务的"孺子牛"精神。

（2）"设计之都"：设计上的指路明灯

2020年8月30日，为期16天的2020深圳设计周圆满收官。以"云上设计，创意无限"为主题，设计周吸引了来自海内外20个国家和地区的33家设计机构、800名设计师与数以百万计的网友一起在"云"上共襄盛事，再次点燃了"设计之都"的激情。①

截至2022年9月16日，微博话题#深圳设计周#阅读次数767.9万，讨论次数4059，原创人数809。2021深圳设计周活动是高少康首次担任联合深圳设计周的策展人。深圳新闻网专访高少康，他说道"协调场地、协调内容、共同创作、选择作品就是日常工作，通过提出问题去解决问题，对疫情当下、人与文化、人与人等方面进行思考，思考作品与设计周主题之间的关系"（W@靳刘高设计，2021-12-30），他通过设计感受深圳城市的魅力与创新。

大家沉浸在深圳设计周展览中，收获到了美好体验，如"和三两好友一起去看看展，真的很好玩，这才是我喜欢的深圳，一个充满设计感的城市，我都想住在里面了，傍晚的深业上城真的好舒服，好啦！和我一起沉浸式体验看展的快乐吧"（W@Xii3xin，2022-1-9），"怀着对设计的向

---

① 深圳市人民政府新闻办公室：《文化艺术》，[2022-09-11]，http://www.sz.gov.cn/cn/zjsz/gl/content/post_7980025.html。

往,毕业以后直接来到了深圳。深圳这座城市对于我来说就是设计上的指路明灯。今年刚好赶上深圳40年!有幸去了现场,看到了很多优秀的设计。欣赏设计带给身心上的愉悦"(W@ Jiaxing-Liu,2020-8-30)。深圳作为包容、韧性的城市,承载着多样的美和爱,如"砖瓦之间,韧性城市,美与度的掌握,人与心的集纳"(W@-白鸽警探-,2022-1-3)。

连接自然、情感与生活的多元文化,体现出城市的包容,如"在2021深圳设计周闭幕的晚上,我与亮子邀请一众参展好友在桥上晚宴。笔架山廊桥是对公众开放的,不少市民在桥上经过,我们在此'野餐',注定成为作品的一部分。以曲水流觞作概念,桥下廊上车水马龙,人立天地间。行人观赏拍照,都说:啊,流水席!还可以这样玩!"包容、开放、创新、卓越,是深圳精神,也是这次连接自然与城市的野宴,希望能与大家共同体验的地方。美学感知不是一天所成,市民能接触即感知,这也是这次设计周所提出的命题,每一次都是进步的机会。能够作为设计周收官之作,感谢每一位朋友的参与支持(@高少康HongKO,2022-1-4)。

有设计师谈到自己设计的初衷和对艺术环保的看法,如"随着当代社会的进步与发展,人类不断通过环境的破坏、资源的过度开发满足自我的欲望。'无用之用'系列以深圳独立设计师废弃的样衣以及陈旧的库存作为原材料,通过解构与重组,创造出一个具有视觉冲击力的空间。通过空间艺术传达出设计师对服装前景的反思,以及对社会形态的人文关注。用废弃的资源再次创作,以设计周的粉色元素警醒人类对于环保理念的重视,以可持续创造作为更长远的设计理念,为绿色地球凝聚丰富的环保设计力量"(W@歪神yvison,2021-12-27)。设计师及观看者们对于多样的艺术与文化的延续性比较关注,如"设计没有正确答案,必须遵循自己的内心感受,找到合适的标准"(W@我改网名了哈哈哈,2020-8-30),"每次对方向我认为什么是最好的方式,我答不上来,因为确实没有标准答案,可以做的形式和可能是多样的,每一种都有延续的可能"(W@ QinjieMagic,2020-8-30)。

(3)"书香之家":通过读书培育了群众浓厚的读书氛围

深圳持续建设"书香之家"。截至2022年,深圳已连续举办21届

"深圳读书月",摆脱了"文化荒漠"之称,培育了群众浓厚的读书氛围。徐雁等学者认为深圳作为"全球全民阅读典范城市",对于其他城市可提供的借鉴包括地方党政领导和文教部门的大力支持、地方性法规提供必要的制度性保障、社会力量多方协作下不断创新的活动机制等方面。①2021年,深圳市儿童乐园万花筒书屋开放,主要为儿童和家长提供舒适、优质的亲子绘本阅读空间。深圳公园文化季期间,儿童乐园将联合三叶草故事家族公益组织,每天推出一场"亲子乐读故事会"活动。② 本书的调查问卷结果显示,深圳国际马拉松、世界无人机锦标赛、深圳公园文化季、中国设计大展、深圳读书月这些活动被不少人认为能够代表深圳,分别占比32.4%、27.2%、26.6%、23.8%、20%。

截至2022年9月15日,微博话题#深圳读书月#阅读次数1.1亿,讨论次数8439,原创人数591。许多网友讲述自己与读书的故事,生活有读书陪伴充满意义,如"今天下午如约来到南头古城的源野集,和大家一起品读苏东坡的诗词人生。分享会地点在古朴的竹屋里,开场我和大家说,在这里读苏东坡,真是再合适不过了,因为东坡先生曾说:宁可食无肉,不可居无竹;无肉使人瘦,无竹使人俗。在微风中点头的竹子,也为我们的读书会平添了一些雅致和诗意。这次读书分享,和周四夜读的氛围类似,只是一个在白天,一个在夜晚。让我印象深刻的一位大姐姐,读到《江城子》(十年生死两茫茫)的时候,禁不住红了眼眶……她说人到中年,会面临生命中很多的无常。还有一位美丽的姐姐,苏子去过的地方这些年她都去过,在品读诗词的过程中,想起曾经在那些地方的日子。更有一位读小学六年级的妹妹,她说最爱苏子的《题西林壁》,从这首诗里,学习到看待事物的角度。生活中点滴可爱,都值得被收藏起来,我喜欢读诗那一刻的大家。或许诗情画意并没有意义,人们用诗意点亮生活才有意义。广场上的烟火气,竹屋里的书卷气,都是自己给自己的馈赠"(W@饮笑姑娘,2021-11-27)。

---

① 徐雁、陈哲彦:《挥别"文化荒漠",营造"书香之都"——在创意创新中发展的"深圳读书月"活动》,《出版广角》2021年第12期。
② 读创:《爱阅之城丨深圳读书月:满城飘书香,公园又添新书吧》,https://baijiahao.baidu.com/s?id=1716573511836569829&wfr=spider&for=pc。

大家在参加活泼生动的深圳读书月活动中疲劳且快乐着，如"第一次参加阅在深秋读书月活动，从开场逛到十二点不停歇，扛着一堆奖品，累死了。大多是小朋友动手体验，比如活字印刷、插花、画画、写字、抓娃娃、棉花糖等的，大朋友就排排队抽抽奖，拿拿文创，寓教于乐。就是对单身青年似乎有点不太友好。期待后面能改进调整一丢丢，给大朋友也多一些项目，就完美了。总之，是一个既身心舒畅，又生动活泼的活动。超多惊喜、超多文创，只有想不到、没有会场拿不到"（W@牛奶可可乐，2021-11-27）。

读书带来的充实精神和热情持续不消退，展现了深圳可持续创新发展的文化软实力的体现，如"关于教育，关于成长，关于生命，想要如同大树般正常规律生长开枝散叶，不被干预，不被束缚，尽管很难，但也有很多人会去做"（W@Lcm-喵喵，2021-11-17）。网友表达了旺盛的求知求学的读书欲望，如"音乐和书本一样是人类成长历程中永恒不变的伙伴，不管你身处何处，无论你经历多少，总有一段旋律能带你回到纯真的青涩时代，哪怕你正遭遇挫折，总有一首歌能激励并伴你前行"（W@農里Lonely，2020-11-29）。

深圳读书活动形式多样，是市民喜闻乐见的内容，覆盖各年龄、各职业、各文化程度的读者群体，年青一代引领读书新气象，如"1969册次，这是徐梓萱2020年在深圳宝安图书馆的借阅量，当时她年仅6岁。据《深圳全民阅读发展报告2021》，这个小女孩也是2020年全市外借量最多的读者。在深圳，阅读已经成为许多人的一种生活方式，但更多的人总是忙于工作，很难静下心来认真读完一本书。一起静下心来，认真的感受阅读的乐趣吧"（W@深圳微时光，2021-11-12）。"让城市因热爱读书而受人尊重""实现市民文化权利"入选"深圳十大观念"，也是"深圳读书月"衍生出来的读书理念，围绕市民开展多项读书活动，深入深圳市民的心与观念。

除此之外，2021年7月23日至25日的深圳国际电玩节在3天活动时间内举行了多场动漫赛事、电竞比赛以及跨次元营销活动，共吸引了超22万人次客流。2022年9月15日至21日深圳作为分会场举办全国大众创业、万众创新活动周，活动主题为"创新增动能、创业促就业"。"鼓励创新、宽容失败""改革创新是深圳的根，深圳的魂"是深圳十大理念之一，此活动展现深圳创客之都的实力与创新活力。

本书搜索到关于深圳文化活动多样的语料，作为"书香之城""文明之城"的深圳不仅仅体现在政策口号上，而是将精神真正深入实际生活当中，如"2004 年和同学一起来到深圳，正好遇上读书月的活动。后来才知道，那是深圳的第四个读书月。在罗湖书城看到熙熙攘攘的人流，才知道过去对深圳'文化沙漠'的印象是一种多么大的误解。后来来到深圳工作后，更加深刻地感受到了'书香城市'的内涵。我参加了很多读书论坛，加入过很多读书会，也因此结交了很多志同道合的朋友。深圳这座年轻的城市之所以可以一直保持高速发展的动力，崇尚阅读是一个原因。清晨图书馆门口的长龙，深夜 24 小时书吧的读者……随处可见热爱学习的年轻人，让我对深圳的未来更加充满信心，这也是我热爱深圳的最重要的原因"（W@倩妞0，2020 - 8 - 21）。

以上分析说明，深圳城市的大型文艺演出、文化展览、体育比赛等活动丰富多彩、精彩纷呈。可以看到深圳有多元文化主体的文化活动，既有官方扶持的，也有民间的。具体来说，深圳有本土文化保存与记忆的、民族文化的、市民文化的、改革开放文化的活动，这些充分体现了深圳推进内部融合的文化活动的创新性，以及市民踊跃参与的积极性。

2. 指标 2 为每年城市对于文化活动的财政投入

关于深圳每年对于文化活动的财政投入目前能公开搜索到的数据包括《深圳市文化产业发展专项资金资助办法》、深圳特区报发布的文件等。深圳在文化活动方面"两金"规模逐年扩大，2016 年财政拨付 3.8 亿元，2017 年财政拨付 4.2 亿元，2018 年财政预算安排 5.2 亿元，为深圳文化事业的繁荣和发展提供强有力支持，[1] 2018 年深圳预算安排 64 亿元继续提高公共文化财政支出水平。2021 年，深圳市文化及相关产业增加值占地区生产总值比重达 8%。[2] 对符合条件的原创研发产业化项目，给予不超过项目研发实际投入 30%、最高 200 万元的事后资助；经认定

---

[1] 《深圳特区报》：《预算 64 亿元！今年深圳继续加大公共文化财政投入》，https：//static.nfapp.southcn.com/content/201806/30/c1275603.html。

[2] 深圳政府在线：《深圳市国民经济和社会发展第十四个五年规划和二〇三五年远景目标纲要》，http：//www.sz.gov.cn/cn/xxgk/zfxxgj/ghjh/content/post_8854038.html。

为优秀文创产品开发项目的，给予不超过项目实际投入30%、最高200万元的事后资助；支持办好深圳设计周暨深圳环球设计大奖，专项资金予以重点资助，对深港城市/建筑双城双年展等活动予以重点资助。①

（三）城市公共空间与服务

如表2-10. ICC Index 所示，在"城市公共空间与服务"维度的测量指标主要有两个，下文围绕这些具体指标展开论述。

1. 指标1为城市博物馆、标志性地标建筑、体育馆、公园、纪念馆、社区活动室、广场、大型购物中心、国际化社区街道、宗教场所等的数量

深圳近年来在加强城市公共空间的建设方面做出了很大努力。深圳市2022年《政府工作报告》、深圳市文化广电旅游体育局数据、深圳特区报发布的文章等提到，实现街道、社区等基层综合公共文化设施全覆盖，建成"十分钟文化服务圈"。深化"图书馆之城"和"一区一书城、一街道一书吧"建设。②改造升级公共厕所300座，推出100个以上智慧应用场景等。③深圳现有59家城市博物馆、④十大标志性建筑、⑤49个体育馆、⑥1238个公园、超100个购物中心等。公园500米绿地服务半径覆盖率超过91%，PM2.5年平均浓度18微克/立方米，空气质量稳居国内超大城市第一。⑦截至2021年年底，深圳市（不含深汕合作区）共建成区级以上文化馆10个、街道综合性文化服务中心74个、社区综合性文化

---

① 深圳市多媒体行业：《政策速递｜〈深圳市文化产业发展专项资金资助办法〉》，https://www.163.com/dy/article/H5T9Q12F05119VOS.html。
② 深圳政府在线：《深圳市国民经济和社会发展第十四个五年规划和二〇三五年远景目标纲要》，http://www.sz.gov.cn/cn/xxgk/zfxxgj/ghjh/content/post_8854038.html。
③ 深圳政府在线：《政府工作报告》，http://www.sz.gov.cn/zfgb/2021/gb1121/content/post_8852606.html。
④ 深圳新闻网：《深圳目前共有59家博物馆 数量排名广东省第二》，https://wxd.sznews.com/BaiDuBaiJia/20220518/content_860348.html。
⑤ MaiGoo：《深圳十大标志性建筑深圳市地标性建筑有哪些代表深圳的建筑物》，https://www.maigoo.com/top/422014.html。
⑥ 中星体育：《深圳有哪些体育馆？深圳可开演唱会的体育馆！》，https://www.zxsports.net/news/613.html。
⑦ 深圳发布：《深圳的另一面："野性都市"》，https://mp.weixin.qq.com/s/5jCpsK3hQwW1vnXHG0flHA。

服务中心663个，街道、社区两级覆盖率均达到100%。①深圳市多部门共同推出的南山区"百校焕新行动"首批学校绽放。38所老旧学校实施了改造提升，基础设施被修缮，低效空间被激活，空间形象得以美化，师生们迎来了充满活力的"新"校园。②可以看到深圳城市博物馆、标志性地标建筑、体育馆、公园、纪念馆等的数量较多且历史悠久，活动场所不断改进，为广大市民提供了美好的生活体验。

2. 指标2为每年城市对于公共空间与服务的财政投入

综合深圳市2022年《政府工作报告》等文件，深圳对于公共空间与服务财政投入的规划有：建设全新机制的医学科学院，推进棚改和老旧小区改造，建设筹集公共住房8万套，改造筹集租赁住房10万套以上，实施兜底民生服务社会工作双百工程等相关政策和建议。推进医院高质量发展和社康服务扩容提质，新增病床位1000张，加快医院项目推进，建设全新机制的医学科学院。加强医务人员队伍建设，新引进高层次医学团队20个以上。③2020年，深圳持续加大民生投入，全市九大类民生支出2838.6亿元，占财政支出比重接近七成。尤其是教育支出达851亿元，增长18.8%，占财政支出比重超过20%，在一线城市中排名第一；全市卫生健康支出441亿元，增长31.3%，公立医院平均财政投入占总收入比重达32%，居全国首位。2021年，深圳财政将加快构建优质均衡的公共服务体系，2021年市本级九大类民生共安排1296亿元，比上年增长4.9%。市本级教育支出安排383.1亿元，增长18.2%；市本级卫生健康支出安排200.4亿元，增长5.7%；城乡居民医疗保险财政补贴标准提高到636元/人/年。④深圳采用文化消费券或文化惠民卡的模式进行财政干预，近期深圳市政府面向市民推出2022年深圳文惠卡活动，运用"预付卡+消费红包"方式，向市民发放数字人民币补助，总额达5000万

---

① 《深圳特区报》：《深圳打造高水平城市文化品牌》，（2022-05-10）[2022-09-11]，https：//baijiahao.baidu.com/s？id=1732400922143182549&wfr=spider&for=pc。

② 深圳发布：《深圳这个区百校焕新！首创集群设计改造存量校园新模式》，https：//mp.weixin.qq.com/s/BkwkM5X6f_-xfpxLP7N5KA。

③ 深圳政府在线：《政府工作报告》，http：//www.sz.gov.cn/zfgb/2021/gb1121/content/post_8852606.html。

④ 深圳发布：《深圳民生投入占财政支出近七成》，https：//baijiahao.baidu.com/s？id=1699790463939827136&wfr=spider&for=pc。

元，定向用于文艺演出、电影、图书三大文化场景消费。① 可以看到近年来，深圳持续加大对公共空间与服务财政投入力度，从资金方面保证深圳的内部融合。关于每年城市对于公共空间与服务的财政投入的相关材料本书后续还需补充。

（四）市民的公共参与和感知评价

指标4如表2-10. ICC Index 所示，"市民的公共参与和感知评价"维度的测量指标主要有六个，下文围绕这些具体指标展开论述。

1. 指标1为市民向政府投诉或提建议的通道与数量

综合《深圳市人民建议征集指南》《深圳市政府信息公开指南》《深圳市各政府部门投诉电话》等文件，深圳推动市民的公共参与主要包括：保障人民群众依法行使参政议政的权利，向社会公开征集人民建议，深圳市人民政府接受公民、法人和其他组织对政府信息公开工作的意见建议、投诉举报，投诉电话基本可以覆盖每个部门。② 除此之外，12345 政务服务便民热线充分发挥民生诉求服务平台核心效应，市民或企业遇有疫情防控政策方面问题，可优先使用上述互联网渠道反映诉求。为保障民生诉求渠道畅通，深圳还开通了"深圳 12345 热线"微信公众号、"i 深圳"App、深圳政府在线等互联网投诉渠道，市民同样可优先使用上述互联网渠道反映诉求，将有专人跟进处理。③ 深圳市政府鼓励市民参与城市各方面工作，问计于民，问政于民，深圳市民向政府投诉或提建议的通道多样、透明、方便，为民服务、保障民生不遗余力，这一定程度上反映了深圳对于内部融合中市民公共参与度的有力支持。

2. 指标2为市民对于城市文化的主观认知

通过本书的调查问卷结果分析，形成具体数据如表2-14所示，"市

---

① 深圳发布：《打造惠及全民的文化消费，深圳如何破题？》，https://mp.weixin.qq.com/s/rnbswaiFXPJlINl5hJm4mA。

② 深圳信访局：《深圳市人民建议征集指南》，（2022-07-05）[2022-09-11]. http://xfj.sz.gov.cn/bsfw/yjjyzn/content/post_7852105.html。深圳市人民政府：《深圳市人民政府信息公开平台》，[2022-09-11]. http://www.sz.gov.cn/szsrmzfxxgk/xxgkzn/index.html。

③ 《潇湘晨报》：《深圳市民如有疫情防控方面的疑问和投诉可拨打12345服务热线》，（2022-03-16）[2022-09-11]，https://baijiahao.baidu.com/s?id=1727427072566902133&wfr=spider&for=pc。

民对于深圳文化的了解程度"平均值为4.094,可见受访者对深圳文化的了解程度偏高,但与"市民乐意向外国朋友介绍深圳文化"的平均值4.632对比还是偏低,可见市民很喜爱深圳并乐意为深圳宣传,对深圳文化的认同程度较高。但"市民对深圳文化的认同程度""市民对于深圳文化的了解程度"指标还有一定进步空间,深圳可以加强对整体文化的大众普及教育。

表2-14　　　　　　　市民对于城市文化的主观认知

序号	市民对于深圳文化的了解	平均值
1	市民对于深圳文化的了解程度	4.094 (1—5分为打分的标准)
2	市民乐意向外国朋友介绍深圳文化	4.632 (1—5分为打分的标准)
3	市民对深圳文化的认同程度	8.678 (1—10分为打分的标准)

(来源:本书收集的问卷结果)

3. 指标3为市民对于城市文化活动和公共空间参与的自由度、参与积极性与满意度评估

依据本书的调查问卷结果分析,市民对于城市文化活动和公共空间参与的自由度、参与积极性与满意度总体较高,以1—5分的打分的标准来看,平均值4分以上,如表2-15所示。其中市民对"深圳市在提升城市影响力、知名度等方面的努力"同意程度最高,对"深圳市在城市公共治理、公共服务设施建设等方面的努力"同意程度最低。有网友发表关于参与公共服务空间相关评论,如"在深圳生活,一年四季都是有治愈效果的。最喜欢周末得闲的时候,去深圳湾公园散步,在那儿能看见湛蓝的天空,波光粼粼的海面,感受海风懒懒地吹过,空气里还弥漫着海水咸咸的味道,万物都变成了柔软的样子,一切温柔得刚刚好。傍晚时分的晚霞总是让人惊艳,落日余晖连着海洋,粉紫色的天空仿佛童话世界,置身在如此梦幻的场景,每个人都忍不住举起手机记录下这一刻的浪漫。到了晚上，再去对面的欢乐海岸打卡网红餐厅，品尝各种美食甜品。喜欢拍照的小伙伴别忘了去打卡五彩斑斓的许愿树，分分钟拍出大片即视感。一整天下来，整个人都透着舒爽与安逸，然后你也开始对这世界充满欢喜与期待，所有烦恼好像都烟消云散了。我爱深圳，是它成全了我的碧海蓝天"（W@芝士白日梦，2020-8-21）。

表2-15　　市民对于城市文化活动和公共空间参与的自由度、
　　　　　　参与积极性与满意度评估

序号	从深圳市发展的综合能力判断，您认为下列因素在多大程度上影响了深圳品牌的国际传播现状	同意程度平均值（1—5分为打分的标准）
1	深圳市在城市公共治理、公共服务设施建设等方面的努力	4.336
2	深圳市在城市生态环境、宜居城市建设等方面的努力	4.414
3	深圳市在城市经济发展、营商环境等方面的努力	4.448
4	深圳市在城市文化资源开发、文化活力培育等方面的努力	4.354
5	深圳市在提升城市居民素质、包容性等方面的努力	4.374
6	深圳市在提升城市影响力、知名度等方面的努力	4.45

（来源：本书收集的问卷结果）

4. 指标4为市民对城市包容性的主观感知

结合表2-16，总体来看市民对深圳包容性的描述同意程度较高，对"深圳是一个拥有多元文化的城市"同意程度最高，对"在深圳，人人都可以获得公平的机会"同意程度最低。市民觉得"城市氛围充斥着充满爱心的志愿者文化"（Q1）。市民也希望在深圳多元文化共存和外来人口较多的情况下，把深圳当作自己的"家"，如"让生活在其中的人们感觉到幸福，感觉到自己是这个城市的一分子、是这个城市的主人。在人们的心目中应该自然没有区分'本地人'和'外地人'的意识"（Q2），"提升人们对于不同文化的理解和看法"（Q3），"提高城市人民素质以及人们对各种文化的欣赏性"（Q4），提高市民整体的人文情怀与人道主义。

同时，人们也看到了深圳市发展的提升空间、改善方面和努力方向，认为深圳可以在善待农民工、对外来务工人员、不排外、不靠关系、人人平等、空间领域、文化、就业机会、生活习惯、公共交通、经济、人才引进、人民综合素质、创业机会、造福外来居民的政策等方面提高城市包容性。市民都希望对收入较少的人员给予善待和尊重，还有受访者强调扩大城市承载力，如"深圳这个拥有巨无霸能量的城市已经无法在这么点地皮上继续潇洒地玩下去了，土地匮乏，供需失衡，带来物业价格的不断上涨。华为首先承受不起了，发起部分业务搬迁运动，几年来，成千上万家企业都搬走了。这种情况下，深圳希望有更多空间来承载它不断递增的能量，以延续其一贯以来的良性增长态势，所谓扩容的要求就产生了。其实，从增加城市承载能力的视角看，扩容并不一定是行政区划改变"（Q5）。除此之外，也有市民希望性别平等、公平竞争，如"我认为性别歧视需要改善"（Q6）。

表2-16　　市民对城市包容性的主观感知

序号	市民对深圳市城市包容性的描述	同意程度平均值（以1—5分进行打分的标准）
1	对于深圳是一个拥有多元文化的城市	4.544
2	对于深圳是一个包容的城市	4.484
3	对于深圳是一个安全的城市	4.328
4	对于在深圳，我很少受到歧视	4.166
5	对于在深圳，人人都可以获得公平的机会	4.072

（来源：本书收集的问卷结果）

5. 指标5为市民对城市的认同感

2009年4月，在"科学发展观在深圳"座谈会上，深圳市第二次居民幸福指数调查显示，综合幸福感为68%，两年内上升了5%。大多数受访者认为，城市发展对个人幸福感起到了积极正面作用。从调查结果看，有一项调查问题"你是不是深圳人"（即是对这座城市的认同感）。回答

"是"的占了60.5%。① 近期市民对城市的认同感没有最新的数据，本书的问卷调查中也没有涉及。鉴于上述深圳的文化活动、公共场所设施、市民居住等多元活动，可以看到深圳在这方面做了很多努力，深圳市民对城市的认同感和主人翁意识很高，广大市民用文明行动展现"深圳温度""深圳亲切度"，② 相信市民对城市的认同感也会日益增加。

6. 指标6为市民的跨文化意识

本书的调查问卷关于市民的跨文化意识相关内容了解不够深入，有待今后进一步的实证检验。总的来说，深圳的内部融合表现为多元文化的高度融合。

二 国际交往现状

城市的国际交往主要有三个观测点，分别是"国际往来与影响力""媒体的国际传播""涉外政府服务机制"。

(一) 国际交往与影响力

指标1如表2-10. ICC Index 所示，在"国际交往与影响力"维度的测量指标主要有9个，下文围绕这些具体指标展开论述。

1. 指标1为国际友好城市的数量与合作项目：以"深圳，与世界没有距离"为分析对象

深圳十分注重与国际其他城市间的往来，有利于调和国家间的关系，建立友好城市和友好交流城市，以"和平发展""国家互助"增进国家间的友谊，助力世界多元文化的发展，增加缔结城市在国际上的地位，增强其在国际舞台上的影响力，深圳在国际交往方面取得了较大的成果。1986年至2021年11月23日，深圳友好城市共计24个，覆盖北美洲、欧洲、大洋洲等多个地区。③ 2004年至2021年12月30日，深圳友好交流

---

① 搜狐新闻:《逾6成市民"认同深圳"幸福感上升5个百分点》，https://news.sohu.com/20090422/n263549197.shtml。

② 壹深圳:《深圳：一座现代文明之城脱颖而出》，http://static.scms.sztv.com.cn/ysz/zx/tj/78289363.shtml? isApp = true。

③ 深圳市人民政府外事办公室、深圳市人民对外友好协会:《国际友好城市》，[2022-09-11]，http://fao.sz.gov.cn/ztzl/gjyhcs/。

城市共计65个，覆盖欧洲、亚洲、北美洲、非洲等多个地区。①"十三五"期间，国际友好城市与友好交流城市总数从63个增加到88个，被全国对外友协授予"人民友谊贡献奖"。②深圳切实推进与国际友城在经贸、科技创新、教育文化等多领域、多渠道、多层次的合作。2012年7月16日，巴塞罗那市长率团访问深圳，并与时任深圳市长签署了《友好合作协议》，深圳与巴塞罗那开始建立友好交流城市关系。此后，双方在经贸投资、智慧城市、交通物流、医疗卫生、人文交往等领域交流合作密切，进展顺利。深巴两地政府共同商讨策划了一系列交流活动，包括"无轮之廓"胡安·米罗深圳艺术展、"深巴连线·建圳无限"深圳—巴塞罗那经贸交流对接会、深圳—巴塞罗那"明日城市（创新交流）中心"项目。2021年9月10日至11月15日，来自巴塞罗那的20世纪超现实主义绘画大师胡安·米罗艺术展在深圳展出，本次展览是深圳与巴塞罗那2021年度文化领域重点交流项目，希望能吸引更多爱好艺术的年轻人参与到艺术的鉴赏、创作、策划中来。2021年11月24日，深圳与巴塞罗那共同签署了建立友好城市关系协议书，巴塞罗那成为深圳第24个友好城市。"深巴连线·建圳无限"中，深巴两地百余家企业相聚云端，共享商机、共襄合作、共图发展。深圳市积极推动和引导智慧城市领域的优质企业资源汇聚深圳，力争形成以深圳为中心的智慧城市创新产业集群。③

"深圳，与世界没有距离"是深圳十大观念之一，也是深圳申办第26届世界大学生夏季运动会的口号，也是湾区思维，它恰如其分地反映了深圳推进城市国际化的不懈追求。"与世界没有距离"不仅是指深圳便捷的国际交通，还表达了深圳与其他国家和地区的经济交往、追求国际创

---

① 深圳市人民政府外事办公室、深圳市人民对外友好协会：《国际友好城市》，[2022-09-11]，http://fao.sz.gov.cn/ztzl/gjyhcs/。

② 深圳市人民政府对外办公室、深圳市人民对外交流协会：《主题：助推城市国际化 织密天下"鹏友圈"》，http://fao.sz.gov.cn/hdjl/zxft/zxft/content/post_64143.html。

③ 深圳市人民政府对外办公室、深圳市人民对外交流协会：《志同道合共发展 深巴比翼再齐飞——未来深圳和巴塞罗那将在这些与你相关的领域强强联合》，http://fao.sz.gov.cn/xxgk/zyxw/content/post_744872.html。

新创意前沿以及与世界的理解与沟通没有距离，传达出深圳这一国际化大都市锐意进取的宏伟目标以及宽广的胸襟。从经济交往层面看，截至2022年6月，深圳企业已在全球146个国家和地区投资设立了8485家企业及机构；①2021年，深圳对"一带一路"共建国家进出口7755.5亿元，是"一带一路"倡议提出以来首次突破7000亿元，同比增长15.1%。②从全球城市交往层面看，深圳市在世界范围内广结"鹏友"，遍及五洲。2020年新冠疫情期间，深圳市以市政府的名义，向韩国、日本、意大利、西班牙等24个国家的36个友好城市捐赠了150万只医用口罩。③从创新发展角度看，自2016年10月入驻深圳的首个官方认证的诺奖实验室——格拉布斯研究院后，截至2020年已有11个诺奖实验室在深圳设立；2017年，深圳为旧金山、多伦多、伦敦、特拉维夫等首批7家海外创新中心授牌。此外，在新一轮改革开放中，深圳把"市场化、法治化、国际化和前海开发开放"作为全面深化改革的主攻方向，提出联手周边城市共同打造与旧金山、东京湾等著名湾区相比肩的粤港澳大湾区，积极培育参与和引领国际经济合作竞争新优势，加速融入世界先进城市体系等。

"深圳，与世界没有距离"体现在深圳发展建设过程的方方面面，除了上述的宏观层面，"没有距离"也是普通民众的真切感受。有网友讲道"今天骑行深圳，整整一个下午，来回骑行了大约50千米，深圳真是一个美哭的城市，绿化太好，气候太好，这里遍地都是梦想，与世界没有距离，是一个来了就是深圳人的城市，深圳的空气特别清新，整个城市都焕发着活力，这一路骑过来大大小小的科技公司真是太多太多，各种创业公司都在这里生根发芽，真的很好"（W@Saileraway，2017-5-26），"模式。你是一个符号，是一种精神的象

---

① 深圳新闻网：《深企已在全球设立8485家企业及机构》，https://www.sznews.com/news/content/2022-08/17/content_25313866.htm。
② 凤凰网：《首次突破7千亿元 深圳对"一带一路"沿线国家进出口创新高》，https://gd.ifeng.com/c/8D5SDaSw2lS。
③ 寻乌融媒：《【湾区思维】深圳，与世界没有距离》，http://xunwu.yun.jxntv.cn/p/157644.html。

征,曾以速度和效率引领着潮流。说'深圳与世界没有距离',深圳的梦想与硅谷的精神还差多远?革命性的技术创造将怎样继续推动着变革?感受着繁华喧嚣的街景,掠过那水泥钢筋的森林,我在映照心中形象的理想与完美,寻找和感受创新的内涵"(W@祝敏毅,2015-4-10)。深圳市的创新活力,高速发展的高新技术行业,优美的城市建设以及包容的文化环境,能够让普通人体验到国际一流城市的气质。有网友提到全球互联背景下的深圳,如"世界本一体……地铁开通方便了人们的生活,原来遥不可及的地方,现在到达十分方便,感谢这个时代!原来以为福田是深圳的中心,现在觉得远处的宝安、盐田一样到处充满生机,甚至更年轻化、更生活化。同样,交通的发达和互联网让这个世界越来越像地球村,我们与世界已经没有任何距离,这是一个全球互联的时代"(W@bolt8,2020-11-2)。此外,深圳艺术国际化也给人留下了深刻的印象,外国旅行者评论道"Fast eclipsing its neighbor Hong Kong as the destination for international bands wanting to break into China, Shenzhen boasts an exciting live music scene. Appetite for alternative music-be it quirky folk acts from Serbia or minimal techno DJs from Berlin-is growing among well-heeled and hip Shenzheners. As a result, the local music scene is also coming into its own"(深圳有令人兴奋的音乐会现场,迅速超越了邻居香港,成为想要打入中国市场的国际乐队的目的地。对另类音乐的兴趣——无论是来自塞尔维亚的古怪民谣表演,还是来自柏林的极简电子音乐DJ——在富有和时髦的深圳人中间正在快速流行。因此,当地的音乐场景也正在形成自己的风格)(T@Sarah Karacs,2017-1-29)。

2. 指标2为全市GDP总值、进出口总额、金融及其全球排名

改革开放40多年来,深圳经济腾飞,取得的成绩颇为全球认可,综合《深圳统计年鉴2021》《2020年全球GDP20强城市排名》《2021世界10大城市GDP排名》等文件,深圳GDP较高在全球排行榜中位列前15。2020年全市GDP总值为27670.24亿元,2020年进出口总额为4408.07亿美元,2020年金融业生产总值为

41896323万元。① 深圳2021年GDP排名超过休斯敦与首尔，首次晋级世界前10。② 除此之外，深圳在各大全球城市排行榜中排名较为靠前，综合《2021全球独角兽榜》《2021年世界500强企业数量排行榜》《中国城市海外影响力分析报告（2020）》《2022年可持续发展城市指数（SCI）》《世界游客向往的中国城市榜单》《最理想投资大型旅游项目城市》《最理想投资高端酒店的城市》《最具投资潜力的国内旅游城市》《十大旅游投资热点城市》等文件，深圳排名均有一定优势。2021年深圳以4350.34亿美元的品牌价值位居榜单第34。③ 2022年6月Arcadis评估出全球100个繁荣城市排行，深圳排行第67，是内地上榜的7个城市之一。④ 可以看到深圳的经济影响力有一定全球知名度。

表2-17　　　　　　　　　　对外经济主要指标

项目	2000年	2010年	2017年	2018年	2019年	2020年
进出口总额（亿美元）	639.40	3467.49	4141.46	4537.29	4314.76	4408.07
出口总额（亿美元）	345.63	2041.84	2443.58	2460.41	2421.24	2453.11
进口总额（亿美元）	293.76	1425.66	1697.88	2076.88	1893.52	1954.97

3. 指标3为对外投资与承包工程数量

改革开放40多年来，深圳从招商引资转换到积极地"走出去"，不断扩大对外投资与承包工程数，扩大在经济层面与其他国家，尤其是"一带一路"共建国家的经济、贸易、文化往来。综合《深圳统计年鉴》《经济日报》发布的文章、《深圳商报》发布的文章等，深圳在对外投资与承包工程数量方面主要包括2020年投资总额为4748.97亿美元；2020

---

① 深圳市统计局：《深圳统计年鉴2021》，http://tjj.sz.gov.cn/gkmlpt/content/9/9491/post_9491388.html#4219。

② 聚汇数据：《世界城市GDP排行榜（前20）—2021年》，https://gdp.gotohui.com/topic-55［2024-11-25］。

③ 深圳行我看行：《2021年全球城市500强发榜，深圳排名第34！未来10年有望晋级前几》，https://www.163.com/dy/article/H55DPIN205529T6C.html。

④ 数字财经智库：《全球100个繁荣城市排名：中国入围10个，除了北上广深还有谁?》，https://baijiahao.baidu.com/s?id=1736246946085992924&wfr=spider&for=pc。

年签订利用外商直接投资协议（合同）项目为 4434 个；2020 年签订利用外商直接投资协议（合同）项目金额为 235.28 亿美元；2020 年实际利用外商直接投资额为 86.83 亿美元，如表 2-18 所示。[1] 2020 年，深圳全市新设外商投资企业 4434 家，实际使用外资 86.83 亿美元，增长 11.8%。2021 年，深圳全市设立外商投资企业近 6000 家，同比增长超 30%；实际使用外资超 100 亿美元，同比增长超 20%，创历史新高。2021 年 1—11 月，深圳全市在新加坡、越南、匈牙利等 11 个"一带一路"共建国家和地区合计投资 1.67 亿美元，同比增长 117%；在"一带一路"沿线 30 个国家和地区对外承包工程项目合计新签合同额 61.67 亿美元，新签千万美元以上项目 33 个。[2] 2022 年 1 月至 2 月，深圳实际使用外资超 12 亿美元，比 2021 年同期增长约 29%，吸收外资保持平稳增长。[3] 深圳市自 2020 年至 2022 年 2 月实际使用外资额不断增长。可以看到深圳对外投资与承包工程数规模较大、发展较快，深圳积极参与到区域乃至全球的经济活动中。

表 2-18　　　　　　　　　　对外经济主要指标

项目	2000 年	2010 年	2017 年	2018 年	2019 年	2020 年
签订利用外商直接投资协议（合同）项目（个）	1130	1929	6757	14834	5867	4434
签订利用外商直接投资协议（合同）金额（亿美元）	17.38	56.52	368.40	282.45	205.34	235.28
实际利用外商直接投资额（亿美元）	19.61	42.97	74.01	82.03	78.09	86.83

---

[1] 深圳市统计局：《深圳统计年鉴 2021》，http://tjj.sz.gov.cn/gkmlpt/content/9/9491/post_9491388.html#4219。

[2] 读创：《居全国首位！深圳晒出对外投资合作"成绩单"，2021 年前 11 月对外承包工程完成营业额 116.13 亿美元》，https://baijiahao.baidu.com/s?id=1721117599075539228&wfr=spider&for=pc。

[3] 《经济日报》：《今年前两个月，深圳实际使用外资增长约 29%——发展潜力成投资吸引力》，https://baijiahao.baidu.com/s?id=1730670093060926984&wfr=spider&for=pc。

续表

项目	2000年	2010年	2017年	2018年	2019年	2020年
外商投资企业年底工商登记数（户）	29364	50769	65282	67940	68622	—
投资总额（亿美元）	933.32	3606.52	3914.74	4216.22	4748.97	—
注册资本（亿美元）	546.62	2835.10	3086.85	3248.68	3754.79	—
外商投资企业本期工商登记数（户）	2585	11162	16010	6015	3210	—
本期投资总额（亿美元）	27.25	569.82	210.46	181.54	409.94	—
本期注册资本（亿美元）	17.49	538.09	191.27	136.35	393.89	—

（来源：深圳市统计局，"—"表示数据缺）

4. 指标 4 为本市跨国公司和中外合资公司数量

深圳持续加强政策支持，不断完善外资服务机制，鼓励和引进跨国公司在深圳设立企业。综合《鼓励跨国公司设立总部企业办法》等文件，截至 2020 年末，深圳中外合资企业共有 5429 户，外资企业 52289 户，外商投资股份有限公司 206 户，合伙企业 621 户，其中有限合伙 604 户。[1] 2021 年，深圳出台并共计认定 35 家跨国公司总部企业。[2] 同时，为吸引外资"安家落户"，深圳不断完善外资服务机制。2021 年深圳以"外商投资服务年"为主题开展系列服务活动，通过政策宣讲、千家企业大走访、送服务上门等形式、了解深圳市外商投资企业运行状况，解决企业难题，受到外商投资企业好评。[3] 2021 年 12 月 15 日，深圳全球招商大会以"新时代、新征程，投资深圳、共赢未来"为主题举行，如图 2-3 所示。大会在全球五大洲的 12 个城市设立了分会场并均已完成相关活动，洽谈签约项目超 260 个，涉及投资总额超 8200 亿元。项目涵盖了新一代电子信息、数字与时尚、绿色低碳、生物医药与健康、商贸流通、金融等众

---

[1] 深圳市统计局：《深圳统计年鉴 2021》，http://tjj.sz.gov.cn/gkmlpt/content/9/9491/post_9491388.html#4219。

[2] 中商情报网：《2021 年深圳市跨国公司总部企业认定名单》，https://baijiahao.baidu.com/s?id=1721586560047906167&wfr=spider&for=pc。

[3] 微信公众号深圳梦：《深圳又一全球目标首次曝光！18 家跨国公司总部，295 家世界 500 强都来了》，https://mp.weixin.qq.com/s/3sw3eU4MOA_VL3s8INGFdw。

多领域，签约主体主要为来自美国、德国、荷兰、日本、韩国、中国香港的知名企业。① 可以看到深圳积极服务跨国企业、吸引外资入深，在与外商合作方面发挥主动作用，得到了国内外各类市场对中国的信任和看好。

图 2-3　2021 全球招商大会

（来源：《南方都市报》）

5. 指标 5 为本市的经济产业分布与企业的全球影响力

综合《深圳统计年鉴 2021》、美国《时代》周刊发布的"全球 100 家最具影响力企业"榜单等，深圳各企业均衡发展并在全球排名靠前。2020 年深圳市 GDP 中各大产业占比如表 2-19 所示。2020 年，深圳市生产总值中，第一产业占比 0.1%，第二产业占比 37.8%，第三产业占比 62.1%。其中，工业占比 34.4%，建筑业占比 3.4%。② 总共有 8 家中国企业上榜，其中，华为、腾讯控股、大疆、比亚迪这 4 家都来自深圳，大疆和比亚迪入选"创新企业"榜单，一同入选的还有任天堂、英伟达、

---

① 《南方都市报》：《"吸金"超 8200 亿元！今天，深圳重磅发布》，https://mp.weixin.qq.com/s/o_64LJg9HiVod3jMS1iNpA。

② 深圳市统计局：《深圳统计年鉴 2021》，http://tjj.sz.gov.cn/gkmlpt/content/9/9491/post_9491388.html#4219。

Netflix 等公司。① 深圳本土世界 500 强企业增至 8 家，实现翻番。② 大疆让每一个人都能接触到高规格的无人机，该公司占据了全球消费类无人机市场 70% 的份额。腾讯是当前亚洲市值最高的企业，达到了大约 7500 亿美元。微信 2020 年其交易总额接近了 2500 亿美元，达到了 2019 年的两倍。腾讯目前仍在继续扩张，在全球范围内投资初创企业。华为这家位于深圳的公司已经成了全球第二大手机制造商和顶级电信设备制造商，他们的产品被 170 多个国家的基础设施所采用。③ 可以看到深圳企业在全球具有较大影响力，这也为未来研究深圳企业的国际传播提供了方向。

表 2 – 19　　　　　　　　各行业增加值比重　　　　　　　　单位:%

指标名称	2016 年	2017 年	2018 年	2019 年	2020 年
合计	100	100	100	100	100
农林牧渔业	…	0.1	0.1	0.1	0.1
工业	37.6	37.4	36.4	35.3	34.4
建筑业	2.8	2.8	3.2	3.3	3.4
批发和零售业	10.4	9.9	9.6	9.3	8.4
交通运输、仓储和邮政业	3.0	3.0	2.9	2.9	2.6
住宿和餐饮业	1.7	1.7	1.6	1.7	1.4
信息传输、软件和信息技术服务业	7.3	8.3	8.9	9.8	10.4
金融业	14.6	13.6	13.3	13.4	15.1
房地产业	8.7	8.3	8.6	8.7	9.3
租赁和商务服务业	3.3	4.0	4.3	4.5	4.3
科学研究和技术服务业	2.6	3.0	3.0	3.0	3.0

---

① 澎湃新闻：《〈时代〉全球 100 最具影响力企业：比亚迪、TikTok、苹果等上榜》，https://www.thepaper.cn/newsDetail_forward_17474366。

② 深圳市人民政府：《深圳市国民经济和社会发展第十四个五年规划和二〇三五年远景目标纲要》，http://www.sz.gov.cn/cn/xxgk/zfxxgj/ghjh/mindex.html。

③ 微信公众号深圳梦：《深圳这 4 家企业在全球出名了！〈时代〉首次发布全球 100 家最具影响力企业》，https://mp.weixin.qq.com/s/w2HLx1Ko7e5a9g-_0i9Gyg。

续表

指标名称	2016 年	2017 年	2018 年	2019 年	2020 年
水利、环境和公共设施管理业	0.3	0.3	0.3	0.3	0.3
居民服务、修理和其他服务业	1.2	1.1	1.2	1.2	1.0
教育	2.5	2.3	2.4	2.5	2.5
卫生和社会工作	1.5	1.4	1.4	1.5	1.5
文化、体育和娱乐业	0.5	0.5	0.5	0.4	0.3
公共管理、社会保障和社会组织	2.0	2.3	2.3	2.1	1.8
第一产业	…	0.1	0.1	0.1	0.1
第二产业	40.3	40.1	39.6	38.5	37.8
第三产业	59.7	59.8	60.3	61.4	62.1

注："…"系深圳统计局发布统计年表原文，年表中未作解释。

（来源：深圳统计局）

6. 指标 6 为科技专利数量及其排名、科技合作项目、外资在本市研发中心等

深圳不断在往高精尖方向布局，并扩大在科技领域的合作。综合《深圳统计年鉴 2021》、世界知识产权组织（WIPO）消息等文件，深圳科技专利数量及其排名、科技合作项目、外资在本市研发中心等主要包括 2020 年深圳市专利申请总量 310206 件，授权总量 222412 件，PCT 国际专利申请量 20209 件。[①] 2021 年深圳 PCT 国际专利申请量 20200 万件，商标申请量 58.47 万件，商标注册量 36.29 万件，均居全国首位，这也是深圳连续第 17 年居全国首位，如表 2-20 所示。此外，有 7 家深企提交的专利国际申请量跻身全球前 50。其中，华为以 6952 件登顶榜首，并且连续 5 年独占鳌头。[②] 可以看到深圳及深圳企业充满创造力。

[①] 深圳市统计局：《深圳统计年鉴 2021》，http://tjj.sz.gov.cn/gkmlpt/content/9/9491/post_9491388.html#4219。

[②] 房产星球精选：《国际专利申请全球前 50 深企占 7 席：华为第一！》，https://www.sohu.com/a/523942396_121147990。

表 2-20　　PCT 申请人排名，数据以公布日期为准

2021年PCT总排名中的位次	PCT总排名位次变化	申请人名称	庱属地	2020	2021
1	0	华为技术有限公司	中国	5,464	6,952
2	3	QUALCOMM INCORPORATED	美国	2,173	3,931
3	-1	SAMSUNG ELECTRONICS CO., LTD.	大韩民国	3,093	3,041
4	0	LG ELECTRONICS INC.	大韩民国	2,759	2,885
5	-2	MITSUBISHI ELECTRIC CORPORATION	日本	2,810	2,673
6	2	广东欧珀移动通信有限公司	中国	1,801	2,208
7	0	京东方科技集团股份有限公司	中国	1,892	1,980
8	-2	TELEFONAKTIEBOLAGET LM ERICSSON (PUBL)	瑞典	1,989	1,877
9	0	SONY GROUP CORPORATION	日本	1,793	1,789
10	0	PANASONIC INTELLECTUAL PROPERTY MANAGEMENT CO., LTD.	日本	1,611	1,741
11	6	平安科技（深圳）有限公司	中国	1,304	1,564
12	3	NIPPON TELEGRAPH AND TELEPHONE CORPORATION	日本	1,372	1,508
13	3	中兴通讯股份有限公司	中国	1,316	1,493
14	-3	HEWLETT-PACKARD DEVELOPMENT COMPANY, L.P.	美国	1,595	1,485
15	5	NEC CORPORATION	日本	1,121	1,350
16	7	维沃移动通信有限公司	中国	955	1,336
17	-5	MICROSOFT TECHNOLOGY LICENSING, LLC	美国	1,529	1,303
18	-5	ROBERT BOSCH CORPORATION	德国	1,375	1,213
19	0	FUJIFILM CORPORATION	日本	1,128	1,095
20	1	深圳大疆创新科技有限公司	中国	1,073	1,042
21	1	DENSO CORPORATION	日本	1,062	915
22	12	MURATA MANUFACTURING CO., LTD.	日本	697	882
23	37	SAUDI ARABIAN OIL CO.	沙特阿拉伯	435	838
24	-10	LG CHEM, LTD.	大韩民国	1,374	824
25	3	GOOGLE INC.	美国	781	763
26	0	KONINKLIJKE PHILIPS ELECTRONICS N.V.	荷兰	846	758
27	6	SONY SEMICONDUCTOR SOLUTIONS CORPORATION	日本	703	732
28	2	NTT DOCOMO, INC.	日本	767	713
29	58	AAC ACOUSTIC TECHNOLOGIES (SHENZHEN) CO., LTD.	中国	298	679
30	-3	3M INNOVATIVE PROPERTIES COMPANY	美国	789	660
31	8	NOKIA TECHNOLOGIES OY	芬兰	618	655
32	-8	武汉华星光电半导体显示技术有限公司	中国	872	648
33	-9	深圳市华星光电技术有限公司	中国	872	647
34	-16	SIEMENS AKTIENGESELLSCHAFT	德国	1,202	623
35	38	INTERNATIONAL BUSINESS MACHINES CORPORATION	美国	359	576
36	0	APPLIED MATERIALS, INC.	美国	635	571
37	0	KYOCERA CORPORATION	日本	626	562
38	9	BASF SE	德国	542	552
39	5	UNIVERSITY OF CALIFORNIA	美国	559	551
40	不适用	LG ENERGY SOLUTION, LTD.	大韩民国	0	548
41	-10	SHARP KABUSHIKI KAISHA	日本	745	543
42	11	腾讯科技（深圳）有限公司	中国	470	511
43	5	SCHAEFFLER TECHNOLOGIES AG & CO. KG	德国	529	505
44	6	MICRON TECHNOLOGY, INC.	美国	524	504
45	17	NITTO DENKO CORPORATION	日本	422	497
46	-14	北京字节跳动科技有限公司	中国	719	485
47	12	HITACHI, LTD.	日本	441	474
48	8	北京小米移动软件有限公司	中国	457	473
49	-3	HALLIBURTON ENERGY SERVICES, INC.	美国	558	449
49	6	DAIKIN INDUSTRIES, LTD.	日本	458	449

（来源：深圳发布）

7. 指标 7 为跨国文化交流活动的数量与内容：以 WTA 年终总决赛和高交会为分析对象

深圳不仅在城市内部有意识地推动文化活动的开展，打造全国文化之都，在国际层面也不断加强往来和互动。在时尚文娱国际活动方面，深圳在"一带一路"建设中具有独特的区位优势，2020 年的活动项目选取过程中不断提升深圳城市文化的国际化水平，例如举办"一带一路"

国际音乐季、"国际摄影大展""国际科技影视周""国际新媒体短片节""国际水墨画双年展""国际版画双年展"等系列活动。在34个"城市文化菜单"项目中，活动名称中直接有"国际"两字的就多达14项，其他项目也大多数是国际化的活动。"菜单"的大部分活动都有国际权威和国家级专业机构主办或授权支持，不少活动代表了国内这一领域的最高水准，是代表深圳国际化城市形象的"文化大餐"。本书的调查问卷结果显示，大多数人都认为深圳国际文化产业博览交易会（文博会）能够代表深圳，占比达到了86.4%；超过一半的人认为深圳高新技术博览会、"一带一路"国际音乐节、深圳国际文化周能够代表深圳，分别占比66.2%、62.8%、52.6%。深圳欢乐谷首席魔术师茹仙古丽作为维吾尔族的魔术演员，坚持在魔术表演中身着民族服饰，向世界展示魅力中国风。20多年来，茹仙古丽与欢乐谷的主创团队齐心协力，欢乐谷魔术表演获得了20多项国内国际的大奖，欢乐谷国际魔术节也成了深圳一张闪亮的名片。[1]

（1）WTA年终总决赛：国际化文化活动水平

"WTA年终总决赛"是世界女子网球领域的顶级赛事。关于WTA年终总决赛的微博平台讨论集中在赛事状况和人物评价，国内网友对于来自他国的运动员抱有尊重、欣赏的态度，如"Ashleigh Barty，冠军是对一个运动员的嘉奖，虽然最喜欢的不是她，但是她低调稳健的球风值得敬佩。深知运动员不易，继续加油"（W@马铃薯炸土豆儿，2019-11-4）。深圳作为WTA年终总决赛举办地，赢得了许多网友的好感与认可，如"很怀念在深圳参加比赛的感觉，在自己国家打比赛有很多的支持者，而且总决赛在室内打也是很多年的一个传统。每个球员一生中不是有很多机会能打入总决赛，所以我们要积极地享受这个赛事。接下来一天，会继续努力训练适应场地"（W@解说员-刘钟鸣，2021-11-11）。在深圳承办的比赛中，国人充满享受与期待，如"很棒的赛事，有可能的话，期待明年再回来。2019年的网球采访，这回是真的结束啦，阳光三月到夏天北美硬地到中国赛季，最后能来总决赛，感谢感恩。希

---

[1] 深圳新闻网：《深圳文艺家｜魔术师茹仙古丽："飞牌仙子"向世界展示魅力中国风》，http://k.sina.com.cn/article_1895096900_v70f4e24402001fv4j.html?sudaref=www.baidu.com&display=0&retcode=0。

望能不断进步，有更好的内容带给球迷"（W@ 单文强 Fernando，2019 - 11 - 4）。网球这项运动也陪伴了许多人的生活，WTA 年终总决赛也为深圳增添了国际化文化活动的水平，如"这次比赛虽然有 5 年的时光，还是印象深刻。The best radwanska and muguraza，有网球相伴的日子真好"（W@ 寂寞帅先生 super，2020 - 1 - 10）。

（2）高交会：国际化创新科技与成果

"高交会"是中国科技第一展，体现了创新科技的最高水平。[1] 2019 年的高交会，首次设立了粤港澳大湾区展区，集中展示了大湾区最新的创新成果。在深圳，完备的产业和科技配套可以让年轻人的想法和科研成果落地转化。

大家都非常关注高交会发布的产品用途及功能，高交会展示了许多最前沿的高科技产品，如"说几款个人比较期待的产品吧，全球首创能够驾驶战斗机在虚拟世界翻飞的'众飞虚实 VR 穿梭机'，设计工艺帅到炸天的'哈瓦 MEGA 系列工业级无人机'，人人都可以轻松玩转的锣卜科技低成本'无人驾驶鸡蛋车'，在家就能拍摄 VR 大片的全景相机'星璇 Staro'"（W@ 数码果果，2016 - 11 - 10），从中可以看出高交会在科技领域有创新成果，引领世界前沿。

有网友观展后意识到科技给生活带来了便捷，吸收学习了满满的干货，如"观展就是这样：好奇心得到满足，见识度不断提高，知识点逐渐积累"（W@ faxin_binlove，2020 - 11 - 14），"随着科技的发展，像一些扫地机器人，洗碗机，真的是大大地方便了我们的生活"（W@ egg 黄豆，2022 - 1 - 20）。

有网友从看展思索并意识到国家需要进一步加强高新技术研发与企业出海，如"昨天去高交会，看到了海外领事保护宣讲，看来随着'一带一路'倡议的推进，国家也意识到更多中国企业出海需要国家的保驾护航了"（W@ 阳台上网，2021 - 12 - 29）。深圳开展许多与高新技术相关的国际文化科技交流活动，丰富人们的多元视野。总的来说，深圳十分注重对外文化交流，举办了丰富的文化活动。

---

[1] 深圳发布：《深圳今年重大文化活动公布，落实国家战略 14 项名有"国际"》，https：//m.thepaper.cn/newsDetail_forward_2873176。

8. 指标8为本市举办的国际会议、展览、活动的数量与内容

深圳通过积极举办国际会议与活动，努力打造国际会议之都与媒介事件，扩大深圳的国际传播能力。综合《2020年全球会议目的地竞争力指数报告》等文件，截至2021年1月31日，世界卫生组织宣布新型冠状病毒疫情构成全球突发事件，有3855场列入计划的国际协会会议已召开。截至2020年10月2日疫情影响下最新数据为4209场会议。中国除港澳台地区前十的会议目的地城市分别是北京、上海、成都、深圳、广州、杭州、西安、重庆、武汉、南京。[1] 2022年6月2日，上海合作组织青年科技创新论坛在广东深圳前海开幕。多年来，上合组织坚定维护以联合国为核心的国际秩序，坚持贯彻共同、综合、合作、可持续的新安全观，坚持合作共赢原则，构建开放型世界经济，坚持包容互鉴原则，推动人文合作。青年创新合作、人民健康、数字经济发展、人工智能、绿色发展、减贫合作与乡村发展六个平行论坛在深圳举办。论坛期间发布了《关于上海合作组织青年科技创新论坛的深圳倡议》，旨在推动各国青年在创新合作、创新教育、人才培养、农业发展、乡村减贫、国际卫生合作、信息基础建设、可持续发展等领域不断深化友好交流。[2] "2021世界数字经济论坛深圳峰会暨深圳数字之夜"在深圳举行，本次峰会近200多位数字企业领袖参会，视频直播观众达5万余人。对世界各国数字经济合作提供了宝贵的参考意见和行动样本。[3] 可以看到深圳是各类国际会议青睐的城市之一，彰显了深圳的开放性和国际化。

9. 指标9为本市在国内外机构发布的全球城市排行榜中的排名

深圳是海外新闻资讯类网站的重头报道对象，高科技特色成为深圳在国际传播中的"城市名片"。[4] 在2021中国（郑州）国际旅游城市市

---

[1] 中国会议：《〈2020年全球会议目的地竞争力指数报告〉：每个月大约有750个国际协会会议受到影响》，https://www.sohu.com/a/448532788_414902。

[2] 《光明日报》：《开展深度交流 共话创新梦想——上海合作组织青年科技创新论坛在深圳举办》，https://m.gmw.cn/baijia/2022-06/03/35785530.html。

[3] 链向科技：《聚焦 | 2021世界数字经济论坛深圳峰会在深圳举行》，https://mp.weixin.qq.com/s/Cn4vdwxiSu1_DD6XHrNo3A。

[4] 读创：《海外影响力前三！权威报告解读深圳如何"圈粉"全球》，https://baijiahao.baidu.com/s?id=1683390717436163838&wfr=spider&for=pc。

长论坛上发布的《世界游客向往的中国城市榜单》《最理想投资大型旅游项目城市》《最理想投资高端酒店的城市》《最具投资潜力的国内旅游城市》《十大旅游投资热点城市》等榜单中，深圳除了在《世界游客向往的中国城市榜单》中排名第四，其他榜单均位列第一。① 本书的问卷调查结果显示，受访者普遍认为，过去一年深圳市在国际各类城市评价和排名中成绩较好，以1—5分的评分标准来看，平均值达到了4.39。从上述分析可以看到，深圳在经济、海外影响力、旅游等各方面都具有较好的发展。

（二）媒体的国际传播

指标2如表2-10. ICC Index所示，在"媒体的国际传播"维度的测量指标主要有4个，下文围绕这些具体指标展开论述。

1. 指标1为涉外的专业新闻机构数量、业务内容与传播效果评估

深圳涉外专业新闻机构主要有《深圳日报》、深圳卫视国际频道、City Plus、深圳特区报等。英文《深圳日报》（Shenzhen Daily）是深圳国际传播工作的中坚力量。英文《深圳日报》1997年7月1日创刊，成立于香港回归祖国之时，是中国内地首家地方英文日报，坚持守正创新，坚持正确的政治方向，积极传播中国好声音、大湾区好声音、深圳好声音，在深圳建设现代化国际化创新型城市中有着不可替代的作用。深圳形成以《深圳日报》（Shenzhen Daily）为核心的、涵盖纸媒、客户端、微信公众号、官方微博及Twitter、YouTube、Facebook等境外社交平台账号的英文融媒体矩阵。原创性视频是英文《深圳日报》融媒体传播矩阵中的一个亮点。② 其运营的英文门户网站——"爱深圳 EyeShenzhen"包含新闻报道、涉外服务、文化艺术、多彩深圳、经贸投资、创新深圳、旅游天堂等七大频道，荣获"2021年度最具影响力外文版政府网站"。网站还开设来深游客、来深投资者、在深外国人三个登录入口，为用户提供直

---

① 读创：《深圳多项排名第一！世界游客向往的中国城市等榜单出炉》，https://baijiahao.baidu.com/s?id=1697746584147963406&wfr=spider&for=pc。

② 深圳卫视：《2020年深圳卫视收视位列省级卫视第6，有效传递了"深圳声音"》，https://baijiahao.baidu.com/s?id=1684206807471765510&wfr=spider&for=pc。

观高效的信息服务。① 深圳卫视国际频道呈现快速发展势头，有效传递了"深圳声音"，被权威机构评为中国"全网传播融合力指数前五""创新电视媒体十强""中国卫视频道十强""中国省级卫视覆盖传播力最具成长性频道""中国省级卫视覆盖最具平台价值频道"。深圳卫视国际频道面向外国观众，并在国际社交平台 Facebook 和 Twitter 等开设官方账号。深圳卫视制播的外宣产品，包括外宣栏目《今日深圳》和纪录片《共赢海上丝路》《大漠绿色梦》等。目前，深圳卫视覆盖人口已达 11.8 亿。City Plus 由深圳市国际交流合作基金会主办，旨在搭建一个促进深圳与国际友好城市之间交流合作的中英文平台。平台以服务城市国际化建设与对外交流合作为中心工作，实践"官方指导、民间运营"的新模式，围绕"国际化城市建设互联网新形态"的核心概念，以"融合""体验""互动"为特色，做好深圳城市品牌推广工作。②

2. 指标2为涉外的社交媒体账号数量、业务内容与传播效果评估

传播效果的评估主要源于问卷调查的结果。本书的调查问卷结果显示，受访者普遍高度认可深圳当地媒体的国际传播能力，以1—10分的打分标准来看，平均值达到8.618分，且500位受访者中仅有一位打分低于5分，如表2-21所示。共有441位受访者表示接触国际新闻/信息的最主要渠道是新华社、《人民日报》等国内主流新闻媒体，占比高达88%。共有384位受访者表示微博、微信等国内社交媒体平台也是他们接触国际新闻/信息的主要渠道，占比超过75%。将近一半的受访者通过国内相关自媒体账号和Facebook、Twitter等国外社交媒体平台接触国际新闻/信息，分别占比49.3%和49.1%。27.1%的受访者利用舆情分析报告、内参等内部资料接触国际新闻/信息。还有少部分受访者将《纽约时报》、BBC等发达国家新闻媒体和今日俄罗斯等发展中国家新闻媒体作为接触国际新闻/信息的渠道，分别占比39.1%和11.9%。从上述分析可见，大家接触国际媒体信息的主要渠道还是《人民日报》等主流媒体及微博等国内社交媒体平台。

---

① 深圳新闻网：《双语深圳 | EyeShenzhen website wins award "爱深圳"又获奖啦！》，http://www.sznews.com/news/content/2021-12/29/content_24848086.htm。

② City plus 官网：https://www.cityplus.com/AboutUs。

表 2-21　　　　　市民接触国际信息/新闻的主要渠道

序号	市民接触国际信息/新闻的主要渠道	人数（百分比）
1	新华社、《人民日报》等国内主流新闻媒体	441（88.2%）
2	微博、微信等国内社交媒体平台	384（76.8%）
3	国内相关自媒体账号	247（49.4%）
4	Facebook、Twitter 等国外社交媒体平台	246（49.2%）
5	《纽约时报》、BBC 等发达国家新闻媒体	196（39.2%）
6	今日俄罗斯等发展中国家新闻媒体	60（12%）
7	舆情分析报告、内参等内部资料	136（27.2%）
8	其他（请填写）	如：外商内部资料

（来源：本书收集的问卷结果）

受访者普遍认可过去一年深圳市开展城市国际形象推广活动做的努力，包括深圳市的政务部门在大多数海外主流社交媒体都开设账号并积极互动、深圳市在海外媒体上投放了国际宣传广告、深圳市设计或投放了城市形象的海外宣传片、深圳市专门开展或者继续推进了城市形象的海外传播平台建设。以 1—5 分的评分标准来看，上述 4 个方面的平均值均超过 4 分，如表 2-22 所示。

表 2-22　市民对过去一年深圳市开展城市国际形象推广活动的认同程度

序号	过去一年，深圳市开展城市国际形象推广活动	同意程度平均值（以 1—5 分的打分的标准来看）
1	深圳市的政务部门在大多数海外主流社交媒体都开设账号并积极互动	4.184
2	深圳市在海外媒体上投放了国际宣传广告	4.336
3	深圳市设计或投放了城市形象的海外宣传片	4.352
4	深圳市专门开展或者继续推进了城市形象的海外传播平台建设	4.326

（来源：本书收集的问卷结果）

同时，受访者普遍认可过去一年深圳国际传播取得的效果，具体而言，受访者认为越来越多的国际受众在海外媒体或社交平台上点击或浏览、点赞、转发、评论与深圳有关的信息，以1—5分的评分标准来看，上述4个方面的平均值均超过4分，如表2-23所示。

表2-23　市民对过去一年国际受众在海外媒体或社交平台对深圳市有关信息传播情况的描述的认同程度

序号	过去一年国际受众在海外媒体或社交平台对深圳市有关信息传播情况的描述	同意程度平均值（以1—5分进行打分的标准）
1	越来越多的国际受众在海外媒体或社交平台点击或浏览与深圳有关的信息	4.266
2	越来越多的国际受众在海外媒体或社交平台点赞与深圳有关的信息	4.31
3	越来越多的国际受众在海外媒体或社交平台转发与深圳有关的信息	4.244
4	越来越多的国际受众在海外媒体或社交平台评论与深圳有关的信息	4.31

（来源：本书收集的问卷结果）

此外，受访者普遍认可过去一年深圳的正面国际形象，包括国际社会对于深圳城市形象的整体评价是正面的、海外媒体关于深圳市的负面报道较少、深圳市在海外媒体上具有很高的曝光度，以1—5分的评分标准来看，上述4个方面的平均值均超过3.9分，如表2-24所示。

表2-24　市民对过去一年深圳市国际评价的描述的认同程度

序号	过去一年关于对深圳市国际评价的描述	同意程度平均值（以1—5分进行打分的标准）
1	国际社会对于深圳城市形象的整体评价是正面的	4.36
2	海外媒体关于深圳市的负面报道较少	3.966
3	深圳市在海外媒体上具有很高的曝光度	4.142

（来源：本书收集的问卷结果）

关于受访者对于"您认为深圳当地媒体可以着重从哪些方面提升其国际传播能力？"回答当中，分析语料可得高频词为深圳、文化、传播、宣传、国际、媒体、发展、城市、经济、创新、科技。有受访者提到"人流、信息流、物流等融合问题"（Q7）。还有受访者强调感情在交流中的重要性，如"深入到人与人之间，感情是基础，加强感情交流，增强凝聚力"（Q8）。除了感情因素，也有受访者谈到交流中的地域文化、生活差异，风俗习惯、宗教信仰的不同也会产生交流障碍。总的来说，市民的跨文化意识较高。可以看到深圳不断加强国际传播，布局国际传播的媒体矩阵。

关于涉外的社交媒体账号数量、业务内容与传播效果评估的内容，本书暂未找到可支撑的数据或案例，传播效果的评估也将在未来进行实证研究。

3. 指标3为国内各类城市国际传播力评估体系的排名

综合国际传播能力指数方阵2022、《2021中国城市海外网络传播力建设报告》、2020年第一季度中国百强城市海外媒体影响力等文件，深圳在国内各类城市国际传播力评估体系的排名位列前5。参考消息报社参考智库日前发布《中国百城海外传播力之外媒关注度月度分析报告（2022年5月号）》显示，深圳是境外媒体5月关注度最高城市之一。[1] 2020年第一季度，涉及中国百强城市的海外网站信息量达到3024116篇，纸媒报道量15930篇，覆盖全球大多数国家和地区。[2] 可以看到深圳具有较强的国际传播力，在各类城市国际传播力评估体系的排名具有较强优势。

4. 指标4为外籍人士在本地媒体的呈现：以《深圳晚报》的"爱深圳的10000个理由"征集活动为分析对象

《深圳发布》时不时报道外籍人士在疫情防控期间的志愿行为；爱深圳Eyeshenzhen也有专栏讲述在深圳的外籍人士的故事。"外国人有

---

[1] 《参考消息》：参考智库发布"中国百城海外传播力月度分析报告（5月号）"，http://www.cankaoxiaoxi.com/zhiku/2022/0609/2482125.shtml。

[2] 《人民日报》（海外版）官网：《2020第一季度中国百强城市海外传播影响力指数报告全解析》，https://m.haiwainet.cn/middle/3541089/2020/0417/content_31769539_1.html。

话说"系列 Vlog 中,《深圳晚报》策划制作《深圳是我家》(*Shenzhen is My Home*)以外国人的视角和内心独白,采用更接地气的短视频 Vlog 形式,记录老外眼中最真实的深圳,呈现深圳的独有魅力和创新活力,凸显了深圳国际化的城市形象。① 深圳不仅欢迎外籍人士在深圳工作和生活,也会通过本地媒体渠道呈现外籍人士在深圳的生活,外籍人士在本地媒体的呈现多样的内容。高效、包容与开放的深圳吸引外籍人士留下发展,这些都促进了深圳市民与外籍人士的互动往来和相互理解。

《深圳晚报》向深圳人征集"爱深圳的 10000 个理由",截至 2022 年 9 月 13 日,微博话题#爱深圳的 10000 个理由#阅读次数 376.8 万,讨论次数 927,原创人数 260。

很多网友讲到自己在深圳居住的长短,从深圳管理、生活的各个方面赞赏深圳,如"深圳 yyds,咱就是说啥都好。核酸检测啊真心很有秩序,管理方面、人们整体素质、卫生都不知道高出其他城市多少。真的很荣幸我从小在深圳长大。感谢市政府,感谢邓爷爷,感谢志愿者们,感谢为这个城市默默守护的人们"(W@ eelleennsbmdcbmh,2022 - 7 - 14)。

深圳的行政管理机构的效率和责任感值得他们更爱深圳,如"一早接到窗口的电话回访,温柔有礼告知事件的进度。深圳行政机构的工作风貌,让你更爱这座城市"(W@ Helen 捕鱼达人金雕猎头,2020 - 9 - 24)。有网友诉说着深圳的历史,如"从一无所有孑然一身,到成家立业完全融入这个多元的城市,我们和深圳一起经历,一起变迁,一起成长……我们大抵和这座城市一般,经历磨炼与洗礼不断的锻造,百炼成钢。这座充满奇迹的城市,在 1979 年 7 月,蛇口炸响了填海建港的开山炮,被誉为'中国改革开放第一炮'。1980 年,深圳因改革而立,正式成立经济特区。光阴荏苒,曾经的小渔村早已写就震惊全球的辉煌,'中国

---

① 《深圳晚报》:《深晚报道 | 喜讯!深圳晚报"外国人有话说"系列 Vlog 荣获第七届广东省网络文化最佳网络传播作品》,http: // app. myzaker. com/news/article. php? pk = 5fc7530c1bc8e0731e000159。

四大一线城市''国际创新之都''东方"硅谷"''全球城市经济竞争力指数十强'……成为40岁深圳特区的最为外界熟知的'标签'。不惑之年的深圳带领不惑之年的我们一起继往开来,再创辉煌吧"(W@Anna59961,2020-8-25)。深圳的一切都令人如此动容,如"舒适的气候,美丽宜居的生态环境,深圳的美景数不胜数。这里有姹紫嫣红的深圳红,绿意盎然的深圳绿,清新怡人的深圳蓝,更有积极向上的深圳人"(W@中国儿科医生,2020-8-25)。

有许多来深圳创业的打工人诉说了他们对深圳慢慢增进的感情和在这里的奋斗故事,如"一个城市40年,它正年轻。一个公司40年,也正年轻。原来,康宝莱公司和深圳市同龄耶。40年前,一个老人在中国南海边画了一个圈,成了深圳;一个年轻人在美国洛杉矶成立了一个公司,成了康宝莱。5年前我来到深圳,开始自己的寻梦之旅,现在正在创业的路上稳步前进"(W@风清-梁,2020-8-26),"连续在深圳工作3年。现在,深圳是我的第二故乡,也是创业生涯的发源地。爱深圳"(W@木水火之缺金及土,2020-11-19)。每个人在深圳都有朋友陪伴,有属于自己的故事,如"在深圳,约人吃宵夜简直不要太容易。不管再晚,微信上一招呼,马上会有朋友不带客气的出来撸串"(W@Cucurrucucu_,2020-8-22)。深圳也能给市民提供安全舒适的环境,如"没有哪座城市的午夜,会比深圳更让我有安全感。在市内,晚上压马路,路上没什么人,但灯光很亮,还会突然冒出辆警车,比起国外那些晚上危险到爆炸的夜晚,简直安全感爆棚"(W@Cucurrucucu_,2020-8-22)。

这种不排外、包容的城市能慢慢融化每个人的心灵,如"我喜欢深圳大概是因为即便生活压力很大,工作忙碌,每天行色匆匆,但是总有很浓厚的人情味儿夹杂在其中。深圳外来人口占多数,普天之下,本是一家,为了方便和高效率地沟通,普通话成为主流语言是非常合理的,深圳在2000年前后已基本成为一个普通话城市。我始终觉得一个能够吸引外来人口打拼的城市,最好的通用语言就是普通话,若周围的人都讲方言,会让很多外来人口感到自己格格不入,甚至会觉得自己被排斥。讲到这里,不得不提的就是隔壁广州市,因为在广州读书,对此深有体

第二章　从世界之窗到世界之家：深圳建设跨文化城市的逻辑与进路　/　155

会！在广州真的有特别特别多的人都是用粤语沟通，我相信很多广州人是不排外的，但是这种到处都是说粤语的氛围，真的会让外来人有种不被接纳的感觉"（W@ YanLYA，2020 - 8 - 21）。深圳是座年轻的城市，除了语言上的包容，在其他方面也能体现"只要努力就会有回报"，如有网友谈到"这里的机会很多，对外来人口的包容性远优于其他城市、有许多免费的公共设施场所、免费的活动免费的演出、这里人热爱公益、热爱做慈善……这些好，真的很多很多。我喜欢深圳，虽说是座年轻的城市，但这里人人都有故事，每个人的脸上都不是空白的。总觉得在这里，什么都有可能发生，而我们，就是来这里创造属于我们自己的故事的"（W@ Cucurrucucu_，2020 - 8 - 22）。

在深圳不仅能收获生活的温暖、工作的热情、管理的秩序、朋友的友谊，更能收获珍贵的爱情，他们讲述着在深圳奋斗中遇到"有福同享，有难同当""两人携手共进"的爱情，如"在深圳，我找到了爱情。深圳的夜，灯火阑珊，霓虹闪烁。媚儿和我一样，是在深夜失眠的人，我们有着同样的忧郁和孤独。人之熙攘，车水马龙，我和她的灵魂在网上相遇了，从吃喝玩乐聊到人生境遇。我在深圳有了让我牵挂的人，每天醒来都是阳光灿烂的日子。三年后，我终于来到深圳工作，我们从出租屋一米的木板床，住到了两居室的小窝，后续在不久的将来，家中会有更多的成员。'这就是深圳，我遇到爱情的地方。'朋友熄灭了手中的烟，讲完了他爱深圳的故事"（W@ 慕容云天SK，2020 - 8 - 22）。"爱深圳的10000个理由"可能说不尽，需要不断接触深圳才能深刻感悟和书写。从网友们的言语中，我们是否能感受到深圳国际化媒体与城市的生活故事呢？

（三）政府涉外机构与管理机制

指标3如表2 - 10. ICC Index 所示，在"政府涉外机构与管理机制"维度的测量指标主要有8个，下文围绕这些具体指标展开论述。

1. 指标1 为城市外国人口的数量和类型

深圳城市外国人口的数量众多和类型多元。2015年，深圳市临住外国人为115.2万人次，比2014年增加17.4%；常住外国人26579人，比2014年增加7.2%。在常住外国人中，从国籍分布看，来自全球127个国家（地区），人数位居前五的是日本、韩国、美国、印度和加拿大；从居住区域看，南山区为11934人，福田区为5565人，两区的总数占全市的65.8%；从人员类别看，就业者及家属18747人，占总数的70.5%。目前，全市涉外单位（机构）共11319家，世界500强企业在深设立分公司的超过260家。① 可以看到深圳不断吸引和接纳越来越多的外籍人士来深生活与工作，深圳也逐渐从"世界之窗"变成"世界之家"。

2. 指标2为外籍人士居住或工作的政策

深圳对外籍人士居住或工作的政策友好且清晰。2021年10月29日，深圳市科技创新委员会发布了外国人在深圳工作须具备的条件政策，包括申请人年龄和身份要求，申请人需为国内急需紧缺的专业人员，对外国人来华工作的法律法规另有规定。此外，人才类型的差异也导致政策的不同。可以看到深圳对外籍人士来深居住或工作持有开放包容的态度，并制定了具体的政策。

3. 指标3为外事机构的类型

深圳外事机构主要有深圳市外事服务中心、深圳市外事保障中心、市外办等，机构信息公开且透明。深圳市外事服务中心是根据深圳市外事工作需要而成立的专业涉外机构，协助策划组织大型涉外活动，为广大市民提供专业快捷的出国签证代理及其他涉外服务。深圳市外事保障中心拥有一支经验丰富的涉外咨询、培训、会务、礼宾接待的工作团队。② 2021年，市政府外办政府信息公开工作虽然取得了一定成绩，但也存在一些不足，如形式还不够丰富，利用视频、音频等多媒体制作素材、互动交流等方面仍有较大差距。③ 深圳市人民政府外事办公室承担组织协调和处理重要外事、港澳工作和涉外活动事务的责任等工作。可以看到深圳对外籍人士在深圳生活、工作等方方面面设置了不同的机构，深圳

---

① 深圳市外事服务中心：《国际化的深圳有多少外国人？临住115.2万人次，常住2.6万人》，http://www.szwaishi.com/index.php?m=Article&a=show&id=143。

② 深圳市外事保障中心：《深圳市外事保障中心网页中心介绍》，http://www.szfaosc.com/introductiontothecenter/index.aspx。

③ 深圳市人民政府外事办公室：《深圳市人民政府外事办公室2021政府信息公开工作年度报告》，http://fao.sz.gov.cn/xxgk/tzgg/content/post_757824.html。

外事机构都是经验丰富的团队，类型多且程序规范。

4. 指标4为外事调节与解决的通道与服务

深圳外事调节与解决的通道与服务正在不断改善。2021年12月29日上午，市委外办举行"深圳·智慧外事"管理服务系统建设情况汇报会暨新系统正式上线仪式，将因公出国审批、APEC商务旅行卡申办、外国人来华邀请函办理、领事认证办理等外事业务有效整合，进一步优化办事流程，减少报批材料，用数字化手段实现"不见面审批""让数据多跑路，让群众少跑路"，力争打造成全国外事"智慧"管理的标杆。① 可以看到深圳近年来专门以深圳智慧外事管理服务系统作为抓手来进一步完善外事调节与解决的服务。

5. 指标5为涉外人员的语言能力与沟通能力及其培训

深圳对涉外人员的语言能力与沟通能力的培训多样且体系完备。2021年，深圳开展了丰富的对外培训交流活动和对外经贸合作项目，如组织举办9期援外培训班，培训来自蒙古国、白俄罗斯、古巴、赞比亚等30多个国家的400多名学员。② 深圳在蛇口街道境外人员管理服务中心举行一场针对英文规范书写及使用的培训，解决双语标识不够完善导致的外籍人员日常生活不便利、办事困难等问题。③ 本书的调查问卷结果显示，500位受访者中共有204位从事的具体工作明显涉外。其中，有169位受访者熟练使用英语，占比高达82.8%，将近一半受访者（101人，49.5%）熟练使用粤语，也有少部分人能熟练使用潮汕话和客家话，分别有31人（15.1%）和21人（10.5%），如表2-25所示。此外，还有极少部分人熟练使用法语、德语、俄语和韩语。在工作中，除普通话外，英语是最常使用的语言，有107人在工作中经常使用英语，还有21人在工作中使用粤语、客家话、法语和德语。

---

① 深圳市人民政府外事办公室：《"深圳·智慧外事"管理服务系统正式上线》，http://fao.sz.gov.cn/ydmh/xxgk/tpxw/content/post_753123.html。

② 深圳新闻网：《国际范"走出去"！2021年深圳对外投资合作晒"成绩单"》，http://www.sznews.com/news/content/mb/2022-01/06/content_24862530.htm。

③ 深圳市人民政府外事办公室：《南山区蛇口街道开展语言培训优化双语标识》，http://www.sz.gov.cn/cn/xxgk/zfxxgj/gqdt/content/post_9782969.html。

表2-25　　市民熟练使用的语言

序号	您熟练使用的语言包括？	人数（百分比）
1	外语：英语	169（82.8%）
2	方言：粤语	101（49.5%）
3	方言：潮汕话	31（15.1%）
4	方言：客家话	21（10.5%）

（来源：本书收集的问卷结果）

受访者在工作中进行国际传播能力培训的频率整体较高，以1—5分的打分标准来看，平均值达到3.93，如表2-26所示。本书的调查问卷还收集受访者在工作中遇到国际沟通障碍的频率，结果显示，受访者整体较频繁地遇到障碍。其中，遇到生活礼仪、法律法规这两个方面障碍的频率较高，平均值都达到了3.36，遇到语言沟通这两个方面障碍的频率相对较低，平均值为2.89。

表2-26　　市民在工作中遇到以下国际沟通障碍的频率

序号	您在工作中遇到以下国际沟通障碍的频率	频率平均值（以"从来不—比较少—一般—比较多—非常多"进行打分的标准）
1	语言沟通	2.89
2	风俗习惯	3.25
3	宗教信仰	2.91
4	生活礼仪	3.36
5	工作方式	3.31
6	法律法规	3.36

（来源：本书收集的问卷结果）

受访者还提到其他方面的障碍，包括价值观、个人爱好与办事风格、时间差、手语沟通、社会环境、人际关系、个人观念、意识形态、人的性格与饮食习惯等。很多受访者强调语言方面的障碍，如"有时会遇到如西班牙、意大利等不会英语的，就很有沟通障碍"（Q9）、"部分国家不会使用英语交流"（Q10）、"英语交流不是很流利"（Q11）。还有受访者强调各国国情和法律的差异可能会造成误解，如"每个人的所在国家的国情有一定差距，看待事物的角度也不一样"（Q12）。可以看到深圳注重涉外人员的语言能力与沟通能力的训练。

6. 指标6为城市标识的多语呈现

深圳注重以多语种呈现城市标识。2021年5月13日，深圳市政协七届一次会议强调今年重点关注规范双语标识问题。[①] 继2006年英文版网站推出后，深圳完成了政府在线法、日、韩等多语种版网站建设。2021年11月8日，深圳政府在线多语种版网站正式上线并投用，这标志着深圳对外政务信息共享和"一站式"对外政务服务有了新平台。[②]

7. 指标7为针对本地外国人口的信息传播媒体

深圳积极搭建了针对本地外国人口的信息传播媒体。深圳每日发布中英双语疫情通报及多语种官方资讯，通过网站、微信等多种渠道对外公开，帮助外籍人士参与联防联控。[③] 深圳市外事部门还建立了跨部门协作、市区联动的英文信息发布工作机制，及时传递有效、透明的双语疫情信息，全力服务在深外国人做好疫情防控工作。[④] 2021年4月，福田区将国务院"境外人员疫情防控权威回应"翻译成英、韩等多种语言版本向外籍人士发布。组建"外语专业人才库"，涵盖英、日、韩等7种语言。精心制作《"疫"期入境知多点》《香蜜湖和你一起战胜它！》等公益抗"疫"宣传片，宣传讲解防疫知识，消除外籍人士疑惑。[⑤] 蛇口境外人员管理服务中心打造了全市第一个双语视频版外国人深圳生活指南系列——《蛇口境外告诉你——老外在深生活锦囊（SheTalks-Tell you what

---

① 深圳新闻网：《政协委员陈志洪：规范双语标识 提升深圳国际化形象》，http://www.sznews.com/news/content/2021-05/13/content_24209550.htm。
② 《南方都市报》：《深圳政府在线多语种版网站正式上线，涵盖英法日韩等语言》，https://view.inews.qq.com/a/20211109A05TV100。
③ 深视新闻：《深圳加强对外籍人士的疫情信息发布工作》，（2020-02-13）[2022-09-11]，https://static.scms.sztv.com.cn/ysz/zx/zw/28438021.shtml。
④ 人民网：《深圳发布双语疫情信息网络》，https://www.sohu.com/a/370967690_114731。
⑤ 人才深圳：《疫情防控 ｜ 深圳市区多项暖心政策服务外籍人士》，https://mp.weixin.qq.com/s/i5uxRpYIWu5xq2hmgAHUig。

you most care about living in Shenzhen)》,该系列通过轻松有趣的短视频解答了外国人在深圳生活最关心的十大话题,两个月以来总点击量超过15000次,转发量400余次,受到中外居民一致好评,如图1-17所示。为帮助中外居民了解当地涉外法规和办事流程,摒弃以往冗长的文字描述,中心精心策划、编写、录制了《老外在深生活锦囊》系列视频,中心工作人员作为主讲人,通俗易懂的话语配上生动有趣的视频和图片,直击涉外法规要点和外国人办事痛点。①

8. 指标8为针对本地外国人口的社区化管理:以"我是外国人,但不是外人!""疫情无情,深圳有情"两个案例为分析对象

深圳针对本地外国人口有规范的社区化管理。蛇口境外人员管理服务中心于2017年正式开始运营,该中心承担辖区境外人员的信息采集、数据分析、情报收集、涉外翻译、法规宣传以及涉外服务等工作。中心采取"一中心三站点"建设,一公里辐射范围内可覆盖95%以上的外籍居民。建成运作以来,中心多次配合民警上户清查境外人员,促进境外人员临住登记数量较之前增长30%。② 在深圳国际化街区建设方面,罗湖区聚焦"共享""发现""友爱""人文"四大主题,为辖区企业和中外居民送出为期一个月的15个活动礼包,包括中意创新创意中心挂牌签约、涉外企业政策宣讲、公示语译写纠错、第四届深圳国际摄影周、漫步国际罗湖、自闭症儿童关爱、"民谣东门"街头乐队大赛、非遗文化皮影戏巡演等各具特色的"国际罗湖"系列活动。③ 2019年7月23日,市委外办发布"国际化进行时"专栏——2022年将建成首批15个国际化街区,并将和深圳特区报联合举行国际化街区建设宣讲交流会。探索国际化城市建设的征途上,深圳将创新优势转化为国际化城市建设高水平发展的驱动力,结合产业规划、营商环境、人才引进等要素,提出全面创建"国际化街区"的深圳品牌,推动国际化城市建设迈上新台阶,助力

---

① 南方Plus:《助外籍居民融入深圳!蛇口发布双语涉外便民视频宝典》,https://www.163.com/dy/article/GJD63TMN055004XG.html。
② 《深圳晚报》:《精心服务推动外籍居民融入社区》,http://wb.sznews.com/PC/content/201807/04/content_407968.html。
③ 读创:《中外代表齐聚罗湖,共绘深圳国际化街区新图景,揭开多元文化交流月新篇章》,https://baijiahao.baidu.com/s?id=1719220572048742282&wfr=spider&for=pc。

深圳朝着建设中国特色社会主义先行示范区的方向前行，努力创建社会主义现代化强国的城市范例。①

（1）"我是外国人，但不是外人"：不把自己当"外人"

截至 2022 年 9 月 11 日，微博话题#我是外国人但不是外人#阅读次数 1487.8 万，讨论次数 1955，原创人数 102。新冠病毒是人类共同的敌人，生活在深圳的外国人穿上防护服、身着志愿服，跟深圳一起并肩作战，抗击疫情，贡献出自己的一分力量，诠释了"抗疫无国界，共护一个家"。深圳外籍志愿者是防疫战线上一抹耀眼的色彩，作为深圳报业集团视听中心官方微博，深圳报业视听中心讲道"近日，一则视频被外交部发言人汪文斌在脸书转发点赞。该视频记录了一群与我们携手抗疫的外国友人。外籍志愿者 Drew Ducros 对深圳的核酸检测能力感到惊叹，他相信，我们终将战胜疫情！"（W@深圳报业视听中心，2022-3-17），"视频中的外籍志愿者 Sofia 表示，我们有着不同的文化背景，但我们同为人类，共同与疫情抗争！"（W@深圳特区报，2022-3-17）。索菲亚 2022 年 3 月 12 日接受中新社记者采访时也说"我经常在疫苗接种点和核酸检测点进行志愿服务。面对疫情，如果有足够的人力支持和协助，每个人以身作则，疫情一定可以控制得更好、更有效率"②。视频中有多位外国友人发表了自己的感想，如"视频中的外籍志愿者，不把自己当'外人'，与深圳人民携手抗疫。外籍志愿者 Sabrina Waterfield，也将深圳视为自己的'第二故乡'"（W@深圳特区报，2022-3-15）。有网友非常感谢外国志愿者耐心且友善的帮助，如"坐标前海时代，有外国志愿者，维持秩序的小姐姐很耐心地用英文教他怎样扫码，真的谢谢"（W@受受受气包，2022-3-16），"蛇口有爱，很特色很特区，没有外人都是自己人"（W@梁勇·长城学会，2022-3-16）。

深圳市民张女士告诉记者："他们真挺棒的，我们小区也有波兰小哥在做志愿，来了就是深圳人，不分内外！"张女士家住深圳市福田区沙头

---

① 市委外办：《市委外办"国际化进行时"专栏——2022 年将建成首批 15 个国际化街区》，http://fao.sz.gov.cn/xxgk/gzdt/content/post_6898.html。

② 光明网：《"我是外国人，但不是外人"——在深外籍志愿者为抗疫出力》，https://m.gmw.cn/baijia/2022-03/12/1302841123.html。

街道的防范区内，说道"外国人的口音和肤色虽然和咱们不一样，但为了守护家园，我们一起并肩作战"。在罗湖区桂园国速中心核酸检测点，一个说着流利中文的外国志愿者在现场协助维持秩序，并为外国友人提供翻译帮助。"大家都在为抗疫做贡献，我是外国人，但不是外人。在深圳就像在自己的家一样，我也要为深圳的疫情防控工作贡献属于自己的一份力量。"① 在深圳居住了6年的意大利人卢卡（Luca）说："在抗疫一线，协助居民进行核酸检测的工作很重要，进行核酸检测可以及时筛查出是否有患者，帮助社区和城市变得更安全和健康。"②

疫情当下，不论是外籍志愿者，还是本国志愿者，都有着温暖与炽热的心，大家携手化身为"志愿小天使"，进行物资搬运、维持现场核酸点秩序、信息登记、讲解防疫相关知识、查验健康码等工作，用实际行动让更多人参与进来，一起为深圳加油！深圳的多元与包容，不是单方面体现出来的，而是人们共同奔赴的理解与帮助，共同绘制希望与爱的"地图"。

（2）"宠物方舱"：对待弱小动物的态度反映了人类的文明和进步程度

正如网友说道"爱永远不会被隔离，疫情防控显真情"（@雨中夏日童瑶，2022-4-9），深圳许多疫情防控的感动故事承载着肩上责任，如"病毒无情人有情，小姐姐这举动太暖心了【#深圳一女生为医护人员送果汁#】近日，在深圳福田一核酸检测点，一个在饭店工作的小姑娘，自费给正在路边吃午饭的医护人员送了几十杯果汁。疫情下的深圳，承担着难以言说的压力和责任，因为有了这些温暖的正能量，我们才能快速打赢这场战役！为每一位奋斗者点赞！"（W@深圳身边的事儿，2022-3-26）。

深圳建成全国首个解决新冠疫情集中隔离人员宠物托管和风险管控

---

① 青春深圳：《汪文斌点赞深圳国际志愿者，"你们都不是外人！"》，https：//baijiahao. baidu. com/s? id =1727192810559825215&wfr = spider&for = pc。

② 光明网：《"我是外国人，但不是外人"——在深外籍志愿者为抗疫出力》，https：// m. gmw. cn/baijia/2022 - 03/12/1302841123. html。

问题。① 现代网络社会，宠物被视作人类最好的陪伴、生活中的朋友，人们与其的感情连接越来越深厚，且难以替代。在疫情防控期间，宠物的情感治愈功能可以给人们带来一定的心理抚慰功能。那么在紧张防控节奏下，"如何在避免冲突的情况下安排自己的宠物"变成了一个难题。对此，深圳卫健委给出了完美的答卷：集体转移14天！深圳上沙塘晏村部分楼栋！小型宠物可带（W@深圳卫健委，2022 - 3 - 17）。他们还开通了"暖心服务专线""宠物寄养专线"，发布具体相关政策和通知。

网友们对宠物托管和寄养的做法赞赏颇高，如"疫情期间对深圳这座城市的好感度upupup，疫情无情人有情，对待弱小动物的态度反映了人类的文明和进步程度"（W@江阔阔阔_，2022 - 3 - 17）。宠物承载着人们的感情，人类要善待宠物，在疫情防控体系下安排好需隔离人员的宠物也是重要的一环，如"全国党媒：善待动物，疫情防控更有温度。向富有人性，富有爱心，有大智慧和大格局的深圳学习！疫情无情，深圳有情！"（W@萌宠物爱宝宝，2022 - 4 - 9），呼吁全国向深圳学习。在疫情艰难环境下，不同商铺间也互相帮助，如"近日，深圳卫健委公众号下一条'让外卖小哥免费吃包子'的留言，很快被转发点赞过万。疫情无情人有情。包子铺老板陶先生说，餐饮店与外卖小哥本来就是队友，店里等餐的小哥都可以免费吃包子"（W@江苏共青团，2022 - 3 - 23）。

一起来做有"范"的深圳人，文明是深圳的宝贵精神财富，如"文明，是深圳人引以为傲的城市名片，也是大家的切身感受。外卖小哥'希望亲手把美味交到顾客手里说上一句祝您用餐愉快，我希望一切恢复正常'的留言让人动容，暴雨夜徒手推车救援的女铁骑深情感言'大家都在付出自己的那一分力量'，'我是外国人，但不是外人'的话语引发全网共鸣……每一分温暖，每一点善意，都让'主人翁意识'和'故乡般深爱'在这里潜滋暗长。这是人情的感染、深圳文明的力量。

---

① 《深圳特区报》：《特评｜善待宠物，疫情防控更有温度》，（2022 - 04 - 06）［2022 - 09 - 11］，https://finance.sina.com.cn/jjxw/2022 - 04 - 06/doc - imcwiwst0149489.shtml。

三　区域融合：大湾区个案分析

大湾区作为区域融合的个案主要有三个观测点，分别是"与区域城市的战略合作项目与内容""经济贸易数量与活动""文化交流活动"。

（一）指标1为与区域城市的战略合作项目与内容

深圳加强了与港澳地区的合作并推进文化的多样性与共生融合。结合中国青年报社社会调查中心近期进行的调查，对于深圳发展史上的大事件，受访者印象最深的三项依次是"深圳经济特区诞生""1992年邓小平视察深圳发表南方谈话""推进粤港澳大湾区建设"。[1] 本书的调查问卷显示，市民评价深圳在粤港澳大湾区的区域影响力，以1—10分的打分标准来看，平均值达到8.72。

从政策层面，深圳的发展目标为研发投入强度、产业创新能力跻身世界一流，全社会研发投入占地区生产总值比重达5%左右，提升原始创新能力，突破关键核心技术。[2] 深圳加快推进粤港澳大湾区高水平人才高地建设，全市600余万人才中科技人才超200万人。现在，深圳"引擎"动能澎湃，地区生产总值跃上3万亿新台阶，综合改革试点40条首批授权事项大部分落地，国家高新技术企业数量累计超过2万家，前海深港现代服务业合作区改革开放全面深化，685项制度创新成果已经推出。《2021年全球创新指数报告》中"深圳—香港—广州"创新集群蝉联全球第二位。前海的面积从14.92平方千米扩展至120.56平方千米。深港合作方面，税务师、建筑师、导游等16类港澳专业人士在前海仅需备案即可执业，"前海港澳e站通"首批网点在港澳落地，提供223项服务事项。"深港合作专班"2021年9月6日，深港高层会晤暨深港合作会议在

---

[1] 新浪网：《"来了，就是深圳人"78.9%深圳受访者对这句口号感受最深》，https：//k.sina.com.cn/article_1726918143_66eeadff020010vjt.html?sudaref=cn.bing.com&display=0&retcode=0。

[2] 深圳政府在线：《深圳市国民经济和社会发展第十四个五年规划和二〇三五年远景目标纲要》，（2021-06-09）［2022-09-11］，http：//www.sz.gov.cn/cn/xxgk/zfxxgj/ghjh/content/post_8854038.html。

深圳举行。截至 2021 年底，已推进深港合作 19 个工作专班、35 项具体任务，深方 26 个部门、港方 13 个政策局全程参与，全力推动重点合作事项落地见效，其中 28 项已取得实质性进展。① 与此同时，深澳两地也在合作专班运行机制下不断深化合作。

　　本书的调查问卷收集了深圳与粤港澳地区的交往与合作存在的主要问题，结果显示，问题主要聚焦于文化与经济差异、交往热情度、开放性不足、经济与文化交流较少、制度推进等。有受访者谈到深圳与粤港澳地区交往不畅，特别是交通、地理的桥梁作用不佳，如"没有充分利用地理优势，发挥与粤港澳地区交往合作中的桥梁作用""交往不是很热情，亲切，总感觉有隔阂，不是很亲""港珠澳大桥的建立使两者之间的经济发生了一定的矛盾""主要还是地区之间交通，制度衔接要继续加强"。还有的受访者强调情感连接在合作中的重要性，如"深入到人与人之间，感情是基础，加强三地的感情交流，增强凝聚力"，进一步"深入了解彼此的发展理念和共同利益""合作共赢，加快脚步，为未来着想"。很多受访者谈到通行证比较麻烦，通关程序烦琐，如"通关综合费用高、手续办理环节多、游艇旅游基础设施不足"。"各地间通勤审批太过麻烦，影响合作出行。另，本地区城市分工定位不明确，影响整体资源整合与提升效率。""通行证比较麻烦""通关不方便"等。

　　（二）指标 2 为经济贸易数量与活动

　　深圳加强了与港澳地区的金融和商业及其他领域的深度合作，有较强的联系。在深圳前海，一系列围绕金融现代服务业的大胆试验正有序推进，如便利港澳投资者开办企业的"深港通注册易""深澳通注册易"，从前海试点向全市推广；2020 年推出加强与港澳专业资格互认等 90 项制度创新成果。深圳注重在促进跨境贸易流通领域等方面进一步简政放权，深圳莲塘口岸是深圳首个采用"一站式"通关模式的口岸，最快可在 18 秒内通关。深圳一系列基础设施的联通也正在建设当中，比如推进大湾

---

① 《深圳特区报》：《八个关键词看深圳"核心引擎"激荡大湾区》，https://baijiahao.baidu.com/s?id=1725066288712126204&wfr=spider&for=pc。

区世界级机场群建设，深圳开工建设机场第三跑道，开通澳门、香港跨境直升机服务，深惠城际、穗莞深城际等多条城轨规划建设也按下"快进键"。① 据海关统计，香港回归祖国25年来，深港贸易值从1997年的701.4亿元攀升至2021年的7225.4亿元，贸易规模增长超10倍。2022年1—5月，深港贸易值达2134.6亿元。据深圳海关统计，从1997年至今的25年来，经深圳口岸输往香港的水果从每年约5万吨增长到了20万吨。② 2007年7月1日，香港回归祖国十周年之际，深圳湾大桥通车剪彩。

图2-4 关于深圳湾大桥通车视频截图

（来源：广东台-触电新闻）

深圳湾大桥的通车不仅标志着深港西部通道的正式开通，深港两地的关系也得到了进一步的加强和紧密，同时开通的深圳湾口岸，整个通

---

① i深圳：《湾区扬帆正当时——粤港澳大湾区经济总量超11万亿元》，（2021-04-22）[2022-09-11]，http：//mp.weixin.qq.com/s?__biz=MzU2MTY5NDE1Mw==&mid=2247573737&idx=1&sn=6acb31bf2906500a7b0e248599eaa206&chksm=fc77344fcb00bd59f6f76f20-93fb476679e3672e4ad176fd8b6a3f64e2c3c350e02bb29bdb19#rd。

② 《深圳商报》：《深港双城记丨深港经贸更紧密 经济融合有活力》，https：//mp.weixin.qq.com/s/CXnn2AaR3CNDAkA_5gxk-w。

关过程仅需 15 分钟，对于促进香港与内地的客流和物流发挥了重要作用。① 可以看到深圳在推进粤港澳大湾区建设中发挥了不可忽视的作用，深圳与区域城市合作的同时，也促进了自身的发展。

（三）指标 3 为文化交流活动：以"深港共读，双城同感""深港城市/建筑双城双年展"两个案例为分析对象

深圳与粤港澳大湾区内地各市有丰富的文化往来。深圳在"粤港澳大湾区"国家战略规划中具有独特的区位优势，为此着力持续强化深港、深澳文化领域合作创新，更好地服务粤港澳大湾区文化圈建设，不断提升湾区文化凝聚力，并举办"深澳创意周"等系列活动。2021 年 9 月 23 日至 9 月 27 日，第十七届中国（深圳）国际文化产业博览交易会在深圳举行。"香港创意馆"隔壁的"澳门创意馆"则充分展示了澳门创意多元的文化形象，比如，诞生于澳门的文创品牌"梳打熊猫"，将中国文化、环保意识及爱护动物等正能量理念以调皮搞怪的形象演绎，深受大众喜爱。② 基于深圳"展强会弱"，深澳两地会展业可优势互补，发挥协同效应。

1. "深港共读，双城同感"："共同"与"差异"的跨文化理念

2020 年 11 月，深圳读书月首届"深港共读，双城同感"活动于福田区深业上城举办。本次活动是一次典型的政企文化共建的尝试，是推动深港文化交流的重要举措。深圳中心书城举办"深港共读"交流活动、深港澳中小学生读书随笔大赛等丰富的线下活动，促进深港青年阅读交流，在连接深港两地文化资源互通方面发挥着重要作用。首届"深港共读"活动充分利用两地资源，以"视频连线讲座＋实体书店展示"等多种形式，举办多场两地文学讲座与沙龙、两地读书会，同时推动两地年度十大文学好书评选等。备受行业人士和两地读者期待的则是"两地书单"的推出以及金庸、张爱玲的深港共读会。由两地行业

---

① 广东台－触电新闻：《敢为天下先｜深圳湾大桥通车》，(2020 - 09 - 02) [2022 - 09 - 11], https：//www.sznews.com/news/content/2020 - 09/02/content_23515774.htm。
② 中国网粤港澳大湾区频道：《文博会助推大湾区文化产业融合高质量发展》，https：//mp.weixin.qq.com/s/xsOEdp6B2LQQz83N3wLLWQ。

专家推荐的"两地书单"主要从文化交融的角度，展示两地出版和大众阅读取向的"共同"与"差异"。本次活动是一次典型的政企文化共建的尝试。可以看到深圳作为大湾区中心城市和改革开放前沿窗口的创新勇气，体现了区域交往中融合"共同"与"差异"的跨文化理念。

2."深港城市/建筑双城双年展"：绿色可持续发展与交流互鉴

2022 年 8 月 24 日，深圳市举行第九届深港双城双年展（深圳）主题为"城市生息"，本届展览重点关注当代城市的绿色可持续发展、着眼于全球气候变化背景下的城市应对策略，探索生生不息的自然之道、循环平衡的城市之道和繁衍生息的生活之道。① 2022 年 9 月 14 日，2022 深港城市/建筑双城双年展（香港）是庆祝香港特别行政区成立 25 周年活动之一。促进深港城市规划建设交流互鉴、深化深港更紧密合作、携手打造国际一流湾区和世界级城市群具有积极意义。②

通过微博等社交媒体平台的评论，可以看到参展人中青年群体居多，展览内容年轻化、多样化，内容包括游戏、影视、艺术、建筑等领域。有网友从艺术的角度去理解深圳的可持续发展和改革的必要性，如"深港城市/建筑双城双年展。下午路过南头古城，偶然发现这个展还没有结束，于是顺路转了转。整个展览还是以抽象和艺术为主，主题是'城市共生'，大概是以艺术的角度，去讲解城市、城中村的各种现象和发展。正好可以以南头古城为示例，这里实在是需要一些变革"（W@张胤laji92454，2018 - 3 - 11），"赶在撤展前夕终于看了 2017 深港双城双年展，第一次见到将展览融合在城中村里的做法，参观起来就像体验一个奇特的巨型艺术装置，有想法，有胆识。感想有三：1. 艺术从来不是孤立的。2. 敢于直面城市弊端的政府，总是令人敬佩的。3. 有了思想的加入，连破旧都显得有趣合理起来，从此多了一种观看城市的方式，满足"

---

① 《先锋快报》：《第九届深港城市/建筑双城双年展于 11 月开幕》，https://www.sztv.com.cn/ysz/yszlm/mt/xfkb/78976678.shtml。

② 深圳发布：《2022 深港城市/建筑双城双年展（香港）开幕》，https://mp.weixin.qq.com/s/6kiNA - sV1W_K4pzYtYuK - w。

(W@ YILIAWU，2018-3-10）。

还有网友在了解历史的基础上思考城市适合人类的居住生态，"美且实用"的（建筑）设计是他们所追求的未来理想模式，也是国际化的城市建设，如"这是我看过最有现实意义的展了，关于城市共生：城中村是否能找到更人性更合理的生态方式？值得每个市民思考；顺便还了解了南头古城的历史，看到了美且实用的艺术设计。真的，有关开放和包容，深圳不会让你失望"（W@贾如yi，2018-3-11）。网友加深了对城中村的理解，并想起童年的记忆，如"UABB2017深港城市双年展—城市共生，中午用了2个小时走马观花了一下，里面信息量巨大，我后面还要去几次好好看看，个人认为这次比上次在大成面粉厂的要酷很多，很多内容就是一个个project，有思考也有解决方法，还有不同的展览形式，而且这次把很多东西讲得更加清楚！也很喜欢这次在城中村里面展览这样的形式。突然想起来虽然南京没有这种叫法，但是我童年住在的锁金村和蒋王庙，某种程度也是城中村呢"（W@-YirAn怡然-，2017-12-17）。

第五节 深圳跨文化城市建设的问题及优化路径

一 从世界之窗到世界之家：深圳建设"跨文化城市"的创新发展

（一）深圳跨文化城市评估指标八点量表

在表2-9基础上，基于现有内容的梳理后发现，大湾区无法进入内部融合和国际交往的七点量表当中，根据既有量表，本书在此基础上创设出针对深圳跨文化城市评估指标的八点量表，如表2-27所示。

表 2-27　　　　　　　　中国跨文化城市建设评估八点量表

评价维度	层次	评估内容	具体测量指标
内部融合	1. 城市的政策制定与实施	是否在各项政府工作和政策制定中关注到城市的不同文化群体的需求	1. 城市定位是否体现国际化、开放、包容、和谐的价值内涵 2. 城市对外来人员的政策 3. 城市常住人口的数量与分类 4. 城市的各类民生政策对于少数群体的权益的关注
	2. 城市的文化内容与活动	城市文化内容与活动的多样性	1. 城市的大型文艺演出、文化展览、体育比赛、大规模的社区文艺活动、传统节日活动、城市的物质文化遗产和非物质文化遗产的数量与项目 2. 每年城市对于文化活动的财政投入
	3. 城市公共空间与服务	城市公共空间与服务的多样性	1. 城市博物馆、标志性地标建筑、体育馆、公园、纪念馆、社区活动室、广场、大型购物中心、国际化社区街道、宗教场所等的数量 2. 每年城市对于公共空间与服务的财政投入
	4. 市民的公共参与和感知评价	市民公共参与的自由度与活跃度；市民对于城市包容性的感知；市民对于城市的文化认同与归属等；市民的跨文化意识	1. 市民向政府投诉或提建议的通道与数量 2. 市民对于城市文化的主观认知 3. 市民对于城市文化活动和公共空间参与的自由度、参与积极性与满意度评估 4. 市民对城市包容性的主观感知 5. 市民对城市的认同感 6. 市民的跨文化意识

续表

评价维度	层次	评估内容	具体测量指标
国际交往	5. 国际交往与影响力	与其他国家或国际城市基于外事、经济、贸易、科技、文化等方面的往来与影响力	1. 国际友好城市的数量与合作项目 2. 全市GDP总值、进出口总额、金融及其全球排名 3. 对外投资与承包工程数量 4. 本市跨国公司和中外合资公司数量 5. 本市的经济产业分布与企业的全球影响力 6. 科技专利数量及其排名；科技合作项目；外资在本市研发中心等 7. 跨国的文化交流活动的数量与内容 8. 本市举办的国际会议、展览、活动的数量与内容 9. 本市在国内外机构发布的全球城市排行榜中的排名
	6. 媒体的国际传播	国际传播基础设施和国际传播影响力	1. 涉外的专业新闻机构数量、业务内容与传播效果评估 2. 涉外的社交媒体账号数量、业务内容与传播效果评估 3. 国内各类城市国际传播力评估体系的排名 4. 外籍人士在本地媒体的呈现
	7. 政府涉外机构与管理机制	对外国人员的政策，包括旅游、工作与居住等方面城市涉外的基础设施与服务	1. 城市外国人口的数量和类型 2. 外籍人士居住或工作的政策 3. 外事机构的类型 4. 外事调节与解决的通道与服务 5. 涉外人员的语言能力与沟通能力及对其培训 6. 城市标识的多语呈现 7. 针对本地外国人口的信息传播媒体 8. 针对本地外国人口的社区化管理

续表

评价维度	层次	评估内容	具体测量指标
区域融合（大湾区）	8. 与城市所在区域的其他城市基于政治、经济、贸易、文化等方面的往来与影响力	城市文化特殊性评价	1. 与区域城市的战略合作项目与内容 2. 经济贸易数量与活动 3. 文化交流活动

从深圳现有发展情况看，本书通过验证发现在内部融合、国际交往、区域融合三个评价维度的实际测量中存在难点。

一是，内部融合的跨文化城市发展测量。在层次4市民的公共参与和感知评价中，市民对城市的认同感、市民的跨文化意识这几个数据需在后续调研中进一步深挖。

二是，国际交往的跨文化城市发展测量。在层次6的媒体的国际传播中，评价指标具体所测量的涉外的专业新闻机构数量、涉外的社交媒体账号数量、城市国际传播能力排名、外籍人士在本地媒体的呈现等指标中，目前深圳的相关工作数据还未能充分呼应。基于此，可通过实地调研和论证的方式调校具体测量指标，以期更符合深圳未来发展目标。

三是，大湾区的区域融合发展测量。大湾区是"十四五"深圳重点工作之一，其独特的历史、政治、经济和文化内涵，一方面既是跨文化城市建设可期的亮点，另一方面又不能完全通过"两维"指标进行测量。故，本书考虑将设置"一特"指标测量大湾区的跨文化城市发展水平，"一特"可重点聚焦区域往来与影响力。

（二）"世界之家"：深圳个案中的中国智慧

中国传统文化中的"家"。中国传统思想中，"家"被视为天、地、人的表现。"家"也是人最初在家庭中受到教育和成长的地方，在中国传统文化当中，价值观、道德理念都是在家的环境下慢慢形成和熏陶的，家庭是人生最初的学校，是传承国民道德观念的重要场所。父母长辈以身作则和言传身教会使孩子终身受益，是任何其他教育形式都无法取代的。良好的家庭教养、家训教化和家风陶冶，必然汇聚成强大的家庭正能量，对人性的升华、社会的进步、文明的发展形成强有力的推动。"家"是个人生活、经济、安全、教育的主要场所。① 自古以来，中国文化当中，家文化是中国数千年的传承，不同于西方比较强调个体和社会的关系，强调个体的自立，中国人看重的是个体和社会之间的中间环节——家庭。中国人很重视家，家是心灵的港湾，是社会和个人之间的连接器。② 傅蓉、郭齐勇进行"中国人价值取向调查"研究，问卷包括9个价值维度：人格品行、智慧教育、家庭情感、人际交往、职业发展、处世与人生、宗教与自然、国家与社会、物质名望与地位，共80个具体价值理念。从中国人价值取向维度来看，认同度最高的是家庭情感，这与中国文化重视家庭人伦的传统相一致。③ 许光的《在祖荫下》、费孝通的《乡土中国》都解释了中国过去以父子关系为主轴的家庭结构，而这种家庭结构放大，就变成整个社会结构，这就是我们的"家国"。④ 中国古代的社会制度和组织变迁后形成一种以父家长为中心的"家国一体"的宗法社会系统。⑤

跨文化当中的家。陈国明指出，"家"作为自古以来人类社会最普遍的基本结构，很适合从跨文化交际的视角来概念化"社区/共同（community）"的本质与运作。当前，由于全球社会中不同文化的人之间的互动和联系越来越多，"不在家"的感觉已成为跨文化适应过程中的一个明显现象，全球网络社区则可作为全球社会的新"文化之家"，是解决上述问题的方式之一。⑥ 作为"文化之家"的全球网络社会，如何能够持续发展

---

① 董小玉、金圣尧：《论新时代中华"家文化"的内涵价值与传播样态》，《现代传播》（中国传媒大学学报）2020年第9期。

② 郭齐勇：《略谈家训家教家风》，《秘书工作》2022年第9期。

③ 傅蓉、郭齐勇：《当代中国人价值观结构及特点》，《北京日报》2018年9月17日第14版。

④ 葛兆光：《"中国的"文化》，《金融博览》2014年第9期。

⑤ 冯天瑜：《中国文化——一个以伦理意识为中心的系统（提要）》，《湖北大学学报》（哲学社会科学版）1986年第1期。

⑥ Guo-Ming Chen, "Theorizing global community as cultural home in the new century", *International Journal of Intercultural Relations*, Vol. 46, 2015, pp. 73–81.

呢？陈国明主张从四个维度来建构发展模式：跨文化交际的脉络性（contextuality of intercultural interaction）、边际博弈（boundary game）、边际智慧（boundary wisdom）、全球伦理（global ethics）。①

家作为一种文化共同体是如何显现的？"家文化"与人类命运共同体紧密相连，"家文化"为人和社会的互动提供了桥梁，为人理解社会与国家的概念提供了引导。宣扬"仁爱友善""助人为乐""宽容忍让"等中国思维、中国智慧，可以为人类命运共同体的建构提供精神层面的支持。② 肖珺提出在网络空间，基于现实社会身份的个体在虚拟共同体中互相连接，形成信任、实现认同也是"家"作为跨文化虚拟共同体的形式之一，他们进入到边界模糊的多元空间中可以进行意义的对话、自我的建构和社会的重塑。③ 新时代的"家文化"不单指传统意义上的家庭单位，更凸显出共同进步、共同繁荣的"大家"理念。④ "家文化"理念的内涵也旨在家庭单位构建过程中处理好"个体与集体""责任和权利"的关系，"家文化"理念中的"求同存异"观念和集体主义的奉献精神，对于推动构建人类命运共同体具有借鉴意义，⑤ 对于城市跨文化建设"世界之家"具有深刻影响。

深圳是中国改革开放 40 多年的进程中的试验田和对外的窗口，"世界之窗"是被称为"深圳市十大历史性建筑"的著名景区，是标志性景点和对外特色名片，"世界之窗"作为接触世界的窗口，同时也是世界接触深圳的窗口，是深圳的精神隐喻和深圳文明意义的集合。"窗"与"家"的概念有差异性，"窗"更多的是"接触、看"的层面，"家"是"亲密、囊括"的层面。"家"带有归属感和认同感，是异质文化的"他者"到"我们"的转变，更是中介介质的存在，"窗"更多的还是停留在跨文化交往当中的"他者"的身份。

---

① 陈国明：《全球网络社区的建构：一个跨文化交际视角》，*China Media Report Overseas*，Vol. 17，No. 1，2021，pp. 1 - 22.
② 董小玉、金圣尧：《论新时代中华"家文化"的内涵价值与传播样态》，《现代传播》（中国传媒大学学报）2020 年第 9 期。
③ 肖珺：《跨文化虚拟共同体：连接、信任与认同》，《学术研究》2016 年第 11 期。
④ 董小玉、金圣尧：《论新时代中华"家文化"的内涵价值与传播样态》，《现代传播》（中国传媒大学学报）2020 年第 9 期。
⑤ 南宏宇：《"家文化"内涵的人类命运共同体意识》，《人民论坛》2020 年第 Z1 期。

上文提到,"世界之窗"从一开始就是深圳发展的重要基础。"世界之窗"作为建筑,同时带有精神隐喻。在城市跨文化建设当中,深圳已经不仅仅是世界的对外窗口了,慢慢扩展到"世界之家"的范畴当中。

现有的跨文化城市指标是以欧洲等西方跨文化城市建设经验为基础建构的,缺乏中国城市与中国文化的视角,本书试图补充中国文化中"家"的维度,在城市传播、跨文化城市理论的基础上,尝试提出从"世界之窗"到"世界之家"的全球跨文化城市传播的理念构想。

本书在深圳现有建设中已经发现了"家",我们发现深圳具备深圳特色的跨文化城市建设的经验,但未能被既有量表所囊括,比如说"家"的体验,为此需发展出从"世界之窗"到"世界之家"作为深圳的创新路径。

其一,"家"是人类连接的生命之场,通过世代传播形成汇通古今和中外的文明论构。现代化国际化大都市,特别是超大型城市,通常都是移民会聚、多元共存的人类栖息地。从四面八方而来的人们希望尽快摆脱"陌生人"状态,在连接的共同体中找到"归属感",追寻属于自己的城市中的"家"。"家"作为一种人类的文明论述,既有中国性,亦有普遍性。作为每个人的基本生存场所的"家"在人类生活中具有非常重要的地位,是人类道德传统核心价值的主要来源。但"家哲学"(the philosophy of family)则是具有中华文明特点的理论架构,以传统儒家思想及其现代化转型为其哲学内核。李勇(2022)指出,过去十几年来,一批投身"家哲学"的学者"试图构建出一整套符合中国社会、东亚社会甚至是全球社会的伦理图景"[①]。尽管存在学理上的争论,但研究者有一个基本共识,即面对全球化冲击下,现代社会日益严峻的婚姻、抚育、养老、性别等问题需要借助非语境化的、开放的、包容的哲学思想反思和重建人类社会共同的"家"。此处的"家"具有生活世界和意义世界的双重维度。从生活世界而言,"家"已跳出传统血缘、婚姻、地域的家族之"家"。张祥龙(2021)提出,"家"更是一种个体、家、集团(宗教、

---

① 李勇:《家的哲学:解释还是辩护》,《哲学动态》2022年第6期。

机构、党派、国家或它们代表的意识形态）的"三体结构"①。因此，"家"既是个体的，又是总体化、社团化的，在代际时间（intergenerational time）的绵延中不断萌芽和回旋。再从意义世界看，在生活世界的自然主义基础上，人类之"家"必然会产生超越自然主义立场的世界理解，语言、文字、视觉、艺术等各类传播交融地、复杂地生成何以为"家"的界定、解释和立场。孙向晨（2022）在回应关于"家哲学"的讨论时指出，随着全球世界的连通，价值多元的"家哲学"已成为一个基本事实。但多元主义立场不可能是绝对的，"为了保持多元性，现代文明的多元主义是保有某种价值底线的，即承认我们共同生活的价值底线，否则维持多元主义的框架自身就会垮台"②。可以说，"家哲学"作为中华文明的智慧结晶，有望成为解决人类社会普遍遭遇的现代性危机的重要路径。比如，"和而不同"追求的"不同"之间的"兼容"，或能成为"世界之家""天下一家"的价值底线。"世界之家"在共建共享共创的共同体中实现"个体"之间的相互成就，"家"从"个体"在世存有的生命连接形式，成为连接自我与他者、时间与空间、过去与现在的"世代共在"的人类命运共同体，而城市是现代社会重要的连接之域，而这也是在"家文化"基础上进行跨文化传播的路径之一。

其二，全球网络社区帮助城市发展为跨文化之家，新媒体跨文化传播形塑流动和弹性的"四海之家"。张春雨和肖珺（2022）在论及中国跨文化城市建设路径时指出："城市国际传播问题之所以重要，是因为工业化、城市化以及全球化的推进，加剧了资本、信息与人员的大规模流动，使得城市在社会治理与国际交往互动中都不可避免地面对跨文化传播与交流的现实语境。城市国际形象本质上是城市国际化水平、城市治理以及城市整体生活质量的媒介化表征。"媒介化进程使得传播得以实现线上线下、虚实融合的城市传播。以深圳为例，这座曾经"最互联网"的城

---

① 张祥龙：《代际时间：家的哲学身份——与孙向晨教授商榷》，《探索与争鸣》2021年第10期。

② 孙向晨：《在现代世界中拯救"家"——关于"家"哲学讨论的回应》，《探索与争鸣》2021年第10期。

市在 2023 年 2 月发布《深圳市极速先锋城市建设行动计划》①，提出深圳在 2023 年底前，将建成高速率、大容量、低时延的超级宽带网络，实现"双千兆、全光网、1 毫秒、万物联"网络建设目标，打造国内第一、世界领先的极速先锋城市。"极速先锋城市"将改变城市生活，如推进"城中村"的家庭宽带建设与治理，快速提升城市家庭的信息接入质量，加大算力为基础的数据产业、数字经济、物联网等全面发展，打造城市内 1 毫秒算力时延圈等。可以预见，数字化、网络化、信息化、智能化的传播之网将持续性地拓展媒介化的、可沟通的、跨文化的城市新形态。快速迭代的新信息技术范式"正在通过文化完成自身的转型，数字传播技术和社会的互动带来时间、空间和结构作为权力的整体变迁，文化及文化间意义的生成与流动对人类社会的重要性比以往任何时候都更明显"②。有感于此，从事跨文化传播研究的美国华人学者陈国明（2021）提出，在新的联系紧密的全球网络空间中形成的全球社区（共同体）需要借鉴和践行"家"文化，"建构一个以包容性为基础，能感到安心与安全的全球社区"，成为新的"文化之家"③。这些理论阐释可以丰富现代化城市治理的内涵。政府秉持兼容并蓄、多元开放的城市文化，全球网络社区帮助城市实现没有距离或缓解冲突的数字对话，再通过面对面的沟通与合作共建"不排外"的跨文化之家。城市作为人类社会共在共存的生命共同体，"家""四海之内皆兄弟""家天下""家哲学"等思想资源提供城市作为"世界之家"的逻辑起点。其中，新媒体跨文化传播形塑流动和弹性的"四海之家"，令个体在现代之"家"更加自由地调节与他者的关系，更加完整地实现与宇宙万物的交流。

关于"深圳读书月"个案当中，深圳培育了群众浓厚的读书氛围。深圳表达出"书香之家"和"读书之家"。以"孺子牛雕塑"为个案，其不仅是深圳特殊旅游景点，还是深圳人勇于开拓、大胆创新、无私奉

---

① 吴德群：《双千兆、全光网、1 毫秒、万物联》，《深圳特区报》2023 年 2 月 21 日第 A02 版。
② 肖珺、胡文韬：《新媒体跨文化传播的难点及其理论回应》，《新闻与传播评论》2021 年第 1 期。
③ 陈国明：《全球网络社区的建构：一个跨文化交际视角》，《跨文化传播研究》2020 年第 2 期。

献、奋勇前进的精神表现，雕塑诠释了"怀揣赤子心，甘为孺子牛"的包容精神，是深圳历史发展的记忆。深圳表达出"包容之家"。除此之外，深圳还表达出了少数民族之家、残障人士之家等。外国人、青年人、少数民族、残疾人等不同群体主体都把深圳当家。

既有跨文化传播理论当中，认为"家"也是跨文化建构当中的重要基础和突出表现，如网络社会之家。本书在微博、哔哩哔哩等平台搜集的语料都显示了大家对"家"的态度。由前文提到外国人社区的时候，在深圳的外国人提到说"不把自己当外人"，深圳市民对外国人的态度是"不分内外"，这就是"世界之家"。有的是城市建设中要把社区建设成外国人之家，有的是深圳市民通过互联网的语料表达的"家"，既有物理建构的家，又有网络舆论生成的"家"的形象。

世界之家作为跨文化城市发展的文化与价值目标，将"家"的聚合力落实到深圳，围绕这个目标，本书需要对"跨文化城市"建设评价指标进行调整和完善，把家的部分丰富到八点量表中。

（三）"世界之家"作为跨文化城市的文化与价值目标

既有研究产生了表2-10. ICC Index，结合深圳的个案研究，我们发现了具有几个新的具有中国特色的跨文化城市的评价要点。大湾区作为区域融合的个案，在既有研究当中是具有特色化的跨文化接触区，是新的力量。中国文化当中所凸显出来的家的文化观念，在跨文化城市建设当中，发挥了特殊的作用。

结合深圳个案的两个特殊性，在前述理论、全球跨文化城市理念及实践、我国城市国际传播能力建设和深圳发展现状分析的基础上，本书在原有的八点量表基础上，发展了具有"世界之家"维度的评价指标，这些指标分别指向：跨文化交际的脉络性是用来了解全球网络社区的分析方案（analysis scheme），全球网络社区是由不同文化脉络之间动态互动所形成的整体性空间。边际博弈代表全球网络社区里的脉络互动。全球伦理具有普适性，可作为多元文化脉络互动或博弈过程的道德依据与准则，[1] 如表2-28所示。

---

[1] 陈国明：《全球网络社区的建构：一个跨文化交际视角》，《跨文化传播研究》2020年第2期。

表2-28　　　　　"世界之家"的跨文化城市评价指标

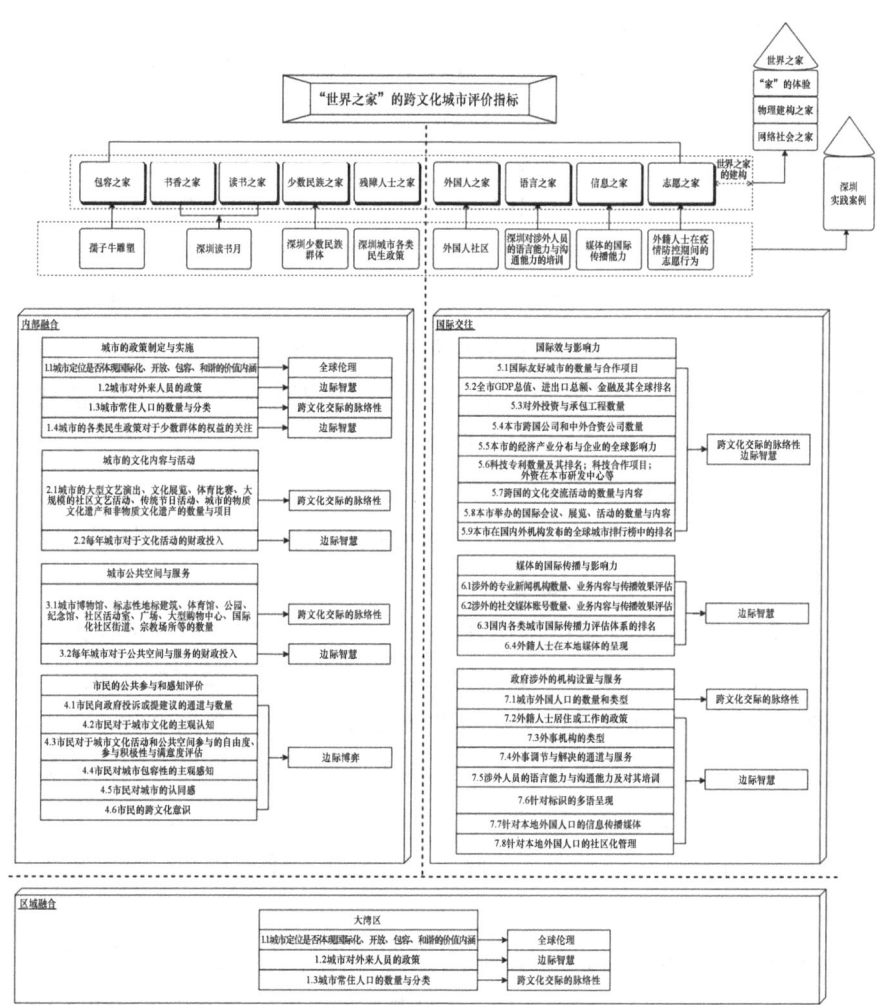

指标1.1"城市定位是否体现国际化、开放、包容、和谐的价值内涵"是跨文化城市的普适性内涵,属于"家"维度中的"全球伦理";指标1.3"城市常住人口的数量与分类"、指标2.1"城市的大型文艺演出、文化展览、体育比赛、大规模的社区文艺活动、传统节日活动、城市的物质文化遗产和非物质文化遗产的数量与项目"、指标3.1"城市博物馆、标志性地标建筑、体育馆、公园、纪念馆、社区活动室、广场、

大型购物中心、国际化社区街道、宗教场所等的数量"、指标7.1"城市外国人口的数量和类型"均呈现了城市中多元文化的交互现状，属于"家"维度中的"跨文化交际的脉络性"；指标1.2"城市对外来人员的政策"、1.4"城市的各类民生政策对于少数群体的权益的关注"、指标2.2"每年城市对于文化活动的财政投入"、指标3.2"每年城市对于公共空间与服务的财政投入"、指标6.1—6.4"涉外的专业新闻机构数量、业务内容与传播效果评估""涉外的社交媒体账号数量、业务内容与传播效果评估""国内各类城市国际传播力评估体系的排名""外籍人士在本地媒体的呈现"、指标7.2—7.8"外籍人士居住或工作的政策""外事机构的类型""外事调节与解决的通道与服务""涉外人员的语言能力与沟通能力及对其培训""城市标识的多语呈现""针对本地外国人口的信息传播媒体""针对本地外国人口的社区化管理"均为城市在面对跨文化交际的脉络性时采取的行动，属于"家"维度中的"边际智慧"。

从表2-28可以看出，深圳市跨文化城市建设过程已充分体现了陈国明所提发展"家"的四个维度。

维度一：跨文化交际的脉络性。从内部融合来看，深圳常住人口多且增长快，同时拥有55个少数民族，体现了多民族的城市混居模式。从国际交往来看，深圳与其他文化的多个城市保持着频繁的交往，并在经济、科技、文化等领域展开合作；深圳还吸纳了来自世界各国的外籍人士来深生活、工作。因此，指标1"城市的政策制定与实施"、指标5"国际交往与影响力"、指标7"政府涉外机构与管理机制"均体现了这一维度。

维度二：边际博弈。深圳市民对深圳文化的了解度、认同度均较高，也乐意向外国朋友介绍深圳文化，因此指标4"市民的公共参与和感知评价"体现了这一维度。但由于尚不了解市民的跨文化意识，因此该指标与这一维度联系并不强，有待后续研究进一步的实证检验。

维度三：边际智慧。从内部融合来看，针对多元文化的群体，深圳始终抱以开放接纳的姿态，在"来了就是深圳人"这一理念的支撑下，不断优化针对在外人士的就业、落户政策，汇聚了大量的少数民族人士，并建成了"无障碍城市"；针对城市文化创新，深圳依托官方扶持和民间自发，打造了内容丰富、类型多样的文化活动，本土文化、民族文化、市民文化、改革开放文化以及其他国家的文化汇聚一堂,吸引了多元文化的群体平等、积极地参与;针对城市公共空间与服务,深圳持续加大财政投入力度,促进相关建设,无差别地为所有深圳市民提供更好的生活体验。从国际交往来看,深圳多年来与全球范围内的多个城市建立了友好关系,并策划了一系列交流活动,改革开放40多年来各方面取得的成绩也颇为全球认可;深圳不断加强国际传播,布局国际传播的媒体矩阵,其国际传播建设现状及取得的传播效果受到个人以及各大评估体系的高度认可;针对居住在深圳的外国人,深圳设立了深圳市外事服务中心等专门的涉外机构,并制定一系列便利政策,包括多语种呈现等。因此,指标1"城市的政策制定与实施"、指标2"城市的文化内容与活动"、指标3"城市公共空间与服务"、指标5"国际交往与影响力"、指标6"媒体的国际传播"、指标7"政府涉外机构与管理机制"均体现了这一维度。

维度四:全球伦理。深圳"充满魅力、动力、活力、创新力的国际化新型城市"的城市定位以及其各区清晰而各具特色的发展定位都充分体现了深圳国际化、开放、包容、和谐的跨文化价值内涵,这一具备普适性的价值内涵是典型的"全球伦理",支撑着一切跨文化的接触、交流、适应、融合。因此指标1"城市的政策制定与实施"体现了这一维度。

二 深圳全面提升国际传播能力建设的未来展望

在前述理论、全球跨文化城市理念及实践、我国城市国际传播能力建设和深圳发展现状分析的基础上,本书尝试建构面向深圳发展现状和目标构建的跨文化城市评价指标。评价指标包含"八点量表"的评估层次、内容和具体测量指标。

"世界之窗"是中国改革开放的历史隐喻。接下来,高质量发展是全面建设社会主义现代化国家的首要任务。城市是实现人民对美好生活向往的落脚点和结合部,从中华文明智慧中提炼而出的"世界之家"有望成为中国式现代化的城市文明形态。深度嵌入跨文化传播的社会治理创新将有可能驱动从"世界之窗"到"世界之家"的中国式现代化城市发展路径,以深圳为代表的超大城市可率先实践中国特色的跨文化城市建设之路。

值得强调的是，本书构建的评价指标主要是一个应用型的综合测评，致力于帮助某一城市评估自身的跨文化现状、发现问题并由此提出针对性的改善建议，不追求对各项指标结果进行打分测评与排序。后续的研究者可根据具体需要，将下列评估内容进行优化并量化打分，从而有利于对不同城市的跨文化能力进行排序。本书提供的我国"跨文化城市"的评价体系是基于深圳、面向深圳的一个初步的理论化构想，仍需要进一步修正和完善，并放置于具体的城市中去进行实证测量。此外，为提高该评价体系的可信度和效度以及对实践的指导意义，急需扩展跨文化传播学者与城市规划与治理的研究者与实践者的合作，开展各项工作坊和学习访问，发掘城市跨文化建设的痛点和难点，从学理层面、实践层面共同探讨解决方案，最后将这些实践进行总结规划和理论化，探索具有中国主体性的跨文化城市理论、评估和实践模式。

第 三 章

激活城市记忆:深圳国际传播能力建设的可能路径

城市文化记忆是城市文化基因的重要构成。城市文化记忆由文化符号、空间载体等承载与呈现,作用于城市居民、城市流动人口、城市旅行者、其他公众等认知主体而形成。其中,旅行者通常受到城市文化的吸引前往城市旅行,并结合旅游体验会形成独特的城市文化记忆。在此意义上,旅行者是城市文化记忆不可忽视的主体,其城市文化记忆是城市建设水平和城市传播能力的重要参照。

建设城市传播能力是提升城市竞争力的必要过程。当前,建设传播能力引起了地方政府的普遍重视。不过,不少地方政府过于关注网络舆情的引导与应对,而对总体的传播能力建设关注不够;或过于关注面向国内开展城市传播,而对城市的国际传播问题关注不够;或过于关注传播主体与传播过程,而对受众与传播效果关注不够;等等。这些问题的存在有其根源,是城市建设和城市传播需要着力破解的问题。

随着数字时代的到来,城市文化记忆转向数字化,网络空间成为城市文化记忆呈现与建构的重要工具。本章以深圳市为例(深圳市地处南海之滨,不仅有着丰富的自然旅游资源,也形成了独特的大都市景观和城市文化),基于旅行者在网络空间生产与发布的数字记忆,讨论作为受众和体验者的旅行者的深圳文化记忆,聚焦三个问题:一是深圳旅行者的城市文化记忆为何?二是旅行者的深圳文化记忆有何特征?三是如何检视旅行者的深圳文化记忆?笔者希望通过阐述旅行者的深圳文化记忆,从旅行者的外部视角帮助我们理解城市文化记忆的建构过程,并启发人们从记忆的角度思考人与城市的关系。同时，旅行者作为城市文化的体验者，可以成为检视城市文化的补充视角。

第一节　旅行者、城市记忆与国际传播

一　城市记忆、集体记忆与文化记忆

刘易斯·芒福德认为，城市是文化的"容器"，也是人们创造记忆的"器官"，城市依靠记忆而存在。[①] 这也即是说，城市记忆是一个城市发展的文化"底气"。记忆的沉淀可以使城市从瞬间化为永恒。城市记忆并不仅仅是存在的客观实体，它既包含纵向时间内容，也包含横向的社会空间内容。[②] 因此，实现城市的创新发展，在重视地方特色的基础上，有必要将城市记忆纳入城市规划和城市发展之中。[③]

本章强调的城市记忆是对城市文化的记忆，与集体记忆、文化记忆相关。莫里斯·哈布瓦赫认为"集体记忆"（collective memory）是指特定社会群体成员共享往事的过程和结果。[④] 他提出记忆不仅仅是个体行为，因为个体只有在社会化的过程中才有可能产生个体记忆。集体记忆是属于某一集体的，在空间和时间上是具体的；集体记忆影响着集体及成员对自身的认知，它又可以被重构。[⑤]

城市记忆作为集体记忆的体现，浓缩了特定社会群体对城市事件、场所、人物等的记忆，[⑥] 包含物质环境与精神层面的共同记忆。[⑦] 有学者

[①] [美]刘易斯·芒福德：《城市发展史——起源、演变和前景》，宋俊岭、倪文彦译，中国建筑工业出版社2005年版，第572—574页。

[②] 刘玉堂、姜雨薇：《长江文化与武汉滨江文化空间的互塑》，《社会科学动态》2022年第8期。

[③] Joaquin Sabate, Manuel Tironi, "Rankings, Creatividad y urbanismo", *Revista Eure*, Vol. 34, No. 3, 2008, pp. 5–23.

[④] [法]莫里斯·哈布瓦赫：《论集体记忆》，毕然、郭金华译，上海人民出版社2002年版，第335页。

[⑤] 王炳钧、王炎、汪民安、胡继华、徐敏、申昌英、金惠敏、张弛、车飞、姜红、黄晓晨：《空间、现代性与文化记忆》，《外国文学》2006年第4期。

[⑥] 周玮、朱云峰：《近20年城市记忆研究综述》，《城市问题》2015年第3期。

[⑦] Aldo Rossi, "The architecture of the city", Diane Ghirardo, Joan Ockman tra., *Cambridge*: MIT Press, 1984.

认为，城市记忆应可以从"文化记忆"的概念维度出发，从模仿性记忆、对物的记忆和交往记忆三个维度进行解析。① 扬·阿斯曼认为，每个文化体系中都存在着一种"凝聚性结构"。他提出的"文化记忆"概念，强调把记忆、文化与群体结合起来，其核心在于传承意义。② 文化记忆与空间场域存在互文性的关系，城市作为特殊的空间场域，其囊括的社会关系与知识系统等要素，③ 使得城市与文化记忆紧密共生。在某种意义上，城市内的文化记忆场所是城市记忆的一部分。

城市记忆是城市主体与客体在一定的时空内相互作用的结果。④ 城市居民、城市旅行者、城市流动人口、其他公众等认知主体，与作为城市文化符号载体的客观要素相互作用，造就了一个城市文化独特的文化记忆。城市记忆的认知客体可以分为记忆信息、记忆载体和记忆线索，以此区分非物质文化信息、物质载体等要素，具体包含了"从文化景观到历史街区，从文物古迹到地方民居，从传统技能到社会习俗等，众多物质的与非物质的文化遗产"⑤ 等。城市记忆是客体要素作用于认知主体的结果，也表现为认知主体的体验和记忆过程。

城市记忆的主体多元而复杂，论者根据在城市停留时间的长短，将认知主体分为游客和居民两类。⑥ 相比于"有着固定工作、日复一日地在城市的局部性固定结构中行走"的城市居民，城市旅行者、城市流动人口，即城市的异质者对城市可能性的体验更加独特，他们在闲逛中观察、打量和体验城市。⑦ 而基于城市记忆主客体关系的不同，可以将记忆主体分为客体的表现者（如城市政治权力者、专业工作者等）、客体的使用者

---

① 汪芳、吕舟、张兵等：《迁移中的记忆与乡愁：城乡记忆的演变机制和空间逻辑》，《地理研究》2017年第1期。

② Assmann J., *Das kulturelle Gedächtnis: Schrift, Erinnerung und Politische Identität in frühen Hochkulturen*, Verlag C. H. Beck, 1992, pp. 28–66.

③ 董琦琦：《空间场域与文化记忆的互文性关系研究》，《江汉论坛》2014年第6期。

④ 汪芳、严琳、吴必虎：《城市记忆规划研究：以北京市宣武区为例》，《国际城市规划》2010年第1期。

⑤ 单雾翔：《从"功能城市"走向"文化城市"》，天津大学出版社2007年版，第149页。

⑥ Hebbert M., "The street as locus of collective memory", *Environment and Planning D: Society & Space*, Vol. 23, No. 4, 2005, pp. 581–596.

⑦ 王炳钧、王炎、汪民安、胡继华、徐敏、申昌英、金惠敏、张弛、车飞、姜红、黄晓晨：《空间、现代性与文化记忆》，《外国文学》2006年第4期。

（城市公众）。一般来说，城市记忆的建构主体分为两种形式：政府建构、民间建构，其中存在于城市官方媒介中的政府建构的记忆处于支配性地位，而民间建构的城市记忆，则基于日常生活实践的建构起到补充作用，可以自下而上传播。[1] 不过，两类建构互联互动，可以更好地形塑城市记忆。城市记忆是由差异化的个体、群体共同谱写的生动的生命史，其叙事不但包含发生在城市中的重要事件，也包括日常的"烟火气"；既有官方建构宏大叙事，也有普通居民以及城市旅行者参与城市记忆的"编撰"和"注疏"。[2]

二 旅行记忆、网络游记与城市记忆

记忆是一种心智活动，是个体对过往的行动、经验进行回想的一种能力。[3] 旅行是体验城市文化的重要方式，也是旅行者城市记忆形成的过程。旅行对人类认知世界、认知他者和形成自我认同有积极的作用，在旅行的过程中，旅行者会接触到超越日常生活经验的事物、体验与经历，[4] 即在新的时空环境中获得新的独特经验。相较于日常经验，人们对于这些独特的经验回想起来不仅更加容易，而且更加形象，从而形成最直观、生动的城市记忆，这种记忆即是"闪光灯记忆"[5]。旅行的体验与特定的场所关联，强化了旅行者对基于物理空间、精神空间之上的文化的记忆。针对旅行记忆，目前的研究多集中于旅游体验记忆，如潘澜等研究了旅游体验记忆形成的影响因素。[6] 而旅游体验记忆，会影响消费者

---

[1] 余宏：《基于文化记忆理论的城市文化记忆建构》，《哈尔滨师范大学社会科学学报》2019年第2期。

[2] 刘玉堂、姜雨薇：《长江文化与武汉滨江文化空间的互塑》，《社会科学动态》2022年第8期。

[3] Schacter D. L., Chiu C. Y. P., Ochsner K. N., "Implicit memory: A selective review", *Annual Review of Neuroscience*, Vol. 16, No. 1, 1993, pp. 159–182.

[4] 司景新：《文化旅行类纪实片的跨域旅行叙事研究——以〈锵锵行天下〉和〈是面包、是空气、是奇迹啊〉为例》，《新闻与传播评论》2022年第3期。

[5] Brown R., Kulik J., "Flashbulb memories", *Cognition*, Vol. 5, No. 1, 1977, pp. 73–99.

[6] 潘澜、林璧属、王昆欣：《探索旅游体验记忆的影响因素——中国旅游情景下的研究》，《旅游学刊》2016年第1期。

的旅游决策，① 是影响旅行者再次造访和推广旅游地的重要因素。② 因此，旅游体验记忆对于旅游项目管理和旅游业发展具有重要意义。本书认为，旅行者在作为消费者的同时，也是城市文化的体验者。旅行者的记忆既是城市文化传播效果的体现，也构成了城市文化传播的内容，因而游记等旅行记忆对于城市文化形象的构建与传播同样具有重要意义。

作为一种古老的文体，游记既是记录旅行者在旅行过程中所见所闻所感的文本（如《徐霞客游记》），也是挖掘历史、地理、社会和文化等的重要素材。③ 当前，越来越多的旅行者在互联网和社交媒体平台上获取出行信息，并乐于分享游记，包括对景点的评价、对目的地风土人情的感知以及印象深刻的见闻等。这种基于旅行而形成的数字足迹，为研究旅行者的旅游消费行为、主观感受和旅行记忆提供了全新的资源。④ 从研究主题上看，国内外学者利用网络游记对旅行者的行为偏好⑤、旅游体验⑥、旅游目的地形象感知⑦以及城市文化元素⑧等进行了研究。在跨文化传播层面，研究者关注跨国旅行者的国际旅游形象感知⑨，以及旅行者

---

① Lehto X. Y., O'Leary J. T., Morrison A. M., "The effect of prior experience on vacation behavior", *Annals of Tourism Research*, Vol. 31, No. 4, 2004, pp. 801–818.

② Tung V. W. S., Ritchie J. R. B., "Investigating the memorable experiences of the senior travel market: An examination of the reminiscence bump", *Journal of Travel & Tourism Marketing*, Vol. 28, No. 3, 2011, pp. 331–343.

③ 郎朗：《"地方"理论视角下的网络游记研究——以北京三里屯游记分析为例》，《旅游学刊》2018年第9期。

④ Girardin F., Blat J., Calabrese F., et al., "Digital Foot printing: Uncovering Tourists with User-Generated Content", *IEEE Pervasive Computing*, Vol. 7, No. 4, 2008, pp. 36–43.

⑤ 张鲜鲜、李婧晗、左颖、张慧敏、晋秀龙：《基于数字足迹的游客时空行为特征分析——以南京市为例》，《经济地理》2018年第12期。吴宝清、吴晋峰、刘佳、吴玉娟：《基于网络文本的巴丹吉林沙漠旅游者偏好研究》，《中国沙漠》2015年第4期。

⑥ 王蓉、黄朋涛、胡静、李亚娟：《基于网络游记的婺源县乡村旅游体验研究》，《资源科学》2019年第2期。

⑦ 谭红日、刘沛林、李伯华：《基于网络文本分析的大连市旅游目的地形象感知》，《经济地理》2021年第3期。瞿华、梁燕坤：《基于网络游记的广州旅游目的地形象感知研究》，《广东社会科学》2017年第6期。冯庆、田一钧、孙根年：《基于网络游记的陕西旅游目的地形象感知研究——以陕西省八大5A级旅游景区为例》，《资源开发与市场》2018年第11期。

⑧ 柯健、华哲铭、许鑫：《基于网络游记挖掘的城市旅游文化元素识别——以上海为例》，《资源科学》2022年第1期。

⑨ 张洪昌、舒伯阳：《基于网络文本分析的民族村寨国际旅游形象感知研究——以黔东南州为例》，《西北民族大学学报》（哲学社会科学版）2019年第3期。

对旅游地的关注度等。① 这些研究强调个体经验与主观情感，既有旅游业发展角度的探讨，也有城市（国际）形象建构视角的分析。然而，现有研究较少关注网络游记建构与再现的城市记忆。网络游记是旅行者在旅行后的回忆和情感表达，能够呈现城市旅行者出行前、游玩中、出游后等关键环节，以及重要景观的信息。②

三 城市记忆与城市国际传播

正如前文所述，城市是记忆的重要来源，场所、地标、古迹等的生产是建构记忆的主要方式。记忆扎根于个体真实的物理空间和社会文化中，而地方、场所则是重要的"记忆锚点"。与此同时，记忆也赋予地方情感、价值与意义，促使记忆者产生对于城市的联结。③ 记忆通常具有持久的特征，能够较长时间的存在于记忆者之中并被记忆者回想。因此，从这种意义上讲，旅行者感知到的或形成的城市记忆是城市文化传播的一种重要的、持久的乃至深刻的效果。城市国际传播除了关注技术导向和传播导向外，还应关注其中质的问题。如果说，城市宣传片的点击量、城市在国际范围内的知名度等是城市国际传播效果中量的向度，那么基于鲜活的旅行实践的、深入城市内部的城市旅行记忆则是城市国际传播效果质的向度的重要体现。此外，这种基于旅行获得的城市记忆也区别于从媒介中获取的城市印象，因为这种城市印象带有显著的标签特征，是扁平的而非立体的。因此，对于城市国际传播的传播者来说，需要注重如何使实地到访的外来游客获得更加深刻的基于旅行的城市记忆，而不仅仅是基于媒介和技术的城市形象传播。记忆是一种更长期的城市国际传播效果。

由于城市记忆的认知主体存在差异，因而各类主体的记忆的体验与

---

① 王琨、郭风华、李仁杰、傅学庆：《基于 Tripadvisor 的中国旅游地国际关注度及空间格局》，《地理科学进展》2014 年第 11 期。
② 廖启鹏、刘超、李维：《游客记忆视角的景观关注度研究——以黄山风景区为例》，《人文地理》2019 年第 6 期。
③ 邓庄：《空间视阈下城市记忆的建构与传播》，《现代传播》（中国传媒大学学报）2019 年第 3 期。

评价不同。① 旅行者作为外来人和"他者"，在旅行过程中参观景点、参与文化活动和体验城市生活，形成了对目的地城市文化的记忆。本书尝试以深圳的城市旅行者为例，通过他们在旅游平台上发布的网络游记，阐述他们对深圳文化的记忆，包括记忆内容、记忆特征以及总体认知等。

第二节　深圳的城市记忆规划与实践

城市独有的记忆是一个城市的灵魂，是一个城市走向世界、走向未来的底气。因此，建构城市记忆是提升一个城市长久影响力和文化感染力的重要措施。深圳市建构城市记忆、打造记忆之城的实践包括以下几个方面：政府的顶层设计和制度安排；打造记忆之所；官方与民间的记忆实践；数字时代的城市记忆建设。

一　政府层面的设计与安排

在2021年6月发布的《深圳市国民经济和社会发展第十四个五年规划和2035远景目标纲要》（下文简称《纲要》）中，对深圳市未来的城市文化建设目标做出了总体规划。除《纲要》外，深圳市近年来发布了一系列政策文件，对城市文化建设的具体方面做出了规划。虽然《纲要》和其他政策文件几乎未专门提及"城市记忆"的建构，但它们对包括地标建筑、文化遗产、重大活动等城市记忆载体做出了诸多表述，这些领域的建设是建构城市记忆的重要实践。相关内容包括以下几个方面。

（一）打造国际一流城市文化地标

《纲要》提出，要加快建设"新时代十大文化设施"，推动国家级博物馆、美术馆深圳分馆落地，打造时代精品、城市杰作、湾区地标。② 推进深圳市文化馆新馆等市级重大文体设施建设。全面完成"十大特色文化街区"改造提升，开展第二批特色文化街区建设，形成错落有致、相

---

① 汪芳、严琳、熊忻恺等：《基于游客认知的历史地段城市记忆研究——以北京南锣鼓巷历史地段为例》，《地理学报》2012年第4期。

② 深圳市人民政府：《深圳市国民经济和社会发展第十四个五年规划和二〇三五年远景目标纲要》，（2021-06-09）［2022-09-09］，http://www.sz.gov.cn/cn/xxgk/zfxxgj/ghjh/content/post_8854038.html。

互呼应、充满活力的城市文化群落。在城市建设中更多地注入文化元素，鼓励对城市基础设施和城市建筑进行艺术化处理。凯文·林奇在《城市意象》一书的第三章《城市意象及其元素》中将城市印象归纳为五种元素：道路、边界、区域、节点和标志物。标志物"关键的物质特征具有单一性，在某些方面具有唯一性"①。深圳市通过招标征集博物馆、美术馆等文化设施的设计理念，或利用地理位置，或借助建筑形式，或与周围背景形成强烈对比，使其在整个环境中令人难忘，成为标志物。市民对这些文化地标的感觉经由经验的处理，反映到主观意识层面形成记忆。由于针对地标的记忆具有鲜明性、公共性，城市印象往往会简化为包含地标或围绕地标的有限元素。深圳市通过借助文化地标建设推动城市记忆之所的打造，最终整合元素完成城市整体品牌的建构。

（二）打造国际知名文化活动品牌

深圳市在未来应丰富推广"城市文化菜单"，策划举办一批国家级、国际化的展会、节庆、论坛等文化活动。繁荣发展文艺精品创作，实施新时代文艺发展工程，打造湾区演艺之都，推出一批具有中国气派、深圳特色的原创精品力作。支持发展民间文艺团体，培育一批民办公共文化活动品牌。鼓励在车站、公园等公共空间进行街头艺术表演，创造更多"城市中的剧场"。这些文化活动通过仪式成为新闻中的"媒介事件"，有些基于对过往"纪念性"事件的再现，使"过去的、仍有生命的""意义仍具有协商性"的事件、纪念日"不断被体验为现在的、仍然可变的记忆"②。借助活动的举办和品牌的创建重新唤起仪式性的文化复归。

（三）建设历史文化区、加强文化遗产保护和利用

《纲要》指出，要推进重点文物保护工程建设，加强大鹏所城、南头古城、中英街界碑等重点文物保护利用。打造一批充分体现特区精神的改革开放纪念地，建立改革开放文物保护利用示范区。推进重大跨界文化遗产保护，开展客家围屋、明清海防遗址等联合保护。此外，深圳市出台《深圳市关于加强文物保护利用改革的若干措施》《深圳市考古发展

---

① [美]凯文·林奇：《城市意象》，方益萍、何晓军译，华夏出版社2001年版，第60页。
② [美]丹尼尔·戴扬、伊莱休·卡茨：《媒介事件：历史的现场直播》，麻争旗译，北京广播学院出版社2000年版，第174页。

五年规划纲要》，修订完善文物保护补助经费使用管理办法。开展改革开放纪念地普查及保护利用研究，推进东江纵队北撤烟台相关旧址的保护工程，并打造东纵北撤群雕等红色文化标志性设施，配合开展粤港澳大湾区文化遗产游径建设，推进全市文物控制线落实到"多规合一"平台。推动大鹏所城整体保护和元勋旧址、南头古城南城墙修缮等重大文物保护工程。这些历史文化区作为共同的文化坐标参照点，构建了个人与历史之间的连接，使个人在私有记忆框架中给予共同记忆的对照空间，把日常生活与宏大历史相联系。同时，也要发挥移民城市优势，鼓励支持非遗项目保护单位和代表性传承人参与建设、城区开发，尝试公益性文化事业与营利性文化产业跨界融合的做法，探索非物质文化遗产保护与历史文化城区开发的新途径。进一步丰富"深圳非遗周"活动内涵，提升影响力，办好"文化和自然遗产日""非遗进校园进社区"等非遗主题传播活动，打造非物质文化遗产保护与传承的深圳品牌。以小窥大，文化的底蕴往往存在于老师傅、老物件之中。它们经由历史的洗礼与抉择，成为"文化遗产"，串联重要的历史断面，触摸深圳的历史经纬。

（四）建设国际著名赛事之城

定期的赛事不仅构建个体记忆，作为线索串联起琐碎零散的场景、故事和记忆，而且是唤醒集体记忆的时代背景，具象化地储存着重要的时间节点，如同坐标般讲述着时代的变迁、历史的跨越。深圳一直着力构建高端体育赛事体系，创新促进体育赛事发展的服务管理模式，维持原有大型赛事的举办质量及规模，并进一步拓展新型赛事的涉及范围：继续办好中国杯帆船赛、深圳国际马拉松赛、WTA年终总决赛等国际知名赛事，积极申办足球、篮球和排球等重要项目的国际顶级赛事，培育和引进高水平的职业体育俱乐部；推进中国足协（深圳）训练中心和田径、冰球、乒乓球、羽毛球等国家队训练基地建设；支持举办象棋、围棋、国际象棋、桥牌等智力运动赛事。"竞赛"作为媒介事件的三大脚本之一，丹尼尔·戴扬认为其"限定了时间和地点，因而超越了某种日常生活"。民众、选手或者裁判都了解规则，或作为战队的支持者，或作为结果的反映者，都是竞赛的组成部分并融入媒介事件之中。基于框架理论，全社会被暴露在大型赛事所塑造的媒介事件之中，形成"一种大众中的流行物,家庭纽带和友谊被重新激活"①。定期的赛事转化为庆典、纪念日,民众在共同的赛事"节日氛围"中形成公共的集体记忆,产生情感层面的共鸣,这种共鸣在连续的赛季中不断激活和更新,逐渐升级为公众对城市的集体认同。

(五)大力发展文化旅游

城市记忆承载着一座城市的过往,小到俚语美食,大到风土人情,浸入城市骨髓、条条街道血脉。而将文化融入旅游,使旅游延续文化,坚持以文塑旅、以旅彰文,发掘深圳人文历史、民俗文化等城市记忆,能够为公众提供近距离接触的机会,以实地体验与自身感性经历形成互动,激发对于深圳更多的想象和记忆。除了已有热门旅游景区、特色旅游路线与城市文化相结合,还要支持文化资源丰厚的旅游项目的开发:推动华侨城在深文旅项目和小梅沙片区品质提升,建成新大旅游项目、冰雪文旅综合体;② 加快推进沙头角中英街、海上田园等旅游消费聚集区建设;大力发展红色旅游,重点保护利用东江纵队司令部旧址、中共宝安县"一大"旧址等红色文化资源;规划建设现代都市田园,发展集都市农业、休闲度假、文化体验和运动生活于一体的生态农业旅游。借助多样态、多层次、多维度展现深圳文化内涵,使深圳拥有更加立体鲜活的城市标签。总体来说,只有立足具体实际,挖掘全域文化旅游资源,为已开发文旅项目注入历史底蕴和文化内涵,才能真正讲好深圳文化故事。尤其要抓住文化记忆的关键坐标,打造沉浸式、体验式的文旅项目,最大化发挥人际传播中个人化、私人化感受的影响,使深圳特色文化品牌更具说服力和吸引力。

(六)加强深港澳文化艺术交流

记忆的框架形成于过去的历史,但又在个人内心与外部世界的交互之中不断编辑和塑造。依阿莱达·阿斯曼的论述,"记忆是一种社会现

---

① [美]丹尼尔·戴扬、伊莱休·卡茨:《媒介事件:历史的现场直播》,麻争旗译,北京广播学院出版社2000年版,第39、230页。
② 深圳市文化广电旅游体育局:《深圳市文体旅游发展"十四五"规划》,(2022-2-18) [2022-11-10], http://wtl.sz.gov.cn/xxgk/ghjh/fzgh/content/post_9578808.html。

象，只有在与他人交往时，记忆才会产生"①。基于此，深圳市积极参与举办粤港澳大湾区文化艺术节，联合港澳举办大湾区（国际）青年艺术嘉年华等多种形式的文化艺术活动，加强深港澳三地专业文化机构合作交流。尤其深化数字创意、演艺音乐等多领域合作，共同办好深港城市建筑双城双年展、深港澳设计三城展等大型文创展览，在合作交往中使公众以个体生命为脉络，依据自身情感限定记忆范围，构建公众自身个体化的深圳记忆。但主观的交往记忆过于依赖个体。集体文化记忆作为特定社会特定历史时期共有的、可供述说的文本，在交流中能够成为外部环境的组成部分，在个人记忆框架中与私人经验产生交互，参与主观记忆的构建，进而能够从无数个体记忆中提炼共性，增强集体认同和时代怀旧。基于此，打造深港青少年交流精品品牌，涵养同宗同源的文化底蕴，在互动交流中不断增进港澳同胞的祖国认同、民族认同、文化认同。

（七）高度重视城市博物馆建设

博物馆是呈现城市脉络和精神文化的"窗口"，几十年来，深圳博物馆事业不断发展，初步形成以国有博物馆为主体，非国有博物馆为补充，类型多样、举办主体多元的博物馆体系，与深圳"现代化国际化创新型城市"的城市文化相匹配。《深圳市博物馆事业发展五年规划（2018—2023）暨2035远景目标》提出，到2023年，推动博物馆总数达到80座左右；到2035年，力争博物馆总数达到150座左右，形成南山、福田两大博物馆核心聚集区。鼓励"博物馆+公园""大型公共设施+博物馆"等模式创新。②进一步贯彻落实《深圳市非国有博物馆扶持办法》和《关于进一步推动非国有博物馆发展的意见》，加大对国有，特别是非国有博物馆经费补贴和政策支持，鼓励合理利用古村落、古建筑、景点景区、公园等设立博物馆，保护优秀传统文化。2022年国际博物馆协会（ICOM）更新博物馆的定义为：博物馆是为社会服务

---

① ［埃及］扬·阿斯曼、陈国战：《什么是"文化记忆"》，《国外理论动态》2016年第6期。
② 深圳市文化广电旅游体育局：《深圳市博物馆事业发展五年规划（2018—2023）暨2035远景目标》，（2019-04-24）［2022-09-09］，http：//wtl.sz.gov.cn/xxgk/ghjh/fzgh/content/post_4538422.html。

的非营利性永久性机构，研究，收集，保存，解释和展示有形和无形遗产。博物馆向公众开放、无障碍和包容、促进多样性和可持续性。他们在社区的参与下以道德、专业的方式运作和沟通，为教育、享受、反思和知识共享提供各种体验。[1] 博物馆作为"记忆之场"，是实在的、象征性的和功能性的场所，被赋予一定的象征意义，但这个所指对象是它们自身。"历史之所以召唤记忆之场，是因为它遗忘了记忆之场"[2]，而博物馆成为人们保护记忆的堡垒，使档案、收藏品、时代器物所有"别的时代和永恒幻觉的见证者"在传承档案化记忆的同时，也唤醒人们隐藏在身体与行为习惯中的、未转变为历史的记忆。[3]

二 打造"记忆之所"

每个城市经过历史冲洗和更替，都形成自身的特色与魅力。相比于人们的主观记忆，建筑的记忆更牢靠、更典型，通过展示、体验使个人化的记忆成为公共记忆。场所中的所有元素参与储存、表达城市记忆，而场所与人的互动又在完成城市记忆的构建。自然海洋景观基于公众日常生活体验和生存感知，成为公众记忆和情感认同；历史文化街区则通过怀旧的符号、场景，完成氛围营造，在体验中承载城市的文化内涵；文化基础设施直接借助主观、人为的设计理念，将记忆牢固地固定在空间中，再现人与城市共同构建的集体记忆，同时重塑人们对于该场所的记忆。

（一）自然景观：大小梅沙、大鹏半岛——承载记忆的空间

深圳市依托良好的滨海资源、海域海湾和海洋生态，完善海洋旅游基础设施，实现海洋资源的有效整合。深圳沿海岸线建有多条自然风光优美、适合休闲慢行的滨海栈道。留在记忆里的不只有优美的景色，还有大梅沙的白色帐篷、太阳广场、愿望塔、7个"鸟人"，这些海边不经

---

[1] International council of museums. ICOM approves a new museum definition，（2022 – 08 – 24）[2022 – 09 – 09]，https：//icom.museum/en/news/icom – approves – a – new – museum – definition.

[2] ［法］皮埃尔·诺拉主编：《记忆之场：法国国民意识的文化社会史》，黄艳红等译，南京大学出版社2015年版，第8页。

[3] ［法］皮埃尔·诺拉主编：《记忆之场：法国国民意识的文化社会史》，黄艳红等译，南京大学出版社2015年版，第8页。

第三章　激活城市记忆：深圳国际传播能力建设的可能路径　/　195

意的事物，都在诉说着深圳波光粼粼的夏天。这些景观既是承担城市记忆的载体，也是城市记忆本身，组成人们过往的背景。

小梅沙位于深圳市盐田区东部黄金海岸线，是距离深圳市区最近（仅28千米）的拥有天然沙滩的滨海休闲旅游区。作为深圳立市以来最早开发的滨海旅游度假区之一，小梅沙伴随特区的成长，承载了无数深圳人的记忆，特别是陪伴一代深圳人的"小梅沙海洋世界"。目前小梅沙以"拥抱海洋，梅沙小镇"为主题，更新为世界级、国际化都市型滨海旅游度假区。小梅沙东至大鹏新区，西邻大梅沙，北接盐坝高速，南通盐梅路。三面环山，一面靠海，北侧叠翠湖、马峦山蝴蝶谷及南侧大鹏湾海域，顺延山体，小梅沙形成人字形山海公共绿廊。①

为了强化山海通廊的对景功能，减少建筑对视，小梅沙建筑立面普遍采用石材陶土结合透明白玻璃，色泽清雅，基调灰白，建筑曲线层叠错动，与山海融为一体。同时白沙巨石、点状迷你山丘和环内湖遍植的梅树模拟了原本梅沙村落的古貌，彰显小梅沙独有的魅力以及岭南文化的特色。②

除却大小梅沙，大鹏半岛也拥有丰富的山海资源，并以此为主题构筑了"三湾引领、一体突破、多集群发展"的旅游发展空间新格局。"三湾"为大鹏滨海文旅湾、龙岐主题度假湾和坝光商务康养湾；"一体突破"为大鹏半岛主体旅游景区；"多集群发展"则指通过打造龙岐湾海陆统筹文旅集群、金沙湾国际乐园度假集群、东西涌生态滨海旅游集群等十大文旅产业集群。③ 大鹏半岛三面临海，被大亚湾和大鹏湾围绕，包括东冲、西冲、杨梅坑和南澳四大区域，是深圳的"黄金海岸"，也是深圳原始风貌自然风光保存最好最美丽的风景区。其中金沙湾被《中国国家地理》评为"中国最美的八大海岸"之一，较场尾则是深圳唯一拥有海岸线的小渔村，柚柑湾被称为深圳的"马尔代夫"，而说到玫瑰海岸，深

---

① 欧博设计：《人文与自然交融：深圳小梅沙片区主要城市更新单元建筑设计竞赛一等奖》，（2020-06-29）[2022-09-09]，https：//www.archrace.com/columns/entries/83.html。

② 欧博设计：《人文与自然交融：深圳小梅沙片区主要城市更新单元建筑设计竞赛一等奖》，（2020-06-29）[2022-09-09]，https：//www.archrace.com/columns/entries/83.html。

③ 《深圳商报》：《大鹏打造十大文旅集群》，（2021-08-29）[2022-09-09]，https：//www.sohu.com/a/486372686_121010226。

圳人可能第一时间想到的便是"婚纱""烧烤 bar"……相比于"小渔村",用"滨海城市"可能更适合现在的深圳,碧海蓝天、若隐若现的群山才是现在的深圳记忆。

(二)历史古迹:南头古城、大鹏所城——历史联想的中介

文化古城、特色街区不仅展现当代深圳的光影,而且映照着深圳文明的更替。近年来,深圳市着力"十大特色文化街区"建设,大鹏所城、南头古城、大芬油画村、观澜版画基地、甘坑客家小镇等特色文化街区通过场景的构建、氛围的营造,使公众在街巷中感受深圳的文化脉络,在互动中留下城市的独特印记。

南头古城位于深圳南山区南投天桥北,又名"新安故城",有着1700多年的历史,被称为"深港历史文化之根"。由于发展周期长,内部居住环境日渐拥簇逼仄,并且在周边城市化的环绕下,形成当下"城中村"的格局,也使得南头古城内各个时代的建筑风格和历史痕迹交融,形成拼贴式、多样化的面貌。现在的南头古城以"粤东首府、港澳源头"作定位,有5%的建筑是明清时代留下的历史遗迹,还原以往"六纵一横"的街巷格局,展现岭南古风。[1]

从黄泥沙土、粗犷古朴的南城门,到飞檐挑角、红瓦灰墙的古城楼,再到风格不一、交相错杂的当代建筑,南头古城的历史在砖瓦间不经意流露。散落在古城四处的东莞会馆、信国公文氏祠、新安县衙,与"叠石水景""竹园"等现代庭园景观相映成趣,然而踏过斑驳沉重的石板路,撕裂开历史岁月的沧桑,穿透而来的不只是陈旧与寂静,而是袅袅烟火气,滋养着、守护着"闹市中的世外桃源"。1995年至今的九街糖水、19年老店安庆包子铺、带着古早味的香港莲香楼、经营多年的猪脚饭店……这些老字号店铺用味觉挽留人们对过往的留恋,鲜活地展现城市记忆,通过对南头古城的活化,赓续深圳历史文脉,展现这座城市先于"经济特区"的身份——深圳市,重新梳理城市的历史肌理。

如果说南头古城代表半部深圳古代史,那么还有半部在大鹏所城。大鹏所城全名"大鹏守御千户所城",为抵抗倭寇保卫海岸线而建,已有

---

[1] 深圳市南山区人民政府:《南头古城保护修复与特色文化街区改造提升项目》,(2021 - 05 - 20)[2022 - 09 - 09],http://www.szns.gov.cn/ztzl/nsrdzt/ntgcdb/index.html。

600 多年抵御外敌的历史。大鹏所城宁静古朴的街巷中有序分布了 11 座明清两代"将军第",青砖石柱、木梁灰脊,处处体现过往民族英雄"天下兴亡,匹夫有责"的家国情怀。近 10 万平方米的明清民居建筑群鳞次栉比,古色古香,或宏伟庄重,或宁静古朴,彰显广府、疍家与客家文化的交融。

大芬油画村自香港画商黄江带着 20 多位画师移师至此,才逐渐有了如今"中国油画第一村""世界最大的油画复制工厂"的地位,这种敢闯敢试、敢为人先、埋头苦干的精神成为大芬村的文化记忆;甘坑客家小镇基于当地传统客家文化,使原本破败落寞的古村落成为客家文化的一张特色名片,在时代的蝶变中留下乡愁;而沙头角的中英街则不停地向人们诉说着这座城市翻天覆地的巨变,拿着边防证、特别通行证透过门缝"窥"世界的时代已经过去,深圳早已成为世界看中国的一扇窗。这些文化街区随着时代的形塑,自然留下历史的印记,蕴含丰富多样的文化记忆,与公众的记忆形成互动,既是公众记忆借助空间表达的载体,利用符号文本或直接或间接地呈现城市记忆,也通过自身构建场景营造空间感知氛围,参与公众对城市的定位以及对场所精神的认同。

(三)文化场所:博物馆、文化馆——文化展示的文本

深圳改革开放展馆经中央批准设立,位于深圳市福田区核心地段,作为展示和传播中国改革开放重要成果的"窗口",承载着深圳公共文化和城市文明形象。展馆将"开放创新"这一深圳标签融入展览馆中,建筑以透光立面包裹中心的花园空间,使得光线的变化呈多种样态,彰显开放性和透明性的调性,表达对来自世界各地企业的包容胸怀,并呼应改革开放的展览主题。而自然光线和周边环境的环绕渗透,则给予内部更多的生机和活力。

展馆最终采用"盒中花园"的设计方案,选址在香蜜湖中央区域"山海连廊"生态通道中轴线的右侧,占地约 3.49 万平方米,总建筑面积约 9 万平方米,[①] 以深圳改革开放历史为基础,设置陈列展览区、公共

[①] 《深圳特区报》:《深圳改革开放展览馆设计方案出炉》,(2021-03-09)[2022-09-09],http://www.sz.gov.cn/cn/xxgk/zfxxgj/zwdt/content/post_8591164.html。

服务区、藏品保管保护区、社会教育区、综合业务与学术研究区六大主要功能区。展馆内部的绿地和露台都在努力与周围环境协调相融，内敛而优雅地彰显深圳的历史文化和城市精神。而走廊则打破外观严谨的几何结构和线性空间，与深圳在改革开放历史中所展现出的创新意识和跳脱精神相映衬。

而改革开放前，深圳作为滨海城市，因海而生，向海而兴，一直在续写与海洋的前世今生。深圳自然博物馆、深圳海洋博物馆便是从自然地理出发，向这片土地索求最原始的答案。深圳海洋博物馆位于大鹏新区新大片区，背靠七娘山、北朝龙岐湾、东临新大河湿地，背山面海，临河拥湾，展示人类从认识海洋到开发海洋、保护海洋的过程，体现海洋在人类生存发展过程中发挥的重要作用。展馆以"海上的云"为主题，试图展现"漂浮的建筑"的设计理念，建筑"穿透、流动"地与大鹏半岛周围的环境融合，以陆地的轻柔自由融入海洋。[①] 特别是轻质外墙随着光影流转而不断变化，像"云"般自由从容，展现本地的场域特色和海洋文化。而内部独立又连续的空间结构构造出多元、开放、共享的公共空间，体现以人为本、全民参与的文化底色。[②] 此外，深圳作为艺术、创意和设计的前沿阵地，深圳歌剧院、深圳创意设计馆、深圳美术馆新馆等文化设施，借用空间设计和建筑材质，深圳歌剧院以"海之光"为设计理念，建筑与大海碰撞、交融，象征音乐与大海的相遇，并且透过水波纹玻璃板折射的光线营造梦幻的光影效果；深圳创意设计馆在两馆之间架设中轴景观连廊，意在连接"远古"和"未来"；深圳美术馆新馆利用挑出的屋顶使两侧建筑构造一扇通往知识、艺术与文化之门，玻璃的立面材质呈现开放、包容的姿态。这些文化设施作为承载记忆的具体空间，表现出强烈的场所精神和空间意义，讲述人与城市的集体记忆。

（四）地标建筑：地王大厦、市民中心——改革开放的见证

一个城市发展的历史一定程度上就是一部建筑史。在深圳40余年的

[①] 澎湃新闻：《去深圳，看"海上的云"》，（2021-03-21）[2022-09-09]，https：//www.thepaper.cn/newsDetail_forward_11815218。

[②] 澎湃新闻：《去深圳，看"海上的云"》，（2021-03-21）[2022-09-09]，https：//www.thepaper.cn/newsDetail_forward_11815218。

改革开放发展史中,一大批地标性建筑成为深圳飞速发展的重要标志,也是改革开放历史的见证者。这些建筑一定程度上已经成为深圳的代表,承载着深圳从小渔村发展成世界之城的历史记忆。这些地标性建筑主要有:深圳国贸大厦,地王大厦,京基100大厦、平安国际金融中心、中国华润大厦("春笋")、深圳市民中心、深圳大运中心、深圳国际会展中心等。

对于今天已经成为国际化都市的深圳而言,高楼大厦已不再稀奇。然而,改革开放初期,一栋在未来将成为地标性建筑的大厦却承载了深圳人乃至全国人民的心愿与期待——它就是位于罗湖区的深圳国贸大厦。国贸大厦在改革开放史中留下了浓墨重彩的一笔。20世纪80年代是深圳从"小渔村"快速发展为大都市的一个节点,国贸大厦的建设正是这种跨越式发展的重要象征之一。国贸大厦建成后,作为当时中国第一高楼,展现了深圳改革开放的决心与信心。"深圳速度""南方谈话"都与深圳国贸大厦密不可分,众多国家领导人和外国政要曾到访、参观大厦。[1] 毫不夸张地说,深圳国贸大厦留给深圳的记忆是永恒的,它为深圳崛起的过程增添了无限光彩;更进一步地,深圳国贸大厦一定程度上也是全国人民关于国家发展与崛起的记忆中的重要一页。

地王大厦同样是深圳改革开放历史中的重要地标性建筑。深圳地王大厦高69层,总高度383.95米,建成时为世界第五高楼,也成为当时我国最高的钢结构建筑物;除了高,地王大厦还具有"新""特""秀"的特征。[2] 地王大厦在深圳建筑史中也留下了浓墨重彩的一笔:地王大厦以两天半一个结构层的施工速度,刷新了当年建设国贸大厦时创造的"深圳速度"纪录。1996年,地王大厦综合施工技术获国家科学技术进步三等奖;2010年,大厦被深圳市住建局评为"深圳30年30个特色建设项目";2017年,深圳地王大厦被列为深圳首批历史建筑,后一年

---

[1] 百度百科:《深圳国贸大厦》,(2021-07-25)[2022-09-09],https://baike.baidu.com/item/深圳国贸大厦/4163984。

[2] 百度百科:《深圳国贸大厦》,(2021-07-25)[2022-09-09],https://baike.baidu.com/item/深圳国贸大厦/4163984。

入选中国第三批"20世纪建筑遗产项目"名录……总之，深圳地王大厦是特区20世纪90年代拔地而起的重要地标性建筑，在改革开放的历史中留下了令人难忘的一笔，已经成为深圳人的精神载体。自建成至今，地王大厦成为深圳人和诸多外来游客的必到景点，承载了许多时代记忆与个体记忆。

除了直入云霄的摩天高楼，深圳市民中心同样是深圳的地标性建筑。深圳市民中心建成于2003年，2004年正式成为深圳市政府办公新址。市民中心位于深圳市中心区南北中轴线上，其建筑造型如大鹏展翅，象征着深圳在改革开放和建设世界之城的过程中不断腾飞。在莲花山上屹立着邓小平同志的雕像，总设计师炯炯有神地注视着市政大楼。深圳市民中心无论是在命名还是设计和功能分布上都充分体现了政府开放、亲民的服务形象。[①] 取"市民中心"为名而非市政府，体现了深圳市政府建设"有效政府""开放政府"和"服务政府"的目标和决心。深圳市民中心成为深圳市政府的形象代言，也是深圳最具标志性的建筑物之一。

把视野拉回21世纪的第二个十年，深圳又建成了一批地标性建筑。其中，京基100大厦、中国华润大厦、平安国际金融中心、深圳国际会展中心、深圳大运中心和深圳湾体育中心等是其中的重要代表。它们见证了深圳经济、文化不断繁荣发展，国际影响力不断提升的过程，是新时代的深圳城市记忆之所。

建筑如果无法产生互动，则只是构建城市本身的地形地貌、基础设施的一部分，街道只是用于交通的、无法在旅行者心中留下印记的、通向目的地的路。但如果将文化融入其中，成为固定文化的空间基点，街道便成了目的地本身，自然景观有了人文意义，建筑有了情感积淀，历史不因时间而动摇，文化在空间中得到停留，使公众在环境的熏陶中，留存并形塑着城市记忆。

---

① 百度百科：《深圳市民中心》，（2022-11-06）［2022-11-20］，https：//baike.baidu.com/item/市民中心/2687471。

图 3 - 1　雕塑"拓荒牛"①

除了自然景观、历史古迹、文化场所和地标建筑,雕塑同样创造了深圳的记忆之所,是深圳历史和精神的缩影。"拓荒牛"建成于1984年,它象征着深圳在改革开放中杀出一条血路:深圳人民就像拓荒牛一样任劳任怨,勇于开拓,在短短的几十年就把一个贫穷的边陲小镇建设成为现代化国际大都市;"邓小平铜像"矗立于深圳莲花山顶,铜像定格于目视前方、跨步向前的姿态,它俯瞰着深圳全貌,见证鹏城巨变;深圳城市雕塑"闯"表现了一个肌肉发达的巨人,用力推开一个重门,它寓意了深圳率先打开开放之门,实现对外开放,也展现了深圳冲破传统束缚,不断改革创新,创出一条新的道路。此外,"深圳人的一天""女娲补天""龙盈乾坤"等也是具有地标性意义的雕塑,承载了一个时代的记忆。

---

① 《光明日报》:《"拓荒牛精神"是深圳奋进的不竭动力》,(2018 - 7 - 13)[2022 - 11 - 24],https://news.gmw.cn/2018 - 07/13/content_29832248.htm。

图 3-2　邓小平铜像

（来源：新华社）

三　深圳城市记忆实践

除了拥有众多"记忆之所"，深圳政府进行了一系列城市记忆实践，包括举办多种城市文化活动、大型赛事，打造城市旅游品牌，推动城市文化教育、交流以及实施"深圳记忆"项目等。除了政府推动的记忆实践，民众也积极参与或发起集体记忆构建的活动。

（一）城市文化活动

深圳市举办"深圳礼物大赛""黄金海岸旅游节""南山荔枝旅游文化节""大鹏户外旅游嘉年华""沙井金蚝节"等旅游节庆活动。打造"一带一路"国际音乐节、中国深圳国际钢琴协奏曲比赛、中国设计大展及公共艺术专题展、文博会艺术节、深圳钢琴公开赛、深圳国际水墨双年展、中国国际新媒体短片节、中国国际户外影像嘉年华、深圳动漫节等品牌活动。[1]

---

[1]　《企业家日报》电子版：《打造更加亮眼的城市人文品牌》，（2021-03-07）[2022-11-24]，http：//www.entrepreneurdaily.cn/2021-03-07/4/2397827.html。

深圳在整体规划中把握城市发展的历史节点，通过系列节庆活动，唤醒或构建公众对城市的记忆和文化体验，针对深圳建市40周年，创作现代粤剧《东江传奇》，复排演出《驼哥的旗》等粤剧，并组织《南唐李后主》等粤剧赴港澳交流演出；针对特区建立40周年，举办"庆祝深圳经济特区成立40周年舞台艺术精品展演季""春天畅想曲——深圳市文化馆联盟庆祝深圳经济特区建立40周年群众交响音乐舞蹈展演""深圳经济特区成立40周年地方文献展""深圳记忆"展览、"大美'双区'——广东省庆祝经济特区建立40周年美术作品展"，记录深圳经济特区40年来的壮丽画卷和历史故事。

（二）打造城市旅游品牌

正如前文所述，除了城市居民，旅游者也是重要的记忆主体。因此，城市的记忆实践也需要关注面向旅行者或广大公众。非居民群体通过实地旅行或大众媒介获得关于城市的感知、印象，从而形成城市记忆。打造城市旅游品牌有助于增加旅行者和公众对深圳的了解，形成"深圳印象"。从这种意义上来讲，打造城市旅游品牌是城市记忆实践的重要组成部分。

整合线上线下宣传渠道，建立立体式旅游宣传体系持续在境内主要城市推广"从深圳出发，看世界"城市旅游品牌，巩固深圳作为全国最大的出入境旅游集散地地位。制作系列旅游专题宣传片，与世界著名旅游杂志《孤独星球》（*Lonely Planet*）合作编制新版深圳旅游指南。举办"这就出发！"旅游主题全网大直播，制作完成新版深圳旅游指南《IN深圳》，不断提升旅游宣传营销水平。

（三）开展城市文化教育与交流

城市文化教育是形成和传承城市记忆的重要途径。通过教育，能够使市民深切地感受城市历史，形成关于深圳的城市文化认同。

创新教育推广方式，加强与教育部门合作，将参观文化场所纳入义务教育范畴，不断拓展文化场所的公共服务领域，与社区、企业、社会组织等建立良好沟通互动机制，线上线下开展丰富多样、针对不同群体的讲座、导览、沙龙等教育推广互动，使城市记忆真正与市民互动，与日常关联。举办《鹏城历史寻根——大鹏所城考古成果展》图片展，出版《巴蜀汉风：川渝地区汉代文物精品展》《深圳经济特区管理线（二线）历史变迁研究》等 5 部图录和著作。推出《深圳非遗》纪录片和《鹏城有非遗》线上主题节目，促进保护与传承。

而城市文化交流则是增加深圳国际文化影响力的重要措施。通过国际文化交流，帮助世界其他地区的人群了解深圳，形成关于深圳的积极正面的城市印象，从而能吸引更多国际游客到访深圳，从而能够将城市印象转化为城市记忆。

深化对外和对港澳文化交流，赴坦桑尼亚、马达加斯加、科摩罗等国交流演出，积极参与中意、中摩"文化和旅游年"活动，精选深圳优秀艺术团组，赴丹麦、黑山、智利、秘鲁、加拿大、美国等国家，参与当地主流艺术节等活动，全面展示深圳经济特区文化和社会发展成就。先后赴拉脱维亚、爱沙尼亚、迪拜世博会举办"深圳旅游文化周"活动，宣传深圳城市发展成就和中华文化核心价值。通过参与知名国际旅游展、举办推广活动、投放国际 OTA 广告等方式，在境外直航城市推广"从深圳发现中国"（Discovery China from Shenzhen）城市旅游品牌，加强深圳的"国际化""改革开放窗口"的文化标签和城市印象，借助城市旅游品牌的打造，吸引更多境外游客来深圳，切实感受深圳的城市风采。

（四）"深圳记忆"项目

"深圳记忆"由深圳图书馆推进的文化项目，自 2014 年末正式启动，旨在保存城市记忆，传承城市文化，通过采访征集、拍摄纪录片、举办展览、建设数据库等形式，加大地方文献资源开发与利用力度。[①] 深圳记忆项目已完成两季，第一季"深圳记忆"项目聚焦深圳传统手工艺，陆续对深圳非遗"客家凉帽编织技艺""合成号小食制作技艺"展开探寻。首期的"甘坑凉帽"聚焦一顶凉帽背后的"甘坑传奇"；第二期，向读者介绍百年历史的糕饼字号——"合成号"，对深圳味道的"复原""创新"。随后，"大鹏打米饼""红釉彩瓷技艺""田氏剪纸""刘氏剪影""夏氏风车""麦金画""陈氏传统服装"和"肖氏棉塑"等项目陆续进入公众视野，并举办大型图文实物展览、拍摄微视频等形式让市民读者了解了更多的深圳人和他们坚守文化传统的传奇故事，取得了良好的社

---

① 百度百科：《深圳记忆》，（2022 - 05 - 04）[2022 - 09 - 09]，https：//baike.baidu.com/item/深圳记忆/60986673#：~：text=深圳记忆是深圳图，开发与利用力度%E3%80%82。

会反响。

2020年，广东省深圳市图书馆、深圳商报《文化广场》再次携手启动第二季"深圳记忆"文化探访之旅。2021年，"深圳记忆"文化探访项目第二季则以深圳社区村落为对象，将蕴含在村落中历史沿革、名人掌故、非遗民俗进行深度的走访和挖掘，以期通过文献研究、实地探访、人物口述等方式多层面的整理记录，讲述历史的同时，用文字和图片的方式承载和传承地方文化，让更多深圳人了解这片土地上的自然资源和人文传统。① 2022年，"深圳记忆"项目第三季沿袭传统，仍以社区、古村落为探访对象，进一步挖掘其中的历史沿革、名人掌故和非遗民俗。例如，第三季第四期项目组奔赴了深圳坪山，探访客家古村聚落——田心社区，对田心社区的红色历史、红色记忆和革命故事进行挖掘，并对历史文物和建筑进行摄影，留存图像记录。②

通过每期的专题报道和田野调查，"深圳记忆"项目勾勒出了文献中的深圳历史，留存了记忆之声，保留了原住民的真实记录，聆听更加鲜活的原住民故事；还对社区村落中的老建筑、文物和祠堂等进行了寻访挖掘；通过打捞即将消失的实物和民间传说，抢救和保护深圳的本土文化。可以说，"深圳记忆"项目在城市迅速发展的过程中及时记载日渐式微甚至走向消失的传统，回望正在消逝或转变的文化，逐步积累，从而为城市未来的特色发展打下极为必要的文化基础。

（五）媒介记忆实践

在现代社会，媒介是集体记忆形成的重要机制，③ 媒介记忆连接着个体记忆与集体记忆。④ 作为一种集体记忆，城市记忆的建构同样需要媒介的参与。在深圳市的城市记忆实践中，媒介发挥了重要的作用。通过图书、纪录片、短视频和新闻报道等媒介形式对深圳的城市事件、人物和

---

① 《深圳商报》：《发现城市文化脉络，传承深圳历史记忆，"深圳记忆"第二季开启》，(2020 - 12 - 24) [2022 - 09 - 09]，http：//www.nlc.cn/newtsgj/yjdt/2020n/12y/202012/t20201225_198210.htm。

② 读创：《"深圳记忆"第三季第四期 | 田心水源世居：是绿色家园，也是红色沃土》，(2022 - 05 - 07) [2022 - 09 - 09]，https：//baijiahao.baidu.com/s? id=1732135623106412869。

③ Gary R. Edgerton, Television as historian: An introduction, Film & History, 2000, pp.7 - 12.

④ 吴世文、贺一飞：《睹"数"思人：数字时代的记忆与"记忆数据"》，《新闻与写作》2022年第2期。

历史进行采集、理解、编辑、存储和传播，形成了关于城市的媒介记忆实践。

2010 年是深圳经济特区建立 30 周年，作为鹏城发行量最大的报纸之一，《晶报》策划了年度大型栏目《深圳日记》。2010 年元旦，《深圳日记》栏目正式启动，直至年末结束，每天两个整版，共刊出稿件两百余万字、图片两千余幅。"城市记忆"是《深圳日记》的主打稿件，对特区 30 年历史中重大的有纪念意义的事件和被遗漏的历史细节进行还原、挖掘和重新发现；而"私人语文"则来自读者投稿，这些稿件书写着深圳无数打工者和曾在深圳打工者最难忘的私人情感与生活故事，虽然琐碎，但却是特区建设者奋斗的最鲜活而真实的记录。《深圳日记》得到了社会各界的广泛关注，许多读者从报纸中回忆过往，重建自己的城市记忆。2011 年，《深圳记忆》出版成册，形成上册《不能忘记的深圳时间》和下册《私人日记里的深圳记忆》。值得一提的是，《深圳记忆》并未回避不那么"光彩"的历史，例如，栏目文章提及了 20 世纪 90 年代末深圳妇儿医院感染事件，呈现了其中的创伤，从而更丰富、真实地展现城市记忆。除了《深圳日记》，关于深圳城市记忆的图书——《深圳记忆》也从民间和微观的视角呈现了改革开放 30 多年来普通深圳人的迁徙和命运。它从小的视角出发，透过深圳市居住文明、原有生活状态和原有的住宅环境，寻找曾经属于这个城市的记忆，挖掘值得记忆的城市瞬间，让更多人了解深圳历史。[①] 深圳政府高度重视有关深圳历史与记忆的文化产品的创作，记载深圳 40 年城市记忆的新书《深圳社区记忆——园岭叙事》得到了深圳市宣传文化事业发展专项基金的支持；该书是《我们深圳》系列丛书中的一本，《我们深圳》系列从自然地理和人文层面，带领读者发现深圳，展现属于深圳的历史与记忆。

《深圳记忆》系列短片是有关一个个微小个体的纪录片。一座城的城市记忆，是由每一个人来书写的。《深圳记忆》系列短片记录了从蛇口工业区的开山炮到深交所历史性的第一笔交易完成，从见证深圳成长的《深圳特区报》到聚集了全国各地年轻人、创业者的华强北等。例如，

---

① 百度百科：《深圳记忆》，（2022 - 06 - 21）［2022 - 09 - 09］，https：//baike.baidu.com/item/深圳记忆/9396786。

《深圳记忆》系列短片（九）《喜茶》就呈现了喜茶企业的发展,将本土企业、茶文化与城市记忆相勾连。当然,深圳记忆不仅是个体的真实记忆,也是整个城市乃至国家不断腾飞的记忆。《深圳故事》是改革开放40周年专题纪录片,于2019年1月21日至28日在央视首播。该系列纪录片讲述了深圳如何站在时代之巅,勇于开拓,从一个小渔村快速发展为现代化国际城市的故事。系列片引起了许多人的共鸣,例网友"南冬水月鸟"评论道:"深圳人在此,1997年出生,在蛇口念高中时,看过20世纪80年代蛇口当时青年的诗集,那个年代的诗人,沐浴在夏季的海风中,奋斗的激情与青春的浪漫情怀让我特别想了解这座城市的历史。大家都说深圳是个没什么历史的城市,可这40年从小渔村蜕变为全球前30的国际化大都市,这里面的故事岂能说不精彩？"①

（六）民间记忆实践

上文所述的主要是由深圳政府或相关专业媒体机构推进的记忆实践或项目。而深圳居民则同样积极为城市记忆的构建贡献力量。除了参与由官方推进的项目,市民们也自发挖掘城市记忆。例如,2008年,一部由深圳民间人士自费拍摄的系列电视纪录片《深圳民间记忆》登上了央视屏幕。这部纪录片通过60多位普通人的视角（包括因困窘无奈逃港的深圳人、第一批投身特区的打工妹和创业者,从全国招调参与深圳建设的干部等,都成为主创者镜头前的故事主角）,展示了他们的经历、故事和记忆,以口述史的形式鲜活地记录了剧烈变迁时代的深圳普通人的人生百态,构建了一个属于市民自己的民间集体记忆。

四 数字记忆理念及其实践

随着数字技术的发展,记忆也开始逐渐转向数字化。数字技术将记忆从传统的空间档案、组织和机构中解放出来,并借由大脑、身体、个人与公共生活的"连接"不断地传播。另一方面,城市化进程的日益加速,城市飞速发展的同时也带来了一系列"城市病",如城市历史古迹的破坏、城市面貌的趋同等,给城市历史文化保护与留存带来了巨大的挑

---

① CCTV:《深圳故事》,（2019-01-22）[2022-09-09], https://tv.cctv.com/2019/01/22/VIDA90fovsVpGQSyt5Kbq5Tfl90122.shtml。

战。在此背景下，数字记忆理念展现出了其强大的吸引力，它一方面能够实现文化与记忆的长久留存，将一个城市中分散的、零碎的记忆系统化整合[1]；另一方面，经由数字技术快速地实现传播，因而数字记忆正在快速地从边缘走向核心。近年来，越来越多的城市开始重视城市数字记忆的建设，例如正在如火如荼开展的"城市记忆工程"，各类数字博物馆、档案馆的建设等。深圳市重视城市数字记忆的开发和建设，包括官方推动的城市文化、历史档案的数字化项目，也有非官方机构参与的数字记忆实践。

(一)"深圳记忆"数据库

"深圳记忆"数据库的数据来源于深圳市图书馆推进的"深圳记忆"项目。包括深圳文化库、深圳文献库、深圳学派三大部分。

深圳文化库主要包括以下几个板块：(1)古村探访，该部分主要是对深圳市内古村落的保存，按照行政区（如宝安区、龙华区、光明区等）和村落特征（如潮州、客家和广府）组织信息，并以图片、视频和文字的形式加以数字化保存，目前已保存包括沙浦村、半天云村等在内的 23 个古村落。古村探访包含村落的地理地貌、民居、遗址、古建筑、民俗和历史等信息，例如，半天云村有数百年历史，有黄姓、陈、张、林、李、郑等姓氏。村落地处半山腰，依山地而建，高差明显，传统建筑集中布置，布局紧凑。现代建筑大多分布在传统建筑外围，一般在旧屋原址上重建。保留祠堂两座，装饰繁复。陈氏祠堂已有上百年历史，屋檐下有彩画和雕刻装饰，以牡丹、兰花、喜鹊等表示富贵吉祥之物，因年代久远，色彩已经褪色。(2)古建图录，对深圳市内的古建筑进行拍摄和文字介绍。与"古村探访"一样，古建图录中的信息同样按照行政区和建筑标签进行组织，方便浏览者快速搜寻。目前该板块已收集了 89 个古建筑的信息，这些古建筑种类丰富，不仅有宗祠、塔、楼阁等，还包含医院、墟市商业、私塾学校等。每个古建筑的介绍包括建筑位置、修建历史、建筑特征等内容。(3)传统手工艺，涉及绘画、服饰、传统饮食等深圳本地特色，如"深圳麦金画""陈氏传统服饰""南澳海胆粽"

---

[1] 吴建华、戴晶晶、杭珊、顿琴、方燕平：《城市记忆工程背景下城市数字档案中心建设研究》，《档案学研究》2009 年第 6 期。

等。这些深圳本地手工艺资料综合了手工艺历史、传承人、制作过程、文化底蕴等多方面内容。此板块目前已收集了20种传统手工艺的资料。（4）影像记忆，此板块包含了十分丰富的有关深圳历史和文化的影像内容。这些视频和短片包括宗祠、碉楼、民居等古建筑，而且有传统手工艺的介绍，此外还有学人口述以及红色记忆寻踪等。

深圳文献库主要由"纸本文献""文献活动""深圳记疫"主要对"文献发现"等板块：（1）"纸本文献"栏目保存4万余部电子书；（2）"文献活动"则对深圳记忆项目举办的文化活动进行记录；（3）"深圳记疫"主要对抗击疫情主题的文艺作品进行数字化保存（如书画作品、摄影作品等）；（4）"文献发现"则为个体捐赠或提供文献线索提供了在线渠道。

深圳学派由以下部分构成：（1）深圳学派活动，主要是对"南书房夜话"等学术活动、学术展览和仪式进行在线记录；（2）深圳学人，对深圳市的学者进行介绍；（3）深圳学派文献；（4）深圳学派重要文件。

（二）线上博物馆

深圳市线上博物馆的建设是数字城市记忆建设的另一重要举措。目前，深圳博物馆官方主页的浏览量超过一亿两千万次。除了信息发布、场馆预约和活动预告等功能外，深圳博物馆官方主页还将博物馆中的实体进行数字化保存，包括图片、文字、视频、3D、VR等形式，内容十分丰富。

线上博物馆包含三个分馆：历史民俗馆、深圳改革开放展览馆和古代艺术馆。其中，历史民俗馆页面保存了"近代深圳""古代深圳""深圳改革开放史"和"深圳民俗"等常设展览的文字介绍、视频和图片；深圳改革开放展览馆则保存了"大潮起珠江——广东改革开放40周年展览"的照片、视频和简介；而古代艺术馆下设"问陶之旅"和"吉金春秋"两个展览。除了保存常设展览的资料外，线上博物馆也包含了专题展览和自2009年至今展览的基本信息和图像资料。此外，线上博物馆还对各展厅的展览文物进行保存，对部分文物进行3D形式的呈现，帮助访客更加真实地观赏。值得一提的是，博物馆还开设云展览，通过虚拟展厅的形式让线上访客能够获得更加真实的"在场感"，如"家在深圳——老物件里的光阴故事"线上虚拟展厅通过多个实地场景，让人们在线上便能欣赏饱含时代记忆的老物件。线上博物馆还对丰富的典藏品进行了数字保存，既有改革开放历史中的历史物件（如"1987年深圳土地有偿使用拍卖槌"），也有古代艺术精品，还有大量的自然标本。

（三）其他数字记忆实践

除了"深圳记忆"数据库和线上博物馆，深圳市还建设了线上数字档案馆，其中的档案文化板块对具有历史文化价值的档案进行数字化保存和呈现，包含"馆藏精品""网上展览""音像点播""深圳掌故""深圳印象""特区40年"等内容。这些内容都是深圳市重要的城市记忆。以"网上展览"为例，该板块包括"红星照耀中国""纪念孙中山诞辰150周年档案展""一衣带水——档案里的深港故事"等。其中"一衣带水"保存了深圳和香港之间的交往历史——"三趟快车""向香港供水""过境耕作"，这些内容都是重要的历史资料。

在官方推动的同时，民间组织也积极参与数字时代的城市记忆建设。例如，2018年4月，由深圳设计周组委会、中共南山区委宣传部、香蕉互娱和关山觉文化"字绘中国"团队共同主办的"字绘·文字之美——关于数字时代的深圳记忆"展览开幕。展览以"社会主义核心价值观"为主题线索，用汉字的形式再现深圳改革开放之美。展览集中梳理了字绘中国团队对传统文化的理解和再创作。这些图文使用了AR、VR等技术，可以直接向读者讲故事。例如，书中"富强"的字绘图文轻轻一扫，飞机、卫星、火箭等一系列建设成就跃然纸上，解说音频也同时娓娓道来，令人耳目一新。

第三节　网络游记、城市记忆与深圳文化传播

从官方视角，深圳市政府基于前瞻性和统筹性的政策制度，有意识地打造自然景观、历史古迹、文化场所、地标性建筑等记忆之所，并发动市民参与，举办一系列城市记忆活动，甚至将部分"深圳记忆"项目实现数字化。旅行者作为政府政策的预期对象和实际客体，是城市记忆形成过程中不可或缺的主体。我们要反向回顾，将旅行者的反馈纳入深圳城市记忆建设的效果评估体系，进而评估官方举措的效果如何？是否真正形成与旅行者的互动？是否对旅行者对深圳的城市文化判断构成影响？试图构建的城市形象与旅行者的主观印象是否吻合？

游记是旅行者在客观环境影响下与自身主观判断互动形成的产物，已经加入旅行者的主观感性，为分析旅行者心中的深圳印象、深圳官方举措的实施效果提供途径。

一　国内旅行者的深圳记忆

（一）国内网络游记收集与分析

本书使用文本分析和问卷调查的研究方法。文本分析基于旅行者的网络游记展开，辅以定量的统计分析。问卷调查面向深圳市从事国际交流、国际商务、国际传播等职业的城市管理者和服务者展开。

本书将旅行者在互联网和社交媒体上发布的游记视为记忆文本，反映旅行者在深圳旅行后生成的城市记忆。资料收集与分析过程如。2022年4月21日至2022年5月13日集中收集旅行者的游记，以"深圳"＋"旅行"/"旅游"/"游记"等为关键词，在马蜂窝、去哪儿旅行、携程网、微信公众号、知乎和豆瓣等平台分别检索，共收集到1000篇文本。其次，对检索到的网络游记进行阅读和筛选，将深圳本地人创作的或与主题不相关、篇幅较短以及广告性质的文本剔除，最终获得网络游记220篇，字数从800字到10000字不等。本书之所以选取篇幅较长的网络游记作为样本，一是因为长篇网络游记可以讲述深度旅游体验，是短小的、片段式的或随意的旅行记录无法比拟的；二是这些游记带有旅游导引（"攻略"）的性质，能够激发集体记忆，覆盖的时间范围是2016年1月1日至2022年4月30日。随后，对有效样本进行预处理：删除游记中的图片、表情符号和音视频；删除摘自网络的科普性文字；对相似文本做同义转换，方便后续的词频统计。

对收集到的网络游记进行文本分析，具体过程如下：首先，构建词典和停用词表。以通用的"中文停用词表"为基础，根据收集到的文本内容进行补充。由于目前缺少领域词典，因此本书使用的词典根据深圳市的景观名称（如"世界之窗""东门老街""大鹏所城"等）和特定的与旅行相关的词汇（如"拍照""打卡"等）构建。其次，利用Python中的Jieba分词对文本进行中文分词并对分词结果进行处理（剔除大量无关词），然后对得到的词汇进行词频统计，生成词频表。再次,将词频表按照词汇出现的频次降序排列,选取前 80 个与景观、地点、地标相关的词汇作为"深圳市景观与地标记忆词云图"的构成词汇(见表 3-1),选取前 50 个与旅行感知、情感相关的词汇作为"深圳城市个性词云图"的构成词汇(见图 3-3),利用 Python 中的 Wordcloud 工具包生成高频词词云图。同时,通过解读网络游记进行更加深入的质化文本分析。

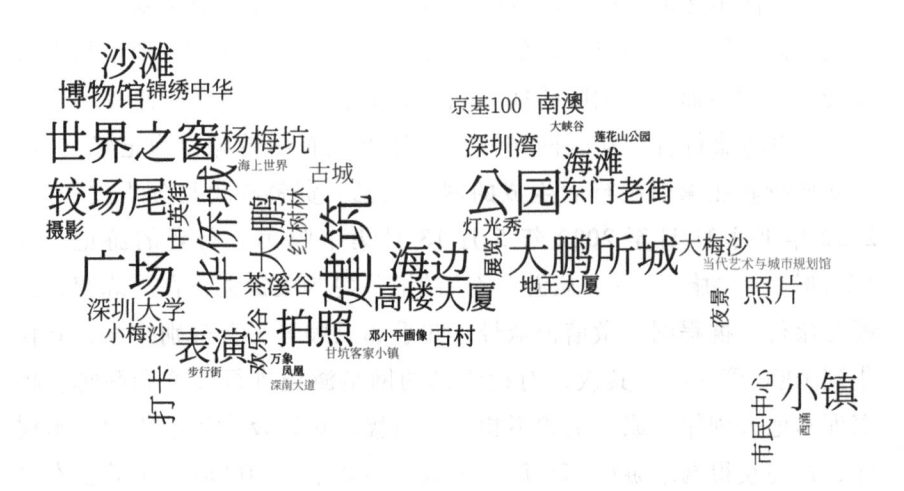

图 3-3 网络游记中的深圳景观与地标记忆词云图

(注:由于篇幅限制,仅呈现前 50 个高频词)

调查问卷通过调查平台"Credamo 见数"发放,针对在深圳市从事国际交流、国际商务、国际传播等职业的城市管理者和服务者开展。调查涉及四部分内容,分别为:(1) 被调查者基本信息;(2) 深圳市的城市记忆与文化形象;(3) 深圳市的城市品牌国际传播;(4) 深圳市的跨文化城市建设。在剔除无效问卷后,共收回 500 份有效问卷。

在有效样本中,受访者平均答题时间为 12.67 分钟;男性受访者 291 人(占 58.2%),女性 209 人。从受教育程度上看,大学本科和硕士受访者分别为 347 人和 119 人,合计占 93.2%;从职业分布上看,公务员或事业单位受访者为 264 人,占 52.8%,从事国际交流和文化传播的受访者分别为 144 人(28.8%)和 85 人(17%)。

(二) 网络游记再现的深圳景观与地标

记忆与地方之间的结构性联系，体现在物质文化景观中。[①] 通过词频分析与词云图发现，场所是旅行者建构深圳文化记忆的重要依托。旅行者记忆的场所包括世界之窗、锦绣中华等主题公园，较场尾、大梅沙等自然景观，大鹏所城、中英街等历史古迹以及博物馆、市民中心等文化场所。其中，自然景观、主题公园在记忆中的占比较大。这表明旅行者对城市文化符号的记忆有所偏重。

表3-1　　网络游记中的深圳景观与地标记忆高频词

排序	高频词	频数	排序	高频词	频数
1	建筑	415	26	中英街	107
2	公园	315	27	古村	105
3	广场	306	28	古城	104
4	世界之窗	248	29	锦绣中华	99
5	华侨城	243	30	红树林	98
6	大鹏	228	31	欢乐谷	96
7	海边	215	32	小梅沙	92
8	较场尾	206	33	夜景	84
9	拍照	194	34	摄影	82
10	大鹏所城	187	35	地王大厦	82
11	沙滩	182	36	京基100	82
12	表演	174	37	灯光秀	80
13	高楼大厦	158	38	展览	78
14	照片	156	39	当代艺术与城市规划馆	76
15	海滩	153	40	海上世界	74
16	杨梅坑	147	41	甘坑客家小镇	72
17	博物馆	141	42	邓小平画像	62

[①] Hoelscher S., Alderman D. H., "Memory and Place: Geographies of a Critical Relationship", *Social & Cultural Geography*, Vol. 5, No. 3, 2004, pp. 347-353.

续表

排序	高频词	频数	排序	高频词	频数
18	打卡	140	43	步行街	60
19	东门老街	132	44	大峡谷	58
20	深圳大学	130	45	莲花山公园	57
21	深圳湾	126	46	华侨城创意园	57
22	茶溪谷	121	47	深南大道	55
23	南澳	118	48	雕塑	55
24	市民中心	115	49	演出	54
25	大梅沙	114	50	民俗村	54

解读网络游记文本发现，旅行者通常以"地点"为线索，按照时间顺序记录行程，详述旅游体验。这些城市文化符号以"记忆碎片"[①] 的形式留存在旅行者的记忆中。例如，去哪儿旅行用户"KIM"按照参观顺序描述游览世界之窗的过程：

> 大门进去，就是人人知晓的埃菲尔铁塔……在日本园转了很长时间，日本的鸟居、神社、传统民族民居，穿着和服的模特站在门口招待顾客……日本园出来以后，走一段距离是印度园、朝鲜园、韩国园，也都是展览一些著名建筑。继续往前走，有一个游乐项目叫"穿越北冰洋"。[②]

由此可见，旅行者的记忆没有经过重新整合，而是基于记忆片段拼图成为深圳城市记忆的框架。其中值得注意的是，建筑是旅行者记忆深圳的切入口。词频统计显示，"建筑"一词出现频率最高（415 次）。有

[①] 汪芳、严琳、吴必虎：《城市记忆规划研究——以北京市宣武区为例》，《国际城市规划》2010 年第 1 期。

[②] KIM：《广东：游乐园过暑假》，去哪儿旅行网，（2015-07-24），[2021-08-14]，https：//touch.travel.qunar.com/youji/7695347?bd_source = RN&showType = share。

旅行者把深圳之行形容为"一次专门的建筑之旅"①。这说明，建筑承载了作为旅行者认知深圳、记忆深圳的关键的很多文化要素。

除场所外，文化仪式和文化活动等非物质文化符号也是城市文化的重要构成。但从收集的资料可以发现，文化仪式和文化活动并没有在旅行游者记忆中留下深刻的印象。即使游记中部分提及了艺术展、表演等文化活动，也是基于场所的介绍而忆及。例如，马蜂窝用户"Standy"选择去看美术展的原因，是因为何香凝美术馆这一场所适合取景拍照，而非基于展览活动本身：

> 深圳有好多美术馆，此行我定点了何香凝美术馆以及关山月美术馆，最后因 Instagram 上有颇多"红调"照片都是在何香凝美术馆取景，且离深圳当代艺术馆较近，所以搭地铁去何香凝美术馆。②

这表明，场所比文化仪式和活动更容易被记忆，因而是旅行者记忆城市的重要线索。斯利尼瓦斯认为，城市历史建筑及文化景观作为城市记忆符码，体现着城市的文化个性。③ 对场所的游览和记录满足了旅行者的视觉享受，也是他们认知深圳城市精神和城市个性的重要途径。有旅行游者会通过深圳的地标建筑（如国贸大厦等）的建设背景，联想到"深圳速度""改革前沿"这些城市标签：

> 这里的第一座地标性建筑——国贸大厦就瞄准了当时内地第一高楼，1985 年国贸大厦建成。"三天一层楼"的施工速度曾令人震惊。自此，"深圳速度"成为中国改革开放的代名词。④

---

① 蟹黄汤包儿：《深圳看建筑——莲花山下的群星璀璨》，去哪儿旅行网，(2017 - 12 - 09)，[2021 - 12 - 08]，https://touch.travel.qunar.com/youji/6957960? bd_source = RN&showType = share。

② Standy：《深圳两日游，城市建筑摄影小记》，马蜂窝网，(2017 - 11 - 25)，[2022 - 03 - 06]，https://www.mafengwo.cn/i/8265166.html。

③ Smritl Srinivas, *Landscape of Urban Memory*: *The Sacres and the Civic in India's Hightech City*, University of Minnesota Press, 2001, p. 376.

④ 看云绻云舒：《闽粤行之深圳（上）：打卡天际线，遇上了爆红灯光秀》，马蜂窝网，(2019 - 10 - 30)，[2022 - 04 - 05]，https://www.mafengwo.cn/i/17712337.html。

由此可见，地标建筑等场所发挥着激发旅行者城市文化联想的中介作用。诺拉认为，在现代社会中，记忆需要依赖档案、节日、博物馆等外在场所保存。① 城市建筑、历史古迹等场所构成了城市文化的"记忆之场"，旅行者依托这些外显的城市文化符号建构关于城市的文化记忆。

从记忆形式上看，网络游记中图片占据较大篇幅，在旅游场所"拍照打卡"是旅行者记忆城市文化的主要策略。例如，去哪儿旅行用户"joyfl178"在游记《高楼林立，深圳之行》② 中使用了490张自己拍摄的照片，包含美食、自然景观、建筑、市民生活等。这些图片是个性化的影像实践，作为视觉话语也是旅行者记忆城市的载体和方式，体现了旅行者与城市的互动。有旅行者表示，很多景点出现了排队拍照的场景，照片是否"出片"有时是确定游览路线的参考标准。例如：

> 深圳大学理工楼边上的木质楼梯，也是拍照很好看的点，还好我们来得早，到后来我们离开的时候，楼梯上已经很多人了，拍照都要排队了……深业上城非常值得去拍，可拍的点非常多，四楼色彩斑斓的立体建筑让我感觉有点像迷你版的纪念碑谷，十分好出片。蛇口海上世界能拍的点其实不多，个人认为不值得专门去。③

由此可见，拍照形塑了新的旅游体验，使人们沉浸于"网红打卡"营造的视觉表象化的"景观"之中。④ 旅行者将图片发布在旅游攻略分享社区、朋友圈等网络空间，其实是将旅游地具备的特质与自我身份建构通过拍照与分享行为联系在了一起，⑤ 在媒介互动中完成自我形象管理和城市记忆建构。

---

① Pierre Nora, *Les Lieux de mémoire*, Paris：Les Frances, La Republique, Le Nation. 7 Vols.
② joyfl178：《高楼林立，深圳之行》，去哪儿旅行网，（2015-11-15）[2016-03-28]，http：//travel. qunar. com/travelbook/note/6313894。
③ 朱仔茗：《宝藏纪念深圳 | 漫步鹏城，"深"得我心》，马蜂窝网，（2018-10-01），[2021-12-26]，https：//www. mafengwo. cn/i/10889266. html? sys_ver =。
④ ［法］居伊·德波：《景观社会》，王昭风译，南京大学出版社2007年版，第43页。
⑤ Anja Dinhopl, Ulrike Gretzel, "Selfie-taking as touristic looking", *Annals of Tourism Research*, Vol. 57, No. 2, 2016, pp. 126-139.

此外，"繁华""壮观"等描述景点外观的形容词在网络游记中被广泛应用。这些视觉话语主导的记忆，意味着旅行者的感知经常是一种意识较少介入的浅层次感受。旅游体验分为知觉体验、意义体验、情感体验三个维度，[①] 从网络游记发现，旅行者的旅游体验较多停留在知觉体验层次。这种基于感官形式的体验，使得旅行者与城市文化之间的连接较弱，难以形成深层次的城市记忆。

（三）国内网络游记呈现的深圳个性

基于收集的资料发现，旅行者对于深圳城市个性的理解与记忆具有标签性质。例如，旅行者在网络游记中常常使用"小渔村"和"大都市"这两个词来反映深圳的快速发展，或者给深圳贴上"改革前沿""改革开放排头兵"等与特定历史事件相关的标签。

表3-2　　　　网络游记呈现的深圳城市个性（高频词）

排序	高频词	频数	排序	高频词	频数
1	文化	197	21	美好	71
2	历史	186	22	繁华	61
3	艺术	168	23	独特	60
4	特色	165	24	现代	60
5	发展	164	25	惊喜	59
6	设计	153	26	生态	57
7	创意	131	27	科技	56
8	国际化	123	28	大都市	53
9	年轻	109	29	干净	53
10	美丽	104	30	漂亮	52
11	最大	98	31	舒服	51
12	开放	88	32	清新	51
13	休闲	87	33	浪漫	50

[①] 赵刘、程琦、周武忠：《现象学视角下旅游体验的本体描述与意向构造》，《旅游学刊》2013年第10期。

续表

排序	高频词	频数	排序	高频词	频数
14	享受	86	34	开心	50
15	最美	84	35	深圳速度	49
16	创新	83	36	现代化	48
17	改革开放	82	37	网红	48
18	著名	80	38	包容	47
19	文艺	75	39	魅力	45
20	建设	73	40	舒适	45

"这个暑期，我决定放慢脚步，和孩子在充满创新与前沿的深圳，来一场'爸'气少年的'驾'日之旅。深圳，一座从昔日的海边渔村蝶变为现代化大都市，一个改革前沿的创新之地。它的外在让人仰望，内在让人迷恋。"[1]

城市文化宣传希望利用各种媒介赋予城市个性以统一的标签。"标签"可以帮助人们建立关于城市的初步印象，但标签化的认知往往是扁平的。在深圳文化记忆中，加班忙碌的年青人、繁华喧嚣的夜景、鳞次栉比的建筑等常常被旅行者忆及：

说到深圳这座城市，你对它的印象是什么样的呢？我想，应该很多人都会想到改革开放，想到一座高楼大厦鳞次栉比的城市，想到每天都在奋斗的"996"的年轻人，想到公路上川流不息的车辆，想到现代化的钢筋混凝土的灰色系，想到琳琅满目的商品，想到繁华的商业中心，想到《春天的故事》那首歌。这些都是和深圳相关的标签，也是大家想到这座城市的第一印象。[2]

---

[1] 行走的迈克尔:《#35 成群过暑期#——爸气少年的「驾」日游乐场》,去哪儿旅行网,(2021-08-18)[2022-03-09], https：//touch.travel.qunar.com/youji/7696973? bd_source=RN&showType=share。

[2] 糖衣:《深圳｜不只有高楼大厦拥挤人群,让我带你去看看》,马蜂窝网,(2020-12-01),[2022-04-06], https：//www.mafengwo.cn/i/22382371.html? sys_ver=。

记忆"标签"符合人们认知事物的规律,因此是城市文化宣传的重要手段。城市文化标签可以体现城市文化个性,但它们可能是抽象的,甚至可能是以偏概全地遮蔽具象的、生动的、丰满的细节,限制受众认知城市多面向的文化。这会导致人们对城市文化想象的弱化以及城市记忆的浅层化。

旅行者的旅游体验与其城市记忆之间存在相互建构的关系。一方面,在旅游过程中,旅行者以身体为中介所捕捉的多感官信息,构成了旅游情境中的时空经验。在感官经验的基础上,可能会延伸出情感和意义层面的认知,例如城市文化认同、自我身份建构等。这些多维度的旅游体验是旅行者建构城市记忆的重要来源。另一方面,旅行者的城市记忆反过来可以丰富旅游体验。城市记忆的存在是旅行者审视城市旅游客体(景观与地标等)的前置条件,影响旅行者的感官体验与认知转化,并能够补充与完善旅游体验。

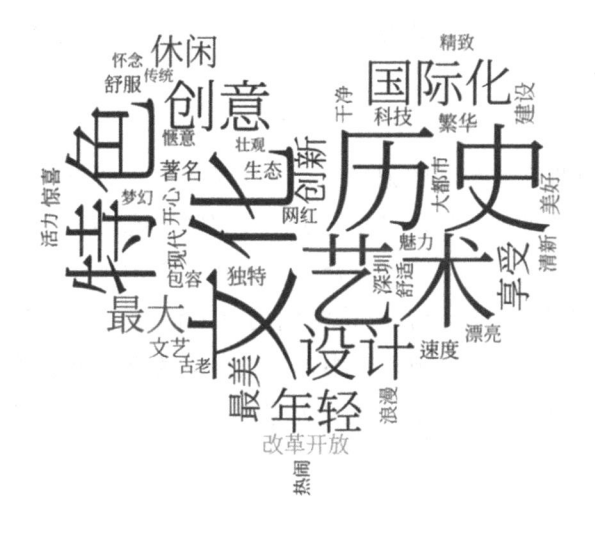

图 3-4　网络游记呈现的深圳城市个性词云图

从词云图和词频表可见,"文化""历史""艺术"等词汇出现频率最高,说明旅行者对于深圳城市个性的认知主要集中在人文领域。"特色""发展""设计""创意""国际化""年轻""美丽""开放"等词汇出现频率较高,折射着旅行者对深圳的认知。从形容词的使用上看，旅行者对深圳城市个性的认知，既包括"最美""漂亮"等描述城市建设和外观形象的词汇，也包括"国际化""开放""年轻"等概括深圳发展特点的词汇。"特色""设计"等高频词汇说明有特色、有创意的城市文化符号最容易被记忆。总的来说，旅行者对深圳的认知和记忆是多维度的。

结合游记文本可见，旅行者的记忆中的深圳个性有以下特点：首先，深圳是拥有独特历史与民俗文化的城市。在实地游访深圳后，旅行者对于深圳市原有的认知与印象受到冲击，对深圳这座现代化大都市的历史有了更深刻的认识与记忆。大鹏所城、甘坑客家小镇、中英街等景点，是旅行者记忆的重要场所。例如，网友"Cookie 大曲奇"写道：

> 深圳居然有一座历史悠久的古城！做攻略看到的时候实在是太震惊了。实在很难把日新月异的城区和古色古香的小城联系在一起。深圳啊深圳，你还有多少惊喜是外地人不知道的？其中有不少特色商铺，民居和祠堂，也不乏小吃诱人，值得花一个半天时间慢慢游历。①

第二，深圳在旅行者的记忆中是处于艺术、创意与设计前沿的文艺都市。深圳曾一度被认为是"文化沙漠"，但深圳经济社会的快速发展带动了文化发展。例如，深圳拥有众多艺术馆、美术馆和艺术中心等，到访艺术展、艺术馆是旅行者游访深圳的重要活动。深圳将"艺术"与"设计"融入城市建设与规划之中，被联合国教科文组织授予"设计之都"称号。这些艺术、创意与设计元素形成了旅行者的深圳记忆。网友"朱仔铭"写道：

> 当代艺术馆建筑非常有特色，个人认为非常值得来看一看。它是由"解构主义急先锋"——奥地利蓝天组设计作为一座"概念建筑"，其造型独特……艺术馆入口扶梯上弯弯的穹顶；流畅的曲面与

---

① Cookie 大曲奇：《年轻就说走就走，前卫的深圳有颗文艺的心》，马蜂窝网，(2021-05-26) [2021-06-07]，https://www.mafengwo.cn/i/22799773.html。

直线钢铁结合碰撞出与众不同的规律感……从侧面看，是这样的，流畅的流线型非常好看，与极具线条感的顶部结合起来很有未来感。球状平台反映着外墙的线条，球面使线条变成波浪形，好像科幻电影一样。①

第三，深圳在旅行者记忆中是活力四射的现代化大都市。"国际化""开放""繁华""现代""大都市""年轻"等词汇频繁出现在网络游记中，这与深圳在媒体中的一贯形象相符。例如，一位去哪儿旅行用户在第一次游访深圳后发出感叹：

深圳是个富丽繁华的城市，这里有许许多多的高楼大厦，而这些拔地而起的高楼大厦在灿烂的光阴下似一个个巍峨的巨人。在我眼里这里充溢着太多现代化的风景，霓虹灯下，巨幅的广告牌，处处诠释着现代化生活的脚步，还有，贴在广告牌上的某个明星的身影和那些电子屏，他们仿佛激起了这个时代巨大的财富动力，把现代化大都市的形象更加显现出来。比较有特色的楼，金融类的，觉得金融大楼都很高大上，毕竟与国际接轨。②

2020年，深圳市委六届十五次全会阐述了"新时代深圳精神"：敢闯敢试、开放包容、务实尚法、追求卓越。由收集的网络游记可见，"开放"一词出现88次，"包容"出现47次，这与深圳"开放包容"的精神较为吻合。这说明旅行者记忆中的城市个性与深圳的城市精神有一定的契合度，但认知的侧重点不同。深圳市委的阐述更加注重经济领域，以实现深圳发展为路径；而旅行者的认知集中在文化、艺术等领域，是深圳发展的外显结果。

---

① 朱仔萅：《宝藏纪念深圳 | 漫步鹏城，"深"得我心》，马蜂窝网，(2018-10-01) [2022-03-21]，https://www.mafengwo.cn/i/10889266.html?sys_ver=。
② 去哪儿旅行用户：《深圳玩乐攻略》，去哪儿旅行网，(2017-04-02) [2022-02-06]，https://touch.travel.qunar.com/youji/6791706?bd_source=RN&showType=share。

二 国际旅行者与深圳城市国际传播

（一）国际旅行者与城市文化传播

除了国内旅行者外，国际游客也是城市旅行者的重要构成部分，且具有独特性。与国内旅行者相比，国际旅行者对于增加国家外汇收入、宣传旅游地和国家的国际形象，乃至国家政治宣传和外交等方面具有重要的作用。中国的入境旅游业大致经历了以下几个阶段：（1）20世纪五六十年代，为重塑中国在西方国家中的国际形象并拓展外交关系，中国吸引和接待了众多西方国家旅行者来华旅行。[1] 西方旅行者对新中国的建设成就、社会制度、人民精神面貌、旅行接待表示赞扬，改变了他们来华旅行前基于西方国家对华扭曲宣传所形成的对中国的怀疑和误解。西方旅行者回国后，纷纷基于自身真实旅行体验重塑中国正面形象，为西方世界了解中国、促进东西方往来开辟了一条卓有成效的路径。[2]（2）改革开放后，国际旅行已不像新中国成立初的特殊时期那样充当国家形象宣传和政治外交的媒介，其经济功能成为主导，入境旅游作为促进国民经济发展的一个手段，承担着为国家创汇的重任，为中国带来了大量的外汇收入。[3]（3）1992年，入境旅游开始充当展示中国国家形象、开展国际外交的角色。入境旅游业更多地承担着传播中华民族优秀文化、增强中国文化软实力的功能。随着中国"走出去"战略的实施，国际旅游业已不再以创造外汇和促进经济增长为主要目标，而是更多地承担着促进中外文化交流、增进中外双方友谊的功能。[4] 国际旅行者在游访的过程中加深对旅游地自然与人文的了解，成为传播旅游地城市文化形象的重要媒介：一方面，国际旅行者在返回其所在国后，通过人际传播的渠道

---

[1] 王素君：《他者视阈下的中国形象——以20世纪五六十年代西方来华旅行者为中心的考察》，《云南大学学报》（社会科学版）2022年第2期。

[2] 王素君：《他者视阈下的中国形象——以20世纪五六十年代西方来华旅行者为中心的考察》，《云南大学学报》（社会科学版）2022年第2期。

[3] 杨玉英、闫静、胡雨凯、王丹鹤、龚慧：《中国入境旅游业功能定位与宏观驱动因素研究》，《宏观经济研究》2020年第2期。

[4] 杨玉英、闫静、胡雨凯、王丹鹤、龚慧：《中国入境旅游业功能定位与宏观驱动因素研究》，《宏观经济研究》2020年第2期。

将旅行中的见闻分享给身边的人；另一方面，通过在国际旅行平台中发布游记，增加了城市文化的可见性。因此，通过网络游记研究国际旅行者的城市记忆与城市感知对于评估城市文化国际传播具有意义。目前，针对国际旅行者的研究主要集中在游客偏好领域、游客需求预测以及旅游形象感知，而对国际旅行者的旅行体验与记忆的研究较少，也很少从国际旅行者的视角研究城市形象与城市文化传播。

（二）国际旅行者网络游记中的深圳景观与地标

国际旅行者网络游记收集与分析：2022年6月29日至7月20日集中收集国际旅行者的网络游记文本，以"Shenzhen"+"travel/trip/travel notes"为关键词，在Tripadvisor、travelblog、Top China Travel等主流国际旅行网站或平台进行检索，最终收集到150篇文本。其次，对检索到的网络游记进行初步阅读和筛选，将境内游客发布的、篇幅过短以及广告性质的文本剔除，最终得到国际旅行者网络游记101篇，篇幅从600词到2000词不等（共计9.5万词）。文本覆盖的时间是2014年1月至2022年1月。随后对有效样本进行预处理：删除游记中的图片、表情符号；删除摘自网络的科普性文字；对相似词汇做同义转换，方便后续的词频统计。

对于国际旅行者网络游记的分析与国内旅行者基本一致：首先构建词典和停用词表，其次使用Python中的NLTK包对文本进行分词处理，最后对词频进行统计并使用Wordcloud工具包生成高频词词云图。

表3-3　国际旅行者网络游记中的深圳景观与地标记忆高频词表

排序	高频词	频数	排序	高频词	频数
1	park	415	26	lake	43
2	hotel	315	27	tea	43
3	bus	306	28	Dongmen-street	41
4	Hong Kong	248	29	exhibition	40
5	village	243	30	Dafen-oil-painting-village	40
6	building	228	31	Splendid-China-folk-village	38
7	station	215	32	river	36
8	beach	206	33	painting	32
9	mountain	194	34	Hakka	32

续表

排序	高频词	频数	排序	高频词	频数
10	Metro	84	35	cafe	29
11	garden	75	36	Lianhuashan-park	29
12	road	72	37	Theme-park	27
13	museum	64	38	Window-of-the-world	27
14	restaurant	61	39	pavilion	26
15	train	59	40	square	26
16	Dapeng	58	41	skyscraper	26
17	OCT	57	42	Xiaomeisha	26
18	photo	56	43	show	23
19	Shenzhen-Bay	55	44	Xichong	23
20	temple	53	45	Dameisha	23
21	path	48	46	gallery	23
22	sea	48	47	bridge	22
23	town	45	48	image	22
24	valley	44	49	subway	21
25	street	44	50	Cantonese	21

图3-5 国际旅行者网络游记中的深圳景观与地标记忆词云图

第三章　激活城市记忆：深圳国际传播能力建设的可能路径 / 225

　　和国内旅游者一样，建筑、公园、沙滩也在国际旅行者的游记中占据了很重要的地位，这些场所作为旅行背景和城市符号帮助旅行者形成对深圳更加深入、更加生动的印象，也能够唤醒非在场的旅行者的城市记忆。而对于试图将深圳之旅进行固定储存的游记撰写者来说，这些空间元素成为他们构建记忆的线索，串联记忆的关键节点。国际旅行者就是在前人大量程式化主观感受的基础上形成经验，经由客观环境的修正完善，而后形成自身独特的主观感受。这些主观感受也在反向不断丰富着世界对深圳的城市印象。深圳市政府关注到记忆之所的重要性，对城市记忆的载体如文化展馆、历史古迹、城市地标给予足够重视，并且对深圳城市文化进行提炼，使记忆空间拥有更丰富的文化底蕴或历史价值。但在国际旅行者游记中，我们也明显看到他们的城市印象与"官方深圳记忆"的偏移。比如 travel blog 网站中一位游客提到：

We started our lovely public transit trek 51 miles away to Huaxing Temple in the OCT East. 2 buses and 2 metro lines later, we were at the base of a mountain with a Theme Park (OCT East). After some frustrating negotiations about Cash vs. Phone App... we were boarding a tan van with some guy destroying his transmission thanks to his (lack of) skill of manual engines. I have never thought I was going to die, but this wanna-be Disneyland driver was wrecking my nerves... TIC (this is China). ①

　　这篇游记中对旅行过程中交通的描述占据了三分之一的篇幅，着重描述了她选择的交通工具以及乘坐感受。相比景点、地标建筑自身的审美性与文化性，交通工具的触达以及便利程度也关系到国际旅行者的体验。地铁站的设计风格、站台的创意展板等，对于国际旅行者来说不只是交通的附属空间，还具有和文化展馆、历史街区相似的功能，承载日常生活的重要记忆。作为"衣食住行"中不可或缺的"行"，它是旅行者与当地居民交谈闲聊的场所，是感受深圳生活的重要环节。

　　此外，具有深圳特色、彰显地缘文化的景点或地标更加受到国际旅行者的偏爱，比如建于明朝距今已有 600 多年历史的大鹏所城，青砖翘檐

---

① The Fryed Life, It's Been A while, travelblog, (2018-10-02) [2022-09-09], https://www.travelblog.org/Asia/China/Guangdong/Shenzhen/blog-1025304.html.

都具有典型的中国特色,彰显客家文化与广东文化在此处的交会融合。这符合国际旅行者对中国文化的期待,带有常见的"中国"标签。深圳历史最悠久的步行街——东门步行街也是国际旅行者的热门景点之一,人流量大,品类繁多,既有小商小贩,也有大型商场,旅行者可以沉浸式体验繁华热闹的深圳街头生活,感受深圳民众购物、休闲的实际样态。就像 eco-friendly travel 网站总结的那样:

*A crowded, bustling old-fashioned Chinese shopping experience, Dongmen Old Street is several blocks long and has malls, market stalls, winding side streets, and plazas. The vendors sell shirts, food, handbags, shoes, underwear, and more. Be prepared to bargain at the market stalls and look for heavy discounts at the malls.*①

总体来说,带有典型中国风元素的场所对国际旅行者更加具有吸引力,旅行者对这些极具异域风情的景点期待值和评价相对更高。Rory Boland 在游记中总结在深圳最应该做的 20 件事情,介绍了大芬油画村、华侨城、南头古城、东门步行街、大鹏所城、天后庙、莲花山公园等景点,即使非历史类地标也多是从深圳日常生活的视角介绍。其中,是这样介绍大鹏所城的:

*In the southern provinces of China, Hakka villages were once a common building style in which villages were built with large defensive walls. Many Hakka structures fell into disrepair or were demolished to make way for urbanization, but there are still places you can visit to see original Hakka buildings. If you don't have a lot of time to explore villages in Guangdong and other nearby provinces, you can check out the Longgang Museum of Hakka Culture where you can see examples of Hakka-style buildings.*②

国际旅行者关注深圳历史相关的景点也是有选择性的,在既有经验基础上,对"古城墙""绿瓦红檐""亭台楼阁"等中国古代历史文化表

---

① eco-friendly travel, SHENZHEN, eco-friendly travel, (2021 - 01 - 12) [2022 - 09 - 09], https://ecofriendlytravels.com/wiki/Shenzhen.

② Rory Boland, 20 Best Things to Do in Shenzhen, China. travelsavvy, (2021 - 11 - 24) [2022 - 09 - 09], https://www.tripsavvy.com/best - sights - in - shenzhen - 1535943.

现出充足的兴趣，而对蕴含近现代深圳发展史景点的关注度较低。一方面，由于国际社会对中国形象有着长期建构，国际旅行者认为古色古香的建筑是中国特色，这种东方主义的主观判断是萨义德所批判的。另一方面，近现代深圳发展史的代表性景点与现代化建筑外观设计上区别较小，其历史意义超过其单纯的文化意义和审美价值，参观时需要对中国近现代历史有所了解。此外，邓小平画像、中英街等景点除了展现历史的宏大发展脉络，还象征了一代人的生活图景，即使熟悉中国近现代历史的国际旅行者也需要长期的生活体验才能真正共情。比如第 26 届世界大学生夏季运动会纪念碑，是基于中国人尤其是深圳市民对 2011 年第 26 届世界大学生夏季运动会深厚的情感和强烈的记忆而建造的，但是国际旅行者因为缺乏相似的成长经历和情感基础，便会认为这个纪念碑和相关背景没有意义。

*I came across a monument for the Universiade, which I had no idea about. The monument was pretty cool and l liked that it looked a bit imposing. It had all the dates and locations of the previous Universiades on it. Later, I googled what the Universiade was all about, but the Wikipedia explanation didn't really make much sense to me.*①

同时，对于样本游记中有博物馆、展览参观经历的旅行者来说，他们大部分选择的展览主题也是与中国传统文化、古代历史相关的文物展、文化科普展、主题公园，他们会从形式、外观、造型、气氛等角度，表达更多感性的认识和主观评判，而非过度强调历史背景和文化理解。

*This museum hits its 10th year anniversay last year. As of today, it got two up and running featuring two exhibitions. Calligraphy collection on the 1st floor and the antique collection such as pottery, jade, sculptures on the 2nd floor. So ancient, i saw some dated as early as 1300 and 1400. Old artifacts. Considered treasure...*②

---

① Zephyr, Shenzhen Bay Park. travelblog, (2022 – 02 – 30) [2022 – 09 – 09], https：//www.travelblog.org/Asia/China/Guangdong/Shenzhen/blog – 1064858.html.

② Ays1979, Xiangshan Art Museum. trip.com, (2022 – 06 – 27) [2022 – 09 – 09], https：//www.trip.com/moments/detail/shenzhen – 26 – 13745682.

Calligraphy is a visual art related to writing. It is the design and execution of lettering with a pen, ink brush, or other writing instrument. It is the art of forming beautiful symbols by hand and arranging them well. Proper strokes and techniques for inscribing words so they show integrity, harmony, some sort of ancestry, rhythm and creative fire. ①

此外，相比于国内旅行者，国际旅行者对深圳的自然景观表现出较高的关注度，特别是深圳的山海风光。Vicky Lu 专门在游记"*Popular Beautiful Beach in Shenzhen*"中从大小梅沙到西冲、东冲海滩，总结了深圳海滩美丽的自然风光：

There are about 23 beaches near Shenzhen, such as Dameisha Beach, Xiaomeisha Beach, Xiasha Beach, Xiyong Beach, Xichong, Dongchong, Dashenwan, Yangmeikeng, Shuitousha, Guanhu, etc. Among them, Dameisha, Xiaomeisha and Xiasha Beaches are the most popular one to the locals, for they are under tourism development early. In public holiday and at weekends, there are a lot of water recreational activities on the beach for visitors to have fun. As for other undeveloped beach, tourism recreational activities are not very mature, but there are still many travelers to go there for expedition. ②

Vicky Lu 介绍小梅沙海滩被称为"东方的夏威夷"，有着广阔的白色柔软的沙滩，适合水上运动；大梅沙海滩开发了露营、登山等活动项目，但由于游客太多，所以海水和海滩并不清晰；东冲和西冲海滩仍在开发中，适合在附近略显原始的山上欣赏日出日落；而大鹿湾则需要乘船到达，有很多形状奇怪的石头，适合喜欢远足和冒险的旅行者；迭福沙滩最独特的风景是岸上的豪华游艇，但完全原始的海水、沙滩和植物也意味着交通的不便、旅游设施的匮乏。

不同于前文偏爱历史底蕴浓厚、极具异域风情的文化景点，Vicky Lu 的游记视角代表着另一批旅行者。他们的旅行更适合形容为"度假"，他

---

① Ays1979, Calligraphy Exhibition of Zhu Longqun. trip. com, (2022 – 06 – 27) [2022 – 09 – 09], https://www.trip.com/moments/detail/shenzhen – 26 – 13745877.
② Vicky Lu, Popular Beautiful Beach in Shenzhen. Top China Travel, (2015 – 05 – 18) [2022 – 09 – 09], https://www.topchinatravel.com/community/blog/popular – beautiful – beach – in – shenzhen.htm.

们眼中的深圳不再只是"中国改革开放的窗口""创意之都""滨海客家文化区""明清之际中国抗击外敌的重要军事城堡",而是拥有众多优质海滩的度假胜地。他们选择深圳的原因,更多是出于对深圳海滩品质、游乐项目、旅游设施的考量。但相比于被称为"东方夏威夷"的海南三亚,对于国际旅行者来说,深圳内陆沿海的海水、沙滩、空气质量虽好,但和海岛相比仍存在一定差距。而深圳的优势则在于旅行场景的多样:历史文化资源丰富的前沿经济大都市、拥有现代化工业集群的同时拥有众多优质海滩,多重标签汇集于"深圳"。

The six outer districts(关外 guānwài)-from west to east:Bao'an, Guangming, Longhua, Longgang, Pingshan, and Dapeng-are full of green mountains and sprawling but still densely populated suburbs. The eastern districts have various historic sites, including old Hakka villages, and Dapeng has popular beaches. ①

Eco-friendly travel 网站就描述深圳这座城东部和西部的区别,外部清新自然的绿水青山围绕着多产业快速发展的现代化大都市,东部各种历史遗迹毗邻着阳光海滩,不同的自然景观、文化场景在深圳同一空间融合,展现深圳发展进程和自然地理带来的多样性。

When I came out of the metro station it was quite busy with people having a look at the view and deciding where they wanted to go. The park stretches for 13 kilometres, I thought it was 16km, and is a popular spot for walking and cycling… Looking across the bay, I could see Hong Kong in the distance…I could also see Shenzhen's business districts, which with all the skyscrapers looked very modern. ②

虽然旅行者的旅行记忆是由一个个节点组成,而这个节点往往是典型的记忆之所,但节点的连接——旅行者在城市间放缓步伐、没有目的地闲逛,也是构建城市记忆的重要部分。Zephyr 在深圳湾里"I didn't

---

① Vicky Lu, Popular Beautiful Beach in Shenzhen. Top China Travel,(2015 - 05 - 18)[2022 - 09 - 09],https://www.topchinatravel.com/community/blog/popular - beautiful - beach - in - shenzhen.htm.

② Zephyr, Shenzhen Bay Park. travelblog,(2022 - 02 - 30)[2022 - 09 - 09],https://www.travelblog.org/Asia/China/Guangdong/Shenzhen/blog - 1064858.html.

want to retrace my steps"的散步却形成了自身对深圳的整体印象：身处郁郁葱葱的绿色和自然之中，还能看到远处南山区和福田区的摩天大楼、路经大运会的纪念碑、其周围环绕着树木和田野，逐渐走到伸向大海的观景台，有海、沙滩和玩耍的孩子。国际旅行者在深圳街角穿行时，深圳的多元文化和多样景观便微缩在一个目的地到下一个目的地的过程之中。

（三）国际旅行者网络游记彰显的深圳印象

表3-4　网络游记呈现的国际旅行者深圳城市个性认知高频词表

排序	高频词	频数	排序	高频词	频数
1	culture	81	21	large	37
2	art	74	22	long	37
3	good	71	23	historical	35
4	different	70	24	modern	30
5	beautiful	65	25	traditional	29
6	pretty	58	26	surprising	29
7	enjoy	58	27	happy	29
8	unique	57	28	convenient	26
9	great	54	29	industrial	25
10	nice	52	30	busy	25
11	creative	52	31	tech	23
12	international	51	32	ancient	21
13	famous	50	33	biggest	21
14	attractive	46	34	relaxing	50
15	open	43	35	eco-friendly	20
16	special	42	36	clean	18
17	popular	41	37	scenic	16
18	old	40	38	metropolitan	15
19	design	40	39	young	15
20	develop	39	40	quiet	15

图3-6　网络游记呈现的国际旅行者深圳城市个性认知词云图

文化、艺术、创意、国际化、著名、开放、大都市等关键词都在国内和国外旅游者的游记中高频出现，一定程度上说明深圳市政府在"国际化大都市"这一城市印象的构建卓有成效。特别是深圳作为中国对外开放的先行者，在国内经济的地位乃至对全球经济产生的影响力都逐渐得到国际旅行者的承认。比如 Sarah Karacs 在游记中写道：

Shenzhen has garnered accolades for being a city of miracles. Like Dick Whittington's London being paved with gold, here opportunity awaits the hard-working and ambitious. There are said to be more residents with PHDs in Shenzhen than anywhere else in China. Success stories abound-like that of Frank Wang at leading drone manufacturer DJI-and reflect the frenetic and unstoppable energy harnessed in the metropolis.[①]

[①] Sarah Karacs, 10 Excellent Reasons to Visit Shenzhen. culturetrip, (2017-01-29) [2022-09-09], https：//theculturetrip.com/asia/china/articles/10-excellent-reasons-to-visit-shenzhen.

"文化"在国内旅行者和国际旅行者的游记中都是出现频率最高的词汇,分别是197次和81次。可见,无论是国内旅行者还是国际旅行者,文化都对他们构建深圳的城市印象产生了很大程度的影响。对于国际旅行者来说,市民生活是体现城市文化变迁的良好载体,特别是历史在社会中流淌而过的痕迹,比如东门步行街、沙井老街。沉浸式的历史文化体验对他们有很强的吸引力,这也是形容历史街区、文化景点的常见视角。比如Lawrence在游记中这样形容沙井老街:

Walking around slowly in Shajing Ancient Fair-where we can perceive frozen time-perhaps is the most charming place in Shenzhen. We can see time flow and then leave traces that transform Shangjing Fair to a time museum. This time museum exhibits not only stone towers, ancient wells, building ruins, ancestral houses and halls, remnants of walls, traditional alleys, eaves, memorial gates, hexagonal pavilions, relics, broken steles, cottages, but also streams, moss, trees, insects. Meanwhile we can enjoy different voices here, including people's talking, busy fair, traditional opera, chicken crow, dog bark and car whistle. [1]

　　历史街区和文化景点所形成的认知判断更多依赖个人主观体验,对于国际旅行者,特别是那些对政府意识形态构建的城市形象持批判和中立态度的旅行者,他们更愿意相信自身的在场体验,或充满古韵的历史遗迹,或极具年代感的历史街区,或烟火气十足的百年老店,都在对深圳一直以来"国际化大都市"的形象进行补充修正。而深圳政府也更加重视这些历史街区蕴含的城市文化,使得"深圳"这一城市拥有更加丰富、饱满的城市形象。

　　同时,艺术也成为国际旅行者和国内旅行者用以形容深圳的关键词。深圳市政府十分重视艺术气息和创意氛围的打造,小到街头涂鸦,大到建筑设计,都体现政府对城市形象的着意维护。仅从游记来看,国际旅行者自下而上的反馈与深圳市政府的预期效果相符合。网友Cathy Adams

---

[1] Lawrence, explore Shajing Ancient Fair. trip. com, (2022 – 02 – 19) [2022 – 09 – 09], https://www.trip.com/moments/detail/shenzhen – 26 – 12506121.

就在游记"Designer Shenzhen: exploring China's creative capital"中详细介绍了深圳的设计中心、华侨城创意展览中心、深圳市当代艺术与城市规划馆、深圳的 Muji 酒店，等等。

On the first and third weekend of every month, the T-Street Creative Market takes place down the spine of OCT Loft, with local artisans selling everything from quirky smartphone cases and personalized jewellery to Chinese calligraphy and vintage clothing. Plus, a short taxi ride from OCT Loft is the OCT Creative Exhibition Center, a spaceship-lookalike exhibition centre that has welcomed landmark exhibitions from groups including futuristic visual artists TeamLab in 2017. ①

艺术展演、建筑空间将设计者的意图在一定空间内进行表演型的表达，不预设结论，通过多视角的解读将旅行者的个人体验嵌入创作表达之中。而且艺术能够跨越语言，实现跨文化互动，给予国际旅行者更加直接的视听感受。国际旅行者在深圳旅行最大的阻碍是语言。Utrecht 在撰写深圳旅游攻略时就专门对乘坐交通工具如何沟通进行详细的描写，其中建议乘坐出租车时提前准备好中文字条：

Unlike in neighbouring Hong Kong, it is rare to find any drivers who speak English, so be sure to have the names and addresses of your destinations written in Chinese to show the taxi driver. As most taxi drivers are migrants from other parts of China and not locals, do not expect them to be able to speak Cantonese

Just north of the Shenzhen Sports Center next to Blue Bird cafe at Shahe West road and Gaoxin South 11th road in front of the market in the early morning are steamed dim sum like dishes such as steamed buns and egg cheung fun. You must order in Chinese, as they don't speak English or even Cantonese. ②

虽然 2012 年的旅行者 Rachel Savage 还在游记中写道"Secondly, that the language barrier makes for exhausting travel"，而当下很少有旅行者在游

---

① Cathy Adams, Designer Shenzhen: exploring China's creative capital. lonelyplanet,（2018 - 02 - 23）[2022 - 09 - 09], https://www.lonelyplanet.com/articles/designer - shenzhen - exploring - chinas - creative - capital.

② Utrecht, Shenzhen. travellerspoint,（2019 - 05 - 06）[2022 - 09 - 09], https://www.travellerspoint.com/guide/Shenzhen.

记中吐槽语言对他们的旅行造成很大的困扰，也有旅行者认为街边随处可见的英文指示牌给他们带来了便利，但是深圳也应该继续重视面向国际旅行者提供的基础服务，提升国际旅行者的旅行体验。

三 国内旅行者与国际旅行者深圳记忆的差异

无论是国内旅行者还是国际旅行者，场所对于他们构建深圳城市记忆的价值都是无可替代的，不仅体现在篇幅占比中，而且体现在细节的表达上。他们都将场所作为回忆的触媒，使这些伫立的"场所"如同一个窗口，打开他们对于深圳之旅的回忆，或是历史文化或是市民生活。但由于国内旅行者与国外旅行者生长的环境、接触的媒体宣传、旅行的目的所存在的差异，他们对于旅游场所的选择、游记中所表达的主观感受都有着明显的区别。

基于上文对国内旅行者和国际旅行者的分析，我们发现：国际旅行者与国内旅行者的深圳记忆所存在的差异，首先体现在城市交通的可见度上。相比于国内旅行者，国际旅行者更加关注到达某景点的交通便利程度以及过程中的主观体验，游记中针对交通的描写也会占更大的比重。对于国内旅行者来说，深圳的交通可能和全国一线城市有着极大的相似性，并不具有记忆点。同时，交通包含了很多的沟通场景，国际旅行者在自己的非母语国家，对交流不畅带来的不便有更强烈的敏感度。此外，历史街区、文化博物馆、主题公园等旅行场所具有很浓厚的仪式性和建构性，国际旅行者探索"深圳真实面貌"的好奇心促使他们倾向于在和市民日常生活的交叉场景中亲自提炼出对城市文化的总结。

同时，一些深受国内游客欢迎的景点并未成为国外旅行者游览记忆的重点。如世界之窗、杨梅坑、深圳大学、茶溪谷等对国内游客有较高吸引力的景点却不是国际旅行者关注的重点。一方面，对于国际旅行者而言，"中国特色"或许是最能吸引他们的地方，也是他们来华旅行的重要期待（旅行的一大目的即是体验不同的甚至迥异于自身的文化和景观）。深圳作为中国对外开放的窗口，国际旅行者更多将其作为感受中国文化的触点，而非单纯凸显深圳不同于中国其他城市的"国际化""现代化"特质。另一方面，国际旅行者来自世界各地，主打国际化、现代化"标签"的城市地标，对国际旅行者的吸引力仍有待提高。

与此相应，国际旅行者更加倾向于能够"明显体现"中国文化的记忆场所，"明显"可以是典型的建筑外观，比如大鹏所城、较场尾、客家小镇等；也可以是中国文化符号，比如国画、书法等。国内旅行者同样对深圳悠久的历史和丰富多元的区域文化感兴趣，在游记中有所描写，但更多地使用"震惊""没想到""竟然"等词汇表达感受，说明国内旅行者缺乏对深圳传统文化的认知。在到达深圳旅行之前，他们对深圳传统文化的了解存在偏差甚至空白。在长期宣传中，深圳"国际化现代大都市"的口号一定程度上掩盖了深圳历史文化的光泽，造成公众深圳记忆的判断失衡。尤其是深圳作为"北上广深"四大都市之一，与"北上广"和中国其他城市相比，其独特的城市关键词就是年轻、创意、科技、现代，一些国内旅行者在选择深圳作旅行目的地时就包含了感受年轻现代都市的意图。但对于国际旅行者来说，以中国作为旅行目的地更多抱有体验异域文化的预期。由点到面，深圳文化在他们的理解中先是中国文化的一部分，而中国文化又等于国际熟知的中国标签。深圳政府通过传播渠道试图打破这种刻板印象，"国际化大都市"的形象深入人心。但他们作为"他者"，对城市的官方话语和宣传口号习惯持中立的态度，而传统文化则构成对深圳形象的补充，则帮助他们形成更加立体、鲜活的城市记忆。他们中的很多人对依靠主观感受和亲身体验填补城市形象空白有着别样的兴趣。

但是针对邓小平画像、红色遗址等中国近现代历史类原址、纪念碑，国际旅行者往往缺乏兴致，而在国内旅行者游记中出现频率很高。从国内旅行者的视角来看，近现代历史类景点的吸引力除了来自背后蕴含的历史文化，更多基于怀旧情结。邓小平画像不仅是展现深圳从"小渔村"跨步的历史标本，更是唤醒他们关于"改革开放""下海""市场开放"时代记忆的引线。自身生活体验的加持，使此类空间以更加感性的方式参与旅行者的主观城市记忆建构，从而留下更深刻的印象。这些与每个中国人息息相关的活生生的历史，却是国外旅行者难以深刻理解和感受的。

并且，不同于国内旅行者，国际旅行者在游记中对历史博物馆并没有表现出充足的兴趣，特别是"改革开放"这一历史事件在游记中往往只是作为背景的介绍。阿莱达·阿斯曼认为，博物馆将"过去秩序的残存碎片"再度语境化,放置于新的联系和秩序之中,并依据构建的历史进行组织布局,赋予这些物体意义的同时,也完成历史的展演。① 历史博物馆在国际旅行者的游记样本中几乎不可见。

而对于深圳城市个性方面的印象,国内旅行者和国际旅行者既有相似之处,也有不同的侧重点。例如,"文化(culture)"和"艺术(art)"是国内旅行者和国际旅行者对于深圳城市个性共有的认知,出现在高频词表的前三名之中,这说明经过几十年的发展,深圳已经从之前的"文化荒漠"发展为文化和艺术之都,并得到了国内和国际的共同认可。但与地标与景观记忆相一致的是,"历史(history)"在国内旅行者的城市个性认知中排名靠前,却在国际旅行者的认知中靠后。而对于深圳城市建设方面的感受,如干净、繁华、美丽等城市印象则是中外旅行者所共有的。

总体来看,国内旅游者和国际旅游者在长期宣传建构中,对深圳"国际化大都市"的城市印象存在共识。但由于文化背景、观察立场、旅游习惯、生活体验的差异,国际旅行者与国内旅行者在游记样本中所呈现的深圳记忆有着较大的不同。排除由语言带来的天然不便,国际旅行者对景点的选择、对文化的感知、对深圳形象的判断有着不同于国内旅行者的共通的特质。而这些也是深圳在国际形象建构过程中不可避免要面对的问题。

四 旅行者与城中人的记忆比较

对比旅行者的城市记忆与以深圳城市管理者和服务者为代表的城中人的城市文化认知发现,从对深圳地标的认知上看,较多城中人选择深圳市博物馆、邓小平画像、深圳革命烈士纪念碑等地点作为深圳文化的代表,而旅行者则倾向于前往大梅沙、较场尾等自然景观以及世界之窗等主题公园参观游览。由此可见,城中人的深圳认知与深圳特定的历史人物或者重大历史事件紧密相关,文化取向更为明显,折射着对深圳历史文化和城市精神的认同。而旅行者对深圳的认知和记忆是情境化、体验式的结果,是否适合"拍照打卡"、是否具有可观赏性,是旅行者选择

---

① [德]阿莱达·阿斯曼:《记忆中的历史:从个人经历到公共演示》,袁斯乔译,南京大学出版社2017年版,第129—140页。

游览景点的标准,感官体验塑造着旅行者的认知和记忆。旅游体验的深度和广度影响着旅行者的城市记忆,如何让旅行者的城市文化体验更丰富,是需要探索的问题。

表3-5　　　　　　　　受访者对深圳文化地标的认知

受访者眼中的深圳文化地标	频数	占受访者总人数的百分比（%）
深圳市博物馆	335	67.00
深圳国际会展中心	331	66.20
邓小平画像	288	57.60
深圳革命烈士纪念碑	255	51.00
世界之窗	240	48.00
深圳市图书馆	167	33.40
民俗文化村	139	27.80
地王大厦	135	27.00
红树林海滨生态公园	134	26.80
中英街	118	23.60

表3-6　　　　　　　　受访者对深圳个性的认知

	词语	频数	占受访者总人数的百分比（%）
深圳文化的表征	创新	432	86.40
	开放	312	62.40
	包容	269	53.80
	效率	256	51.20
	国际	254	50.80
	智慧	246	49.20
	年轻	215	43.00
	改革	201	40.20
	活力	116	23.20
	务实	56	11.20

从对深圳城市个性的认知上看,针对深圳的城市管理者和服务者的问卷调查显示,"创新""开放""包容""效率""国际化"等词汇体现了深圳的城市管理者和服务者对于深圳个性的理解。如果将这种理解与旅行者的记忆对比,两个群体对深圳个性的认知较为契合。

城中人认为能够代表深圳文化的活动和仪式,并没有成为旅行者认知深圳、建构深圳记忆的触媒。一方面,由于文化仪式和文化活动的举办往往囿于某段时间,对旅行者的游访时间提出了要求。另一方面,文化仪式具有较强的地方性,例如,朝拜妈祖便具有很强的地方宗教文化属性,对于来自其他地区的旅行者可能较为陌生。此外,这些文化活动和仪式不少与宗族紧密结合,成为维系族群的重要纽带,但这也使得旅行者较难深入接触。如何既能推动旅行者认知和理解这些文化仪式,又能尽可能保护这些文化仪式的独特内涵,是需要探索的问题。

表3-7　　　　　　　　受访者对深圳文化仪式的认知

受访者眼中的深圳文化仪式	频数	占受访者总人数的百分比(%)
鞭打土牛催春耕	357	71.40
参观天后宫,朝拜妈祖	253	50.60
老人60岁开始庆祝寿宴	252	50.40
出海前后去"天后庙"祭祀及"辞沙"	228	45.60
元宵悬挂"沙头角鱼灯"	183	36.60
初入学堂拜孔子	162	32.40
渔民娶亲时跳"旱船舞"	159	31.80
家中添男丁,祖祠上挂灯庆贺	150	30.00
吃"大盆菜"凝聚族人	148	29.60
打醮,求福驱灾,辟邪祈福	144	28.80

而对于文化活动,城中人认为能够代表深圳的文化活动同样也得到了部分旅行者的关注,如中国设计大展、深圳国际马拉松赛等艺术活动和体育赛事。与极具地方属性的文化仪式相比,这些文化活动更加"现代化",更加方便旅行者参与到其中。因此,文化活动有利于丰富旅行者的旅行经历,从而加深对于深圳文化的印象。当然,从表3-8

中不难发现,城中人(城市管理者和文化传播从业者)对于深圳文化活动的认知更多地体现在具有招商引资性质的博览会和具有官方性质的活动,如排名靠前的"深圳国际文化产业博览交易会""深圳高新技术博览会"等。其中部分原因是城市管理者更多地站在城市发展的角度,从更加官方的视角来认知和评价文化活动。这与旅行者的关注重心存在着差异。

表3-8　　　　　　　　受访者对深圳文化活动的认知

受访者眼中的深圳文化仪式	频数	占受访者总人数的百分比(%)
深圳国际文化产业博览交易会(文博会)	432	86.40
深圳高新技术博览会	331	66.20
"一带一路"国际音乐节	314	62.80
深圳国际文化周	263	52.60
深圳国际马拉松赛	162	32.40
设计之都公益广告大赛	160	32.00
世界无人机锦标赛	136	27.20
深圳公园文化季	133	26.60
中国设计大展	119	23.80
深圳读书月	100	20.00

第四节　城市记忆视角下的城市国际文化传播反思

一　旅行者与城市记忆

本书认为,场所是旅行者建构城市记忆的主要线索,是城市记忆主要的组织逻辑。城市旅行者可以透过记忆重建对于城市的理解与印象,因而,城市对于旅行者来说不再是一个物理意义上的空间。这也导致旅行者的城市记忆以"地点"为主要线索被组织,具有碎片化的特征,尚未形成相互关联的记忆链条和体系。旅行者的旅游体验大多停留在知觉体验，其所见所闻并没有经过深度思考进而转化为意义体验和认知层面的记忆，只有旅行者在旅行过程中通过互动与城市产生深度连接才能加深其旅游体验，从知觉体验向意义体验甚至情感体验转化。

旅行者的旅游体验与其城市记忆处于相互建构的过程之中。从收集的资料可见，在游览深圳之前，旅行者往往存储了对于深圳的特定认知。这种既有认知包括抽象层面的整体了解以及对于某一景点的评价。从旅行者的自述可见，旅游记忆形成前的认知主要源自影视作品、人际传播、媒体报道、在线旅游攻略等渠道。旅行者在游览时脱离了日常生活经验，通过影视、文学作品等"非旅游物"维系符号化的凝视。[1] 哈布瓦赫认为，记忆具有"两重性"，具体的地点或场所会使亲历者对抽象符号有更加具象的理解，从而形成具体而鲜活的记忆，但也会带来记忆的多义性。[2] 这意味着，旅行者的旅游体验会对既有认知中的深圳印象形成修正或补充，从而不断充实深圳记忆，而深圳记忆反过来能够丰富旅游体验。

首先，在游览深圳的过程中，旅行者会对比旅游体验与既有的城市印象，更新自己的认知。在前往深圳之前，旅行者会通过去哪儿旅行、马蜂窝等旅游平台，以及抖音、小红书等社交媒体平台搜索有关深圳旅游的信息。这些信息"以非线性的涌现方式汇聚成城市历史"[3]，并以知识储备的形式影响旅行者构建城市记忆。而当旅游实践与既有认知出现差异时，旅行者会调整记忆中的城市印象。其次，旅游情境会激活既有认知，并修正、丰富或强化旅行者的城市记忆。最后，旅游体验可以作为对既有城市印象的补充，帮助旅行者建构新的城市记忆。身体在场的旅游实践能够使得旅行者认识城市的多面性，是对标签化、刻板化的既有认知的补充。当旅行者试着体验当地人的生活时，便会产生更多的互动与连接，从而形成更深层次的城市感知和城市记忆。

值得注意的是，拍照是旅行者记录旅游体验的重要手段，也是留存旅行记忆的重要方式。"拍照打卡"是旅行者将身体感官体验转化为影像

---

[1] [英] John Urry：《游客凝视》，杨慧等译，广西师范大学出版社2009年版，第6页。
[2] [法] 莫里斯·哈布瓦赫：《论集体记忆》，毕然、郭金华译，上海人民出版社2002年版，第323页。
[3] 孙玮：《我拍故我在，我们打卡故城市在——短视频：赛博城市的大众影像实践》，《国际新闻界》2020年第6期。

生产的过程，可以在网络空间引发互动。① 但当排队拍照成为一种新的"景观"，过分强调拍照以进行社交分享，则会消解旅游体验的内涵。特别是，本雅明所谓的"灵韵"② 意义上的在场体验被弱化了。拍照不仅是旅行过程中的一种伴随性行为，更是一项不可缺少的"仪式"，改变了"旅游凝视"下的主客关系，以及旅行的情感价值与意义系统。③ 这是探究旅行者的城市记忆需要反思的问题。

除此之外，国内旅行者和国外旅行者、旅行者与城中人的深圳城市记忆和城市印象均有较大差异：与城中人相比，旅行者更加关注城市的自然景观和更加"现代"的文化活动；与国内旅行者相比，国外旅行者更少地关注国际化的景观和城市的现代历史，而更多地关注能体现中国和深圳独特文化的景观和地标。这反映的不仅是不同文化背景中的个体和群体在独特的城市体验中所形成的认知差异，也反映了城市记忆的多样性和复杂的图景。这是学者和城市管理者需要关注的重要的跨文化传播问题。城中人关于城市个性、文化和景观的认知很可能与外来的"他者"不同，城市管理者的城市记忆实践所产生的实际效果和预期也会存在差异。因此，对于城市管理者和文化传播从业者而言，一维的、扁平的和标签化的城市传播策略和实践是不够的，而需要关注包括国内旅行者和国际旅行者在内的多元群体的独特性。例如，通过举办更具中国特色又易于融入的文化活动，进一步挖掘深圳独特的民俗文化，能够给国际旅行者留下更为深刻的印象和记忆。

总的来看，旅行者作为城市记忆的记忆主体之一，其城市记忆的建构可以成为洞察城市形象和文化传播的窗口。从记忆的层次上看，旅行者的城市记忆是浅层的，呈现记忆内容单一化、记忆线索碎片化、记忆形式视觉化等特征，其深层次的文化记忆尚未形成。与本地居民相比，由于旅行者流动性强、在城市驻留时间短，他们在短时间内难以形成深

---

① 孙玮：《我拍故我在，我们打卡故城市在——短视频：赛博城市的大众影像实践》，《国际新闻界》2020年第6期。

② ［德］瓦尔特·本雅明：《机械复制时代的艺术作品》，王才勇译，中国城市出版社2002年版，第78—85页。

③ 梁君健、陈凯宁：《从凝视到扫摄：手机摄影与旅游情境中观看方式的转变》，《新闻记者》2020年第9期。

层次的城市记忆。不过，这并不意味着旅行者的城市记忆缺乏意义。旅行者在短时间内游览城市，虽说存在"走马观花"的问题，但这种体验是线下的，而且涉及景点、交通、住宿、餐厅等多个方面，能够形成整体的观感。旅行者还是跨文化意义上的"他者"，他们从旁观者的角度审视城市，其城市记忆可以成为检验城市文化传播效果的参照。因此，在城市文化传播中，重视旅行者的城市记忆是必要的。

二 城市国际文化传播反思

城市记忆是城市文化传播的外在效果，亦是城市文化形象的重要组成部分，需要引起城市管理者与服务者的重视。城市形象既是城市本身的地形地貌、城市建设、基础设施和历史，也是公众对城市政治、经济、文化、生态各个方面的感知。[①] 作为受众和体验者的旅行者基于旅游体验对某个城市形象形成的认知和记忆，可以成为评估城市文化传播的参照。通过剖析深圳旅行者的城市记忆，并将之与城中人的深圳文化认知对比，可以反观深圳的文化传播。本书发现，旅行者记忆中的城市个性与深圳城市精神，与城中人的深圳文化认知契合，这说明城市形象的定位是明确的；但对于城市的文化仪式和城市文化地标的认知，城中人与旅行者存在较大差异，这说明虽然在宏观层面的城市个性认知上，旅行者与城中人相似，但对于更加具体的文化仪式、活动和文化地标则并非如此。这从侧面反映了旅行者的城市个性感知与印象在很大程度上可能来自媒介的建构。

然而，很多情况下旅行者的游览感受是对既有认知的重复，并没有在新的旅游体验中抽象出有效的城市记忆。这说明城市文化传播与旅行者的城市文化体验之间存在"断点"。其中，城市文化传播所采用的扁平化的宣传方式，可能导致旅行者既有认知的标签化与刻板化。在社交媒体时代，"网红打卡地"的塑造虽然可以在短时间内扩大景点的知名度，但如果景点宣传与旅游体验之间的落差大，则不利于塑造城市的文化形象。如何弥合旅行者体验与城市记忆之间的"断点"，是社交媒体时代城

---

① 钟智锦、王友：《网民意见表达中的城市形象感知：以广州为例》，《新闻与传播评论》2020年第1期。

市文化传播需要思考的问题。聚焦到深圳的城市国际传播，记忆是国际传播效果的存续体，影响了国际旅行者对城市的认知、形象等。这些记忆可能在一端会形成国际旅行者的偏见或强化固有认知，也可能在另一端会形成美好的旅游体验。如何既凸显深圳乃至中国的独特文化，又进一步展示深圳作为国际化大都市的创新创意、人文关怀，是深圳市进一步提升国际旅行者旅游体验并使其形成更多元立体感知的重要方向。

基于本书的研究，笔者认为，城市文化国际传播可以从如下几个方面入手优化。

其一，从城市文化传播的角度讲，需要引入战略传播的思维，明确现阶段城市文化传播的主导者、投入者、推动者以及参与者，组织提炼城市文化的内核，设定较为清晰的传播目的和内容，并注重其符号化、媒介化。特别是，在明确城市文化传播的目标和内容之后，需要跳出以招商引资为目标的城市形象、城市品牌传播模式，针对城市形象受众的不同类型，开展差异化的城市文化传播。在全球化时代，诸如深圳这样的国际大都市需要注重面向全球受众开展国际传播，以城市为内容，更以城市为媒介，打造深圳的国际文化形象。

其二，充分调动文化仪式、文化活动等非物质文化资源，实现多种城市文化符号之间的连通，共同塑造旅行者的旅游体验和城市记忆。具体而言，针对具有高度本地属性的文化仪式，一方面应注入更大的宣传，使本地文化仪式得到更多外来者的了解，另一方面应让旅行者有更多的机会切实接触本地文化仪式。此外，文化活动也是进行国际传播的重要媒介，举办更多的科技、体育和艺术文化活动是提升国际旅行者旅游体验、感受深圳作为现代化都市的文化魅力的重要手段。以体育赛事为例，英国、西班牙、意大利、德国等欧洲国家拥有高度国际化的足球赛事，每年都有大量外国游客参与和观看赛事，去英国看英超、去意大利看意甲已经成为很多游客的重要旅行项目。相较于普通的观光，参与和观看比赛能让参与者更深地卷入城市生活和城市文化，从而将难忘的赛事经历与城市高度绑定，形成深刻的城市记忆。目前，深圳比较重视承办国际化赛事，但将体育赛事与旅游相结合还需要走很长的路，尚未通过城市的赛事、球队助力城市记忆的构建。因此应加强体育赛事的规划，推动体育对城市国际传播的支持。此外，深圳还应建设具有本土特色、有国际吸引力的文化活动，特别是与网络技术密切相连的活动，如国际电竞赛事等在我国有一定优势、容易实现"弯道超车"，可以通过吸引海外游客的关注和参与，进一步提升文化活动对城市品牌国际传播的支撑。

其三，为旅行者提供更深层次的文化体验，促进旅行者的旅游体验从知觉体验向意义体验、情感体验转化。如何将优越的自然景观和现代城市景观条件充分利用，使旅行者在旅游的过程中不仅得到感官上的享受，同时在"故事性"层面得到满足，形成每个旅行者所独有的深圳故事和记忆，是城市国际传播能够实现更高层次突破的重要方面。

其四，深圳拥有大量的与人们日常生活密切联系的创新性品牌和企业，可以激发其在塑造旅行者城市记忆的作用，从而发挥城市文化国际传播的潜力，进一步实现企业、城市和游客的多元共赢。例如，美国的苹果公司，在硅谷有著名的苹果总部游客接待中心，有非常强的游客接待能力，为游客创造了近距离接触品牌文化、品牌信息的空间和媒介，每年接待大量境外游客，同时也成为硅谷重要的旅游和访问目的地，给外国游客留下了印象深刻的旅行体验和记忆，在传播和建构硅谷品牌文化方面发挥了重要作用，并强化了硅谷作为创新之都的形象。借鉴硅谷的经验，深圳可以联合华为、腾讯等具有国际品牌影响力的企业建设"游客接待中心"，大力推动其成为重要的旅游目的地，让国内外游客近距离地感受企业的创新与文化，进而丰富旅行者的旅行经历，形成更加多元的城市记忆。

其五，注重与深圳市民的沟通，传播和推广深圳的城市品牌内涵，激发市民（特别是有国际交流、跨国生活经验和需要，从事涉外工作的市民）作为国际传播节点的能动性。此外，提升深圳文旅资源的数字化程度，加强数字记忆建设。继续加强线上博物馆、艺术馆和档案馆的建设，逐步丰富数据库的内容和呈现方式，让更多的"线上游客"能感受到深圳的历史文化和民俗风情。提升深圳的数字接待能力和传播能力，并注重在海外社交媒体建设数字接入端口和传播，吸引海外的"数字到访"，在数字世界中做好与世界的沟通和链接，传播城市品牌。

三 研究局限

本书运用文本分析和问卷调查的方法，阐述了深圳旅行者的城市记忆,并与城中人的城市文化认知进行比照。从样本选择上看,本书选择了去哪儿旅行、马蜂窝等网络平台的长篇游记,这些长文本能够呈现旅行者的旅游体验和城市记忆。不过,游记文本由图片和文字构成,本书目前只对文字进行了分析,对于图片及其与文化的结合未能展开分析,实为缺憾。同时,本书未能将社交媒体中的短文本以及视频文本纳入分析,因而未能呈现网络游记中深圳记忆的全貌。本书分析的样本数据有其特定性,可以通过长篇网络游记激活集体记忆,并且写下长篇游记的人群游览深圳的时间和内容可能更多,从而可以保证分析文本的丰富性和多样性。不过,研究样本和记忆人群的偏向性值得警惕。对于网络游记的写作者和发布者来说,他们的人口统计学特征(例如,年龄分布、地区分布、收入分布等)值得关注,当然由于网络游记的匿名性,获得这些属性数据比较困难。这是未来努力的方向。而对于国际旅行者的网络游记,旅居者发布的内容较少,而该群体关于深圳的城市记忆同样具有典型性。

在问卷调查的设计与执行上,未能考察普通深圳市民的城市文化认知,也是一个遗憾。后续研究可以面向深圳市民开展更大范围的调查,亦可以针对深圳的旅行者开展深度访谈,以获得他们建构深圳记忆的细节资料,更仔细地检视城市记忆的形成过程与演变逻辑。

第 四 章

打造世界城市品牌:深圳城市品牌国际传播效能评价与提升路径

第一节 问题提出

一 现实背景

(一) 加强国际传播能力建设是党和国家重要的战略任务

党的十八大以来,习近平总书记高度重视我国国际传播能力建设,并就此作出了一系列重要论述。早在2013年8月19日,习近平总书记在全国宣传思想工作会议上强调要创新对外宣传方式,加强话语体系建设,着力打造融通中外的新概念新范畴新表述,讲好中国故事,传播好中国声音,增强在国际上的话语权。这是我国最高领导人首次将"讲好中国故事"作为一个明确的工作要求提出。2021年5月31日,习近平总书记在主持十九届中央政治局第三十次集体学习时就加强我国国际传播能力建设发表了重要讲话,习近平总书记指出要深刻认识新形势下加强和改进国际传播工作的重要性和必要性,下大力气加强国际传播能力建设,形成我国综合国力和国际地位相匹配的国际话语权,为我国改革发展稳定营造有利的外部舆论环境,为推动构建人类命运共同体做出积极贡献。由此可见,党和国家领导人高度重视我国国际形象塑造,因而讲好中国故事,传播好中国声音,展示真实、立体、全面的中国,成为加强我国国际传播能力建设的重要任务。

(二) 城市国际传播和品牌建设是加强我国国际传播能力建设的重要组成部分

中国城市国际传播是中国国际传播的重要组成部分,提升城市国际传播和品牌建设是实现我国国际传播能力建设的重要路径，中国国家形象建构离不开一个个鲜活的中国城市形象。城市作为国际传播工作的重要载体，在塑造可信、可爱、可敬的中国形象方面大有可为，也任重道远，其中，城市品牌是一座城市的特色名片，在提升城市国际知名度、塑造好城市品牌等方面往往起到关键的助推作用。近年来，随着城市化进程不断加快，城市间的竞争日趋激烈，并越来越体现在城市形象和品牌的竞争方面，打造城市品牌成为地方政府和城市建设者的共识。同时，作为城市最具象征性的意义表征，城市品牌不仅是城市地位的国际外显，更是城市国际话语权的有力支撑。随着我国经济实力、国际地位的提升，承载着传播中国文化、塑造国家形象的重要使命的城市品牌建设将成为我国加强国际传播能力建设的重要内容。

（三）深圳城市品牌形象和城市品牌国际传播潜力有待挖掘和提升

近年来，深圳在科尔尼全球城市指数（GCI）排名稳步上升，从2015年的第84名提升至2020年的第75名。尤其是自2019年《中共中央、国务院关于支持深圳建设中国特色社会主义先行示范区的意见》（以下简称《意见》）印发后，深圳的GCI城市排名快速提升4位，这标志着深圳已正式迈入全球城市的第二梯队，并在全球城市网络中扮演着越来越重要的枢纽与节点角色。然而，从目前的现实情况来看，深圳在城市品牌传播和塑造方面仍旧存在不足，比如，城市品牌形象塑造中缺乏文化基因的注入等。因此，在未来的发展中深圳亟须积极向全球综合竞争力第一梯队城市进军，打造竞争力、创新力、影响力卓著的全球标杆城市。另外，深圳城市品牌的国际传播能力建设也是提升城市国际影响力与竞争力的关键"助推器"。一方面，城市品牌的国际传播是实现深圳全球化发展的必要手段，有助于推动国际社会对深圳城市职能的稳定认知，以此提升深圳在国际社会中的竞争力优势。另一方面，面对日趋复杂的国际环境，深圳城市品牌的国际传播通过建构并维系利益相关者的情感共同体，以此实现"内获认同、形成合力，外获信赖、达成合作"，即在品效合一的基础上，实现国际传播不同主体间与人类命运共同体的精神链接，以此为深圳在国际社会上争取话语权，获得更广泛深层的国际认同与影响力，削弱国际博弈对深圳城市形象所造成的负面效应。

二 理论背景

（一）持续发展的城市品牌研究获得国际社会的广泛认可和研究关注

随着全球化的深入发展，城市越来越不被视为单一的地理区域。有学者将城市比作"二十一世纪的跨国公司"[1]，也有学者提出"世界城市"的概念，认为城市不再是一个局部的地方，而是全球网络时空中的一部分。[2]这些概念的提出在一定程度上表明当下的城市（尤其是大城市）需要构建一种"经营城市"的理念，即通过进行城市品牌营销和推广工作[3]，在世界市场上争夺更多的投资、人才以及游客等资源[4]，以便在全球市场中获得和保持竞争力和优势地位。因此，关于"城市品牌"领域的研究逐渐进入人们的视野并获得持续的发展。现有研究表明，关于这一领域的研究已经跨越了30多年，得到了国际上的广泛认可并且仍在持续发展。[5]

（二）城市品牌研究理论基础的碎片化为城市品牌国际传播研究带来了挑战

尽管经历了30多年的发展，城市品牌研究仍旧是一个新兴领域，相关研究面临着一些问题。这是由其本身的领域特点及发展时间尚短所决定的。一方面，"城市品牌"本身是一个多学科领域，涉及市场营销、建筑、城市规划、旅游研究[6]、公共关系[7]以及传播[8]等学科。另一方面，

---

[1] Jordi Borja, Castells, M., Mireia Belil, Benner, C., & United Nations Centre For Human Settlements, *The Local and Global：the Management of Cities in the Information Age*, Earthscan, 1997.

[2] Doel, M., & Hubbard, P., "Taking world cities literally：Marketing the city in a global space of flows", *City*, Vol. 6, No. 3, 2002, pp. 351 – 368.

[3] Hospers, G., "Making sense of place：from cold to warm city marketing", *Journal of Place Management and Development*, Vol. 3, No. 3, 2010, pp. 182 – 193.

[4] Zenker, S., "Who's your target? The creative class as a target group for place branding", *Journal of Place Management and Development*, Vol. 2, No. 1, 2009, pp. 23 – 32.

[5] Lucarelli, A., & Olof Berg, P., "City branding：A state-of-the-art review of the research domain", *Journal of Place Management and Development*, Vol. 4, No. 1, 2011, pp. 9 – 27.

[6] Oguztimur, S., & Akturan, U., "Synthesis of City Branding Literature (1988 – 2014) as a Research Domain", *International Journal of Tourism Research*, Vol. 18, No. 4, 2016, pp. 357 – 372.

[7] Szondi, G., "From image management to relationship building：A public relations approach to nation branding", *Place Branding and Public Diplomacy*, Vol. 6, No. 4, 2010, pp. 333 – 343.

[8] Kavaratzis, M., "From city marketing to city branding：Towards a theoretical framework for developing city brands", *Place Branding*, Vol. 1, No. 1, 2004, pp. 58 – 73.

"城市品牌"的兴起距今仍是一个较短的时间,因此目前关于城市品牌的研究缺乏系统化,呈现出理论基础的碎片化[1],且文献中关于术语使用和定义的界定缺乏一致性和清晰性。[2] 随着城市品牌研究的持续进展,这些问题也在逐渐被发现并尝试加以解决。如 Oguztimur 和 Akturan[3] 通过研究,将之前的有关城市品牌研究领域的文献分为四类:(1)城市品牌的概念、过程和测量;(2)品牌战略;(3)品牌文化与旅游;(4)社会城市化。但是,理论基础的碎片化仍然是城市品牌研究的一大重要挑战。

(三)城市品牌的评估难以客观呈现城市的发展愿景和国际战略规划

经济全球化、政治多极化、社会信息化和文化多元化等相互交织和相互影响,从而加速了全球网络的形成。全球城市是全球网络中的系统中枢和主要节点,即利用差异化通路发挥城市的独特价值。[4] 现有关于城市品牌的评估指数往往是基于"他者"视角衡量城市经济、政治、文化等不同维度的全球贡献力,难以表现城市当局的发展愿景、国际战略规划等。[5] 目前,我国正努力铺设和完善城市品牌的国际传播网络,已经建立了覆盖全球的多模态媒介分支机构,但是传播主体的能力建设仅是构成城市品牌国际传播"目标函数"的变量之一,要实现全面的城市品牌国际战略构想,还需要着眼于传播目标、传播能力与效力间的协同互动。[6] 但是,现有研究未能建构一套全面、系统、科学的城市品牌国际传播效能评价指标体系,难以客观、理性地进行可视化考察,更无法实现对国际受众感知和传播工作效能想象的具体落实。

---

[1] Lucarelli, A., & Olof Berg, P., "City branding: A state-of-the-art review of the research domain", *Journal of Place Management and Development*, Vol. 4, No. 1, 2011, pp. 9 – 27.

[2] Anholt, S., "Some important distinctions in place branding", *Place Branding*, Vol. 1, No. 2, 2005, pp. 116 – 121.

[3] Oguztimur, S., & Akturan, U., "Synthesis of City Branding Literature (1988 – 2014) as a Research Domain", *International Journal of Tourism Research*, Vol. 18, No. 4, 2016, pp. 357 – 372.

[4] Hospers, G. -J., "Lynch, Urry and city marketing: Taking advantage of the city as a built and graphic image", *Place Branding and Public Diplomacy*, Vol. 5, No. 3, 2009, pp. 226 – 233.

[5] Ma, W., de Jong, M., Hoppe, T., & de Bruijne, M., "From city promotion via city marketing to city branding: Examining urban strategies in 23 Chinese cities", *Cities*, Vol. 116, 2021, pp. 103 – 269.

[6] 姚曦、郭晓譞、贾煜:《价值·互动·网络:城市品牌国际传播效能评价指标体系建构》,《新闻与传播评论》2022 年第 4 期。

三 研究问题

基于上述现实背景和理论问题,本书以中国城市品牌战略文件与运营计划为基础,采用以国际传播过程为导向的可视化测量方法,不仅考虑城市品牌国际传播的实际目标和成果,同时考虑城市品牌传播各个阶段的工作成效。在此基础上,本书旨在建构一套城市品牌国际传播效能的评价指标体系,并对深圳市城市品牌国际传播效能进行评价与分析,并找出影响深圳城市品牌国际传播效能的影响因素,进而发现深圳市品牌国际化建设中存在的相关问题并提出相应的解决路径。一方面,该评价体系从根本上厘清了城市品牌国际传播效能发展的过程及其内在机理,为城市品牌国际传播制定了标准化的行动路径与评价准则;另一方面,该体系有助于管理者全面了解城市品牌国际传播在各个环节已经取得的成效及其影响因素,通过测度结果优化城市品牌的资源配置,从而为进一步的发展做出明确判断与规划。

第二节 国内外相关学术研究的文献梳理

随着全球化、商业化的深入发展,城市越来越不被视为单一的地理区域,有学者将城市比作"二十一世纪的跨国公司"[1];也有学者提出"世界城市"的概念,认为城市不再是一个局部的地方,而是全球网络时空中的一部分。[2] 此类观点表明,随着城市不断发展壮大,城市之间的竞争也日渐激烈。要在这种激烈的城市竞争中取胜,城市应该塑造出明确的差异化的城市品牌,以此在众多城市中明确区分出自我,并传递出城市的相关优势与价值。[3] 这表明当下的城市(尤其是大城市)需要进行城市品牌营销和推广工作,在世界市场上争夺更多的投资、人才以及游客

---

[1] Jordi Borja, Castells, M., Mireia Belil, Benner, C., & United Nations Centre For Human Settlements, *The Local and Global : the Management of Cities in the Information Age*, Earthscan, 1997.

[2] Doel, M., & Hubbard, P., "Taking world cities literally: Marketing the city in a global space of flows", *City*, Vol. 6, No. 3, 2002, pp. 351 – 368.

[3] Oguztimur, S., & Akturan, U., "Synthesis of City Branding Literature (1988 – 2014) as a Research Domain", *International Journal of Tourism Research*, Vol. 18, No. 4, 2016, pp. 357 – 372.

等目标对象,[1] 以便在全球市场中保持竞争力和优势地位。因此,关于"城市品牌"领域的研究逐渐进入人们的视野并获得持续的发展。关于这一领域的研究已经跨越了30多年,得到了国际上的广泛认可并且仍在持续发展。[2]

一 城市品牌的定义研究

数十年来,众多相关领域的学者已经给出了自己的看法,如城市品牌是通过视觉、叙事和国内外活动在不同目标群体之间传播的一整套建立城市正面形象的行动,以便获得相对于其他城市的竞争优势;[3] 也有学者认为城市品牌是所有与城市相关的信息被有目的地象征性体现,以便使人们围绕城市建立联系;[4] 还有学者认为城市品牌是一个城市用来确保利益相关者认可该城市的象征、功能和情感价值的交流过程。[5] Kasapi 和 Cela[6] 对此进行了系统的整理(如表4-1所示),大部分解释涉及"形象"或者"认知",而这都与目标群体对于城市信息积极或消极的感知有关。[7] 此外,关于"城市推广""城市营销"以及"城市品牌"的界定,也有相关学者作出了相应的回答。根据 Ma 等人[8](2021)的看法,城市推广可以定义为有意识地利用宣传和营销,将特定地理位置或区域的经

---

[1] Zenker, S., "Who's your target? The creative class as a target group for place branding", *Journal of Place Management and Development*, Vol. 2, No. 1, 2009, pp. 23-32.

[2] Lucarelli, A., & Olof Berg, P., "City branding: A state-of-the-art review of the research domain", *Journal of Place Management and Development*, Vol. 4, No. 1, 2011, pp. 9-27.

[3] Vanolo, A., "The image of the creative city: Some reflections on urban branding in Turin", *Cities*, Vol. 25, No. 6, 2008, pp. 370-382.

[4] Lucarelli, A., & Olof Berg, P., "City branding: A state-of-the-art review of the research domain", *Journal of Place Management and Development*, Vol. 4, No. 1, 2011, pp. 9-27.

[5] Xu, D., Shen, J., & Xu, J., "Branding a city through journalism in China: The example of Shenzhen", *Journalism*, 2021, 146488492110040.

[6] Kasapi, I., & Cela, A., "Destination Branding: A Review of the City Branding Literature", *Mediterranean Journal of Social Sciences*, Vol. 8, No. 4, 2017, pp. 129-142.

[7] Oguztimur, S., & Akturan, U., "Synthesis of City Branding Literature (1988-2014) as a Research Domain", *International Journal of Tourism Research*, Vol. 18, No. 4, 2016, pp. 357-372.

[8] Ma, W., de Jong, M., Hoppe, T., & de Bruijne, M., "From city promotion via city marketing to city branding: Examining urban strategies in 23 Chinese cities", *Cities*, Vol. 116, 2021, pp. 103-269.

过选择的图像传达给目标市场，其主要目标是传达一个有吸引力的形象，并说服人们前来参观。而城市营销的定义是：由不同但相互关联的活动组成的长期过程和/或政策工具，旨在保持或吸引不同的目标群体到某个城市。① 至于城市品牌，则指通过视觉、叙事和国内外活动在不同目标群体之间传播的一整套建立城市正面形象的行动，以便获得相对于其他城市的竞争优势。② 由此可见，三者显然是有差别的，城市品牌比城市营销范围大，而城市营销又比城市推广范围大，但不妨这样看待：从城市推广到城市品牌是城市治理发展的三个阶段，后一个阶段与前一个阶段相比有新的特征，但这不妨碍每个新阶段可以保留原来旧阶段的所有特征。③

表 4-1 学术界关于城市品牌的定义资料来源：Kasapi & Cela（2017）

作者	定义/解释
Nickerson and Moisey（1999）	城市品牌是建立人与城市形象之间的关联
Hall（1999）	城市品牌的基本目标是"提供一致和集中的传播策略"
Cai（2002）	城市品牌是指通过选择一致的品牌要素组合，树立城市正面形象使城市获得认同和差异化。品牌要素包括名称、术语、标志、设计、符号、标语、包装或以上的组合，在这之中，名称最为重要
Rainisto（2003）	城市品牌是增加城市吸引力的一种方法；最重要的是建立对城市的认知
Kavaratzis（2004）	城市品牌被视为一种既可以实现竞争优势，以促进外来投资和旅游；又可以实现社区发展，增强当地居民的身份认同和城市认同，避免社会排斥和动荡的手段
Julier（2005）	城市品牌被认为是为创造和丰富城市品质所做的努力
Morgan and Pritchard（2007）	城市品牌不仅指地方推广，还包括重建和重新定义城市的形象

---

① Hospers, G. J., "Lynch, Urry and city marketing: Taking advantage of the city as a built and graphic image", *Place Branding and Public Diplomacy*, Vol. 5, No. 3, 2009, pp. 226 – 233.

② Vanolo, A., "The Image of the Creative City: Some Reflections on Urban Branding in Turin", *Cities*, Vol. 25, No. 6, 2008, pp. 370 – 82.

③ Ma, W., de Jong, M., Hoppe, T., & de Bruijne, M., "From city promotion via city marketing to city branding: Examining urban strategies in 23 Chinese cities", *Cities*, Vol. 116, 2021, pp. 103 – 269.

二 城市品牌传播效能的衡量

从城市品牌定义，我们得知城市品牌需要传达的是一种形象、象征等，这些体现在城市的经济发展状况、文化软实力、居民友好程度以及基础设施建设等一系列维度。尽管对这些维度进行评估有一定的难度，但众多学者对此作出了努力。如 Aaker[①] 提出的五大品牌个性维度：真诚、兴奋、能力、老练和坚韧。值得一提的是，Aaker 的五大品牌个性维度并不是专门衡量城市品牌的，但城市品牌研究领域的很多学者都借鉴了他的这一研究结果，如 Ma 等人[②]、Ahmad 等人[③]，具体内容如图 4-1 所示。

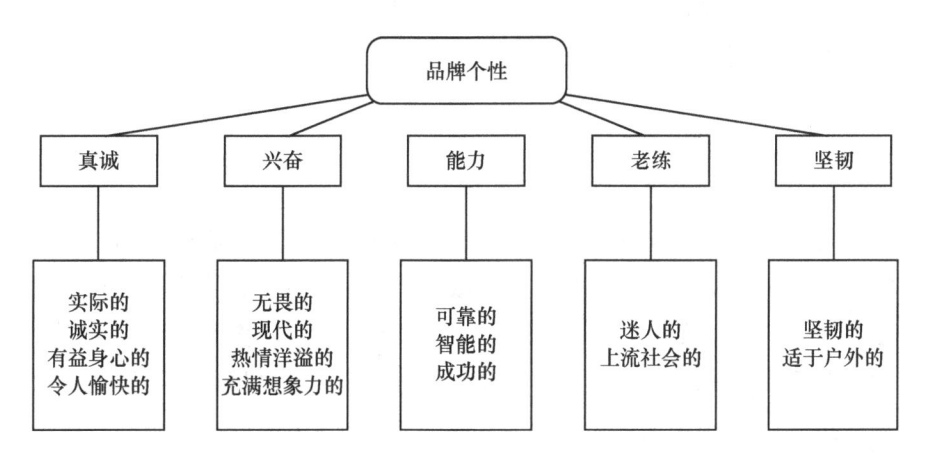

```
                        品牌个性
    ┌───────┬───────┬───────┬───────┐
   真诚    兴奋    能力    老练    坚韧
    │       │       │       │       │
  实际的  无畏的  可靠的  迷人的  坚韧的
  诚实的  现代的  智能的 上流社会的 适于户外的
 有益身心的 热情洋溢的 成功的
 令人愉快的 充满想象力的
```

图 4-1 Aaker 五大品牌个性

关于城市品牌国际传播效能，这里有必要详细介绍一下 Anholt-GfK Roper City Brands Index，它由六个维度组成：存在，地点，潜力，脉搏，人，先决条件。每个维度都有一些相关的评级问题。评分基于不同的等

---

① Aaker, J. L., "Dimensions of Brand Personality", *Journal of Marketing Research*, Vol. 34, No. 3, 1997, pp. 347-356.

② Ma, W., de Jong, M., Hoppe, T., & de Bruijne, M., "From city promotion via city marketing to city branding: Examining urban strategies in 23 Chinese cities", *Cities*, Vol. 116, 2021, pp. 103-269.

③ Ahmad, M. F., Abdullah, Z. B., Tamam, E. B., & Bolong, J. B., "Determinant Attributes of City Brand Personality That Influence Strategic Communication", *Canadian Social Science*, Vol. 9, No. 2, 2013.

级,通过询问该问题及其评价等级来测量城市的某一维度。如询问"对这一城市是否熟悉、该城市国际地位如何",根据调查对象的评级来衡量"存在"[1]。从这个角度来看,"存在"的含义主要包括城市的国际地位以及国际贡献,这客观上反映了城市品牌的国际化形象或地位,如表4-2所示。

表4-2　　　　　　　　　Anholt 城市指数

维度	含义
存在	城市的国际地位:城市的全球贡献
地点	城市的外观和物理因素,如环境的清洁度
潜力	城市的未来发展机遇
脉搏	城市充满活力、令人兴奋的生活方式,如为居民和游客提供有趣的活动
先决条件	城市的基础设施和公共设施

此外,Zhang 和 Zhao[2]在探索奥运会对于北京城市品牌的影响时,总结出3个方面12个维度来衡量北京城市品牌;也有学者从经济活动、社会联系、安全、教育、交通设施、政府服务、自然环境、旅游和文化活动等来评估城市品牌[3];更有学者总结并分析了一系列城市排名维度或者指标并提出16个维度的城市品牌评估模型。[4] 其中部分指标或维度对于城市品牌国际传播效能的衡量具有借鉴意义。

三　城市品牌国际传播效能的影响因素

关于城市品牌国际传播效能的影响因素分析,目前该领域尚未有比

---

[1] Anholt, S., "The Anholt-GMI City Brands Index: How the world sees the world's cities", *Place Branding*, Vol. 2, No. 1, 2006, pp. 18 – 31.

[2] Zhang, L., & Zhao, S. X., "City branding and the Olympic effect: A case study of Beijing", *Cities*, Vol. 26, No. 5, 2009, pp. 245 – 254.

[3] Merrilees, B., Miller, D., & Herington, C., "Antecedents of residents' city brand attitudes", *Journal of Business Research*, Vol. 62, No. 3, 2009, pp. 362 – 367.

[4] Larsen, H. G., "A hypothesis of the dimensional organization of the city construct. A starting point for city brand positioning", *Journal of Destination Marketing & Management*, Vol. 4, No. 1, 2015, pp. 13 – 23.

较明确的研究，多数是以具体的案例分析某种因素对于城市品牌的影响。

（一）传播内容

作为一种客观实体，城市本身无法进行传播，但通过传播被赋予城市个性化价值和含义的符号以及语言，受众能够通过联想形成对于城市独特的心理感知，进而产生品牌印象。通过发布城市形象宣传片、城市发展规划等，政府或者城市品牌管理者能够向受众展示关于城市发展的远景规划，例如北京奥运会期间北京奥组委通过诸多项目宣传北京是一个友好的全球性城市，拥有悠久的历史以及拥抱现代与国际的决心与机会，但这更多的是一种"自上而下"的宣传，一定程度上脱离了公众的实际诉求，导致相当一部分人对北京城市品牌产生怀疑。[1] 同样是举办过世博会的上海，提出"更好的城市，更好的生活"这一口号，反映了城市当局的雄心壮志，但是受众对于上海的生态环境、社会状况以及经济的实际感知却表现出负面态度，这表明上海城市品牌传播内容与受众的生活体验之间存在冲突，大大降低了上海城市品牌的宣传效果。[2]

从这两个案例之中，可以看出城市品牌所传达的形象或者内容，需要考虑受众的实际诉求，无论是从经济发展、设施服务还是生态宜居等方面。否则当传播内容与受众实际感知差异过大时，受众可能会对此持怀疑态度，城市品牌宣传也会成为一种自说自话，这对于传播效果无疑会大打折扣。在国际传播的跨文化语境和部分固有偏见之下，则更是如此。

（二）传播渠道

前文提及的更多的是一种官方的传播渠道，无疑，其本身带有一种权威性，更能让受众感知到该城市品牌的雄心壮志以及光明前景。但是，其"选择性地呈现"也易招致受众对此的负面评价。[3] 相较于官方的渠

---

[1] Zhang, L., & Zhao, S. X., "City branding and the Olympic effect: A case study of Beijing", *Cities*, Vol. 26, No. 5, 2009, pp. 245–254.

[2] Larsen, H. G., "The emerging Shanghai city brand: A netnographic study of image perception among foreigners", *Journal of Destination Marketing & Management*, Vol. 3, No. 1, 2014, pp. 18–28.

[3] Zhang, L., & Zhao, S. X., "City branding and the Olympic effect: A case study of Beijing", *Cities*, Vol. 26, No. 5, 2009, pp. 245–254.

道,社交媒体上的口碑传播越发成为城市品牌传播的重要渠道。自2008年以来,社交媒体在全球范围内得到了普及,利用社交媒体进行城市品牌的宣传日益成为城市品牌传播的主要选择之一。[①] 不同于传统的城市品牌单向传播,如城市广告、城市形象宣传片等,借助互联网开放、包容、参与的特性,关于某一城市的内容、形象,能够在社交媒体上引发广泛地分享、评价与讨论,进而形成关于该城市广泛的口碑传播。已有研究表明,社交媒体在影响消费者购买行为、信息获取、意见与态度形成、售后评价方面发挥了重要作用,同时,通过社交媒体形成的口碑传播更能显著影响消费者行为,这对于城市品牌也是适用的。关于城市强大而积极的口碑能使该城市的声誉对负面影响具有良好的弹性,这对于城市声誉来说是一种保障,即已形成的良好的城市口碑能帮助城市抵御负面事件的影响。[②]

此外,社交媒体上关于城市广泛且深入的UGC,对于受众来说更容易近距离了解甚至产生实际体验感,因此,对于城市品牌管理者来说,利用用户的创新和品牌建设能力与用户互动和共同创造城市品牌是极为重要的。[③]

(三)信息重复性

受众接触到某一信息的次数越多,其越容易接受它。在城市品牌传播之中,这很好地反映在"整合传播"战略中,即使用不同媒介来传达关于城市品牌的"同一种声音",这有助于城市品牌传播内容的清晰性与一致性,更容易使受众识别并认可。米兰作为意大利金融、文化和创新中心城市,研究者对其城市形象进行了相关分析。依据样本的来源以及样本对米兰的了解程度,研究者将样本分为本地和国际、刻板印象(低知识程度)和经验(高知识程度)两类。通过调查研究,发现本地样本

---

① Zhou, L., & Wang, T., "Social Media: A New Vehicle for City Marketing in China", *Cities*, Vol. 37, 2014, pp. 27 – 32.

② Anholt, S., "The Anholt-GMI City Brands Index: How the World Sees the World's Cities", *Place Branding*, Vol. 2, No. 1, 2006, pp. 18 – 31.

③ Acuti, D., Mazzoli, V., Donvito, R., & Chan, P., "An Instagram Content Analysis for City Branding in London and Florence", *Journal of Global Fashion Marketing*, Vol. 9, No. 3, 2018, pp. 185 – 204.

比国际样本对米兰形象感知更加积极，经验感知对于城市品牌的评价好于刻板印象。造成这种现象的原因，一定程度上是由于本地和经验样本接触到的关于米兰城市形象及其优势的宣传更加频繁且"突出"。[1]

（四）传播参与度

根据一项著名的研究，巴塞罗那是欧洲最为著名的城市之一，其在欧洲拥有良好的声誉、形象以及知名度，仅次于巴黎和伦敦。此外，在其他一些研究之中，巴塞罗那也是欧洲最有名的数个城市之一。促进巴塞罗那城市品牌取得如此巨大的成功的因素有很多，民众的广泛参与和介入就是一个重要的原因[2]，这有利于促进城市管理的转型与升级、协调好城市各利益相关者的利益，并在其中产生对于城市品牌的信心乃至参与。对比北京与上海的城市品牌建设，后两者更多的是一种政府主导的形式，不可避免地出现了脱离民众实际诉求的情况，并被视为政府宣扬其价值观合理性的活动，因此一定程度上是失败的。[3] 同时，Kavaraztis也认为最有效的地方品牌建设活动是由广泛的地方参与者参与和激发的活动。[4] 此外，众多城市品牌评估维度都谈及了城市居民对于城市品牌形象的重要影响。当城市成为一种品牌时，其内部的建筑、服务、环境等都将成为城市品牌的体现，而城市居民也不例外，其不仅是城市品牌的体现，更能作为城市品牌的传播者向外部受众展示城市形象。从这个角度而言，城市品牌传播实践也需要培养城市居民的参与意识以及公关意识。

作为城市品牌国际传播，其更应该尽可能地调动外部受众形成自发的传播与口碑。毕竟，当地人最了解当地人，这也是跨文化传播中实现

---

[1] De Noni, I., Orsi, L., & Zanderighi, L., "Stereotypical Versus Experiential Destination Branding: The Case of Milan City", *City, Culture and Society*, Vol. 17, 2018.

[2] Belloso, J. C., "The City Branding of Barcelona: A Success Story", *City Branding*, 2011, pp. 118 – 123.

[3] Larsen, H. G., "The Emerging Shanghai City Brand: A Netnographic Study of Image Perception Among Foreigners", *Journal of Destination Marketing & Management*, Vol. 3, No. 1, 2014, pp. 18 – 28. Zhang, L., & Zhao, S. X., "City branding and the Olympic effect: A Case Study of Beijing", *Cities*, Vol. 26, No. 5, 2009, pp. 245 – 254.

[4] Kavaratzis, M., "From 'necessary evil' to necessity: Stakeholders' Involvement in Place Branding", *Journal of Place Management and Development*, Vol. 5, No. 1, 2012, pp. 7 – 19.

更好的传播效果并避免"信息折扣"以及"文化冲突"的需要。

四 对以往研究的评述

上述的文献分析给了我们城市品牌建设的宝贵启示。品牌的目标不能通过一个单一的活动有效地实现,即使这个活动本身可以产生世界范围的关注和全球影响力。其次,品牌理论和国际经验都表明,成功的城市品牌不是简单的推广政府的愿景和思想,而是应该描绘城市的身份和核心价值观,协调各个利益相关者,呈现人们的体验、感受和期望的整体。[1] 因为城市品牌与产品品牌不同,大量利益相关者参与并影响这一过程,导致地方品牌管理者对这一过程几乎没有控制权。[2] 因此,地方品牌面临的最大挑战之一来自大量有影响力的利益相关者。[3] 所以要打造成功的城市品牌,我们必须协调好利益相关者的期望,吸引他们(尤其是广泛的居民)参与进来。在当下日益繁杂的信息环境中,消费者可能需要更多的时间与精力去识别内容、区分需求,以此来实现自己的信息获取目的。这对于传播来说也是一种巨大的考验,也就是说,现在的城市品牌管理者需要面对的问题不再是是否传播而是如何传播以及传播什么样的内容。因此,传播者必须明确目前传播的效果以及影响因素,以此为依据及时调整后续的传播内容、传播方式从而实现更有效的传播,促进城市品牌形象的建构。从这个角度上看,关于城市品牌传播效能的评价及其影响因素今后可能会取得更大的发展。此外,已有的城市品牌更多关注的是欧洲、北美的一些城市,其面向的实际上是一种西方的世界而并非一种真正的国际。因此,关于城市品牌的国际化、跨文化传播,很多学者并未考虑这一因素。然而,随着中国、印度、巴西等国家的发展,越来越多的亚非拉国家的城市将受到更多的关注,这些城市所面临的问

---

[1] Zhang, L., & Zhao, S. X., "City branding and the Olympic effect: A case study of Beijing", *Cities*, Vol. 26, No. 5, 2009, pp. 245 – 254.

[2] Acuti, D., Valentina M., Raffaele D., Priscilla C., "An Instagram Content Analysis for City Branding in London and Florence", *Journal of Global Fashion Marketing*, Vol. 9, No. 3, 2018, pp. 185 – 204.

[3] Konecnik, M., & Go, F., "Tourism destination brand identity: The case of Slovenia", *Journal of Brand Management*, Vol. 15, No. 3, 2008, pp. 177 – 189.

题也许更为复杂，其不仅要考虑其自身品牌的核心价值以及独特资源，还要考虑如何使之融入当下仍是以欧美主导下的城市体系当中。因此，关于城市品牌的国际传播、跨文化传播，可以说是今后需要考虑并加以解决的一个问题。

总而言之，随着社会的发展，城市品牌战略也需要做出相应的调整。特别是在跨语境、全球化以及网络普及化的情境中，关于城市品牌国际传播效能的评价及其影响因素的研究，在未来应该是城市品牌研究需要解决的一个问题。

第三节 相关概念与理论依据

一 相关概念

（一）可沟通城市：编织关系的意义之网

作为一种研究范式，"可沟通城市"的概念成为面向信息化、全球化、流动化社会背景下，以传播观念来重新思考并定义城市的新城市主张。[1] 这一概念最早由哈姆林克提出，强调可沟通性是基本人权的表现，以此化解列斐伏尔所批判的抽象空间以知识话语利器对真实空间的遮蔽问题。[2] 其本质正是从人的亲历性与主体性出发，实现对城市空间要素的联结，进而以"人地互动"的思维，实现城市与居民日常生活的嵌入性同构。

城市作为一种关系性空间，传播是城市的根本属性，是编织关系网络的社会实践。[3] 首先，城市网络是一个开放的场域，其存在的本质正是关注以各种方式达成的"汇聚"与"连接"现象，实现了与"媒介"功能的部分契合。此处的"媒介连接"不仅是有形的建筑、设施、资源、要素等具象物质的组合，还容纳了人与人的社会交往、经由城市意义表征而达成的文化共享等人类生产生活的各个面向，使原本分属于物

---

[1] 复旦大学信息与传播研究中心课题组、谢静：《可沟通城市：网络社会的新城市主张》，《新闻与传播研究》2015年第7期。

[2] Hamelink, C. J., "Urban Conflict and Communication", *International Communication Gazette*, Vol. 70, No. 3-4, 2008, pp. 291-301.

[3] 孙玮：《传播：编织关系网络——基于城市研究的分析》，《新闻大学》2013年第3期。

质空间、社会空间和意义空间的不同层面的问题均整合于"可沟通"的语境下加以考察，将传播视为城市的构成基础，继而破除城市研究的学科壁垒，搭建不同领域间的桥梁。进一步而言，人们所感知到的城市现象并不是城市所自带、固有的属性，而是城市与传播交叉融合时，催生出的某种"可供性"。其次，关系概念本身则意味着城市空间的复杂性特征，城市不再作为承载内部实践活动的沉重的实体化存在，而是与其他城市或要素勾连交织，并以不同的速度处于流动、变化和重组的动态网络中。由此观之，复杂性一方面凸显了城市作为"节点"的价值，将全球网络中的城市或城市要素间的联通性关系发展为当今的城市发展主题；另一方面，复杂性从根本上消解了金字塔式的权力控制模式[①]，充分尊重多元主体的自主性与平等性，从这一意义上来看，以拉图尔的"行动者网络"解释城市主体的内涵更为贴切，即如果没有自由的对话、平等的地位、广泛的合作，网络中的各主体与要素间将连而不通。[②] 最后，可沟通性的终极关怀则是"融通"，从而达致和谐的最高价值理念。[③] 即实现城市矛盾与冲突的兼容并包或动态平衡，或者说以建构城市共同体为目标，以此形成聚合多种交流意义系统的认同纽带。

综上所述，传播编织着网络、建构了关系、形塑了城市；或者说，城市跃升为一种交流系统，是由传播构成的。"可沟通性"成为衡量与考察城市整体状况的综合概念，描绘着一幅理想的城市图景。

(二) 城市品牌：联通共同体关系的媒介

城市就像是产品和人一样，也可以实现品牌化发展。凯文·凯勒提出，城市品牌旨在将某种形象和不同利益相关者间的联想与这座城市的存在自然地联系在一起，让其精神融入城市的每一座建筑之中，让竞争

[①] [美] 若尔迪·博尔哈、曼纽尔·卡斯泰尔：《本土化与全球化：信息时代的城市管理》，姜杰、胡艳蕾、魏述杰译，北京大学出版社2009年版，第180页。

[②] [法] 布鲁诺·拉图尔：《科学在行动：怎样在社会中跟随科学家和工程师》，刘文旋、郑开译，东方出版社2005年版，第4页。

[③] 肖珺：《新媒体与跨文化传播的理论脉络》，《武汉大学学报》（人文科学版）2015年第4期。

和生命与这座城市共存。① 卡瓦拉齐斯认为，城市品牌是将地方特征进行概念化处理，此时，不同利益相关者的脑海中会调用多个相关概念，这些关联可以被操纵联结为城市品牌。② 张燚、张锐认为，城市品牌是城市建设者分析、提炼、整合所属城市具有的独特要素禀赋、历史文化沉淀、产业优势等差异化品牌要素，并向城市利益相关者提供持续的、值得信赖的、有关联的个性化承诺，以提高城市利益相关者对城市的认同效应和满意度，增强城市的聚集效应、规模效应和辐射效应。③ 由此可见，城市品牌首先作为一种符号表征，是城市意象要素的凝结与整合，在日益激烈的全球化竞争中有助于区分或提升地方资源的竞争优势。其次，作为一种社会现象，城市品牌更为本质的内涵则是城市人民想象与被想象的方式。它不是少数精英所设计的主体性再现，而是在多元主体交互中所追寻认同之路与分享理想化城市共同体的心理表现。④ 综上所述，本书将城市品牌界定为，城市各要素在受众心中所产生的最大限度的认同感。其本质是作为一种连接城市共同体关系的媒介，推动网络成员产生动态的"文化契合"。

城市品牌的国际传播作为地方与全球网络之间重要的调节力量，泛指实现城市信息资本进行全球网络连接的过程与手段。从功能维度来看，国际化效能为传播的核心目标，由"信息"向"效用"的转化是城市品牌的直接价值旨归。从网络维度而言，传统意义上的城市品牌国际传播偏向于发展印象管理技术，在主体性视野下的城市品牌获得了屹立于世界之林的自我标签，同时又囿于主客体泾渭分明的传播语境，无法破解刻板印象、他者化、污名化等难题。网络视域下的城市品牌国际传播是以满足行动者主体的互惠性关系为前提，在交互与对话中不断补充"视野剩余"，通过建构行动者网络的共通意义空间，传播城市的象征性信息，以此实现"内获认同、形成合力，外获信赖、达成合作"，即在品效合一的基础上，实现多元文化主体间的精神链接。

---

① ［美］凯文·莱恩·凯勒：《战略品牌管理（第3版）》，卢泰宏、吴水龙译，中国人民大学出版社2009年版，第3页。
② Kavaratzis, M., "Place branding: Are we any wiser?" *Cities*, Vol. 80, 2018, pp. 61–63.
③ 张燚、张锐：《城市品牌论》，《管理学报》2006年第4期。
④ 单波：《国家形象与跨文化传播》，社会科学文献出版社2017年版，第2页。

二 理论借鉴与依据

（一）关系资本视域下城市品牌国际传播效能的生成机制

从制度经济学的角度来看，关系实质上是一份没有付诸文字但已经被人们所默认的非正式的心理契约。[①] 布尔迪厄将关系看作一种资本，是实际或潜在资源的结合。[②] 波茨进一步指出关系资本是个人在根植于社会网络关系中可获取和利用的利益和资源。[③] 关系网络的维持建立在节点之间互动的基础上。[④] 从非博弈理论的角度来看，节点之间的互动越频繁，互动的方式越是体现双向、平等和对称，信息策略就越有效。事实上，城市品牌的国际传播具有与关系资本同样的生成逻辑。首先，城市品牌作为勾连着多重利益主体间的象征性价值，本身正是围绕着建立国际传播关系的活动而展开，即真正的品牌存在于关系利益人的想法和内心中。其次，城市品牌国际传播所产生的实际效能正是相关行动者与品牌持续互动中所累积起来的结果。在这一过程中，城市品牌的国际传播必然会催生出关系资本，资本本身及其转化价值正是城市品牌国际传播效能的主要体现。一方面，关系资本降低了城市品牌行动者间的不确定性，作为某种信用资本克服了国际交易过程中的机会主义；另一方面，关系资本为城市品牌带来相对的溢出价值，并随着城市共同体关系的加深促进着价值的增值。

（二）"价值—互动—网络"框架下城市品牌国际传播效能的评价

将关系视角运用于营销传播研究的第一人是贝利，他提出了关系营销概念，强调客户满意度及其保留长期关系的理论价值，即营销双方应重视彼此间的交流与接触，通过维持营销、质量和顾客服务之间的联系

[①] 陈建勋：《关系营销视角下渠道知识共生网络的维护》，《财经科学》2005年第3期。

[②] ［法］皮埃尔·布尔迪厄：《文化资本与社会炼金术》，包亚明译，上海人民出版社1997年版，第202页。

[③] A. Portes, *The Economic Sociology of Immigration: A Conceptual Overview*, New York: Russell Sage Foundation, 1995, p. 9.

[④] Fitzpatrick, K., "Advancing the New Public Diplomacy: A Public Relations Perspective", *The Hague Journal of Diplomacy*, Vol. 2, No. 3, 2007, pp. 187 – 211.

来赢得和挽留顾客。① 格朗鲁斯在此基础上进一步阐释了如何维系关系的方法,即"价值、交互和对话理论"②。价值与顾客的现实需要具有同构性,是营销的起点与目的,交互过程是关系营销的表现形式,对话则是维系关系的重要手段。③ 从长期价值考量,城市品牌的国际传播必然伴随着相关行动者的认知、情感反应与行动意愿。④ 这些因素共同作用的结果才是促进城市品牌关系资产生成的重要推动力。其中,认知代表着理性层面的价值识别,是城市品牌国际传播与关系连接的起点,具体指国际受众对品牌内在价值的利益感知;情感代表着感性层面的城市认同,是在互动中所形成的正向关系发展趋势,表现为传播主体间的文化契合与情感联结;意愿代表着国际受众的行动意向与承诺,建立于城市品牌国际传播网络的基础上,这一网络也是品牌关系高质量发展的终极价值旨归与理想结果。泰勒等学者认为,关系网络包含两个层次,一是网络层本身定义了关系的范围,二是网络中的节点层定义了主体,节点之间的关系构成了网络。⑤ 那么,网络自身应从关联广度与密度两个维度进行衡量,前者即网络主体层次的丰富性,界定了网络效能的内容范畴;后者则是交互的密集程度,是建立可持续信任机制的基础,频繁的交互在增进节点间凝聚力的同时降低了市场约束,其稳定性取决于传播关系的质量水平。⑥

三 本书的理论分析框架

城市品牌国际传播效能的评价模型应以关系形成的全流程为评价范围,以网络体系中的行动者为测评对象,通过引入"价值—互动—网络"

---

① Berry, L. L., "Relationship Marketing of Services Perspectives from 1983 and 2000", *Journal of Relationship Marketing*, Vol. 1, No. 1, 2002, pp. 59 – 77.

② Grönroos, C., "A Service Quality Model and its Marketing Implications", *European Journal of Marketing*, Vol. 18, No. 4, 1984, pp. 36 – 44.

③ 郭国庆:《服务营销管理》,中国人民大学出版社2005年版,第49页。

④ 周志民:《品牌关系评估研究 BRI 模型及其应用》,中国文联出版社2005年版,第21页。

⑤ [英]彼得·J. 泰勒、本·德鲁德:《世界城市网络——一项全球层面的城市分析》,刘行健、李凌月译,江苏凤凰教育出版社2018年版,第110、265页。

⑥ Braun, E., Eshuis, J., Klijn, E. -H., & Zenker, S., "Improving place reputation: Do an open place brand process and an identity-image match pay off?" *Cities*, Vol. 80, 2018, pp. 22 – 28.

模型,设置基于"管理力—沟通力—关系力"的评价框架,以此建构出符合城市品牌基本属性及国家国际传播宗旨与目的的特色指标体系。该系统以管理力为评价出发点,具体为城市自我形象科学规划的可行性,城市国际战略规划为城市品牌的发展愿景及其身份奠定了基础和方向,城市品牌的专业管理部门作为规划主体,管理质量与水平成为城市品牌国际传播的重要底层支持基础。其次,沟通力为城市品牌国际传播策略的有效性,影响着行动相关者对城市品牌的价值认知与情感认同。关系力表现为城市品牌传播关系资本的效用转化情况,其中包括了无形效用与有形效用两个方面:前者指代国际受众在经过城市品牌体验后所达到的依恋程度,即关系质量;后者则基于传播关系质量所实现的行为支持,即城市品牌关系资本所产生的关系效用。

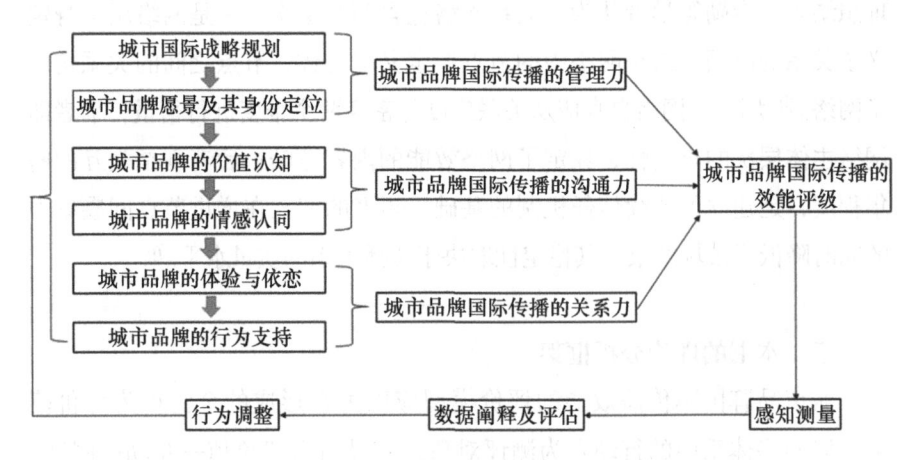

图4-2 深圳城市品牌国际传播效能指标体系的理论框架

第四节 深圳城市品牌国际传播效能的评价体系构建

在分析模型的基础上,本书综合考虑了城市品牌国际传播的理论与现实情况,参考了国内外相关的城市品牌评价指数,建构了由3个目标评价层级、9个评价维度、31个具体指标构成的深圳市品牌国际传播效能的评价指标体系,具体评价指标体系如表4-3所示。

表 4–3　　　　　深圳市品牌国际传播效能的评价指标体系

目标层	评价维度	具体指标	数据类型	数据来源
城市品牌国际传播的管理力	清晰度	国际战略目标清晰度	定性数据	专家评价
		国际身份定位清晰度	定性数据	专家评价
	支持度	政策保障力	定性数据	专家评价
		政策支持力	定性数据	专家评价
		政策推动力	定性数据	专家评价
	专业度	专业部门建设度	定性数据	专家评价
		国际人才队伍建设度	定性数据	专家评价
		平台建设度	定性数据	专家评价
	活跃度	行动者网络结构的多样性	定性数据	专家评价
		行动者网络成员的卷入度	定性数据	专家评价
城市品牌国际传播的沟通力	自发性国际传播度	城市经济产业的国际影响力	定量数据	城市名＋经济；＋投资的 Twitter 文本情感得分
		城市人文精神的国际影响力	定量数据	城市名＋文化；＋精神的 Twitter 文本情感得分
		城市地理景观的国际影响力	定量数据	城市名＋地理标识；＋环境的 Twitter 文本情感得分
		城市社会生活的国际影响力	定量数据	城市名＋社会；＋生活的 Twitter 文本情感得分
	可控性传播	城市宣传片的国际传播度	定量数据	《中国城市形象宣传片海外影响力指数报告》
		城市官方媒体的国际传播度	定量数据	城市官方媒体的 Twitter 粉丝量、推文数量
		城市大型媒介事件的国际传播度	定量数据	《中国展览数据统计报告》
	非可控性传播	国际社交媒体的城市口碑	定量数据	城市名在国外社交媒体中的正向情感积累（Twitter）
		国际媒体报道的城市口碑	定量数据	城市名在国外媒体新闻报道中的正向情感积累（GDLET 数据库）
		全球发展环境中的城市口碑	定量数据	全球城市指数报告（GCI）

续表

目标层	评价维度	具体指标	数据类型	数据来源
城市品牌国际传播的关系力（A3）	国际关系效用	城市人才国际聚集度	定量数据	归国人才总数（万人）
		城市旅游国际联系度	定量数据	国际游客数量（万人）
		城市投资国际联系度	定量数据	实际外资使用金额（亿美元）
	国际关系质量	国际满意度	定性数据	受众调查
		国际信任度	定性数据	受众调查
		国际承诺度	定性数据	受众调查

一 价值层：城市品牌国际传播的管理力评价

第一层级为城市品牌国际传播的管理力，着力于精准识别相关行动者间的互惠性价值，体现为城市自我形象的科学规划。城市品牌的专业管理部门作为规划主体，不仅影响着城市品牌发展的科学性与可持续性，而且决定了城市品牌国际传播的内容与方向。

管理力评价主要由四个部分组成。一是城市品牌国际战略目标及身份定位的清晰度。[1] 作为连接地方与全球经济文化的重要媒介，城市品牌的国际传播是突破营销传播属性的城市战略活动，必须嵌入城市整体的国际发展目标之中，战略的清晰度直接影响了城市身份定位的准确度，并界定着城市品牌的本质、关键属性和价值主张，[2] 有助于国际社会形成对城市优势特质的正确认知和评价。二是城市品牌国际性政策及项目的支持度。政策与项目的支持一方面代表着政府管理部门对城市品牌建设的投入情况，另一方面体现出城市本身在国际市场中的资源整合力与活力。三是城市品牌管理的专业程度。专业的管理部门从计划、组织、指挥、协调和控制等环节对品牌进行系统化管理，组织机构的运行机制及其行政地位能够具体衡量部门建设的专业程度；国际平台是决定城市品牌对外开放性、国际联结度与可持续发展性的关键渠道，例如经贸往来

---

[1] Florek, M., Hereźniak, M., & Augustyn, A., "Measuring the effectiveness of city brand strategy. In search for a universal evaluative framework", *Cities*, Vol. 110, 2021.

[2] Magdalena, F., & K., J., "Defining place brand identity: Methods and determinants of application", *Actual Problems of Economics*, Vol. 150, No. 12, 2013, pp. 543-553.

平台、经济技术合作平台、文化交流平台等。四是城市品牌行动者网络的活跃度。从本质上来看，城市作为主体自我实现的场域，城市品牌的国际传播过程正是相关行动者完成个人身份认知的过程。城市品牌的塑造与传播应充分发挥"可沟通性"，不断突破宏大叙事的框架，将广泛多样的主体纳入城市品牌的定位、营销及其文化产品的开发过程中，以开放的姿态对多元主体进行精神和物质赋权①，使之产生感知卷入、情感卷入和行动卷入，以此实现品牌与日常生活的嵌入性同构。尤其是在面对跨文化受众时，应充分考虑到文化形态的"维模"（Latency）效应，完善共享与共建的国际渠道机制保障，不断缩小主体间的需要差距、文化差距、心理差距，进而丰富城市品牌的"公共价值"内涵。具体而言，多样性考察了参与城市品牌建设的主体的丰富程度；卷入度旨在衡量各参与主体力量结构的平衡性。

综上所述，从长远发展来看，城市品牌的国际传播是一项庞大的系统工程，即需要将城市国际战略、资源开发、行动者关系的培育贯彻到国际传播能力建设的方方面面。因此，城市品牌国际传播效能的提升过程实质是城市全面发展的过程，二者协同共生，互为推动。

二 交互层：城市品牌国际传播的沟通力评价

第二层级旨在引导受众对城市品牌形成合理的形象认知与情感认同。沟通力在其中发挥着重要的作用，具体指城市品牌国际传播方式及策略的有效性。基于卡瓦拉齐斯等学者提出的三级传播理论②，本书将城市品牌国际传播分为自发性传播、可控性传播与非可控性传播。

自发性传播并非以专业化传播作为目的，而是在城市文明历史的演进过程中，所孕育出的能够触发并构筑起受众城市意象图式的一系列空间要素，例如地理景观、人文精神、经济产业、社会生活，即城市品牌的一级传播。其中，国际受众以地理景观作为城市的视觉表征，搭建起

---

① Anholt, S., "Place branding: Is it marketing, or isn't it?" *Place Branding and Public Diplomacy*, Vol. 4, No. 1, 2008, pp. 1–6.

② Kavaratzis, M., & Hatch, M. J., "The dynamics of place brands", *Marketing Theory*, Vol. 13, No. 1, 2013, pp. 69–86.

城市的认知地图，这一地图的共识范围越广，城市品牌标识度和国际化传播度也就越高；人文精神是城市记忆的历史沉淀，作为城市内在的象征性价值，具有塑造认同的关键作用，其传播度是城市文化吸引力的重要表现；经济是城市发展的原动力，经济产业的传播度能有效表征城市的对外营商环境和投资质量，是受众对城市经济基础、投资活力、创新创业潜力、投资营销传播方面的综合感知情况；[1] 社会生活的传播度反映了城市的人居环境质量，体现出受众对城市社会活力、民生质量的认知情况。

可控性传播是在整合城市意象的基础上，以专业组织机构为主体进行城市品牌的内容生产，以实现城市品牌特征的显著度与核心功能辐射度的最大化为目标。具体而言，城市标识识别度考察了受众是否能够凭借品牌的符号元素准确联想到该城市，指代城市品牌定位与受众认知的契合程度；城市国际宣传片是城市功能与要素的复调叙事，其传播度旨在了解受众对品牌叙事与城市故事的共识与共鸣；国际官方媒体的传播度主要评估受众对城市相关报道及信息的可获得性及其接触度，进一步显现了城市信息在国际媒体中的覆盖程度；大型国际媒介事件的传播度以城市国际活动的举办数量为可视化测量数据。

非可控性传播即为三级传播，也称作口碑传播，反映着国际社会对城市品牌的正向体验，表征出城市品牌的美誉度，旨在强调传播向度应当从国际商业价值标准向国际受众的跨文化认同感层面跃升。其中，国际社交媒体的城市口碑评价主要衡量受众对城市品牌的美誉程度，具体以词向量语义中文本的正向情感占比为数据来源；国外媒体报道的城市口碑评价以城市相关报道文本中的正向情感语义占比作为测度依据，具体依托谷歌 GDELT 全球新闻报道知识图谱大数据，根据该城市相关报道的文本建立词向量语义空间，由此计算文本中正向情感的投影积累；全球发展环境中的城市品牌口碑具体考察城市资源与在全球网络中的竞争力及其认可度。三级传播旨在实现从外部事实认知到内部文化认同的过程，即从可触、可视、可生活的城市事实，到情感被唤醒、文化被连接、身份被认同。

---

[1] 刘彦平、王明康：《中国城市品牌高质量发展及其影响因素研究——基于协调发展理念的视角》，《中国软科学》2021 年第 3 期。

三 网络层：城市品牌国际传播的关系力评价

第三层级则是缔造城市品牌与国际利益相关者之间的共同体网络。稳定的网络机制能够以独特的核心竞争力对各维度的全球资源产生虹吸效应，这也是城市品牌国际传播的高级效能表现，具体以关系效用与关系质量为评价内容。

关系效用是城市品牌关系资本的直接转化价值，具体以"集聚—联系"为评价逻辑。"集聚"本质上将城市看作各要素的空间集散地，城市所汇集的人口、投资等资源要素越多，该城市在全球城市体系中品牌活力则越高。例如在新古典框架下的区域经济学、新城市经济学以及新经济地理学等都强调了城市集聚度的重要性。[1] 其中，人才聚集度衡量了城市品牌对城市人才全球协同创新的影响作用，以中国留学归国人才与其他国家归国人才总数为统计指标。关系经济地理学系统超脱了企业、文化研究机构等建构世界网络体系的固守认知，提出了人才及其移动性对城市协同创新网络的制动力量。[2] 个人作为意会文化与创造文化的载体，在跨文化环境的流动中发挥文化桥接作用，推动着城市间文化与知识的协同创新。旅游联系度是城市文旅资源的国际吸引力，以国际游客数量为统计指标。投资联系度是城市经济及其营商环境的国际吸引力，具体以城市实际外资使用金额为测度值。

关系质量具体由满意度、信任度、承诺度构成，是实现建立长效网络关系的决定性力量。满意度反映了城市品牌国际传播内容与国际实际预期值的一致性，具体指受众的需要是否得到了满足，这些满足往往来源于城市品牌是否为受众带来了实际的价值。信任度指国际受众在经过城市品牌体验后所产生的正向情感依恋，并承认城市品牌作为城市国际信用背书的合理性与可靠性。承诺度是指国际受众对自身在彼此关系中所扮演的角色行为预期，具体体现为国际受众渴望通过自身行为为城市

---

[1] 郭靖、倪鹏飞：《新视角下全球城市分级的理论依据与实践启示》，《区域经济评论》2021年第2期。

[2] Qian, H., "Talent, creativity and regional economic performance: the case of China", *The Annals of Regional Science*, Vol. 45, No. 1, 2008, pp. 133–156.

品牌提供帮助与支持。

第五节 城市品牌国际传播效能的测度与评价

一 评价方法及理由

从查阅到的相关文献可以发现，有关"企业能力"评价的方法主要有模糊综合评价法、灰色系统综合评价法、层次分析法（AHP）、多元统计评价法、神经网络法、数据包络法（DEA）等。由于本书所制定的城市品牌国际传播效能的指标体系以定性指标为主，且测评指标体系应用思路是通过专家、管理人员或受众对各指标在其心中的理想状态或与其他对象进行横向比较，结合自己的亲身感受，对城市的国际传播能力进行评估，因此，城市品牌国际传播效能具有复杂性、指标属性的模糊性、信息的不完整性以及事先预测需要等特征，使其整体评价存在一定程度的"模糊性"。具体体现为：一是，城市品牌的国际传播效能缺乏管理者所设定的实际目标值，难以根据具体的完成度与投入产出比评估效能的实际水平。二是，本书所设计的指标包含对定性因素与定量因素的综合分析，其规范程度不一且互相作用共同决定着评价结果，从而使该体系具有一定的层次性和模糊性。三是，由于传播效能本身具备不确定性的特征，相关主体的感知情况与部分指标的所需数据难以达到统计学层面对样本数量及质量的要求，存在着不易量化的问题。鉴于此，本书建议采取以模糊数学合成原理为基础的模糊综合评价法，以克服多元统计方法存在的问题与缺陷。其基本原理是将一些边界不清、不易量化的因素转化为精确的数学语言，继而对事物的隶属等级状况进行综合评价。[1]

城市品牌国际传播效能的模糊综合评价具体分为以下三个步骤：首先，确定城市品牌各指标的因素集和评判集。[2] 前者指代各指标的具体定义，后者则是对各指标的评价程度进行设定与赋值。其中，数据的评判

---

[1] 李中梅、张向先、陶兴等：《新媒体环境下智库信息传播效果评价指标体系构建研究》，《情报科学》2020年第2期。

[2] 马兰：《中国少儿出版企业国际传播能力研究》，博士学位论文，武汉大学，2019年，第81页。

来源分为定性与定量两类。定性数据由管理者评价与受众评价构成，以调查问卷的形式对两类群体在城市品牌国际传播中的感知、态度与行为进行程度考察，为方便计算，采用李克特五级量表将主观评价的语义学标度进行量化处理。定量数据的评级设定依据所调查指标在全球范围内的普遍情况设置数据阈值，并根据专家意见和相关理论值进行调整，以此对该城市的实际值进行相关程度的定量评级。其中，具体指标的数据来源及其计算方式均在上文有所说明。其次，衡量各指标权重。由于本书以动态化定性评价为主，且数据样本获取难度较大，建议相关研究者使用层次分析法来确定指标的独立隶属权重，进而形成模糊评判矩阵。具体以专家打分、模糊统计的方法确定隶属度。最后，以最大隶属度原则对模糊评判矩阵与因素权向量进行模糊运算与归一化处理，得到城市品牌国际传播效能模糊综合评价的最终结果。

二 评价步骤

使用模糊综合评价法测评城市品牌国际传播效能的四大重点步骤，属于通用性的测评步骤，具体的测评结果则需结合深圳市的实际情况代入真实数据后计算得出。

（一）确定评价的因素集

评价因素集 U 指代测评对象"城市品牌的国际传播效能"。根据上文构建的评价指标体系，通过集合表示出的三级指标如下所示：

综合指标包括：A = {U1，U2，U3}，其中 U1 为城市品牌国际传播的管理力，U2 为城市品牌国际传播的沟通力，U3 为城市品牌国际传播的关系力。

城市品牌国际传播的管理力包括：A1 = {A11，A12，A13，A14}。A11 为清晰度，A12 为支持度，A13 为专业度，A14 为活跃度。其中，清晰度 A11 = {A111，A112}，A111 代表国际战略目标清晰度，A112 代表国际身份定位清晰度；支持度 A12 = {A121，A122，A123}，A121 代表政策保障力，A122 代表政策支持力，A123 代表政策推动力；专业度 A13 = {A131，A132，A133}，A131 代表专业部门建设度，A132 代表国际人才队伍建设度，A133 代表平台建设度；活跃度 A14 = {A141，A142}，A141 代表行动者网络结构的多样性，A142 代表行动者网络成员的卷入度。

城市品牌国际传播的沟通力包括：A2 = {A21，A22，A23}。A21 为自发性传播，A22 为可控性传播，A23 为非可控性传播。其中，自发性传播 A21 = {A211，A212，A213，A214}，A211 代表城市经济产业的国际关注度，A212 代表城市人文精神的国际关注度，A213 代表城市地理景观的国际关注度，A214 代表城市社会生活的国际关注度；可控性传播 A22 = {A221，A222，A223}，A221 代表城市宣传片的国际传播度，A222 代表城市官方媒体的国际传播度，A223 代表城市大型媒介事件的国际传播度；非可控性传播 A23 = {A231，A232，A233}，A231 代表国际社交媒体的城市口碑，A232 代表国际媒体报道的城市口碑，A233 代表全球发展环境中的城市口碑。

城市品牌国际传播的关系力包括：A3 = {A31，A32}。A31 为国际关系效用，A32 为国际关系质量。其中，国际关系效用 A31 = {A311，A312，A313}，A311 代表城市人才国际联系度，A312 代表城市旅游国际集聚度，A313 代表城市投资国际集聚度；国际关系质量 A32 = {A321，A322，A323}，A321 代表国际满意度，A322 代表国际信任度，A323 代表国际承诺度。

进一步搭建目标层、维度层和指标层三个指标层次结构，如表 4 - 4 所示。

表 4 - 4　　　　　　　　　三级指标体系

目标层	维度层	指标层
城市品牌国际传播的管理力 A1	清晰度 A11	国际战略目标清晰度 A111
		国际身份定位清晰度 A112
	支持度 A12	政策保障力 A121
		政策支持力 A122
		政策推动力 A123
	专业度 A13	专业部门建设度 A131
		国际人才队伍建设度 A132
		平台建设度 A133
	活跃度 A14	行动者网络结构的多样性 A141
		行动者网络成员的卷入度 A142

续表

目标层	维度层	指标层
城市品牌国际传播的沟通力 A2	自发性传播 A21	城市经济产业的国际关注度 A211
		城市人文精神的国际关注度 A212
		城市地理景观的国际关注度 A213
		城市社会生活的国际关注度 A214
	可控性传播 A22	城市宣传片的国际传播度 A221
		城市官方媒体的国际传播度 A222
		城市大型媒介事件的国际传播度 A223
	非可控性传播 A23	国际社交媒体的城市口碑 A231
		国际媒体报道的城市口碑 A232
		全球发展环境中的城市口碑 A233
城市品牌国际传播的关系力 A3	国际关系效用 A31	城市人才国际联系度 A311
		城市旅游国际集聚度 A312
		城市投资国际集聚度 A313
	国际关系质量 A32	国际满意度 A321
		国际信任度 A322
		国际承诺度 A323

（二）确定权重

城市品牌国际传播效能是一个相对概念，由于这种效能的变化具有动态性，因此，依靠客观的数据来衡量就非常困难。基于此，本书使用层次分析法（AHP）来确定指标的权重。

层次分析法适用于多因素、多层次、多目标、多准则的大型复杂系统。其用于评价指标赋权时，具有独特的作用。基本思路是：建立有序的递阶指标系统，再主观地将指标两两比较构造判断矩阵，最后根据判断矩阵进行数字处理及一致性检验，以此获得各指标的相对重要性权重。尽管存在主观性的缺点，但运用层次分析法时可以通过选择具有城市品牌与国际传播领域研究或工作经验的专家对指标进行两两比较，从而保证权重的科学性。

1. 层次分析法简述

层次分析法（Analytic Hierarchy Process，AHP）是一种处理复杂定

性、定量问题的系统性决策方法,由美国运筹学家 T. L. Saaty 教授于20世纪70年代初期提出。[①] 其基本原理是把复杂问题按支配关系分成递阶层次结构,每个层次都由相互联系、相互作用的各个要素组成。层次分析法使用1—9标度,各标度解释如表4-5所示,通过逐对比较法对层次中各要素的相对重要性进行量化,据此生成判断矩阵,通过计算判断矩阵的最大特征根及特征向量获得该层次对于上一个层次的权重,最后进行相对重要性的排序。通过递归的过程,逐层计算各评价指标的影响权重,直至获得最高一级评价指标的权重。

表4-5　　　　　　　　关键概念界定

标度（a_{ij}）	定义
1	两个指标具有同样重要性
3	两个元素相比较,前一元素比后一元素稍微重要
5	两个元素相比较,前一元素比后一元素明显重要
7	两个元素相比较,前一元素比后一元素重要得多
9	两个元素相比较,前一元素比后一元素极端重要
2,4,6,8	两个元素相比较,前一元素比后一元素的重要性介于标定的标准之间
1/（a_{ij}）	两个元素的反比较

2. 指标权重的计算过程

本书旨在建立一个科学、合理、可操作性强的城市品牌国际传播效能评估指标体系,单靠作者一家之言很难建立相关的权威性,因此,在设计指标体系时,本书采取德尔菲（Delphi Method）专家打分法,通过调研及访谈,听取了多方意见,尽量建立完善且具有说服力的指标体系。

为了保证获取最科学、客观而又真实的数据,围绕研究报告的领域和特点,课题组选取了城市品牌研究、国际传播研究、城市经济与发展研究、城市统计与调查等领域的专家与学者。这些专家分布于高校、媒体、政府机构、研究院,研究经验或从业经验均超过10年,专家成员结

---

① Saaty, R. W., "The analytic hierarchy process—what it is and how it is used", *Mathematical Modelling*, Vol. 9, No. 3-5, 1987, pp. 161-176.

构的学科背景能够与实践经验互为补充。同时，在运作的过程中，也非常注意德尔菲法中所要求的保证专家处于匿名状态，专家之间彼此不认识、不讨论，完全确保专家个体意见的独立性，而免受群体内权威人物的影响。最终，本书共发放13份专家意见咨询表，收回问卷12份，去除3份无效问卷，获得有效问卷共计9份。具体专家构成如表4-6所示。

表4-6　　　　　　　　专家基本信息

专家编号	学科背景	单位类别
1	国际传播研究	清华大学
2	国际传播研究	北京大学
3	城市品牌管理研究	中国社会科学院
4	城市国际传播研究	浙江大学
5	城市品牌研究、智能广告研究	上海外国语大学
6	对外宣传部门	政府部门
7	对外宣传部门	政府部门
8	对外宣传部门	政府部门
9	国际传播领域	媒体
10	国际传播领域	媒体
11	国际传播领域	媒体
12	国际传播领域	媒体
13	国际传播领域	媒体

本书所使用的工具为 K. D. Goepel 开发的 AHP-OS[①]，该工具提供判断矩阵数据录入、一致性检验、权重计算等功能。建立三层次评价指标结构后，依照专家的指导意见，对各层次下指标构造判断矩阵 A。

$$A = \begin{bmatrix} a_{11} & \cdots & a_{a1j} \\ \vdots & \ddots & \vdots \\ a_{ij} & \cdots & a_{ij} \end{bmatrix}$$

依据判断矩阵 A 进行层次单排序，对上一层维度内本层的所有元素

[①] Goepel, K. D., "Implementation of an Online Software Tool for the Analytic Hierarchy Process (AHP-OS)", *International Journal of the Analytic Hierarchy Process*, Vol. 10, No. 3, 2018.

进行重要程度排列。利用公式1方根法计算权重向量 w，并通过公式2将其标准化，得到标准化后的权重向量 W：

$$w_i = \sqrt[m]{\prod_{j=1}^{m} a_{ij}} \qquad \#(1)$$

$$W_i = \frac{w_i}{\sum_{j=1}^{m} w_i} \qquad \#(2)$$

获得权重矩阵 W_i 后，利用公式3计算最大特征根：

$$\lambda_{max} = \frac{1}{n} \sum_{i=1}^{n} \frac{(AW)_i}{W_i} \qquad \#(3)$$

为确保所构建的判断矩阵 A 不存在逻辑问题，需对每一判断矩阵进行一致性分析。CR 值常用作判断一致性的指标，当一致性比率 $CR<0.1$ 时，通常认为一致性检验通过，标准化后的权重可作为权向量，否则判断矩阵 A 需要重新进行调整。

$$CR = \frac{CI}{RI} \qquad \#(4)$$

其中，

$$CI = \frac{\lambda_{max} - n}{n - 1} \qquad \#(5)$$

RI 的具体数值可从 Satty 教授模拟1000次得到的随机一致性指标 $R.I.$ 取值表中获得。[①]

表4-7　　　　　　　　　　RI 数值

矩阵阶数	1	2	3	4	5	6	7	8	9	10
RI	0	0	0.58	0.9	1.12	1.24	1.32	1.41	1.45	1.49

3. 一致性检验

（1）一级目标层判断矩阵权重计算及一致性检验

城市品牌国际传播效能下的一级目标层3个指标所构建的判断矩阵

[①] Saaty, R. W., "The analytic hierarchy process—what it is and how it is used", *Mathematical Modelling*, Vol. 9, No. 3-5, 1987, pp. 161-176.

如表 4-8 所示，一致性检验 CR 值为 0.055948 < 0.1，该判断矩阵具有满意的一致性，通过一致性检验，该层次对总目标的权重为 100%。

表 4-8　　　　　　　　　　目标层权重

城市品牌国际传播效能	城市品牌国际传播的管理力 A1	城市品牌国际传播的沟通力 A2	城市品牌国际传播的关系力 A3	权重
A1	1	1.00	1.00	32.7%
A2	1.00	1	2.00	41.3%
A3	1.00	0.50	1	26%

（2）二级维度层判断矩阵权重计算及一致性检验

城市品牌国际传播的管理力下的二级维度层 4 个指标所构建的判断矩阵如表 4-9 所示，一致性检验 CR 值为 0.022228 < 0.1，该判断矩阵具有满意的一致性，通过一致性检验，该层次对上一层的权重为 32.7%。

表 4-9　　　　　　　　　　管理力的维度层权重

城市品牌国际传播的管理力	清晰度 A11	支持度 A12	专业度 A13	活跃度 A14	权重
A11	1	0.50	1.00	0.50	17.5%
A12	2.00	1	1.00	1.00	28.9%
A13	1.00	1.00	1	1.00	24.6%
A14	2.00	1.00	1.00	1	28.9%

城市品牌国际传播的沟通力下的二级维度层 3 个指标所构建的判断矩阵如表 4-10 所示，一致性检验 CR 值为 0.098075 < 0.1，该判断矩阵具有满意的一致性，通过一致性检验，该层次对上一层的权重为 41.3%。

表 4-10　　　　　　　　　　沟通力的维度层权重

城市品牌国际传播的沟通力	自发性国际传播度 A21	可控性传播 A22	非可控性传播 A23	权重
A21	1	1.00	5.00	49.8%

续表

城市品牌国际传播的沟通力	自发性国际传播度 A21	可控性传播 A22	非可控性传播 A23	权重
A22	1.00	1	2.00	36.7%
A23	0.20	0.50	1	13.5%

城市品牌国际传播的关系力下的二级维度层2个指标所构建的判断矩阵如表4-11所示，一致性检验 CR 值为0.000<0.1，该判断矩阵具有满意的一致性，通过一致性检验，该层次对上一层的权重为26.0%。

表4-11　　　　　关系力的维度层权重

城市品牌国际传播的关系力	国际关系效用 A31	国际关系质量 A32	权重
A31	1	1.00	50%
A32	1.00	1	50%

（3）三级指标层判断矩阵权重计算及一致性检验

清晰度下的三级指标层2个指标所构建的判断矩阵如表4-12所示，一致性检验 CR 值为0.000<0.1，该判断矩阵具有满意的一致性，通过一致性检验，该层次对上一层的权重为17.5%。

表4-12　　　　　清晰度下的三级指标层权重

清晰度	国际战略目标清晰度 A111	国际身份定位清晰度 A112	权重
A111	1	1.00	50%
A112	1.00	1	50%

支持度下的三级指标层3个指标所构建的判断矩阵如表4-13所示，一致性检验 CR 值为0.055948<0.1，该判断矩阵具有满意的一致性，通过一致性检验，该层次对上一层的权重为28.9%。

表 4-13　　　　　　　　支持度下的三级指标层权重

支持度	政策保障力 A121	政策支持力 A122	政策推动力 A123	权重
A121	1	1.00	1.00	32.7%
A122	1.00	1	0.50	26%
A123	1.00	2.00	1	41.3%

专业度下的三级指标层 3 个指标所构建的判断矩阵如表 4-14 所示，一致性检验 CR 值为 0.055953 < 0.1，该判断矩阵具有满意的一致性，通过一致性检验，该层次对上一层的权重为 24.6%。

表 4-14　　　　　　　　专业度下的三级指标层权重

专业度	专业部门建设度 A131	国际人才队伍建设度 A132	平台建设度 A133	权重
A131	1	2.00	3.00	52.8%
A132	0.50	1	3.00	33.3%
A133	0.33	0.33	1	14.0%

活跃度下的三级指标层 2 个指标所构建的判断矩阵如表 4-15 所示，一致性检验 CR 值为 0.000 < 0.1，该判断矩阵具有满意的一致性，通过一致性检验，该层次对上一层的权重为 28.9%。

表 4-15　　　　　　　　活跃度下的三级指标层权重

活跃度	行动者网络结构的多样性 A141	行动者网络成员的卷入度 A142	权重
A141	1	1.00	50%
A142	1.00	1	50%

自发性传播下的三级指标层 4 个指标所构建的判断矩阵如表 4-16 所

示，一致性检验 CR 值为 0.012019<0.1，该判断矩阵具有满意的一致性，通过一致性检验，该层次对上一层的权重为 49.8%。

表4-16　　　　　　自发性传播下的三级指标层权重

自发性国际传播度	城市经济产业的国际关注度 A211	城市人文精神的国际关注度 A212	城市地理景观的国际关注度 A213	城市社会生活的国际关注度 A214	权重
A211	1	1.00	3.00	3.00	36%
A212	1.00	1	3.00	5.00	41.4%
A213	0.33	0.33	1	1.00	12.0%
A214	0.33	0.20	1.00	1	10.6%

可控性传播下的三级指标层3个指标所构建的判断矩阵如表4-17所示，一致性检验 CR 值为 0.055953<0.1，该判断矩阵具有满意的一致性，通过一致性检验，该层次对上一层的权重为 36.7%。

表4-17　　　　　　可控性传播下的三级指标层权重

可控性传播	城市宣传片的国际传播度 A221	城市官方媒体的国际传播度 A222	城市大型媒介事件的国际传播度 A223	权重
A221	1	2.00	0.33	24.9%
A222	0.50	1	0.33	15.7%
A223	3.00	3.00	1	59.4%

非可控性传播下的三级指标层3个指标所构建的判断矩阵如表4-18所示，一致性检验 CR 值为 0.000<0.1，该判断矩阵具有满意的一致性，通过一致性检验，该层次对上一层的权重为 13.5%。

表4–18　　　　　　非可控性传播下的三级指标层权重

非可控性传播	国际社交媒体的城市口碑 A231	国际媒体报道的城市口碑 A232	全球发展环境中的城市口碑 A233	权重
A231	1	1.00	1.00	33.3%
A232	1.00	1	1.00	33.3%
A233	1.00	1.00	1	33.3%

国际关系效用下的三级指标层4个指标所构建的判断矩阵如表4–19所示，一致性检验 CR 值为0.056626＜0.1，该判断矩阵具有满意的一致性，通过一致性检验，该层次对上一层的权重为50.0%。

表4–19　　　　　　国际关系效用下的三级指标层权重

国际关系效用	城市人才国际联系度 A311	城市旅游国际集聚度 A312	城市投资国际聚集度 A313	权重
A311	1	1.00	1.00	33.3%
A312	1.00	1	1.00	33.3%
A313	1.00	1.00	1	33.3%

国际关系质量下的三级指标层3个指标所构建的判断矩阵如表4–20所示，一致性检验 CR 值为0.055948＜0.1，该判断矩阵具有满意的一致性，通过一致性检验，该层次对上一层的权重为50.0%。

表4–20　　　　　　国际关系质量下的三级指标层权重

国际关系质量	国际满意度 A321	国际信任度 A322	国际承诺度 A323	权重
A321	1	2.00	1.00	41.3%
A322	0.50	1	1.00	26.0%
A323	1.00	1.00	1	32.7%

4. 最终各指标权重结果

综合以上步骤，可以获得深圳城市品牌国际传播效能评价体系在各个层次上分评价指标的权重，结果如表4-21所示。

表4-21　深圳城市品牌国际传播效能评价体系权重汇总

目标层	权重	维度层	权重	指标层	权重
城市品牌国际传播的管理力 A1	0.327	清晰度 A11	0.175	国际战略目标清晰度 A111	0.500
				国际身份定位清晰度 A112	0.500
		支持度 A12	0.289	政策保障力 A121	0.327
				政策支持力 A122	0.260
				政策推动力 A123	0.413
		专业度 A13	0.246	专业部门建设度 A131	0.528
				国际人才队伍建设度 A132	0.333
				平台建设度 A133	0.140
		活跃度 A14	0.289	行动者网络结构的多样性 A141	0.500
				行动者网络成员的卷入度 A142	0.500
城市品牌国际传播的沟通力 A2	0.413	自发性国际传播度 A21	0.498	城市经济产业的国际关注度 A211	0.360
				城市人文精神的国际关注度 A212	0.413
				城市地理景观的国际关注度 A213	0.120
				城市社会生活的国际关注度 A214	0.107
		可控性传播 A22	0.367	城市宣传片的国际传播度 A221	0.249
				城市官方媒体的国际传播度 A222	0.157
				城市大型媒介事件的国际传播度 A223	0.594
		非可控性传播 A23	0.135	国际社交媒体的城市口碑 A231	0.333
				国际媒体报道的城市口碑 A232	0.333
				全球发展环境中的城市口碑 A233	0.333
城市品牌国际传播的关系力 A3	0.260	国际关系效用 A31	0.500	城市人才国际联系度 A311	0.333
				城市旅游国际集聚度 A312	0.333
				城市投资国际聚集度 A313	0.333
		国际关系质量 A32	0.500	国际满意度 A321	0.413
				国际信任度 A322	0.260
				国际承诺度 A323	0.327

(三) 确定评价的总评语级

评语集是评价者对被评价对象可能作出的各种评估结果的集合。研究将城市品牌国际传播效能划分为非常差（v1）、较差（v2）、一般（v3）、良好（v4）、优秀（v5）五个等级进行测评，这五个评价等级（评语）构成一个评语集 V = {V1, V2, V3, V4, v5}，即 V = {非常差，较差，一般，良好，优秀}。对于不同指标进行评价时，所使用的是同一个评语集，也就是相同的划分等级。

(四) 评价隶属度函数

在定性指标的效能评价方面，研究组通过专家打分、受众评级、模糊统计的方法确定定性隶属度，按照李克特五级量表的评价标准对评价因素划分等级，基于此，依次统计各评价要素属于等级 Vi 的次数，根据 $U_{ij} = M\_{ij}/d$，d 为评价人数。在定量数据的效能评价方面，本书通过设定参照系阈值（上限值 a，下限值 b，深圳市实际指标数据值为 c），确定评价值 d = {[(c−b)/(a−b)] × (5−1) +1}。

(五) 进行模糊合并作出综合评价

模糊综合评价法（Fuzzy Comprehensive Evaluation，FCE）是一种基于模糊数学的综合评价方法，由美国自动控制领域的 L. A. Zadeh 教授所提出的模糊集合理论（Fuzzy Sets）发展而来。模糊综合评价法能够根据定性评分结果确定隶属度，分别对每一层次的隶属度与权重向量进行合成，按照由下至上的层次结构，最终将一级目标层指标汇总为总评分。

根据对深圳市城市品牌国际传播效能的评价结果，对因素集 A 中 Ai（i = 1, 2, 3, …, m）做单因素判断，判断 Ui 对评语集 Vi 的隶属度为 rij，这样就得出 Ui 的单因素评判集：ri = (ri1, ri2, ri3, …, rim)。每一个被评价对象确定了从 A 到 V 的模糊隶属关系，m 个单因素的评价集构造了一个判断矩阵 R。再用得出的判断矩阵和权重集进行模糊变换，即可求出模糊子集（每个评价对象的综合评价），如果综合评价指标的隶属度之和不为 1，则再进行归一化处理。

本书的城市品牌国际传播效能的测评指标体系包括三级指标。所用方法是，首先在三级指标及其隶属度的基础上，构造二级指标的模糊综合评价，得到二级指标的隶属度和判断矩阵。然后在二级指标的隶属度基础上，再计算得到一级指标模糊综合评价结果，即一级指标的隶属度和判断矩阵。最后，将一级指标汇总进行模糊综合评价，按照最大隶属度原则，得到最终某少儿出版企业国际传播能力测评结果。

最后，对不同评价等级赋予分值向量，从而根据综合评价结果得到一个综合分值。设定"优秀"为 100 分，"良好"为 80 分，"一般"为 60 分，"较差"为 40 分，"很差"为 20 分。对应各等级 Vi 的分值向量为：S = {100, 80, 60, 40, 20}。

三　数据来源

（一）定性数据来源

1. 管理力评价人员构成及评价过程

本书的定性数据集中于管理力指标及关系力指标。在管理力方面，受研究者个人能力的限制，无法从公开渠道获得全面的战略规划文件、相关支持性政策、内参公文以及平台建设的具体情况。基于此，在充分考虑覆盖面、代表性、行业经验的基础上，本书选取深圳市 14 名从业经验在 5 年以上的从事城市品牌国际传播相关工作的高层管理者，结合深度访谈与问卷调查的形式，全面且深刻地了解管理力维度的现实情况，具体人员结构如表 4-22 所示。

首先，研究者通过对 2 名管理人员进行深度采访，详细了解深圳市城市品牌国际传播的顶层设计现状，依据不同指标的具体内涵，获取对城市品牌国际战略规划、支持性政策、平台建设及其部门建设情况的第一手资料，为后续的科学、全面的测评分析打好了坚固的基础。其次，在专家评价的过程中，研究者严格遵循专家调查的方法原则，保证各评价人员处于匿名状态，控制专家间的沟通壁垒，保证专家意见的独立性、客观性与真实性。评价方式以李克特五级量表为基准，具体如表 4-22 所示，回收时间为 2022 年 7 月 11 日至 2022 年 7 月 15 日。

表 4-22　　　　　　　　　调研对象基本信息

调查对象序号	工作单位	从业时间
1	深圳市委宣传部	20 年
2	深圳市委宣传部	18 年

续表

调查对象序号	工作单位	从业时间
3	深圳市委宣传部	15 年
4	深圳市委宣传部	11 年
5	深圳市委宣传部	9 年
6	深圳市委宣传部	9 年
7	《深圳日报》	14 年
8	《深圳日报海外版》	9 年
9	深圳日报	7 年
10	Eyeshenzhen	8 年
11	Eyeshenzhen	7 年
12	Eyeshenzhen	6 年
13	Eyeshenzhen	6 年
14	Eyeshenzhen	5 年

2. 关系力的调查对象构成及评价过程

城市品牌国际传播效能旨在实现国际行动者网络成员对城市品牌的最大化认同感，以此维系长效的互惠性关系，实现城市品牌国际传播的深度与温度。因此，关系力旨在衡量网络成员间在满意、信任、承诺层面的情绪感知情况。基于此，本书在预调查阶段，为了统一数据来源的口径，试图将 Twitter 作为沟通力与关系力的数据获取渠道，以"城市名"+关键词的方式爬取相关文本，进而以大数据情感词典为参照，利用算法的相关模型，计算出用户对深圳城市品牌的认知情绪、联想情绪与信任情绪。然而，由于社会环境、国际形势、疫情防控意识形态差异化等多种复杂性因素的叠加，2021 年全年相关文本的负向情绪累积投影占比过高，能够有效反映关系质量的文本数据量较低，与此同时，研究者对 50 个有效样本进行随机检验，发现大量用户对深圳的实际认知程度较低，但由于语句中存在着情感程度副词，由此被提取至样本库中。以上情况大大降低了最终情绪值的可靠性与科学性，成为实证研究阶段所面临的最大的困难。

为保证数据质量与评价结果的有效性，研究者将关系力的衡量对象转向深圳市城市品牌的卷入度较高的目标人群中，以问卷的形式开展对此类群体的感知调查,问卷量表详情与具体回收数据见表4-23。根据kavaratzis的划分标准,从城内与城外两个维度,将被试划分为深圳市外籍居民与外籍到访者(游客、外来务工或学习人员及商务差旅人员等)。其中,外籍到访者均是在国内生活的外籍人员。本书通过让被试填写"是否到访过深圳"的相关问题,作为外籍到访者的筛选标准,若此题项回答为"否",则结束答题。具体调查方式依据研究者的熟人网络,采用滚雪球抽样法进行问卷发放。本书共发放问卷194份,剔除无效问卷后,最终有效问卷为165份,样本的人口统计结果如表4-23所示,从人口学变量来看,被调查样本涵盖了相当多样化的类型,能反映出国际受众对深圳城市品牌认知的总貌。

表4-23 调研对象描述统计

变量		样本数(个)	百分比(%)
性别	男	79	47.88
	女	86	52.12
年龄	18—24岁	39	23.64
	25—34岁	68	41.21
	35—55岁	41	24.85
	45—54岁	17	10.30
居住地	深圳市内	109	66.06
	深圳市外	56	33.94
出生地所在洲	亚洲	87	52.73
	北美洲	44	26.67
	欧洲	13	7.88
	南美洲	17	10.30
	非洲	4	2.42
学历	本科以下	26	15.76
	本科	88	53.33
	硕士	50	30.30
	博士	1	0.61

（二）定量数据的来源

本书定量数据由沟通力的全部指标以及关系力中关系效用的全部指标构成。为保证数据横向对比的科学性与有效性，研究将所有数据的取值范围设定在2021年1月1日至2021年12月31日。在第一手数据方面，为全面考察深圳城市品牌国际传播在全球范围内的具体情况，研究者采用Python对国际社交媒体与国际媒体新闻报道文本进行数据爬取，进而获取原始文本并结合指标内涵进行Bart-Large-Mnli模型主题词分析。其中，有关国际媒体新闻报道的原始数据来源于事件、语言和情感全球数据库（the Global Database of Events, Language, and Tone, GDLET）。GDLET数据库能在记录数据的同时，对新闻语料进行分析，提取新闻文本内容进行主题分类和情感分析。有关国际社交媒体的全部文本数据来源于推特（Twitter）平台，Twitter成立于2006年3月，月活跃用户3.36亿，每分钟的发帖量超350000条，每月独立访问次数超10亿。通过对推特文本数据的分析，可以了解"他者"在国际社交媒体上对深圳的认知、情感与态度。

研究中所获取的第二手数据分别来源于2021年市政府、外办、外宣办、统计局、文旅局、文物局、体育总局、中国民航局等官网信息，中国统计年鉴、各地年鉴、政府工作报告等权威数据，第二手数据主要通过人工收集的方式获取，经过多轮数据比对和交叉验证，确保数据的准确性和一致性。

在参照系的选取对象上，本书参考人民网《中国城市国际形象传播影响力研究报告》，并结合中国国家中心城市规划、全球化与世界城市研究网络（GAWC指数）、全球城市竞争力研究指数（GUCP指数）与全球实验室（Global City Lab）等标准，试图选取在国际上具有竞争力、在国内具有区域中心地位和引领示范作用的城市作为评价深圳城市品牌国际传播效能评价的参照系对象。基于区域平衡性原则，去除了华东、华南地区的部分城市后，最终选定了北京、上海、广州、武汉、杭州、成都、南京、重庆、天津、西安、苏州、长沙、厦门、郑州、沈阳15个城市。本书根据以上15个城市的数据确定a、b值，并根据专家意见和理论值进行调整，具体取值如表4-24所示。

表4-24　　　　　　　　　　指标取值范围

指标	上限值（a值）	下限值（b值）
城市经济产业的国际关注度 A211	24240	105
城市人文精神的国际关注度 A212	9654	115
城市地理景观的国际关注度 A213	804	15
城市社会生活的国际关注度 A214	21737	185
城市宣传片的国际传播度 A221	99.26	31.85
城市官方媒体的国际传播度 A222	392893	4066
城市大型媒介事件的国际传播度 A223	393.4	34.9
国际社交媒体的城市口碑 A231	131	6
国际媒体报道的城市口碑 A232	19	1
全球发展环境中的城市口碑 A233	56.57	2.4
城市人才国际联系度 A311	16	1
城市旅游国际集聚度 A312	56.7	2.4
城市投资国际聚集度 A313	155.6	8.2

四　数据分析与结果

在上一章节中，通过层次分析法获得了城市品牌国际传播效能评价体系各层次分指标权重，下一步计算所得的权重与各项指标评价进行合成，最终得到城市品牌国际传播效能的总评分。考虑到城市品牌国际传播效能评价体系中评价维度数据同时存在定性和定量数据，因此可以使用模糊综合评价法将定性评价转化为定量评价，从而实现总评分的计算。

城市品牌国际传播效能评价体系中，一级目标层次的城市品牌国际传播的管理力指标通过专家调查法获得定性数据，关系力中的关系质量通过手中评价获得定性数据，其他指标则通过定量的方法获取评分。因此需要分开处理两类数据指标，对于定性数据的获取，首先要确认适用的评价等级，向专家发放调查问卷，根据问卷结果呈现的特质选择隶属度函数，据此计算每一指标维度的隶属度；对于定量数据，使用离差标准化（Min-max Normalization）的方法将其投影到上述确认的评价等级范围内。至此，引入层次分析法计算出的各维度各指标的权重，进行模糊合成。

(一) 管理力的模糊合成

在管理力层面，由于受访专家不唯一，本书采用频率法对城市品牌国际传播的管理力问卷结果确定隶属度，城市品牌国际传播的管理力的三级指标隶属度如表4-25所示。

表4-25　　　　　　　　管理力的三级指标隶属度

指标层	非常不同意 1分 频率	不同意 2分 频率	中立 3分 频率	同意 4分 频率	非常同意 5分 频率
国际战略目标清晰度 A111			0.143	0.571	0.286
国际身份定位清晰度 A112			0.214	0.571	0.214
政策保障力 A121			0.286	0.571	0.143
政策支持力 A122			0.429	0.429	0.143
政策推动力 A123			0.286	0.500	0.214
专业部门建设度 A131		0.071	0.286	0.429	0.214
国际人才队伍建设度 A132		0.143	0.214	0.429	0.214
平台建设度 A133			0.143	0.714	0.143
行动者网络结构的多样性 A141		0.071	0.286	0.500	0.143
行动者网络成员的卷入度 A142		0.071	0.286	0.571	0.071

模糊合成采取自下至上的计算方式，利用下一层的隶属度和权重向量相乘，得到上层指标的隶属度。

对于城市品牌国际传播的管理力的二级维度层指标清晰度A11、支持度A12、专业度A13和活跃度A14，其权重向量W和根据隶属度确定的判断矩阵R分别为：

清晰度A11：

$$W_{11} = (0.5, 0.5)$$

$$R_{11} = \begin{bmatrix} 0 & 0 & 0.143 & 0.571 & 0.286 \\ 0 & 0 & 0.214 & 0.571 & 0.214 \end{bmatrix}$$

$$B_{11} = W_{11} \cdot R_{11} = (0, 0, 0.179, 0.571, 0.250)$$

支持度A12：

$$W_{12} = (0.327, 0.260, 0.413)$$

$$R_{12} = \begin{bmatrix} 0 & 0 & 0.286 & 0.571 & 0.143 \\ 0 & 0 & 0.429 & 0.429 & 0.143 \\ 0 & 0 & 0.286 & 0.500 & 0.214 \end{bmatrix}$$

$$B_{12} = W_{12} \cdot R_{12} = (0, 0, 0.323, 0.505, 0.172)$$

专业度 A13：

$$W_{13} = (0.528, 0.333, 0.140)$$

$$R_{13} = \begin{bmatrix} 0 & 0.071 & 0.286 & 0.429 & 0.214 \\ 0 & 0.143 & 0.214 & 0.429 & 0.214 \\ 0 & 0 & 0.143 & 0.714 & 0.143 \end{bmatrix}$$

$$B_{13} = W_{13} \cdot R_{13} = (0, 0.085, 0.242, 0.469, 0.204)$$

活跃度 A14：

$$W_{11} = (0.5, 0.5)$$

$$R_{14} = \begin{bmatrix} 0 & 0.071 & 0.286 & 0.500 & 0.143 \\ 0 & 0.071 & 0.286 & 0.571 & 0.071 \end{bmatrix}$$

$$B_{14} = W_{14} \cdot R_{14} = (0, 0.071, 0.286, 0.536, 0.107)$$

基于以上计算可以得到城市品牌国际传播的管理力的二级维度层指标隶属度，如表 4-26 所示。

表 4-26　　　　　　　　　管理力的二级维度层隶属度

维度层	非常不同意 1分	不同意 2分	中立 3分	同意 4分	非常同意 5分
清晰度 A11			0.179	0.571	0.250
支持度 A12			0.323	0.505	0.172
专业度 A13		0.085	0.242	0.469	0.204
活跃度 A14		0.071	0.286	0.536	0.107

城市品牌国际传播的管理力的权重向量 W 和根据二级维度层隶属度确定的判断矩阵 R 分别为：

第四章 打造世界城市品牌:深圳城市品牌国际传播效能评价与提升路径 / 291

$$W_1 = (0.175, 0.289, 0.246, 0.289)$$

$$R_1 = \begin{bmatrix} 0 & 0 & 0.179 & 0.571 & 0.250 \\ 0 & 0 & 0.323 & 0.505 & 0.172 \\ 0 & 0.085 & 0.242 & 0.469 & 0.204 \\ 0 & 0.071 & 0.286 & 0.536 & 0.107 \end{bmatrix}$$

$$B_1 = W_1 \cdot R_1 = (0, 0.041, 0.267, 0.516, 0.175)$$

基于以上计算可得到城市品牌国际传播的管理力指标的隶属度,如表 4-27 所示。根据最大隶属度原则,属于"同意"的隶属度最高,说明深圳城市品牌国际传播的管理力处于"一般"水平。

表 4-27　　　　　　　　管理力的整体隶属度

维度层	非常不同意 1分	不同意 2分	中立 3分	同意 4分	非常同意 5分
城市品牌国际传播的管理力 A1	0	0.041	0.267	0.516	0.175

进一步对不同评价等级赋予分值向量,设定"优秀"为 100 分,"良好"为 80 分,"一般"为 60 分,"较差"为 40 分,"很差"为 20 分。则对应各等级 Vi 的分值向量为:S = {100, 80, 60, 40, 20},则城市品牌国际传播的管理力的评分为:76.44 分

$$P_1 = B_1 \cdot S = (0, 0.041, 0.267, 0.516, 0.175) \begin{bmatrix} 20 \\ 40 \\ 60 \\ 80 \\ 100 \end{bmatrix} = 76.44$$

(二)沟通力的模糊合成

城市品牌国际传播的沟通力数据已通过定量的方式获得,并经离差标准化的方法将其投影到 1—5 的数值范围内,具体数据如表 4-28 所示。

表 4-28　　　　　　　　　　沟通力指标层评价值

指标层	评价值
城市经济产业的国际关注度 A211	4.200
城市人文精神的国际关注度 A212	3.667
城市地理景观的国际关注度 A213	3.667
城市社会生活的国际关注度 A214	3.933
城市宣传片的国际传播度 A221	1.226
城市官方媒体的国际传播度 A222	5.000
城市大型媒介事件的国际传播度 A223	4.067
国际社交媒体的城市口碑 A231	3.160
国际媒体报道的城市口碑 A232	2.749
全球发展环境中的城市口碑 A233	4.200

接下来以同样的方式将城市品牌国际传播的沟通力的定量评分与对应的权重向量相乘。

对于城市品牌国际传播的沟通力的二级维度层指标自发性国际传播度 A21、可控性传播 A22、非可控性传播 A23，其权重向量 W 和根据隶属度确定的判断矩阵 R 分别为：

自发性国际传播度 A21：

$$W_{21} = (0.175, 0.289, 0.246, 0.289)$$

$$R_{21} = \begin{bmatrix} 4.200 \\ 3.677 \\ 3.677 \\ 3.933 \end{bmatrix}$$

$$B_{21} = W_{21} \cdot R_{21} = 3.887$$

可控性传播 A22：

$$W_{22} = (0.249, 0.157, 0.594)$$

$$R_{22} = \begin{bmatrix} 1.226 \\ 5.000 \\ 4.067 \end{bmatrix}$$

$$B_{22} = W_{22} \cdot R_{22} = 3.506$$

非可控性传播 A23：

$$W_{23} = (0.333, 0.333, 0.333)$$

$$R_{23} = \begin{bmatrix} 3.160 \\ 2.749 \\ 4.200 \end{bmatrix}$$

$$B_{23} = W_{23} \cdot R_{23} = 3.366$$

城市品牌国际传播的沟通力的权重向量 W 和根据二级维度层隶属度确定的判断矩阵 R 分别为：

$$W_2 = (0.498, 0.367, 0.135)$$

$$R_2 = \begin{bmatrix} 3.887 \\ 3.506 \\ 3.366 \end{bmatrix}$$

$$B_2 = W_2 \cdot R_2 = 3.677$$

城市品牌国际传播的沟通力为定量数据，由李克特五级量表计算得出，而模糊评价法选择的对应各等级 Vi 的分值向量为：S = {100, 80, 60, 40, 20}，为李克特量表的等距投影，则城市品牌国际传播的沟通力的评分可以计算为：

$$P_2 = B_2 \times 20 = (3.677) \times 20 = 73.54$$

（三）关系力的模糊合成

在关系力层面，城市品牌国际传播关系质量的调查问卷最终回收 165 份，由于样本量过多，在数据处理阶段将其转化为定量的加权平均值为最终评价值，具体数据平均值如表 4 - 29 所示。

表 4 - 29　　　　　　　　关系力细化评价结果

指标	指标层	平均值	评价值
满意度	我很喜欢这个城市	4.455	4.178
	我对这个城市充满热情和期待	4.236	
	这个城市的形象符合我的预期	3.842	

续表

指标	指标层	平均值	评价值
信任度	我相信该城市跟宣传的一样好	4.352	4.430
	我相信选择该城市是明智的（生活、工作、旅行）	4.442	
	我相信城市能够发展得更好	4.545	
	我相信城市会不断改善现在的缺陷	4.382	
承诺度	我认为我对城市有一种归属感	3.509	3.985
	我认为自己能成为城市忠实的维护者	3.715	
	我会向周围人推荐该城市	4.303	
	我准备未来多参与该城市的活动	4.412	

关于城市品牌国际传播关系效用的定量数据，研究者通过经离差标准化的方法将其投影到1—5的数值范围内，最终评价值如表4-30所示。

表4-30　　　　　　　　关系力最终评价结果

指标	评价值
城市人才国际联系度 A311	4.467
城市旅游国际集聚度 A312	1.788
城市投资国际聚集度 A313	4.200

对于城市品牌国际传播的关系力的二级维度层指标国际关系效用 A31、国际关系质量 A32，其权重向量 W 和根据隶属度确定的判断矩阵 R 分别为：

国际关系效用 A31：

$$W_{31} = (0.333, 0.333, 0.333)$$

$$R_{31} = \begin{bmatrix} 4.467 \\ 1.788 \\ 4.200 \end{bmatrix}$$

$$B_{31} = W_{31} \cdot R_{31} = 3.485$$

国际关系质量 A32：

$$W_{32} = (0.413, 0.260, 0.327)$$

$$R_{32} = \begin{bmatrix} 4.178 \\ 4.430 \\ 3.985 \end{bmatrix}$$

$$B_{32} = W_{32} \cdot R_{32} = 4.180$$

城市品牌国际传播的关系力的权重向量 W 和根据二级维度层隶属度确定的判断矩阵 R 分别为：

$$W_3 = (0.5, 0.5)$$

$$R_3 = \begin{bmatrix} 3.485 \\ 4.180 \end{bmatrix}$$

$$B_3 = W_3 \cdot R_3 = 3.833$$

城市品牌国际传播的关系力为定量数据，由李克特五级量表计算得出，而模糊评价法选择的对应各等级 Vi 的分值向量为：$S = \{100, 80, 60, 40, 20\}$，为李克特量表的等距投影，则城市品牌国际传播的关系力的评分可以计算为：

$$P_3 = B_3 \times 20 = (3.833) \times 20 = 76.66$$

（四）模糊综合评价的结果分析

为获得二级维度层的评价分数，可以对该维度的不同评价等级赋予分值向量，设定"优秀"为 100 分，"良好"为 80 分，"一般"为 60 分，"较差"为 40 分，"很差"为 20 分。对应各等级 Vi 的分值向量为：$S = \{100, 80, 60, 40, 20\}$。

清晰度 A11、支持度 A12、专业度 A13、活跃度 A14：

$$(P_{11}, P_{12}, P_{13}, P_{14}) = (B_{11}, B_{12}, B_{13}, B_{14}) \cdot \begin{bmatrix} 20 \\ 40 \\ 60 \\ 80 \\ 100 \end{bmatrix}$$

$$= (81.41, 76.98, 75.84, 73.58)$$

自发性国际传播度 A21、可控性传播 A22、非可控性传播 A23：

$$(P_{21}, P_{22}, P_{23}) = (B_{21}, B_{22}, B_{23}) \cdot 20 = (77.75, 70.12, 67.33)$$

国际关系效用 A31、国际关系质量 A32：

$$(P_{31}, P_{32}) = (B_{31}, B_{32},) \cdot 20 = (69.21, 83.61)$$

汇总以上计算结果，得到如表 4 - 31 所示的一级指标及二级指标的评价分数。

表 4 - 31　　　　深圳城市品牌国际传播效能的评价结果

目标层	分数	维度层	分数
深圳城市品牌国际传播的管理力	76.44	清晰度	81.41
		支持度	76.98
		专业度	75.84
		活跃度	73.58
深圳城市品牌国际传播的沟通力	73.54	自发性传播	77.75
		可控性传播	70.12
		非可控性传播	67.33
深圳城市品牌国际传播的关系力	76.66	国际关系效用	69.70
		国际关系质量	83.61

五　研究结论与讨论

根据表 4 - 31 得出的深圳城市品牌国际传播效能评价结果可以发现，从整体来看，现阶段深圳市在城市品牌国际传播管理力和关系力两方面做得相对较好，而城市品牌国际传播的沟通力方面是短板，需要进一步提升。而在细分的维度层面方面，可以发现深圳城市品牌国际传播中的清晰度和关系质量两方面相对而言做得较好，但是在可控性传播、非可控性传播以及国际关系效用三个方面仍然具有进一步的提升空间。下一节，将会结合此次具体的评价分析结果以及具体的相关案例进行深入讨论，现阶段深圳城市品牌国际传播效能方面的现状及需要进一步提升的具体内容。

第六节　深圳城市品牌国际传播效能现状分析

一　深圳城市品牌国际传播的管理力分析

研究者通过向深圳市管理人员发放问卷，共回收有效问卷 14 份，综合模糊合成后，获得各指标的得分情况，管理力最终得分为 76.44 分，位于一般与良好之间，为城市品牌国际传播效能的产出奠定了良好的基础。从数据结构来看，首先，深圳市城市品牌国际传播的清晰度的得分最高，为 81.74 分，意味着深圳市在国家执政理念、自身建设、国际化战略的全局性框架下，已经具有完善的中长期规划与明晰的城市身份定位，为城市品牌国际传播能力建设指明了方向与路径。其次，深圳城市品牌国际传播的支持度与专业度分别获得了 76.98 分与 75.84 分，反映出深圳市具有城市品牌相关的支持性政策与管理机制，但与深圳市国际化发展水平仍存有一定差距，城市品牌国际传播的专项建设具有较大的发展空间。再次，管理力得分最低的指标为城市品牌国际传播管理的活跃度，为 73.58 分，由此可见，城市品牌建设的主体结构单一，尚未形成过国内外利益相关者共创城市品牌的参与性机制。

表 4-32　　　　深圳城市品牌国际传播的管理力评价结果

指标	得分
清晰度	81.74
支持度	76.98
专业度	75.84
活跃度	73.58
总分	76.44

（一）清晰度：深圳市具有明确的国际战略规划与品牌身份定位，但急需专业化的城市品牌国际战略布局纲领

研究者从"定向"的目标清晰度与"定性"的身份清晰度设计了测量量表，从定向层面来看，目标的具体性、长效性的加权平均分为 4 分，同国家执政理念与城市国际化发展目标的协同性得分为 4.36 分，均处于良好水平。

表 4-33　　深圳城市品牌国际传播的清晰度调查结果

题目/选项	非常不同意	不同意	中立	同意	非常同意	平均分
深圳市制定了城市品牌国际传播不同发展阶段的明确战略目标与实际效能预期	0(0%)	0(0%)	2(14.29%)	10(71.43%)	2(14.29%)	4
深圳城市品牌国际传播的战略目标能够在理念和实践上同国家的执政理念、城市的国际化发展目标相一致	0(0%)	0(0%)	1(7.14%)	7(50%)	6(42.86%)	4.36
深圳市具有清晰稳定的城市品牌身份，能有效表征城市的优势及个性特质	0(0%)	0(0%)	3(21.43%)	7(50%)	4(28.57%)	4.07
深圳市针对不同目标区域制定了"精准施策"的身份定位战略	0(0%)	0(0%)	3(21.43%)	9(64.29%)	2(14.29%)	3.93
小计	0(0%)	0(0%)	9(16.07%)	33(58.93%)	14(25%)	4.09

首先研究者结合管理者评价与相关政策的分析发现，从国家战略定位层面来看，深圳市城市国际化发展的战略要求与远景能够在理念和实践上同国家的执政理念、国际化发展目标相一致。具体而言，深圳作为多重国家战略的交汇地，进入了"双区"驱动、"双区"叠加的黄金发展期，具有担负起实现社会主义现代化的崇高使命。2021 年《深圳市国民经济和社会发展第十四个五年规划和二〇三五年远景目标纲要》从战略层面提出了具体且详细的战略要求与远景目标：从基本要求来看，一是实现全方位先行示范。全面落实国家重大发展战略，充分发挥粤港澳大湾区中心城市功能，着力增强"一核一带一区"主引擎作用，实现由经济特区向"先行示范区"的使命跃迁，进而更好地服务全国全省发展。二是构建新的发展格局。以推动高质量发展为主题，坚持扩大内需的战略基点，增强服务国内大循环、联通国内国际双循环功能，成为构建新发展格局的先行示范者。三是强化创新在现代化建设中的核心地位，强化科技自立自强对发展的战略支撑作用，强化企业创新主体地位，强化

人才第一资源。从远景目标来看，深圳市将国际化发展规划分为了3个五年，基于现代化、可持续、强国城市范例的阶段性规划建构具有全球影响力的创新型城市。一是到2025年，建成现代化国际化创新型城市，基本实现社会主义现代化。二是到2030年，建成引领可持续发展的全球创新城市，社会主义现代化建设跃上新台阶。三是到2035年，建成具有全球影响力的创新创业创意之都，成为我国全面建成社会主义现代化强国的城市范例，率先实现社会主义现代化。

其次，从深圳城市品牌的国际化身份定位来看，主要从科技创新、消费、创意、交流四个维度突出深圳市独特的国际竞争力优势，并着重发展城市的文化软实力，赋予城市品牌身份以多元丰富的内涵。具体来看，一是，关于国际化科技创新中心的城市身份定位，2022年由深圳市出台了《深圳市科技创新"十四五"规划》，明确到2025年，建成现代化国际化创新型城市，成为粤港澳大湾区国际科技创新中心的重要引擎，加快建设具有全球影响力的科技和产业创新高地。其中，规划指出，到2025年，深圳全社会研发投入占地区生产总值比重为5.5%—6%，全社会基础研究经费投入占研发经费比重为5.5%—6%，每万人口高价值发明专利拥有量108件，技术合同成交额1500亿元等。由此可见，深圳市创新创业的品牌身份定位具有明确的战略规划指导，且规定了具体的实际效能目标值与中长期发展路径，为城市品牌的发展奠定了良好的战略保障。二是，关于国际化消费中心的城市身份定位，2021年1月，深圳市商务局联合市发改委发布了《深圳市商务发展"十四五"规划》，提出了2025年、2030年、2035年三个阶段发展目标，为深圳建设成为国际消费中心城市谋划了具体路线图。2022年2月18日，深圳市商务局正式印发《深圳市关于加快建设国际消费中心城市的若干措施》围绕推动解决制约消费高质量发展的体制机制问题、发展新业态新模式和培育龙头企业等制定了27条具体的行动路径。三是，关于国际化文化创意型城市品牌的身份定位，深圳作为一个年轻的城市，与历史悠久的传统一线城市相比，文化底蕴积淀和文化事业建设不足，因此，2003年，深圳市确立了"文化立市""科技立市"的发展战略，发力推动城市文化事业的建设，以此培育文化型的城市品牌国际身份。2008年成为我国第一个加联合国全球创意城市网络的城市，被联合国教科文组织评选为"设计之都"，与此同时，开启了"图书馆之城""钢琴之城""动漫基地"的新兴文化的城市品牌建设。日前，深圳市文化广电旅游体育局透露，经过多年发展，深圳文化产业已成为四大支柱性产业之一。并且，2021年全市文化产业增加值超过2500亿元，同比增速超过15%，位居全国前列，占全市GDP比重超过8%。四是国际化文化交流之城的城市品牌身份定位，2019年8月，《中共中央、国务院关于支持深圳建设中国特色社会主义先行示范区的意见》正式发布，其中指出："支持深圳举办国际大型体育赛事和文化交流活动，建设国家队训练基地，承办重大主场外交活动。"自此开始，近年来，深圳市致力于提升全球信息交流的城市国际化功能，以此加强其国际地位与影响力。具体来看，2022年，深圳市商务局发布《〈关于建设国际会展之都的若干措施〉实施细则》，将从支持新引进国际知名品牌展会、支持培育专业展会、支持本地展会做大做强等六个方面对项目申报单位进行扶持和奖励。2020年，深圳市文化广电旅游体育局出台《关于加快体育产业创新发展若干措施》，提出加快建设"国际著名体育城市"，使体育产业成为经济绿色发展的新动能。直至今年，深圳已经是每年举办超过500场赛事的体育赛事之城，正向着打造国际体育赛事之都的目标迈进。

最后，从城市品牌国际传播的战略规划与身份定位来看，多数管理者表示深圳市缺乏具有专业性的城市品牌国际战略规划的意见指导，进而难以形成城市品牌国际传播具体且长效的发展路径。这一现象也进一步解释了关于题项"深圳市针对不同目标区域制定了精准施策的目标身份定位战略"得分较低的原因。打造城市品牌的战略规划是整个过程的第一步。其核心职能是拟定城市品牌建设蓝图，确定策划目的、时间流程、参与部门分工、项目内容和方案、整体预算和执行团队成员等。从以上的政策分析中可以发现，深圳市各维度的城市国际化发展规划均隶属于独立部门的发展框架下，然而，各维度的城市身份需要在城市品牌总领性的战略设计中加以整合，并根据国内外的城市品牌传播环境、媒介资源，结合自身城市发展条件等，有目的有策略地去部署并监测其传播效果。例如，香港前特首董建华2021年5月10日在《财富》论坛开幕式上推出的香港品牌形象和火红的"龙"标识，是由政府跨部门工作小组，包括投资行政署、推广署、贸易发展局、旅游发展局以及多个在国际各专业领域享有盛誉的顶级跨国专业公司,历时一年策划设计而成。

(二)支持度:深圳市尚未重视城市品牌对国际化发展的引领作用,城市品牌的专项政策保障与支持政策有待建设

研究者从"保障层""供给层"与"需求层"设计了支持度的测量量表,其中保障层加权平均分为3.86分,处于一般的水平,说明了深圳市缺乏有力的城市品牌国际传播与管理工作的制度、专项规划与政策保障;供给层加权平均分为3.71分,是支持度中得分最低的一项,意味着深圳市尚未充分重视城市品牌对国际化发展的引领作用,因此,城市政治、经济、文化、社会等各个领域缺乏对城市品牌国际传播在资金、人才、信息与技术等多元化政策支持。需求层加权平均分为3.93分,相较于前两者而言,分数相对较高,反映出深圳市相关管理部门为吸引城市国际消费、拉动城市国际投资等制定了多元化的政策激励措施,但仍具有较大的发展空间。总体而言,支持度的平均得分为3.83分,模糊评价值为76.98分,处于一般的效能水平,对城市品牌国际传播整体的政策支持度略有不足。

表4-34　　　　深圳城市品牌国际传播的支持度调查结果

题目/选项	非常不同意	不同意	中立	同意	非常同意	平均分
深圳市政府制定了城市品牌国际传播与管理工作的专项规划、战略措施等,为城市品牌国际传播的正向发展提供了有效的政策保障	0(0%)	0(0%)	4(28.57%)	8(57.14%)	2(14.29%)	3.86
城市品牌对深圳市的国际化发展起到了引领作用,城市经济、政治、文化、社会等各个领域分别将城市品牌的国际传播能力建设贯穿于工作责任制当中,为城市品牌的国际传播提供了资金、人才、信息、技术的多元化政策支持	0(0%)	0(0%)	6(42.86%)	6(42.86%)	2(14.29%)	3.71

续表

题目/选项	非常不同意	不同意	中立	同意	非常同意	平均分
深圳市相关管理部门为吸引城市国际消费、拉动城市国际投资等，制定了多元化的政策激励措施	0(0%)	0(0%)	4(28.57%)	7(50%)	3(21.43%)	3.93
小计	0(0%)	0(0%)	14(33.33%)	21(50%)	7(16.67%)	3.83

根据研究者对《深圳市国民经济和社会发展第十四个五年规划和二〇三五年远景目标纲要》等政策文件、相关会议中梳理出涉及对外工作的相关内容，总结了深圳市对外交往能力的相关性支持性政策。从保障层来看，深圳市第七次党代会明确提出，要构建现代文化传播新格局，提升国际传播能力；要塑造文化产业发展新态势，培育壮大"文化+"新业态。深圳《规划纲要》提出，一是着力提升城市国际化涵养。普及国际化城市建设理念，培育市民国际交往意识，打造"国际化"系列品牌，不断提升城市参与国际治理的能力和举办重大活动的服务保障能力。积极争取承办国家重大主场外交，加快建设深圳国际交流中心等重大涉外活动及会议场所。二是引进国际组织和机构落户深圳，引导各行业进一步衔接国际通用规则，支持社会力量参与对外交往。织密国际友城网络，打造友城交往项目集群，擦亮民间外交"深圳品牌"。提升对国际形势与重大发展问题的研究能力，加强与国际智库等机构合作。三是，强化国际传播能力建设。主动作为探索"云外事"，务实开展"云外交"，展现新时代对外交往的深圳特色。积极参与举办粤港澳大湾区媒体峰会，办好媒体融合发展论坛。提升国家对外文化贸易基地（深圳）影响力，建设适用国际通用规则的文化艺术品（非文物）拍卖中心。深化深圳报业、广电、出版集团改革，加快推进媒体深度融合，健全市场化机制。打造一批具有强大影响力和竞争力的新型主流媒体，加快构建网上网下一体、内宣外宣联动的主流舆论格局，建立全媒体传播体系。构建兼具"中国味"和"世界范"的文化交流平台，创新推介路径，对外讲好新时

代中国故事、大湾区故事、深圳故事。由此可见，相关的政策从对外交流活动中提供了明确的规划与指导意见，但尚未形成城市品牌的专项政策规划与行动路径，与此同时，根据研究者调查发现，多数政策仅停留于战略规划层面，并未进一步推出具有行政效力的"实施细则"。

从支持性政策来看，深圳在理念创新、内容创建、策划创意等方面走在全国城市前列，集聚了一批具有品牌效应、扎实内容和传播力度的国际化城市建设品牌项目。《规划纲要》明确提出对通过深圳市国际化街区的城市形象建设，创新重点区域开发模式，坚持基础先行、公共配套、共性开发、差异发展，实行更高的城市规划标准和建筑设计规则，打造一批充满魅力的国际化城市新客厅，建设各具特色、错位发展、品质卓越的国际化街区。一是全国首创"国际化街区"建设体系，制定"146"总体发展框架，印发《关于推进国际化街区建设提升城市国际化水平的实施意见》及相关指引等配套文件，推动首批20个国际化街区建设；二是大力推进国际语言环境建设，创立推广"市民讲外语"品牌，举办主题活动；三是在海外开展系列国际形象推介活动，以多种形式宣介打造对外宣介品牌窗口；四是制作宣传视频、出版丛书、举办沙龙等多种形式，培育市民的对外交往能力意识，营造知礼仪、懂礼仪的友好交往氛围；五是成立深圳市国际交流合作基金会并指导其运营，创立地方民间对外交流合作创新项目，整合民间资源助力全市对外工作。深圳市委外办有关负责人表示，下一步深圳将不断推进国际化城市界面的打造，以国际化街区建设、国际语言环境建设等领域的创新与拓展，争取在新时代为打造全球标杆城市、提升城市治理能力现代化提供"外事智慧""国际化方案"。以国际化街区建设为例，深圳将秉承打造一批"各具特色、错位发展、品质卓越"的国际化街区的核心价值观，围绕国际化街区"共商共建共享"的核心理念，推进首批20个国际化街区建设评定工作，搭建全市国际化街区建设的交流平台，推动编制一套既可复制推广，又体现深圳特色和区域特质的评价体系，争取成为国际化城市建设的"深圳标准"，为促进城市治理体系和治理能力现代化探索新路。综合来看，国际化街区建设是城市品牌国际传播系统的重要组成部分，街区作为城市形象的重要文化表征，能够构筑起国际受众对城市的印象图示，形成良好的城市品牌形象，进一步而言，深圳市的支持性政策具有广泛性与分散性，主要集中于城市基础设施的建设与国际传播能力的相关建设，缺乏具有针对性的城市品牌专项基金及项目支持。

从需求层来看，深圳市在为吸引国际消费，拉动城市投资方面，制定了多元化的政策激励，为城市品牌的国际化传播营造了良好的营商环境与市场环境。从拉动投资方面来看，为加速深圳产品、品牌、技术、服务、标准"走出去"，提升全球资源配置能力，为构建新发展格局提供有力支撑，2022年6月深圳市商务局制定了《深圳市关于推动对外投资合作高质量发展的若干措施》，针对深圳市企业开展对外承包工程、参加境外重点展会制定了《实施细则》，提出了具体的、针对性和可操作的管理规定，以保障支持政策落地。从吸引国际消费方面来看，深圳市商务局发布的《深圳市关于加快建设国际消费中心城市的若干措施》提出了建设国际一流商业载体、集聚全球优质商业资源、培育创新型领军商业企业、打造多元多层次消费新场景、创建享誉全球的消费环境等共8个部分27项具体措施，推动深圳商业和消费高质量发展。调查显示，《措施》着眼于发挥深圳创新优势、产业优势和贸易优势，出台实施"品牌瞪羚计划"，大力发展"首店经济"和"首发经济"等措施，增强深圳市的国内国际吸引力，聚焦汇聚全球消费资源，朝着打造消费资源的全球配置枢纽、培育创新型领军商业企业等目标发力，更好满足市民以及商旅客流日益增长的美好生活需要。

（三）专业度：深圳市系统化的城市品牌管理部门有待完善，国际传播人才储备有待提升

研究者从"部门建设""人才队伍"与"平台建设"三个层面设计了专业度的测量量表，其中部门建设的加权平均分为3.79分，处于一般水平，说明了深圳市缺乏城市品牌管理的常设机构，且城市品牌系统性管理不足，缺乏统筹计划、组织、指挥、协调、监督的品牌运作机制；国际人才队伍建设的加权平均分为3.68分，是专业度中得分最低的一项，意味着深圳市专业化的城市品牌管理人才、跨文化人才的储备不足，缺乏国际传播知识相关培训工作的重视。平台建设的加权平均分为4分，相较于前两者而言，分数相对较高，反映出深圳城市品牌研究平台、管理平台、合作交流平台的建设度较强，但仍具有较大的发展空间。总体而言，专业度的模糊评价值为75.84分，处于一般的效能水平，反映出深

圳市城市品牌国际传播整体的专业建设能力略有不足。

表4-35　　深圳城市品牌国际传播中研究平台的现状调查

题目/选项	非常不同意	不同意	中立	同意	非常同意	平均分
深圳市成立了城市品牌建设的常设机构（独立的品牌办），具有一定的行政地位	0(0%)	1(7.14%)	4(28.57%)	6(42.86%)	3(21.43%)	3.79
深圳市城市品牌常设机构具有成熟的运作机制，能够从计划、组织、指挥、协调、监督等环节对城市品牌的国际传播进行系统化管理	0(0%)	1(7.14%)	4(28.57%)	6(42.86%)	3(21.43%)	3.79
小计	0(0%)	2(7.14%)	8(28.57%)	12(42.86%)	6(21.43%)	3.79

表4-36　　深圳城市品牌国际传播中管理平台的现状调查

题目/选项	非常不同意	不同意	中立	同意	非常同意	平均分
深圳市城市品牌相关管理部门具有专业性的人才储备	0(0%)	1(7.14%)	2(14.29%)	8(57.14%)	3(21.43%)	3.93
深圳市城市品牌相关管理部门开展了高频的员工国际传播知识的相关培训工作	0(0%)	3(21.43%)	4(28.57%)	5(35.71%)	2(14.29%)	3.43
深圳市城市品牌相关管理部门重视多语种与国别研究的跨文化人才队伍建设	0(0%)	3(21.43%)	2(14.29%)	6(42.86%)	3(21.43%)	3.64

续表

题目/选项	非常不同意	不同意	中立	同意	非常同意	平均分
深圳市城市品牌相关管理部门重视多专业领域的国际化人才队伍建设	0(0%)	2(14.29%)	3(21.43%)	6(42.86%)	3(21.43%)	3.71
小计	0(0%)	9(16.07%)	11(19.64%)	25(44.64%)	11(19.64%)	3.68

表4-37　深圳城市品牌国际传播中交流平台的现状调查

题目/选项	非常不同意	不同意	中立	同意	非常同意	平均分
深圳市城市品牌相关管理部门搭建了区域品牌战略规划的研究平台、城市品牌公共服务与管理平台等多元化建设性平台	0(0%)	0(0%)	2(14.29%)	10(71.43%)	2(14.29%)	4
深圳市城市品牌相关管理部门搭建了城市品牌、行业品牌、企业品牌、个人品牌的多层次联动性平台，各级品牌能够主动呼应城市品牌，全方位展示城市品牌的丰富内涵	0(0%)	0(0%)	3(21.43%)	9(64.29%)	2(14.29%)	3.93
深圳市城市品牌相关管理部门搭建了大量城市品牌国际化交流合作的基金会与平台，开拓了与全球性知名国际组织、官方机构与民间组织的合作伙伴关系	0(0%)	0(0%)	2(14.29%)	9(64.29%)	3(21.43%)	4.07
小计	0(0%)	0(0%)	7(16.67%)	28(66.67%)	7(16.67%)	4

从专业部门建设度来看，城市行政管理学理论表明，西方发达城市无论是培育公共文化品牌还是建设公共文化服务体系，都是以"共同治

理"为普遍模式,这一模式促进公共性的体现和实现,这种公共性也是与市民社会相生相伴。然而,根据研究者调查得知,深圳市委宣传部系统包括市委宣传本级、中公深圳市委讲师团、深圳市新闻影视中心、深圳市网络文化研究中心4个分支,在深圳的城市品牌管理过程中,未有一个独立办公室或城市管理者来对城市品牌形象的传播和营销做出统一策划和管理,这也就决定了难以通过紧密联系市民,调动其积极性来实现共同治理的目标。政府制定城市发展战略和树立城市品牌定位之后是由各职能部门去执行,如宣传部实施城市战略规划,部署全局性的思想政治工作任务和群众性社会主义精神文明建设活动;城管局做好全市园林绿化、环境卫生、城市市容综合管理和城市管理行政执法;投资推广署负责指导全市招商引资工作等。各职能部门履行着推动深圳城市品牌形象的传播的职责,但在此执行过程中,各部门的工作量和工作范围又难以协同调配,也难有一个城市品牌国际传播专项的坚定的目标。这种分工模式缺乏全局观,容易各自为政。

从国际人才储备来看,根据研究者调查得知,英文版《深圳日报》全员不足40人,内容制作和市场推广缺乏人力资源的支撑,导致在融合度、触达率、传播力和品牌影响力等方面,与先行示范区对主流英文媒体的要求尚有一定距离。由于人手不足,新媒体平台尚未配备能够有效提高粉丝互动和传播热度的专职人员。为新媒体平台配备更多业务素质高、懂得跨文化传播、有创新意识、懂得抓热点的全媒体人才,成为较为迫切的任务。

从平台建设度来看,《深圳市国民经济和社会发展第十四个五年规划和二〇三五年远景目标纲要》发起成立世界创新城市合作组织,探索深圳与全球创新领先城市和国际友城间创新合作机制,支持国际一流高校在深设立研究机构。据了解,下一步深圳将积极推进世界创新城市合作组织等先行示范区涉外工作重点项目的落地和筹建工作,构建全市统筹协调机制并取得实效,推动深圳加快融入全球创新网络。具体包括:在全球范围建立全方位、多维度创新合作网络;建立要素齐备、交流活跃的国际创新合作平台;举办"世界创新城市大会""世界创新城市科技周"等系列创新主题活动;加强全球创新理论和模式研究,为全球创新合作可持续发展提供基础支撑和前瞻性建议。

（四）活跃度：深圳城市品牌建设以组织机构为主导者，城市市民的参与度有待提高

研究者从"行动者网络主体的多样化"与"行动者网络主体的参与度"两个层面设计了活跃度的测量量表，整体活跃度的平均得分为3.73，模糊评价值为73.58分，是管理力中得分最低的指标，处于一般的效能水平，反映出深圳城市品牌国际传播管理的活跃度较低。具体而言，从参与主体结构来看，国内政党界、媒体界、产业界等多样化组织机构的得分最高，为3.79分，其次是深圳市居民，得分为3.71分，得分最低的主体为跨国政府、企业等多样性组织，分数为3.64分，国际性居民的参与度得分为3.79分。从主体参与度来看，深圳市国内外利益相关者共创城市品牌的参与性机制与主体力量结构均不够充分，其中国内主体力量占比高于国外主体力量占比，进一步说明，深圳城市品牌的建设以国内利益相关者为主，国际利益相关者的参与度不足，与此同时，参与主体多为组织机构，国内外城市居民的参与性相对较低。

表4-38　　深圳城市品牌国际传播的活跃度调查结果

题目/选项	非常不同意	不同意	中立	同意	非常同意	平均分
深圳市城市品牌相关管理部门将国内党政界、学术界、媒体界、产业界等多样性组织纳入城市品牌的定位、营销及其文化产品的开发过程中	0(0%)	0(0%)	5(35.71%)	7(50%)	2(14.29%)	3.79
深圳市城市品牌相关管理部门将城市居民纳入城市品牌的定位、营销及其文化产品的开发过程中	0(0%)	1(7.14%)	4(28.57%)	7(50%)	2(14.29%)	3.71

续表

题目/选项	非常不同意	不同意	中立	同意	非常同意	平均分
深圳市城市品牌相关管理部门将跨国政府、跨国企业等多样性国际组织纳入城市品牌的定位、营销及其文化产品的开发过程中	0(0%)	2(14.29%)	4(28.57%)	5(35.71%)	3(21.43%)	3.64
深圳市城市品牌相关管理部门将国际居民纳入城市品牌的定位、营销及其文化产品的开发过程中	0(0%)	1(7.14%)	3(21.43%)	8(57.14%)	2(14.29%)	3.79
深圳市完善了国内利益相关者共创城市品牌的参与性机制,且各主体力量结构较为平衡	0(0%)	0(0%)	4(28.57%)	9(64.29%)	1(7.14%)	3.79
深圳市完善了国外利益相关者共创城市品牌的参与性机制,且国外主体力量占比与国内主体力量占比间的差距不大。	0(0%)	2(14.29%)	4(28.57%)	6(42.86%)	2(14.29%)	3.57
小计	0(0%)	6(7.14%)	24(28.57%)	42(50%)	12(14.29%)	3.71

深圳是一座青春之城,是承载着年轻人梦想的城市,是世界上人口平均年龄最年轻的城市。当前的深圳面临来自国内外的激烈竞争,资源紧缺,人口密度大,外来人口多,居民归属感缺乏等问题,都会成为深圳进一步深化发展的阻碍。王晓华和蒋淑君在《媒体·家园·和谐社

会——报纸接受对深圳移民城市归属认知的影响》（《新闻与传播研究》2005年第3期）一文的相关调查中显示，非户籍移民对于深圳这座城市的归属感并不明确。如果无法培养起市民的凝聚力和归属感，由此而至的人才、资金的外流必然会给深圳城市发展带来隐忧。这种背景之下，反观城市品牌形象的传播，可以在一定程度上增强市民的自豪感和归属感。需要指出的是，目前深圳城市品牌形象的推广过程中市民的参与度不高，积极性也欠缺。造成这个问题的原因多种多样，但根本问题还是在于城市管理者缺少对于城市品牌形象传播的统一部署和管理，较少去真正想办法调动市民的积极性，增强其参与热情。城市品牌的经营不是靠一己之力，需要政府对城市的整体品牌形象进行定位和部署，各相关职能部门共同配合和协作去完成，在此过程中，深化和细化国际城市建设的各项标准，让深圳在城市的战略部署、形象定位、城市建设中坚持高品质和特色管理。此外，市民的言谈举止同样是传播城市品牌形象的重要途径，只有民众了解认同自己城市的品牌形象，才能激发他们珍爱这一形象，以自身的实际行动传播这一品牌形象。就目前的深圳城市品牌形象的传播力度和效率来说，想要通过共同治理模式来实现城市品牌有效管理的话，政府还有很长的路要走。

二 深圳城市品牌国际传播的沟通力分析

（一）深圳城市品牌的自发性传播分析：深圳市国际关注度与竞争实力呈现出不对称性

研究者以"城市名+关键词"构造检索词，使用Python通过推特API获取参照系内15个城市以及深圳市2021年1月1日至12月31日的Twitter文本数据，共计235938条推文，去除无效推文（只包含图片或链接、文本内容字符数小于5）及去除重复推文后，获得128962条推特文本数据。其中，人文精神维度25716条，地理景观维度2800条，社会生活维度62248条，经济产业维度38198条。对推特文本数据按城市、维度分类后，可获得各指标下各城市的相关推文数量。由于受极端值影响过大，研究采用排名数进行MinMax离差标准化处理，将其投影至0—5的评分区间，最终得出深圳市自发性传播各维度的评价值，具体检索词、推文数、排名等如表4-39所示。

表4-39　　　　　深圳城市品牌的自发性传播结果调查

指标	检索词	推文数（条）	排名	评价值
城市经济产业的国际影响力	Shenzhen + economy Shenzhen + investment	1721	4	4.2
城市人文精神的国际影响力	Shenzhen + culture Shenzhen + spirit	743	6	3.667
城市地理景观的国际影响力	Shenzhen + landscape Shenzhen + enviorment	160	6	3.667
城市社会生活的国际影响力	Shenzhen + society Shenzhen + life	1633	5	3.933
总计	—	4257	4	73.54分

从数据结构来看，深圳的国际关注情况大体符合人们对它的一般印象。城市品牌的国际性价值很大程度取决于城市经济、文化、社会等方面的既有"存量"。这一"存量"作为城市的现实环境，自发性地进行国际传播，国际用户社交媒体上的发文量能够有效表征城市品牌自发性传播的广度与覆盖度，即城市的国际关注度。根据研究者对参照系城市的相关数据统计发现（如图4-3所示），深圳市在经济产业、人文精神、地理景观与社会生活各维度的国际关注度与其国际发展水平具有明显的现实差距。其国际关注度虽位列第4，但从具体数值上来看，与上海（18375条）、北京（53508条）、武汉（31373条）的实际值相差甚远，总推文数量仅为4257条，不及北京的十分之一。然而，中国社会科学院—联合国人居署联合课题组发布《全球城市竞争力报告》显示，2021年，深圳市从全球城市的经济竞争力、可持续发展竞争力等多维度的综合评分位居世界第9，部分指标甚至超越北京、上海等国际性城市。由此可见，深圳市的全球知名度难以与其自身发展实力相契合，进一步说明，深圳市应在城市国际传播工作方面加大投入力度，形成与自身实力相契合的国际认知度与关注度。

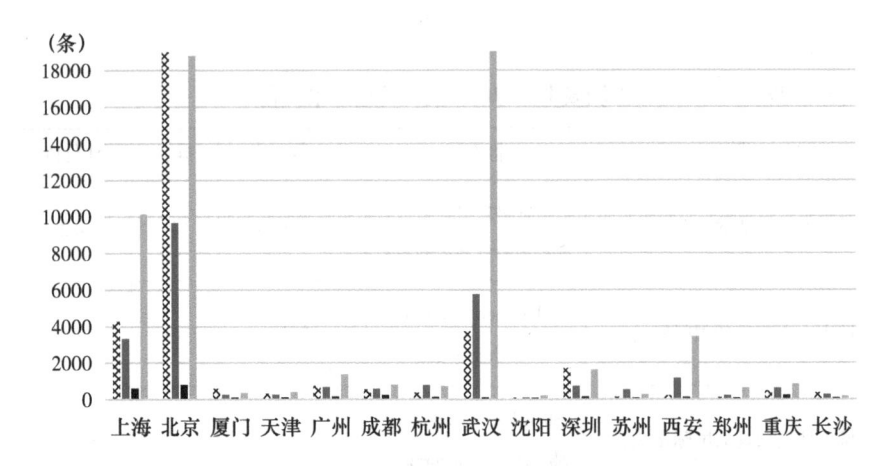

图 4-3 深圳参照系城市的国际关注度

1. 深圳市"宜商"环境优越，已形成以"科技创新"为国际竞争性优势的城市名片

研究者通过对推文进行分维处理后发现，深圳市经济产业的国际关注度较为突出，其推文数量为1721条，占总体比重最高。由于推文数量与深圳市社会经济发展基础呈正相关，进一步反映出深圳市应着力于塑造自身作为商业理想区位的"宜商"城市品牌形象。根据研究者在Python中利用stopwords库进行分词，利用wordcloud库绘制词云图，利用collections库对分词后的文本数据进行词频分析发现，深圳推文的高频词集中于科技、创新、创业、投资四个维度。

首先，深圳基本形成了以科技创新为特点的城市名片，成为世界了解中国与未来科技发展的前沿窗口，这一符号有利于跨越国家、族群和文化的障碍，形成多样化国际群体普遍接受的城市传播符号。其次，从创新创业方面而言，2021年，深圳每千人拥有企业数135.66家，已足以比肩纽约、东京等城市，其市场主体活跃度达75.8%，总量和创业密度继续稳居全国第一，足以反映出全球投资者对深圳的营商环境认可度。再次，从科技与产业发展角度来看，深圳以特区立法的形式，明确基础研究投入不低于市级科研资金的30%，PCT国际专利申请量连续17年居全国城市首位，申请量每年超过两万件，连续相当于北京、上海和广州

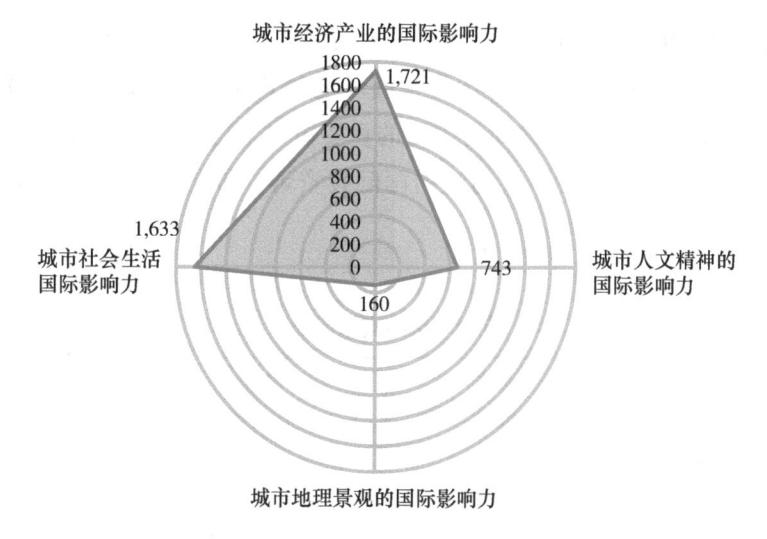

第四章　打造世界城市品牌：深圳城市品牌国际传播效能评价与提升路径　／　313

图 4-4　深圳分维度的推文数量雷达图

图 4-5　词云图分析

总和的 1.5 倍。最后，从产业生态来看，深圳市构建了要素市场化配置的高效机制，在信息产业、消费电子、智能装备等领域打造了全国乃至全球领先的供应链和产业链。此外，深圳市营商环境的重要推动力是立法之便捷，近年来，深圳明确将优化营商环境列为全市"一号改革工程"，连续出台营商环境 1.0—4.0 改革政策，推出 700 多项改革措施，强化了法治引领和保障，以优质服务激发企业活力，以此造就了位列全国第一的政策开放度,催生出一系列可供国家复制推广的创新举措和经验做法。综上所述,深圳市所建构的优渥营商环境使其赢得了广泛的国际关注,这不仅是国际社会了解深圳与中国的重要窗口,更赋予深圳得天独厚的"宜商"品牌价值属性,成为吸引国际投资者、孵化创业企业的重要软实力。

表4-40　　　　　　　　宜商环境的高频词统计

高频词	频率	高频词	频率
Technology	1451	digital	426
Ltd	1183	products	421
quality	939	Innovation	358
Electronic	601	market	339
Electronics	559	startup	302
manufacturer	487	business	297
International	459	stock	253
company	457	investment	248

2. 深圳市具有"宜居"品牌的国际发展潜力,但宜居品牌价值有待提高

为在全球资源配置中提升其战略性控制与协调地位,建设宜居城市品牌是深圳提供生产性和生活性服务、吸引国际性创新人才的重要保障之一。中共中央、国务院印发《粤港澳大湾区发展规划纲要》指出,到2035年,应全面建成"宜居宜业宜游"的国际一流湾区。深圳作为湾区中心城市,2010年市政府出台《深圳市创建宜居城市工作方案》,将宜居城市建设列为全市重要工作之一。数据显示,深圳市社会生活国际关注度仅次于经济产业的国际关注度,其推文数量为1633条。由此可见,深圳具有一定程度的"宜居"品牌发展潜力。所谓宜居城市,即能够满足经济、社会、环境协调发展,满足居民物质和精神生活需求,适宜人们工作、生活和居住的城市。中国社会科学院刘彦平教授提出了衡量城市宜居品牌的价值的四个关键维度,具体包括生态环境、民生质量、城市活力与宜居声望。

从生态环境层面来看，2021年，深圳市空气质量综合指数在168个重点城市中排名第8。2022年1月16日，深圳市宝安区被国家气候中心授予"中国气候宜居城市"称号。从民生质量来看，深圳坚持以人民为中心，着力将改革红利转化成民生福祉，2020年在全国率先出台《深圳经济特区健康条例》，这也是此次被国家发改委发文推广的创新举措和经验做法；2018年深圳正式启动了深圳市食品安全战略工程，推出了高标准、高品质的城市品牌——圳品。然而，在住房方面，中国城市经济研究院副院长宋丁指出，按深圳1800万常住人口计算，宜居率为25%，或者说，目前在深圳常住人口中，每4个人中，有1人是宜居的。[1] 房价高企不仅影响了鹏城人民的幸福指数，更重要的是对深圳国际性宜居城市品牌的建设与传播产生了较大的负面影响。从城市活力与宜居声望而言，研究者在Python中通过stopwords库进行分词，使用collections库对分词后的文本数据进行词频分析发现，国际网友主要关注的焦点依次为城市交通（2145）、卫生环境（1652）、房价（1138）、消费水平（747）、城市安全（721）。结合上述有效文本的词频统计，分别抽取相关文本发现（见表4-41），国际网友对深圳积极情感词汇的表述大致包括现代化（modern）、绿色（green）、安全（safe）、包容（decent）、年轻（young）等，由此可见，深圳这座由外来人口组成的、全国平均人口年龄最年轻的城市，在国际社会中基本呈现出深圳"宜居"与"充满活力"的现代都市形象。

表4-41　　　　　　　城市活力与宜居声望的高频词统计

关键形容词	频次	关键形容词	频次
Modern	163	Decent	29
Smart	129	Young	21
New	87	Convenient	19
Friendly	54	Green	11
Safe	33	Energetic	7

---

[1] 综合开发研究院（中国·深圳）：《深圳如何保障宜居？》，2022年6月，百家号（https：//baijiahao.baidu.com/s？id=1734761785316244452）。

综上所述，深圳市具有"宜居"品牌的发展潜力，呈现出良好的宜居口碑，但从推文数据显示出其国际关注度相对较低，一定程度上说明了城市"宜居"品牌价值的开发程度不足。与此同时，房价高企的城市病对国际社会整体的宜居评价产生了较大的侵蚀作用。深圳市住房保障等系列政策的落地，为城市宜居品牌的发展开启了上升通道，成为深圳城市品牌发展的最大潜力空间所在。因此，深圳市应依托优越的气候条件、优美的生态环境、宜居的城市空间，维护好生态优势、挖掘气候资源，全方位、多角度丰富"宜居城市"的国际品牌内涵，推动气候资源与旅游、文化等多产业融合发展。

3. 深圳市文化国际关注度相对薄弱，人文精神价值取向有待实现跨文化理解

研究者通过对推文进行处理后发现，深圳市人文精神关注度相对较低，其推文数量仅为743条。由此可见，深圳城市品牌形象的相对劣势更多集中在文化资本的缺失，或者说文化软实力建设层面的不足。英国学者伯吉斯认为，城市品牌形象是指城市给予人们的综合印象与整体文化感受，是城市各种要素整合后的一种文化特质，城市文化是"城市形象"的"实质和根基所在"。因此，深圳城市品牌国际传播的关键，正是基于深圳精神文明和物质文明相互促进的辩证关系，进而通过"深圳人文精神"凝练深圳的过去与未来。

关于深圳人文精神关注度不足的客观原因具体表现为，一方面，与城市发展的历史积累与积淀有关。历史上的深圳始终是远离政治中心的一个边陲之地，它的历史与文化资源自然无法同北京、南京、西安等都会相提并论。围绕深圳形象的历史积淀主要来自40多年前开埠以后深圳日新月异的发展。从一个"小渔村"一跃发展成为国际大都市，底蕴或者说城市发展的历史积累不足，是一个客观事实。深圳的城市核心形象也因此主要源于它异乎寻常的发展速度和持续开拓创新的城市文化。傅高义称赞"世界上没有任何一座城市拥有如此之快的发展速度"。《纽约时报》将深圳视为现代中国经济转型的终极象征，两种话语均指向"深圳速度"的人文精神底蕴。然而，从城市发展的角度来看，如今深圳拥有近2500所各类学校、3千多所医疗卫生机构，相比40多年前无疑是巨大的飞跃。因此，"文化沙漠""缺乏底蕴"这类标签不无社会心理学上

所谓"刻板印象"机制的影响。

另一方面，高速发展的文化印象背后存在着一定程度的跨文化争议。中国社会科学院的唐磊教授通过对 Quora 平台深圳板块的在线问答进行内容分析后指出，国际社会对深圳生活方式及其价值取向具有明显的负面倾向。例如，对于习惯了国外慢节奏生活的 Xuan Yen 来说，深圳的速度太快，用餐都快得令人难以适应。Joe Zhai 无法接受"996"（网友们对朝九晚九周六加班的工作生活状态的简化表达）的生活形态。Fio Chen 觉得深圳"一切向钱看"（money-oriented）的氛围太浓。William Regan 觉得深圳适合20—30岁的年轻人创业，不过40岁以后想要高品质的生活更适合去香港。这些感受因人而异，很难成为大众普遍的感知而凝结为深圳城市品牌的组成部分，但这些表述，能够提醒我们回头深入思考城市品牌国际传播的目的。事实上城市品牌感知最强大的心理机制也许正来自城市人对美好生活的需要同城市发展满足其需要之间的匹配程度。

4. 深圳市地理景观资源的国际认知结构较为单一，景观象征性意义的开发程度应提高

地理景观作为城市的视觉表征，搭建起国际受众的认知地图，这一地图的共识范围越广，城市品牌标识度和国际化传播度也就越高。研究者通过对推文进行处理后发现，深圳市地理景观的国际关注度严重不足，其推文数量仅为160条。一方面，从地理景观资源的广度来看，国际受众对深圳地理景观的认知几乎停留于摩天大楼、购物中心等现代都市建筑群。其中，有国际网友表示："除了现代建筑物，深圳缺少户外活动场所，虽然临海，但是海岸线的规划治理不足，令这种资源白白浪费。"这一现象说明，深圳市地理景观资源开发程度严重不足，传播内容结构单一，传播者高度集中于对深圳市繁华都市形象的描述，缺少对城市地图中多样性景观资源的内容开发。另一方面，城市地理景观的空间意义表现在两个方面，一是城市历史文化记忆的传承与表征，二是嵌入市民城市日常生活的公共交往，是具有创造性与历史性的公共空间，承载着城市的象征性意义。根据推文的词频结果发现，国际网友对深圳市地理景观的积极情感词汇的表述集中于"现代化"（modern）、"国际化"（international）等。由此可见，深圳市缺乏对地理景观文化底蕴及其内涵的开发，难以驱动国际受众更深层次的情感体验与文化想象，降

低了景观的生命力与城市活力。因此,深圳市对地理景观的开发应以"城市空间"和"城市文化"为两个基本面向,在外显的景观与内蕴的精神两个向度上启动重建。例如,外滩作为上海的客厅与名片,以现代性的交流本质赋予了其独特意义,代表着上海开埠以来开放包容的精神与城市市民生活变迁的历史记忆。

(二)深圳城市品牌的可控性传播分析:自有媒体建设力存在短板,付费媒体投入力度强劲

根据媒体类型,品牌的传播渠道被划分为自有媒体（owned media）、付费媒体（paid media）和赚得媒体（earned media）。[①] 自有媒体特指传播主体的自建媒介渠道,例如网站、城市官方社交媒体账号等,付费媒体意指城市花钱购买的国际传播渠道,例如品牌广告、营销活动等,二者属于可控性的传播方式,赚得媒体则是更多地表现为用户口碑,属于非可控性的传播方式。基于此,研究中的可控性传播由城市官方媒体的传播力、城市大型媒介事件的国际传播力以及城市宣传片的国际传播力构成。

其中,城市官方媒体的国际传播力数据来自国际用户活跃度最高的社交媒体平台 Twitter。为统一比较口径,课题组仅对参照系内的城市在 Twitter 中粉丝数量最多的官方账号进行了数据爬取,数据覆盖时间段为 2021 年 1 月 1 日至 2021 年 12 月 31 日,爬取内容为各城市官方媒体粉丝量、推文量、评论量、转发量、评论量和点赞量。城市大型媒介事件的衡量指标分别由国际会议指数与会展指数构成,前者的数据来源于 ICCA 国际会议协会 2021 年的会议指数报告,后者则是中国会展经济研究会发布的《2021 年度中国展览数据统计报告》。城市宣传片的测量指标则是选取了《人民日报》海外网发布的《中国城市形象宣传片海外传播影响力指数报告》。由于受极端值影响过大,研究均采用排名数进行 MinMax 离差标准化进行处理,将其投影至 0—5 的评分区间,最终得出深圳市可控性传播各维度的评价值,根据表 4-42 数据可见,深圳市自有媒体的国际

---

① Demirci C., Pauwels K., Srinivasan S., et al., "Conditions for owned, paid and earned media impact and synergy", *Cambridge, MA: Marketing Science Institute. Retrieved June*, Vol. 19, 2014, p. 2015.

传播能力建设极其落后，城市大型媒介事件与国际宣传片等付费媒体投入力度极强。

表4-42　　　　深圳城市品牌国际传播的可控性分析结果

指标	可视化指标	数值	排名	评价值
城市官方媒体的国际传播力	粉丝数	4066	16	1
	推文数	232	13	1.905
	转发数	563	13	1.415
	评论数	150	13	1.185
	点赞数	2866	13	1.205
城市大型媒介事件的国际传播力	国际会议指数	8	5	3.933
	会展指数	192.5	4	4.200
城市宣传片的国际传播力	城市宣传片海外影响力指数	99.26	1	5

1. 城市自有媒体的海外运营能力与投入度不足，与先行示范区对主流英文媒体的要求尚有一定距离

数据显示，深圳市官方媒体国际传播影响力远远低于其他城市，其官方账号@shenzhen粉丝量不足1万，与厦门市文化和旅游局经营的@Visit Xiamen推特账号差距悬殊，由此推断，深圳自有媒体的海外经营力不足，缺乏对国外社交媒体舆论环境的重视。

表4-43　　　中国主要城市推特账号国际传播影响力　　　（单位：个）

城市	Twitter名	粉丝数	推文数量	转发量	评论量	点赞
厦门	Visit Xiamen	392893	377	2432	492	52562
武汉	Visit Wuhan	210953	466	4540	3092	44271
上海	Shanghai Daily	395343	837	2837	506	42871
南京	Discover Nanjing	98043	437	889	219	24606
广州	Guangzhou China	139063	442	5161	667	20322

续表

城市	Twitter 名	粉丝数	推文数量	转发量	评论量	点赞
杭州	Hangzhou, China	117452	288	1789	653	19811
北京	Visit Beijing	128045	456	2309	397	19074
苏州	Suzhou, China	219864	368	2282	672	18678
重庆	Chongqing Guangyang Island Eco-City	24143	167	879	219	8463
沈阳	Shenyang	187241	549	1392	306	8015
长沙	Changsha	47423	284	1762	164	5220
成都	Chengdu China	29677	267	374	178	3882
深圳	Shenzhen	4066	232	563	150	2866
郑州	wherezhengzhou	12934	300	691	75	1562
西安	IN XI'AN	9998	55	118	47	1457
天津	Exploring Tianjin	69764	151	31	7	175

从账号经营来看，深圳市主要的推特平台经营主体多为城市主流媒体及其社会新闻资讯账号，其中，@shenzhen 账号的粉丝数量最高，为4066，《深圳日报》粉丝数量次之，具体为2384。根据调研得知，《深圳日报》、深圳卫视均承担了深圳市的外宣任务。其中，深圳卫视设置了外宣栏目《今日深圳》和纪录片《共赢海上丝路》《大漠绿色梦》等。《深圳日报》已初步形成包括纸媒、客户端、微信公众号、官方微博及 Twitter、YouTube、Facebook 等境外社交平台账号的英文融媒体矩阵。同时，英文《深圳日报》还运营了深圳市委 Eyeshenzhen（"爱深圳"）英文门户网站，与深圳市政府、深圳前海蛇口自贸区和各区英文网站及新媒体平台，形成了多层次的国际传播格局。然而，根据研究者调查发现，英文版《深圳日报》全员不足40人，内容制作和市场推广缺乏人力资源的支撑，导致在融合度、触达率、传播力和品牌影响力等方面，与先行示范区对主流英文媒体的要求尚有一定距离。由此可见，深圳市对自有官方媒体国际传播能力建设的支持度不够充分，深圳市整体开设推特账号的传播主体类型单一，海媒运营的专业能力与投入度不足，进而导致国际

关注度较低。横向对比厦门城市官方账号发现，厦门城市官方推特的经营主体多元，具有政府部门、官方媒体、民间团体等，与此同时，厦门市绝大多数账号粉丝数量均过万，相较于深圳而言，厦门官方自有媒体对国际传播能力建设的投入力度更为充分。

图 4-6 深圳与厦门推特平台账号经营主体差异

从推文数量及内容来看，粉丝数最多的官方账号@shenzhen基本为3日/1条的更新频率，推文内容几乎以视频或图片的方式展示深圳摩天大楼等现代性建筑及其深圳夜景；《深圳日报》基本为1日/4—5条更新频率，推文内容主要为当地经济、政治、社会等实时新闻报道，缺少对城市市井生活、城市故事与城市文化的传播。与此同时，社交平台的传播效果不仅源于推文内容本身，用户的参与和互动也是提升国际热度和影响力的重要传播形式。一方面，深圳市官方媒体与平台用户的互动性较低，其推文的点赞、评论、转发数量寥寥无几，一年转发量563，评论量150，点赞量2866，几乎形成了自说自话的单项内容输出模式。另一方面，城市官方媒体传播网络密度与连接度较低，缺乏城市官方媒体间、与意见领袖间的互动机制，多数互动行为仅局限于彼此转发推特的相关内容，缺少实质的社交化内容运作行为。例如，@NancyinNanshan账号，以拟人化的运营方式向海外受众推送有关"中国硅谷"南山的科技发展现状，其发布的具有问答性质的推文并未收到任何回复，这进一步说明了深圳市官方媒体缺乏借力发声与媒体集群的传播网络意识。在参与性与互动性的内容生产方面，@CGTN 中国国际电视台设计了有关冬奥会知识的测试，用户点击选项后会出现关于此题的知识介绍，在完成测验后将得到分数。这种问答的方式在普及冬奥会知识的同时也增强用户的参与感。在对冬奥会的后续报道中，媒体不仅需要及时、全面地报道信息，还需要在吸引用户参与和互动方面发力。

图 4-7 深圳推特官方账号推文内容

2. 深圳市城市宣传片海外传播势头强劲，但多呈现"奇观化"的创作特征

城市形象宣传片作为城市品牌"视觉名片"，是对外展现"城市精神""城市发展"的最直观的方式。在当前全球疫情形势整体较为复杂的背景下，积极修复提升城市形象，是各城市面临的重要议题。《人民日报》海外网数据研究中心发布了《中国城市形象宣传片海外传播影响力指数报告》，选取了全球城市实验室（Global City Lab）31 个具有国际影响力的中国大陆城市，抽取 275 条城市形象宣传片作为样本，以精准的传播大数据和指标为依托，对各城市形象宣传片的海外传播效果进行分析和案例解剖。研究发现，深圳市城市宣传片海外影响力排名第一，多项指标遥遥领先其他城市。具体看来，2018 年 12 月 12 日，深圳城市风貌宣传片 *Shenzhen: The Migrant Experiment* 在 Facebook 和 YouTube 平台发布，观看量高达 120 万+，获得点赞 9546 次，该宣传片以"移民实验"为主题，采访居住在深圳的外国人和中国其他地区的人，关于在深圳长

期生活学习的体验，同时细致展现了改革开放 40 年中深圳的发展变化。该宣传片文字、声音、图像符号的运用方面均可圈可点，取得了较好的传播效果。2019 年 5 月 23 日，深圳市城市科技发展宣传片 The Peoples's Republic of the Future 在 Youtube 平台发布，观看量高达 281 万+，获得点赞 5.4 万，该宣传片介绍了深圳 40 年来科学技术的发展现状，将深圳描述为中国硅谷。

表 4-44　　中国城市形象宣传片国际传播影响力指数及排名

城市	发布指数	传播指数	互动指数	影响力指数	排名
深圳	74.8	88.21	74.57	99.26	1
杭州	75.4	80.55	79.69	96.93	2
武汉	80.8	83.69	73.42	96.36	3
上海	84.6	76.1	71.26	93.24	4
北京	81.4	76.3	67.96	91.98	5
长沙	76.6	71.95	81.23	90.59	7
苏州	78.4	72.11	72.24	88.94	8
西安	81.4	74.43	46.42	86.47	9
厦门	75.4	72.12	46.24	85.83	10
郑州	74.8	73.92	45.72	85.61	11
沈阳	74.8	68.32	53.5	79.19	12
广州	79.6	54.01	56.16	69.5	13
成都	82.2	50.72	48.52	66.73	15
天津	76	48.83	45.86	63.84	16
南京	74.2	51.99	41.51	62.17	17
重庆	83.6	20.94	43.33	31.85	23

具体而言，从发布账号上来看，两条宣传片均选取以国内外官方主流媒体发布其内容，前者由中国外文局原融媒体中心北京煦方国际数字文化传媒有限公司旗下账号"China matters"发布，后者由美国彭博社"Bloomberg quicktake：origianls"发布，由此可见，付费媒体的品牌传播方式通过借助其权威性和强大的信息和用户资源，为城市赢得了一定的国际流量与关注度。从用户口碑的层面来看，网友的评价多集中于"skyscraper""speed""technology",进一步验证了深圳市以"因改革而生，因创新而盛"的现代化都市名片形象。从内容创作层面来看，深圳市大多数城市宣传片过于强调抽象意义的表达，注重对诸如深圳南山科技园、京基100等城市景观的呈现，使城市形象成为一场场视觉奇观的集中展览。在城市宣传片跨文化传播的未来创作中，以"讲好中国故事"为理念的传播方式更有助于国际受众具备对中国城市生活的代入感，为国外观众们想象城市生活提供丰富的空间。

图4-8 *The People's Republic of The Future* 传播影响力及受众评价

3. 深圳市会展业大力进行国际交流与合作，成为彰显国家文化、科技实力的重要平台

在城市品牌的国际传播能力建设中，大型媒介事件能够跨越时间与空间的距离，让国际受众在通过大型体育赛事、国际会议、会展等媒介仪式中，体验跨国界的利益共享与文化交流，构建国际社会的价值认同，提升城市国际关注度与影响力，进而推动城市的经济、社会、旅游等各领域的联动发展。

从城市会展的国际传播来看，深圳市在"十四五"规划中明确提出要建设国际会展之都。近年来，深圳会展业在国内地位显著提高、国际传播力与影响力不断增强。《2021年度中国展览数据统计报告》显示，深圳市展览业发展综合指数评价位居全国第四，展览面积达503万平方米，占全国展览面积的5.4%，国际展览业协会认证项目数高达18个。其中，受疫情影响，深圳市线上境外展发展势头迅猛，环球资源线上展共承办25场展览，并开启了全球直播与云展厅的数字展播形式。

表4-45　　　　　中国城市展览业发展综合指数评价排名

城市	排名	指数	展览数量	AFI（国际展览业协会）项目数	TOP3项目
上海	1	393.4	231	29	100
北京	2	378.8	124	5	38
广州	3	258.5	209	19	66
深圳	4	192.5	105	18	50
成都	5	172.6	242	13	21
杭州	7	83.9	38	2	10
重庆	8	77.6	81	3	11
长沙	9	76.3	109	4	10
南京	10	75.6	161	5	3
天津	11	66.9	63	2	10
武汉	13	55.6	38	5	5
西安	14	52.7	42	5	5
郑州	15	51.9	107	1	5
苏州	16	47.8	74	0	4
沈阳	18	46.4	107	2	4
厦门	24	34.9	56	1	1

具体而言，深圳会展的国际传播具体呈现出以下特点。一是硬件设施完善，深圳市共建3个展览场馆，室内可供展览总面积达60.5万平方米，其中，深圳国际会展中心展览面积为50万平方米，场馆办展面积为246.55%，场馆利用率为46.31%，均位列全国第一。与此同时，深圳市具有强大的线上展览技术服务公司——华为，2021年共服务展览数量14场，为深圳市会展的国际传播提供了强大的数字技术保障。二是会展国际性合作较强，表4-46显示，深圳市2021年位列于全国展览规模100强的项目中，积极引进国际知名会展品牌，与外资企业合作举办的展览数量占比高达2/3，总面积最大，全国排名靠前，且均为优质展览。由此可见，深圳市会展业国际化发展势头强劲，并具备一定的国际合作经验与影响力。三是深圳会展成为展现中国发展水平、讲述中国故事的国际性平台。深圳市国际性展览项目多集中于家居产品设计、文化产业、高新技术领域，这一结构明确立足于深圳区域特色，围绕深圳设计之都、文化产业与高新技术等战略性支柱产业集群，采取了产业与展览活动的协同发展，一方面以展促业，以会展为交流平台与传播渠道，带动深圳经济文化产业的国际合作力与影响力，成为向世界展示中国科技与中国文化故事的关键平台，其中，深圳文博会现已成长为中国文化产业领域规格最高、规模最大、最具实效和影响力的展会，被誉为"中国文化产业第一展"。深圳文博会从2004年首届的102家海外企业参展，发展到2021年103个国家和地区参展，2021届"云上文博会"线上总访问量累计达1448万人次，境外访问量累计达30120人次，文博会的发展不仅成为引领中国文化产业发展的重要引擎、推动中华文化走出去的重要平台和扩大文化对外开放的重要窗口，更加强了深圳城市文化自身的发展动能，通过借助其强大的影响力，提升国际社会对深圳城市文化品牌的关注与期待；另一方面，以业促展，通过借助深圳市强势产业的国际关注度，能够一定程度带动深圳市国际会展之都的建设与发展，以此在展业协同的国际化发展进程中，带动并提升城市品牌的国际影响力，实现国际传播效能。

表 4-46　　　　　2021 年深圳举办的主要展览及其类别

排序	展览名称	主办方类别	行业分类
1	2021 深圳市家具设计周	外资（励展）	设计
2	第 29 届中国深圳国际礼品及家居用品展览会（外资）	外资（励展）	休闲娱乐
3	第 33 届玩具及教育产品展览会	外资（法兰克福）+社团	消费
4	第 29 届中国国际礼品、工艺品、钟表及家庭用品展览会	外资（励展）	休闲娱乐
5	大湾区纺织服装服饰博览会	外资（法兰克福）	纺织服装与穿戴用品
6	深圳市国际智慧出行、汽车改装及汽车服务业生态博览会	外资（塔苏斯）	汽车
7	第 23 届中国国际光电博览会（CIOE，中国光博会）	外资（英富曼）	电子信息
8	第 23 届中国国际高新技术成果交易会	政府	高新科技
9	NEPCOMASIA 亚洲电子生产设备暨微电子工业展览会	社团	电子信息
10	2021 深圳国际家纺布艺暨家居装饰博览会	社团+外资	家居
11	第 25 届粤港澳大湾区国际汽车博览会	国资	汽车
12	第 17 届国际文化产业博览交易会	政府	文教
13	第 16 届深圳国际物联网博览会	外资+社团	IT

4. 深圳市国际会议的传播动能有待增加，国际会议的市场渠道机制逐步建立

为积极践行习近平总书记"办好一次会，搞活一座城"的重要指示精神，利用大型国际会议或国际性事件聚集世界的目光，已成为城市品牌国际传播的重要阵地。重大国际会议具有规模大、规格高、影响力广、经济带动性强等特点，通过承接高能级主场外交国际首脑峰会和国际会议，能够进一步扩大城市的国际知名度，促进城市的国际化发展。ICCA（国际大会及会议协会）数据显示，全球国际会议举办地集中于欧美等发达国家，尤其以美国、德国、英国、法国、意大利、日本等国家为主。近年来，中国城市举办国际会议的数量呈现稳步增长的态势，2019 年中

国举办国际会议 539 场次（全球占比约 5%），包括北京、上海、广州，而作为中国特色社会主义先行示范区和粤港澳大湾区引擎的深圳，2019 年承办的国际会议数量仅为 25 场次，全国排名第 7、全球排名第 117，还有极大的提升空间。2021 年，CIMERT 中心联合 ICCA 共同发布的《2021 全球会议目的地竞争力指数报告》显示，深圳在 37 个样本城市中位列第 9。

表 4-47 《2021 全球会议目的地竞争力指数报告》中国城市排名

城市名	排名	城市名	排名
上海	3	西安	13
北京	4	武汉	14
成都	5	厦门	16
广州	6	天津	17
深圳	8	长沙	21
杭州	9	郑州	/
重庆	11	苏州	/
南京	12	沈阳	/

具体看来，一方面，通过比较 16 座城市的国际会议传播影响力发现，杭州与上海的国际会议的城市国际传播与营销活动较为充分。其中，杭州借力 G20 峰会，积极开展城市品牌的国际传播与创新性营销活动。一是主动对标与杭州城市特色相似的世界名城，建立名城联盟论坛，加强合作交流。二是主动对接各大世界城市评选活动，推动杭州经常性进入国际公众视野。三是在西湖景区、运河景区、城市阳台、奥体博览城等一些地标性建筑上设立"城市客厅"，多元化展示杭州城市品牌。四是在峰会用品和纪念品基础上，推出让世界惊艳的杭州品牌产品。串联茶、丝绸等文化符号，包装推出杭州"城市礼品"系列，作为城市品牌形象的物质名片。五是建立城市品牌推广的多语网站，并在大型国际社交网络开展创新性的城市营销。六是注重国际视角和国际表达，借助热点事件、流行元素及社交网络等现代传播模式，推广杭州城市形象。通过借力峰会影响力资源，顺势推广城市品牌建设，最终获得了极大的国际关

注度与美誉度。由此观之，深圳市国际会议的城市营销动能不足，缺乏多元渠道持续跟进的城市国际营销战略与行动。另一方面，深圳市已开始积极筹划国际会议的市场渠道。2022年6月16日，深圳国际交流中心获得全球国际会议领域里最权威的世界性机构组织——国际大会及会议协会（ICCA）授牌，正式成为ICCA全球会员，提前亮相国际会议市场，也是国内仅有的少数几家在建设期就提前获批加入该组织的大型专业会议中心。国际交流中心将面向"峰会打造城市品牌+市场流量增效"的双轮驱动模式，以此在未来实现"会议+"的城市品牌国际传播生态链系统。

5. 深圳市成为备受国际赛事青睐的举办地，具有极大的国际发展潜力

大型体育赛事是综合性的集会，是特定的体育组织通过科学化的管理和筹备，在规定的时间和地点，召集参加体育竞赛的个人和利益相关团体共同参与的集会，其聚媒性、集众性和系统性的特点为城市品牌的国际传播提供了平台和路径。

2021年，深圳市政府印发了《深圳建设国家体育消费试点城市实施方案》，通过试点工作，将深化体育领域供给侧结构性改革，促进消费升级和产业提质有机协同，加快发展更具竞争力的体育产业。根据数据统计，深圳市举办的大型体育赛事数量呈逐年上升趋势。得益于深圳体育赛事发展战略，深圳市举办的世界大学生运动会、国际马拉松赛事、网球赛事以及帆船赛事数量增幅较大，2018年WTA网球总决赛宣布未来十年以深圳为主办赛场，国际篮联篮球世界杯选定深圳为赛区，深圳成为备受国际赛事青睐的举办地，未来有望进一步扩大体育赛事维度的国际影响力。2019年深圳举办的马拉松赛事、网球赛事、帆船赛事数量达至近10种，此外，足球、篮球等受众较广的球类运动赛事数量也不断增加，如足球的国际冠军杯、篮球的NBA中国赛等。

其次，深圳通过引导鼓励、联合举办等方式，成功引进举办了一系列高水平体育赛事和活动，有效带动了体育产业发展。其中，深圳市2019年全年举办包括国际高端体育赛事、高水平职业俱乐部赛事、本土自主品牌赛事等在内的主要体育赛事活动共计542场，体育赛事格局进一步国际化、高端化，成为全国唯一海陆空皆有大型体育赛事的城市，如在足球方面举办了中国足球甲、乙级联赛、中国足协五人制超级联赛等；

在篮球方面举办了 NBA 季前赛、国际男篮对抗赛、斯坦科维奇杯洲际篮球挑战赛等；在网球方面举办了 ATP 网球公开赛、WTA 网球公开赛等，使深圳成为国际上拥有 WTA 和 ATP 两项世界级网球赛事的城市之一。

再次，深圳在引进国际著名高端体育赛事体系的同时，积极鼓励和引导社会力量打造本土高水平的城市体育赛事。深圳市以企业为主体成功创办的例如中国杯帆船赛和深圳国际马拉松，已经成为深圳颇有国际影响力的自主体育赛事 IP。特别是中国杯帆船赛，作为深圳本土企业创办、立足国际视野的中国历史上第一个国际大帆船赛事，曾先后五次荣获"亚洲最佳帆船赛事"，深圳市由此获得国际帆联颁发的"推动航海运动特别奖"。

大型体育赛事成为城市国际吸引力和影响力的重要载体。不仅促进深圳市经济产业的发展，更是为实现国际文化间的交流与传播搭建了良好的赛事平台，在树立城市品牌国际形象、发展文化产业以及推进城市软实力建设方面起到积极的作用。

（三）非可控性传播：深圳市已成为全球网络中的重要节点，但国际社会的认可度有待提升

非可控性传播指代赚得媒体（earned）的传播力，即城市的国际性口碑的传播，本书将这一指标分为国际受众层面的社交媒体城市口碑、国际媒体层面的报道口碑以及全球竞争力层面的城市发展口碑，以此了解"他者"视角下对城市品牌形象的正向评价程度。具体评价结果如表4-48所示。由此可见，首先，深圳市国际竞争力已达到较高的水平，成为全球发展网络中不可或缺的节点城市；其次，深圳市的国际社会认可度不足。国际受众对深圳的情感感知处于不积极的状态，国际社交媒体对深圳报道文本的情感表达处于中立状态。

表4-48　　　　　　　深圳国际非可控性传播评价值

指标层	评价值
国际社交媒体的城市口碑	3.160
国际媒体报道的城市口碑	2.749
全球发展环境中的城市口碑	4.200

1. 深圳市科技创新能力获得了国际媒体的认可，但受国际形势、意识形态差异的叠加影响，国外媒体有关深圳的相关报道多呈现出负面的情感倾向。

新闻报道起着连接传播者塑造的城市品牌识别和传播受众形成的城市品牌形象的中介作用，这也是一种以城市品牌的认知识别和情感识别为核心的映射。通过对新闻报道中的城市品牌认知识别（表现为新闻报道的主题）和城市品牌情感识别（表现为新闻报道的情绪）进行挖掘分析，能够把握城市品牌识别的"象"。进而，一方面通过基于映射追根溯源，把握城市品牌本身的"原象"，另一方面通过基于映射正向推演，把握城市品牌形象。换言之，这种挖掘分析能够较好地衡量他者视角下城市品牌的国际性呈现情况。

本书所使用的数据来源于事件、语言和情感全球数据库（the Global Database of Events, Language, and Tone, GDLET）。GDLET 数据库在记录数据的同时，对新闻语料进行分析，提取新闻文本内容进行主题分类和情感分析。本书获取了 2021 年 1 月 1 日—2021 年 12 月 31 日内与深圳相关的新闻事件数据，共获得 4302 条相关报道文本。通过自然语言处理技术，使用 Bart-Large-Mnli 模型（引用详见 https://arxiv.org/abs/1909.00161）排除 219 条不相关内容后，共有 4083 条新闻数据进入本书的研究范畴。GDLET 数据库对文本情感分析的数字指标范围为 -100 到 +100，绝大部分数据都集中在 -10 到 +10 的范围内，负值越大表示新闻文本情绪越消极，正值越大表示新闻文本情绪越积极。根据数据所呈现的描述性统计特征，将文本情绪进一步划分为五类，非常不积极、不积极、中立、积极和非常积极，并分别赋予 1—5 分的权重。分别对四个维度下囊括的新闻报道情绪赋予相应的权重，并据此计算出 GDLET 新闻语料总体数据的情绪加权平均值为 2.749 分。具体看来，国外媒体对深圳进行报道时，倾向于中立的情感态度，但不积极与非常不积极的累积比重高达 37.61%，整体上呈现出负面的报道倾向。

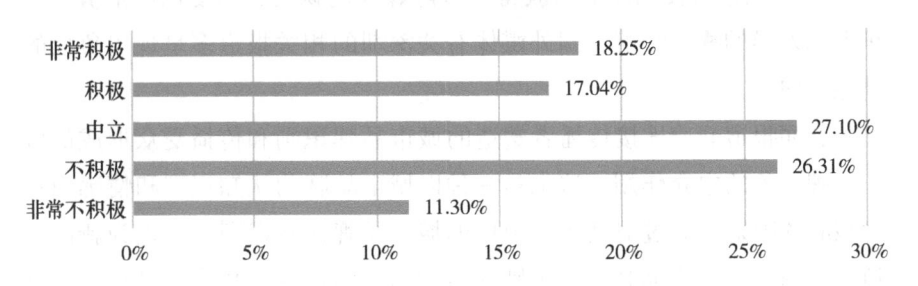

```
非常积极      18.25%
积极         17.04%
中立                    27.10%
不积极                  26.31%
非常不积极  11.30%
```

图 4-9　GDLET 中深圳相关新闻语料文本情感统计（%）

从内容特征来看，根据 Bart-Large-Mnli 模型算法进行主题分析，在上述 4302 篇报道中提取出了十个主题，即经济（Economy）、公司（Company）、环境（Environment）、赛事（Events）、公共服务设施（Public service facility）、社会问题（Social issues）、城市形象（Image）、科技（Technology）、政策法规（Polices and regulations）、文化（Culture）。研究者结合理论经验，进一步将这十个主题划分为经济产业、社会生活、人文精神、城市景观四大维度，与自发性传播中的分维机制相契合，由此发现，国外媒体偏重于对深圳市经济产业与地理景观的报道，而深圳文化与城市精神在国际上的影响力较低。

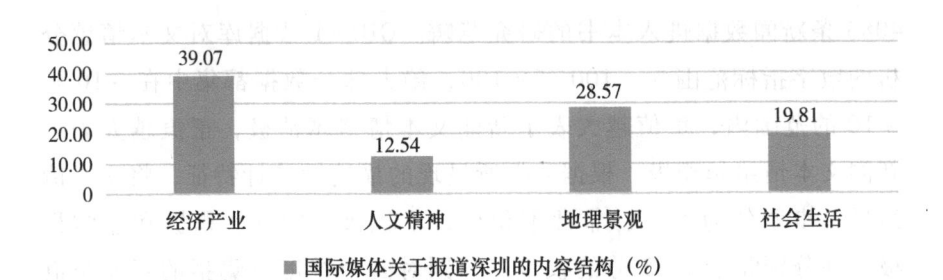

```
经济产业 39.07
人文精神 12.54
地理景观 28.57
社会生活 19.81
```
■ 国际媒体关于报道深圳的内容结构（%）

图 4-10　国际媒体关于深圳报道的内容结构

　　研究者为进一步分析各维度的报道情感偏向，分别对四个维度的新闻报道情绪投影至 1—5 的评分标准下，据此得出深圳市各维度的情感比重，如图 4-11 所示。总体来看，深圳市在国际主流媒体眼中具有多重形象，包括工业城市、家用电器制造中心、南方制造业中心、科学技术中心、中国硅谷以及科技革命中心。综合而言，深圳市的制造业水平及其科技创新能力得到了国际媒体的极大认可。

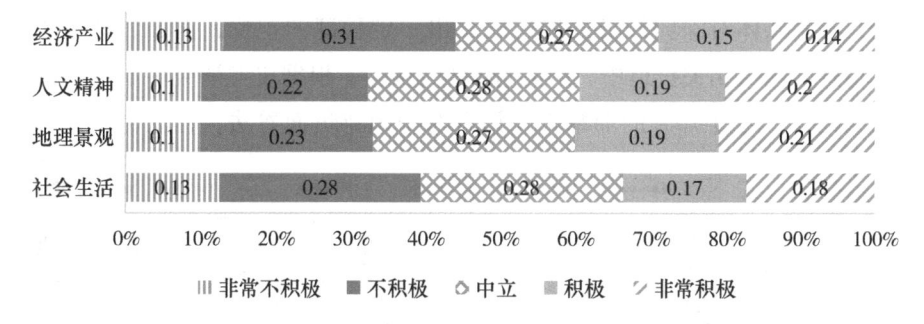

维度	非常不积极	不积极	中立	积极	非常积极
经济产业	0.13	0.31	0.27	0.15	0.14
人文精神	0.1	0.22	0.28	0.19	0.2
地理景观	0.1	0.23	0.27	0.19	0.21
社会生活	0.13	0.28	0.28	0.17	0.18

图 4-11　国际媒体关于深圳报道不同维度下的情感统计

从经济产业来看，国际媒体对于深圳市经济发展的议题关注度最高，但负向情感累积占比也最大，共计44%。从改革开放至今，深圳完成了高速且高质量的城市转型，一定程度上获得国际社会的广泛认同，然而，通过对2021年经济类的相关报道进行分析发现，国际媒体重点报道主题集中于经济泡沫现象、房地产内容、科技发展、股票市场四大领域。其中，股票市场报道内容最多，主要受深交所影响，同时也反映出股票市场的走势与国际经济存在着强大的关联。关于经济泡沫现象特别是房地产方面的内容，也是西方媒体极为关注的领域，尤其是关于2021年恒大地产的债务问题，西方多数媒体对其进行了预估和分析，例如，Barron's（巴伦周刊）提出，中国房地产的问题远远超出了过度杠杆化的开发商恒大集团的破产问题，并从投资的角度对中国地产的股市行情表达了担忧；在生产要素的发展方面，国际媒体总体对深圳表现出积极的报道情感倾向，进一步说明深圳市的生产资源对全球供应链市场具有重大影响。例如，《纽约时报》在临近圣诞节对中国深圳某一工厂停电表示了极大的担忧，认为中国工厂的生产中断将使西方许多商店更难补充空货架，并可能导致未来几个月的通货膨胀。从科技领域来看，深圳市的科技发展得到了西方媒体的肯定，深圳作为数字经济先锋城市，在数字经济规模质量、数字基础设施建设和市民数字化能力建设等方面，均达到国际领先水平。2020年，深圳共建成5G基站4.6万个，实现了全市5G独立组网全覆盖，成为全球5G独立组网第一城。未来，随着深圳5G、数字经济等技术在全球的扩张和发展，深圳在全球信息流动和传播方面，将发挥更大的影响力。然而，由于中美贸易摩擦、国际意识形态差异等叠加影响，国际媒体对深圳经济发展也表示出一定程度的担忧，例如，在关于孟晚舟回国的相关报道中，《纽约时报》认为，根据皮尤研究中心的一项民意调查，超过70%的加拿大受访者对中国持负面看法，并认为美国的

图4-12 国际媒体对于深圳经济产业维度报道内容

从人文精神来看，深圳市成为一系列国际知名度较高的文化活动、赛事活动的举办地，并在世界性大赛中获得多项奖项，以此提升了深圳市的国际关注度与影响力。例如 WTA 国际网球赛、深圳市国际马拉松比赛、深圳市交响乐团在肯尼迪中心演出，深圳文化新地标 V&A 博物馆，等等。从文本情感分析结果来看，正向情感倾向占比总体较高，进一步说明，深圳文化活动的举办成功增添了城市的文化活力，获得了国际社会的认可，但相关报道极少，可以凸显出深圳国际文化建设和宣传力度不足的问题，在未来的国际传播中，深圳市应注重文化产业的发展与传播。

图4-13 深圳承办 WTA 国际网球赛

2. 国际社交媒体用户口碑整体呈现出正面情感倾向，人文精神存在着较大的发展潜力

研究以"Shenzhen"为检索词，共爬取2021年1月1日—2021年12月31日的231212条相关推文，去除无效推文（只包含图片或链接、文本内容字符数小于5）及去除重复推文后，获得有效推文数据158863条。通过使用Python的transfomer库，调用bert-base-multilingual-uncased-sentiment情感分析模型，对获取的推特文本数据进行情感分析，该模型的最后一层级将文本情绪划分为五个等级，与本书所使用的非常不积极、不积极、中立、积极和非常积极量表相对应。根据模型分类结果分别向推文赋予1—5分的权重，最终计算出推文文本的情绪加权平均值为3.16分，位于中立的情感态度层级，然而，非常积极与积极的情感累计比重共计52.06%，整体仍呈现出正面的情感倾向。

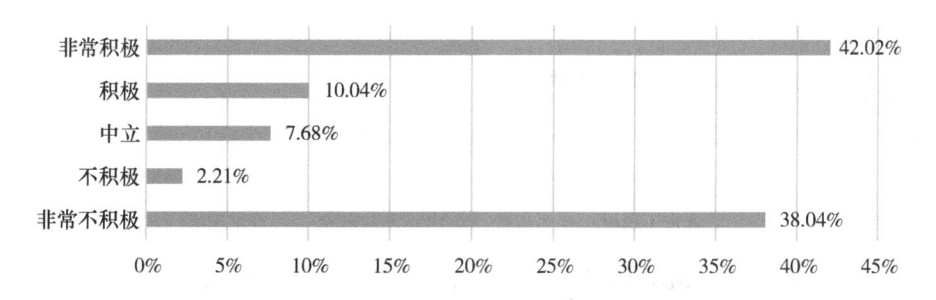

情感等级	比例
非常积极	42.02%
积极	10.04%
中立	7.68%
不积极	2.21%
非常不积极	38.04%

图4-14　国际社交媒体用户关于深圳推文情感统计

从各个主题方面的情感态度分析来看，若将积极情感和中立情感合并分析，人们对于深圳的各方面的满意度从高到低为：经济发展、人文精神、社会生活、地理景观。在经济发展方面，深圳如今已经取得了相当程度的发展和进步，并且跻身了全球十大金融中心行列，"深圳速度、创造之都、时尚之都、金融中心"等高频词亦反映了深圳作为经济特区在这些年来的发展成果，高速和高质量发展经济，带动了深圳本地和周边城市乃至整个粤港澳大湾区的经济建设和发展。这些发展成果更加打响了深圳在国际上的知名度；在人文精神方面，网球、高尔夫等一些国际性体育赛事活动在深圳的成功举办使得更多人了解深圳这座城市，爱上这座年轻有活力的城市，与此同时，在休闲娱乐和文化艺术方面，深

圳在文化中加入创意元素，不断为文化娱乐产业增添动力，也满足了人们的精神文化需求；在社会生活方面，深圳响应建设中国特色社会主义先行示范区的号召，明确战略定位，不断将自身建设为有国际影响力的全球标杆城市，然而，人们在享受美好生活环境和便利的生活条件的同时，也承担着生活消费的负担和住房的压力，与此同时，在交通安全方面，深圳已经建立起完善的交通系统，从机场、地铁、火车到道路交通，为人们创造了便利的出行条件，但是交通安全事故的频繁发生需要人们提升安全意识，保障出行安全。通过以上情感分析，我们可以大致了解人们对于深圳的各方面的态度评价，这也为深圳城市品牌的建设完善提供了方向。

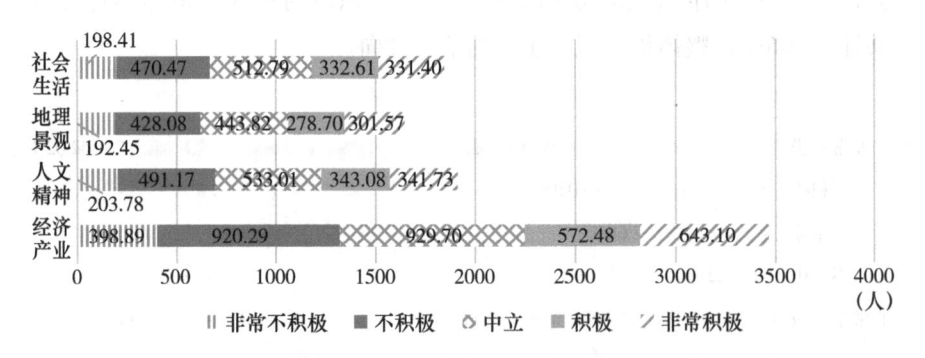

图 4-15 国际社交媒体用户关于深圳报道不同维度下的情感统计

3. 深圳市全球竞争力稳步上升，商业活动和人力资本具有显著优势

全球发展环境中的城市口碑考察了城市立足于全球网络中的竞争力水平及发展定位，能够反映出深圳市在全球环境中的国际地位与实力。研究以全球城市指数（global cities index）为衡量指标，通过筛选出参照系内的 16 个城市的排名情况，得出深圳市所在的发展层级，具体如下表所示。自 2008 年 GCI 体系推出，深圳即位列榜单内初始的 60 个城市之一。13 年以来，深圳城市得分与排名快速提高，总体得分年均复合增长为 6%，是全球城市得分增速的 6 倍，中国城市得分增速的 3 倍。2019 年《中共中央、国务院关于支持深圳建设中国特色社会主义先行示范区的意见》（以下简称《意见》）印发后，深圳排名进入新一轮的加速提升期，从 2018 年第 79 名到 2021 年第 72 名。深圳的 GCI 城市排名快速提升 7

位。深圳已正式迈入全球城市第二梯队（第31—75名），总评价值为4.200分，处于优秀的层级中，标志着深圳在全球城市网络中扮演着越来越重要的枢纽与节点角色。

表4-49　　　　　　　　　　中国城市 GCI 排名

城市	排名	城市	排名
北京	6	天津	94
上海	10	武汉	95
广州	61	西安	96
深圳	72	长沙	102
杭州	80	重庆	107
成都	86	郑州	121
南京	90	沈阳	131
苏州	92	厦门	/
最终评价值			4.200

具体而言，"商业活动"是深圳的传统优势维度，深圳当前商业活动维度整体排名第35，位于全球第二梯队的头部水平，相比2019年上升了20名，是深圳拉分效应最显著的强优势长板，未来有望迈入第一梯队阵营，其中，在财富500强数量、独角兽企业数量、海运吞吐量等具体商业活动指标上，位居全球前十；"人力资本"是深圳的相对优势维度，整体排名全球第64，比城市综合排名第75名略高，得分略低于第二梯队的平均水平；"信息交流"是深圳的中性维度，排名为第90名，与深圳的综合排名接近；"文化体验"整体排名全球第112名，得分与第三梯队平均水平持平，发展仍存在短板，潜在提升空间较大，属于有待加强的维度；"政治事务"则成为深圳当前最为显著的弱项和短板，排名为全球第135名，接近第三梯队的末位。改革开放40多年来，作为经济特区，其城市内涵和禀赋特质，决定了深圳更多以经济作为特色发展定位。未来，深圳应推动更多国际组织和机构落户深圳，支持深圳承办重大主场外交活动，并引入符合城市发展定位的国际顶级智库、国际组织分支机构等，

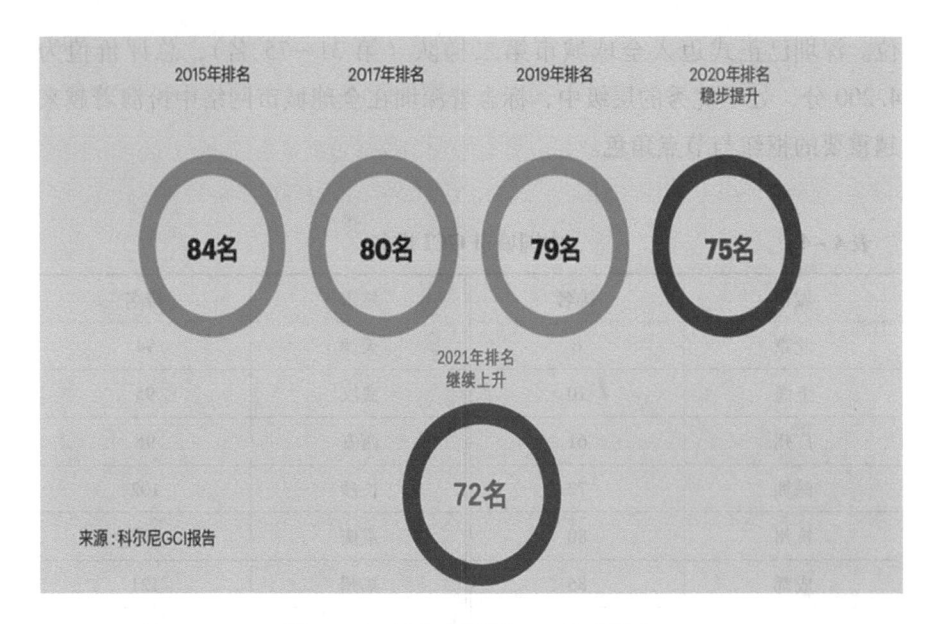

图 4-16　近年来深圳 GCI 城市排名

三　深圳市城市品牌国际传播的关系力分析

（一）关系效用：城市品牌的国际传播在经济、人才维度展现了良好的效能结果

研究者通过搜集参照系内 16 个城市在关系效用各指标层的相关数据，以此评价深圳城市品牌国际传播效用的具体情况，利用离差标准化（Min-max Normalization）的方法，将其投影至 1—5 的评价区间内，通过相关权重合成最终模糊评价值为 3.461。其中，城市人才国际联系度（4.467）与城市投资国际聚集度（4.200）表现最佳，与城市旅游的国际联系度（1.788）表现较差。

表 4-50　　　　　　国际关系效用指标层评价值

指标	评价值
城市人才国际联系度	4.467
城市旅游国际集聚度	1.788
城市投资国际聚集度	4.200
二级指标评价值	3.461

1. 宜商型城市品牌的国际传播驱动着深圳市外商投资实际效益值的持续增长

研究者从 2021 年各市政府国民经济与社会发展统计公报中获得城市实际使用外商直接投资金额（单位：亿美元），并以此作为测评数据，经过多轮数据比对和交叉验证，确保数据的准确性和一致性，最终得到各参考系城市的相关数据，如表 4-51 所示。其中，深圳市位列第 4，最终评价值为 4.200，处于非常优秀的效能产出水平。

表 4-51　中国主要城市实际使用外商直接投资金额及排名

排名	城市	实际使用外商直接投资金额（亿美元）	排名	城市	实际使用外商直接投资金额（亿美元）
1	北京	155.6	9	成都	79.2
2	上海	225.5	10	苏州	69.9
3	武汉	125.7	11	天津	53.9
4	深圳	109.7	12	南京	50.1
5	重庆	106.7	13	郑州	48.6
6	西安	87.1	14	厦门	36.3
7	广州	85.3	15	长沙	20.1
8	杭州	81.7	16	沈阳	8.2
最终评价值			4.200		

深圳市商务局的数据显示，2021 年深圳全市设立外商投资企业近 6000 个，同比增长超 30%；实际使用外资 109.7 亿美元，同比增长超 20%，达到历史新高。目前，深圳已汇集了来自全球超 160 个国家或地区的企业，其中包括近 300 家世界 500 强企业。深圳累计批准外商直接投资项目超 10 万个。其中，服务业占比高、增长快。2021 年深圳服务业实际使用外资占比高达 90%。增速由 2016 年的 16.5% 提升至 2021 年的 21.7%；投资来源地广泛。与此同时，重点区域支撑明显。前海作为深圳重要的对外开放平台与窗口，已成为深圳吸收外商投资的高地，引资作用较大，近年来前海实际使用外资金额占比均超 50%。

深圳城市品牌吸收外资的原因在于以下两点：一是，深圳市已基本形成了宜商型城市品牌，已立足创新创业、信息科技、金融交易、商贸物流和先进制造等特色优势禀赋。通过树立"全球科技创新中心"的城市形象，广泛地传播先行先试的改革精神和一流的营商环境，并通过国际会展等传播形式提升了深圳市国际商业交流的参与度和影响力，以此广泛吸纳外资，实现与国际经济的紧密联结。具体看来，深圳市与以全球总部、高级生产性服务、金融资本为主导的传统CBD模式不同，深圳的商业活动具备更为突出的改革先锋特点，体现在数字经济发展状况、独角兽企业数量、民营企业活力等方面的突出优势。总的来看，深圳的城市经济实力和商业活动的国际竞争力，在多维度上已处于全球领先地位。随着深圳"十四五"规划提出"打造具有全球影响力的服务经济中心城市""大力发展知识密集型现代服务业"，深圳高端专业服务的国际化发展亦将大为可期。

二是，深圳吸收外资的稳定增长，与政策的支持与保障分不开。为集聚更多的高端要素、高端资源、高端人才、高端项目，深圳制定出台了《深圳市鼓励跨国公司设立总部企业办法》，充分释放企业的动能和潜力，打造全球示范性外资总部高地。目前，沃尔玛、华润万家、凯为医疗、麦克韦尔等35家外商投资企业已被认定为深圳跨国公司总部企业。跨国公司总部企业的认定坚定了外商投资企业在深发展的信心，实现了企业产业链、价值链、供应链与深圳资源的最优耦合。深圳在全国首创外商投资促进公共服务体系，建设外商投资企业权益保护服务工作站。目前，全市已建成"市级＋区级＋园区""2＋2＋10"服务网络布局，优化完善"深圳外商投资促进服务信息平台"，推进"互联网＋工作站"线上线下融合发展模式，为外商投资企业提供全方位、全生命周期的贴心服务。据悉，为了营造更加透明、稳定、可预期的外资投资环境，深圳正积极推进《深圳经济特区外商投资条例》制定及立法进程工作，旨在为深圳市建设外商投资领域、法治化营商环境提供法律依据和制度保障，推进深圳更高水平对外开放。

2. 深圳市塑造了"青春之城""创客之城"的品牌形象，建立了与青年群体稳固的品牌文化关系，但随着居民幸福感的下降，外籍人才吸引力下滑研究者从深圳市人力资源和社会保障局官网查询到，2021年深圳新引进落户2.7万名留学回国人员，首创三年新高。研究者根据智联招聘发布《2021中国海归就业调查报告》作为测评数据，最终得到各参考系城市的相关数据，如表4-52所示。其中，深圳市位列第3，最终评价值为4.467，城市品牌国际传播效能产出水平非常优秀。

表4-52　　　　　中国主要城市品牌国际传播效能排名

城市名	排名	城市	排名
上海	1	武汉	9
北京	2	西安	10
深圳	3	重庆	11
广州	4	天津	12
杭州	5	郑州	15
成都	6	长沙	16
南京	7	沈阳	17
苏州	8	厦门	19
最终评价值		4.467	

从深圳市城市品牌国际传播现状来看，首先，深圳市着力于建设青年型的国际城市品牌，城市品牌的国际宣传标语主题集中于"开放""活力""创新""梦想"，例如，"为深圳喝彩，为梦想加油""来了就是深圳人""深圳与世界没有距离""希望之都市，共创未来"等，通过包容性与激励性的品牌文化表征，塑造了"筑梦追梦圆梦的青年梦想之城"的国际性品牌形象，据统计，深圳作为全球最年轻的城市，常住人口平均年龄不到33岁，已成为国际性青年人才强大的集散地效应，为城市创新发展增添着源源不断的活力。由此可见，深圳市"青春之城"的品牌形象与国际性青年群体形成了良好的文化关系，从人才集聚度的层面实现了较高的传播效能表现。

其次，青春之城的城市品牌战略渗透于城市国际化发展规划之中，得到了政府政策与制度的有效保障。2017年9月，深圳在全国率先提出建设"青年发展型城市"的构想，将青年发展与城市发展融合上升到新的高度。2018年1月，深圳市委六届九次全会明确建设青年发展型城市的重点任务。2020年4月，深圳出台《深圳青年发展规划（2020—2025年）》（以下简称《规划》），将"青年人才"作为单独板块列出，明确提供青年人才引进、培养、交流、激励等"全链条"服务，推动建立国内与国际人才、人才培养与引进深度融合的"双循环"新格局，聚天下英才而用之。2021年出台《关于先行示范建设青年发展型城市的实施意见（2021—2025年）》，提出51项具体举措让"深圳对青年更友好，青年在深圳更有为"。近年来，深圳对青年人才的计划逐渐由功勋计划向圆梦计划跃进，构建集"资金扶持、金融支持、创业指导、孵化支持、产学转化"为一体的青年创新创业服务链条。现如今，深圳已被称为创客之城，深圳市共青团组织的调查数据显示，有61.9%的来深青年有创业的想法，前海深港青年梦工场累计备案孵化创业团队578家，其中港澳台及国际团队357家，团队总融资额超29亿元。深圳团市委联合市科技创新委打造的X-Space国际青年创客峰会，已累计孵化青年创新创业团队28个。科尼尔全球城市指数的相关数据显示，深圳市2020年人力资本指数全球排名第64，属于第二梯队的水平。

再次，深圳市宜居环境的国际人才影响力还存在着提升空间。国际科技部国外人才研究中心为引导国内城市更加重视国际化生活环境、工作环境和法制环境的营造，让更多外籍人才"来得了、留得住、用得好"，紧扣"城市开发与人才引进"的主题，从"工作便利度""生活便利度""城市外向度""社会环境""城市互评"5大维度，对包括14位诺贝尔奖获得者、1位图灵奖获得者、16位院士、47位中国政府友谊奖获得者的外籍人士进行调查，评选出了2021年"魅力中国——外籍人才眼中最有吸引力的中国城市榜"，相关数据显示，深圳市近十年来，一直位列全国第3—5名，然而，2020年，深圳市滑落至第9名，进一步看出，城市对外籍人才吸引力逐渐下降，这与城市国际宜居声望有着很大的关系。

表 4-53　　2010—2020 外籍人才眼中最有吸引力的中国城市榜

排名 年份	1	2	3	4	5	6	7	8	9	10
2010	北京	上海	大连	杭州	深圳	天津	青岛	厦门	烟台	芜湖
2011	北京	上海	天津	深圳	武汉	广州	苏州	重庆	厦门	杭州
2012	上海	北京	深圳	苏州	昆明	杭州	南京	天津	厦门	青岛
2013	上海	北京	天津	广州	深圳	厦门	南京	苏州	杭州	青岛
2014	上海	北京	深圳	天津	青岛	杭州	广州	苏州	厦门	昆明
2015	上海	北京	杭州	深圳	天津	青岛	苏州	广州	厦门	济南
2016	上海	北京	杭州	青岛	天津	深圳	苏州	广州	南京	长春
2017	上海	北京	合肥	青岛	深圳	杭州	苏州	成都	南京	广州
2018	上海	北京	合肥	杭州	深圳	苏州	青岛	天津	西安	武汉
2019	上海	北京	深圳	杭州	广州	合肥	南京	成都	青岛	苏州
2020	北京	上海	杭州	广州	西安	成都	宁波	苏州	深圳	青岛

2020 年，随着新冠疫情的传播，担忧、恐惧在全球蔓延，严重影响了居民的幸福感与心理健康，国际社会经历着普遍的财务危机与失业恐慌。根据深圳全市今年人口对比数据发现，2020—2021 年，深圳常住非户籍人口流失接近 38 万。在中外城市竞争力研究会公布 2021 中国最具幸福感城市排行榜，前十大最具幸福感城市没有一个超一线城市。（幸福感城市指数包括满足感指数、生活质量指数、生态环境指数、社会文明指数、经济福利指数）。随着武汉成都杭州等城市的发展，以及落户门槛、房价和生活成本的"友好"，这些新一线城市越来越成为年轻人的首选。综上所述，仅靠工作机会不足以让一个人选择一座城，人们更多地需要安全、绿色、稳定、高品质的宜居环境。因此，深圳市未来应进一步推进以人为本的城市品牌建设，通过提升民生质量与宜居声望，在引才的基础上，实现留才比率的提升。

年份	年末常住人口（万人）	常住户籍人口（万人）	常住非户籍人口（万人）
2010	1037.2	251.03	786.17
2011	1122.94	267.9	855.04
2012	1195.85	287.62	908.23
2013	1257.17	310.47	946.7
2014	1317.86	332.21	985.65
2015	1408.05	354.99	1053.06
2016	1495.35	384.52	1110.83
2017	1587.31	434.72	1152.59
2018	1666.12	454.7	1211.42
2019	1710.4	494.78	1215.62
2020	1763.38	514.1	1249.28
2021	1768.16	556.39	1211.77

图4-17 深圳全市近年人口对比

3. 因疫情在局部地区时有反复，深圳市部分入境旅游需求未得到充分释放，但城市新兴特色文化旅游具备着极大的国际发展潜力

研究者通过2021年各市政府国民经济与社会发展统计公报获得城市入境旅游人次（单位：万人）中外国人数量作为测评数据，经过多轮数据比对和交叉验证，确保数据的准确性和一致性，最终得到各参考系城市的相关数据，如表4-54所示。其中，深圳市位列第7，最终评价值为1.778，处于较差的效能产出水平。考虑到疫情防控期间国际旅行的较高风险和不确定性，且伴随着当前疫情在国内局部地区时有反复，疫情管控整体仍较严格，部分入境旅游需求未得到充分释放，因此难以获得相关城市的公开数据。与此同时，深圳市入境旅游人次的具体数据难以充分论证当地旅游国际吸引力的现实情况，在反映相较于参照系城市的吸引力水平时，仅存在部分参考价值。

表 4-54　　　　　中国主要城市入境旅游人次及排名

排名	城市名	入境旅游人次（万）	排名	城市名	入境旅游人次（万）
1	上海	56.57	9	沈阳	3.4
2	广州	35.05	10	杭州	2.4
3	北京	24.9	11	苏州	/
4	成都	19	12	西安	/
5	武汉	15.91	13	重庆	/
6	厦门	14.88	14	天津	/
7	深圳	13.88	15	郑州	/
8	南京	9.53	16	长沙	/
最终评价值				1.778	

根据中国旅游研究院国际研究所发布的《中国入境旅游发展报告2021》得知，人文体验是吸引国际游客来华的主要因素。深圳作为一个年轻的城市，与历史悠久的传统一线城市相比，文化底蕴积淀和文化设施建设等存在不足。根据国际知名出版社德古意特出版的《世界博物馆》，深圳被收录的具有国际知名度的博物馆，仅有9家；艺术表演方面，深圳本土的世界顶级演奏艺术家和乐团较为欠缺，国际能级不足。

然而，中国旅游研究院与谷歌联合开展的调查结果显示，海外民众相对于中华传统文化，对当代生活元素的偏好明显上升。深圳基于特色的创意设计、改革文化和滨海风光等优势禀赋，在全球城市指数（GCI）的国际游客吸引力排名已达到第二梯队水平，其新兴文化的大力建设具备着极大的发展潜力，将成为未来提升深圳市旅游品牌国际影响力的重要驱动力。具体看来，在作为经济特区的四十年的发展历程中，深圳不断推进文化事业的建设。20世纪90年代提出打造"现代文化名城"，2000年后又陆续建成图书馆新馆、深圳音乐厅、中心书城等大型文化设施；2008年，深圳成为中国首个被联合国教科文组织授予"设计之都"称号的城市；2009年，被世界知识城市峰会授予"杰出的发展中的知识城市"称号；2013年，被联合国教科文组织授予"全民阅读典范城市"

称号；2018年，市政府通过建设深圳歌剧院、深圳海洋博物馆等"新十大文化设施"的决议。通过不懈提升城市文化体验，深圳的文化影响力正一步步被世界所认可。正如文旅产业指数实验室发布的《2021年中国城市海外文旅影响力报道》显示，深圳市在海外短视频TikTok平台的影响力位列全国第四，#shenzhen标签下相关视频播放量为5560万次。与其他城市不同，深圳在TikTok上并没有明确的景区和商圈标签。作为改革开放试验田，深圳城市核心形象主要源于它异乎寻常的发展速度和持续开拓创新的城市文化。

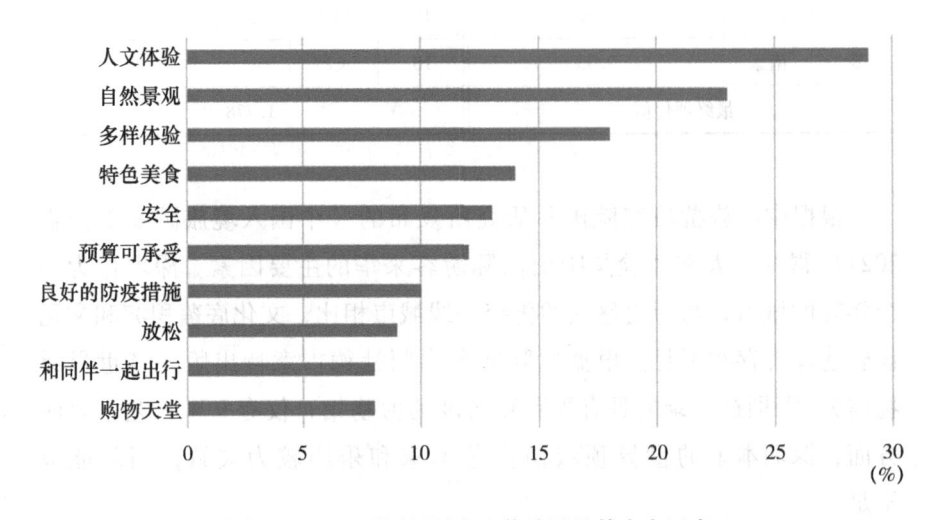

图4-18 吸引国际游客来华旅游的前十大因素

（二）关系质量：国际受众对城市品牌国际传播的满意度与信任度较高，承诺度相对较低，但对城市品牌存在着较强的认同感与行为意愿

研究者通过对深圳市内的外籍居民与深圳市外的外籍居民发放问卷，从满意度、信任度与承诺度三个层面衡量深圳城市品牌国际传播的关系质量，由于三级指标下的量表内容未进行权重处理，因而对满意度、信任度与承诺度以加权平均值为评价值，分别为4.178、4.430、3.985。关系质量在权重合成后，最终得分为4.180，由此可见，深圳市与国际利益相关者之间建立了较为紧密的品牌关系。

表 4-55　　　　　　国际关系质量指标层平均值与评价值

指标	指标层	平均值	评价值
满意度	我很喜欢这个城市	4.455	4.178
	我对这个城市充满热情和期待	4.236	
	这个城市的形象符合我的预期	3.842	
信任度	我相信该城市跟宣传的一样好	4.352	4.430
	我相信选择该城市是明智的（生活、工作、旅行）	4.442	
	我相信城市能够发展得更好	4.545	
	我相信城市会不断改善现在的缺陷	4.382	
承诺度	我认为我对城市有一种归属感	3.509	3.985
	我认为自己能成为城市忠实的维护者	3.715	
	我会向周围人推荐该城市	4.303	
	我准备未来多参与该城市的活动	4.412	

1. 满意度：城市品牌与国际受众形成较为紧密的情感依恋关系，国际受众的内心期待值与预期现实值间存在微小偏差

调查结果显示，国际受众普遍对深圳城市品牌的国际传播较为满意，评价值为 4.178。具体来看，国际受众对深圳市存在着较高的期待与热情，整体情感依恋度较高。心理学表明，人们对某一事物的心理满意度总是首先迅速地从其情绪反应中表现出来，而这一情绪指数首先从内心期待值进行判断，当期待的现实值超过内心期待值时，人们的情绪指数随之提升，反之则降低。由此可见，深圳城市品牌的国际传播的相关内容达成了与国际受众的心理契合，实现了与国际受众在文化、价值、情感上的连接，并进一步激发了国际受众对城市的内心期待值与想象空间，然而，深圳城市品牌的现实成效与国际受众预期具有微小偏差，具体为 0.394，由此可见，过高的情绪指数对深圳城市品牌的未来发展提出了更高的要求和挑战。此外，深圳市在"我很喜欢这个城市"的题项得分最高，具体为 4.455，超过了国际受众的内心期待值，这意味着预期偏差并未影响国际受众对城市的整体情感态度，深圳市与国际受众间已基本形成了相对稳定的情感依恋和相对亲密的品牌关系。为了实现城市品牌关系的高质量发展，深圳市应进一步深耕国际受众的多元化需求，不断提

升以人为本的城市品牌发展理念，全面优化城市品牌的国际化发展质量与能级，从根本上满足国际受众的需求与价值。

2. 信任度：深圳市社会信用体系的完善与国际竞争力的稳步前进带动了国际声誉与信用资本价值的显著提升

在网络媒体发达的今天，一个城市的城市品牌会因一个恶性事件而遭到颠覆性的破坏，无形资产的损失往往能达到数十上百亿元，而且应急公关的效果极其有限。一旦城市被贴上了失信标签，在外部人员心中留下的坏印象是"根深蒂固"的，被破坏掉的城市声誉需要经过许多年的修补努力才能挽回。由此可见，信任度是城市品牌历久弥坚的基础和前提。

从调查数据来看，国际受众对深圳城市品牌国际传播的信任度较高，评价值为4.430分。具体看来，信任是契约精神的体现，是建立长期品牌关系的基础。首先，信任的形成取决于主体在交互过程中所建立的经验机制，这一经验机制将不断衍生为城市的信用背书，强调着主体国际传播内容的可靠性。由此可见，深圳城市品牌国际传播具有较强的诚信基础，具体评价值为4.352，这也意味着深圳市国际社会信用体系的完善程度与运行状况良好，具有较高的国际信用资本价值，易实现国际受众对城市的正向情感依赖。其次，经济学将交互过程中实现的信用特征归纳为信誉与期望，其中，信誉除城市自身的可靠性外，还强调了其竞争力水平，当其竞争力水平越高时，国际受众对城市的期待值与善意则相应提升。从题项得分来看，深圳市在"我相信选择该城市是明智的""我相信城市能够发展得更好"与"我相信城市会不断改善现在的缺陷"分别获得4.442分、4.545分与4.382分，由此可见，被寄予厚望的深圳，终究不负众望，其国际化发展的速度与质量取得了国际社会的广泛认同。例如，英国Z/Yen集团与中国（深圳）综合开发研究院联合发布"全球金融中心指数"（GFCI）报告显示，深圳市利用5年的时间稳步实现了从全球二十大金融中心向全球十大金融中心的华丽转变，反映出深圳金融业发展规模与质量再上新的台阶。其中，2021年深圳主观评价的加权平均得分高达799分，声誉优势排名全球位列第六。进一步说明，深圳市国际竞争力的稳步前进带动了自身国际声誉与信用资本价值的显著提升。

3. 承诺度："深圳速度"的价值传达存在跨文化理解障碍，降低了国

际受众的城市归属感，但较强的品牌信任度提升了国际受众的行为承诺

国际受众的调查数据显示，深圳城市品牌国际传播的承诺度相对较低，评级值为3.985。具体而言，承诺度是当城市品牌的国际传播符合国际受众需求的情况下，国际受众对自身在品牌关系中所扮演角色的行为预期。一方面，关系角色的形成建立于城市与国际受众共生共创的互惠性机制的基础上，其中，归属感是探求人与环境融合程度的重要参考指标，包括两个层面的含义，一是地域的归属感，主要是从经济和物质等客观条件进行分析，即从可利用的社会资源存量等客观经济物质条件而对城市产生的认同、满意和依恋程度。二是群体归属感，侧重于社会制度和思想心理、文化观念等方面，即指群体成员在思想心理上产生的社会认同、满意和依恋程度，它是群体凝聚力的重要源泉和组成部分，也是群体整合性与稳定性的重要测定标准。题项"我认为我对城市有一种归属感"及"我认为自己能成为城市忠实的维护者"分别获得3.509与3.715的评价值，这意味着国际受众尚未在城市品牌的体验中获得较高程度的物质归属、文化归属与社会归属感，进而难以产生对城市品牌的维护承诺。研究表明，城市发展越快，人们的生活舒适度并没有提高，反而觉得愈发难以融入城市，缺少城市归属感。由此可见，深圳速度虽然产生了较强的国际影响力，但一定程度阻碍了国际受众城市归属感的提升，进而制约了稳定品牌关系的建构与培育。另一方面，承诺度反映了利益相关者基于对特定城市品牌价值的认同，所表达出来的愿意为之投入的精力、时间、金钱等资源，以保持信任关系的强烈意愿。有意思的是，即使国际受众的归属感较低，但对城市品牌的行为承诺具有较高的积极情感倾向，题项"我会向周围人推荐该城市"与"我准备未来多参与该城市的活动"得分较高，分别为4.303与4.412。研究表明，个体一旦对城市品牌产生信任，就会对城市品牌发展产生责任感与行为意图。也就是说，深圳市城市品牌国际传播的信任度是提升国际受众对深圳市行为承诺的重要原因。

综合来看，深圳市总体承诺度相对较低，国际受众的行为承诺易遭受外部性因素的冲击与影响，深圳市应在未来着重于增强国际受众的城市归属感，增强城市品牌国际传播的深度与温度，通过培育高质量的城市品牌关系提升其效能水平。

第七节　提高深圳城市品牌国际传播效能的可行方向

一　战略层面

（一）完善深圳城市品牌管理与制度建设，健全城市品牌国际传播的专业化机制

目前，推进城市国际化已成为深圳市各级党委政府的共识，但深圳市的城市品牌国际化传播工作缺少专业和全局谋划、品牌传播未能形成合力。城市品牌的国际化传播是一项涉及面广、整合城市多种要素的复杂而系统的工作，需要有专门的组织机构来负责这项工作的开展，使得城市品牌管理的各个环节可协同发挥作用，为共同的城市品牌建设目标服务。从国际经验来看，很多城市品牌国际化传播较为成功的城市都有各自专门的城市品牌管理机构，如中国香港品牌管理组、阿姆斯特丹合作伙伴、亚特兰大品牌有限公司等，尽管组织形式多种多样，但都能够确保城市品牌国际化传播的各项工作得到落实和管理。

（二）制定城市品牌建设专项战略规划作为推进深圳城市品牌国际化发展的着力点

当前，深圳城市品牌国际化建设存在城市发展战略目标与城市品牌目标的匹配度不清晰问题，缺少专业性、长期性和统领性的城市品牌建设专项战略规划。推进深圳城市品牌国际化建设需要有全局性的战略思维，通过制定城市品牌建设专项战略规划，与城市发展的中长期发展规划相结合，在规划、建设、宣传和管理构成的品牌工作链条中，将城市品牌工作的重点落在建设环节。推动深圳市社会团体、行业协会、民间组织建好用好多边交流合作机制，全方位展现深圳发展成就和发展前景。通过科学的评价机制对深圳城市品牌国际化建设的绩效与得失进行评价、反馈与及时改进，助力提升深圳城市品牌国际影响力和竞争力的稳步提升。

（三）通过系统性思维，打造深圳城市品牌的国际传播矩阵

在系统性思维的指导下，深圳城市品牌国际化视野应涵盖城市品牌与城市群、省域、都市圈及所辖区域的品牌网络合作。同时，应根据系

统化思维，鼓励相关行动者在推进"双招双引"、促进文旅融合、优化营商环境、提升宜居宜业及深化城乡融合等重点领域与形塑深圳城市品牌国际形象相结合，着力打造与先行示范区地位相匹配的品牌国际传播矩阵，为深圳先行示范区建设和我国深化改革开放营造有利外部舆论环境，为深圳走向世界、中国走向世界，让世界读懂深圳、读懂中国做出应有的贡献。

二 战术层面

（一）重视国际传播人才队伍建设，提升传播人员的互惠性理解素养

鼓励深圳加强国际传播人才培养，特别是国际传播素养的培训，鼓励业界进行国际传播理论研究，鼓励外宣媒体和科研机构进行深度理论与实践合作，提高国际传播实操水平和理论水平。培养讲究传播策略、话语体系的人才，重视媒介的国际感知方式创新。提升队伍专业化水平，加强国际传播知识培训，定期组织深圳城市品牌国际传播相关工作人员积极学习国际传播、跨文化传播等专业知识，持续关注国际政治、经济、文化的最新动态，进一步提升理论修养和业务水平，提高其国际传播互惠性理解素养，熟练应对不同话语和叙事体系的切换，做到既开放自信也谦逊谦和。鼓励和支持深圳市国际传播队伍的多元文化建设，通过交流与合作打破文化壁垒和区隔。

（二）通过政府引领和市场化相结合的方式支持深圳自有媒体的国际传播发展

在加快构建新发展格局的背景下，深圳城市品牌国际化建设的公共政策供给亟须进行扩展和深化。在政府的主导和引领下，广泛调动企业、社会组织和市民参与，借助多方力量主动拓展国际舆论场。同时，支持深圳报业集团、深圳广电集团创新国际传播内容，打造特色节目栏目，提升城市品牌国际传播的关注度与影响力。支持深圳英文门户网站扩充全媒体外宣力量，推进多渠道海外落地，打造成为发布权威信息的多语种融媒体国际传播平台。英文《深圳日报》作为全市乃至大湾区的重要外宣平台，要统筹讲好深圳故事、湾区故事、中国故事、传播好中国声音的光荣使命。

（三）聚焦大型主场国际交流活动，提升城市品牌的国际影响力

举办具有广泛影响力的主场活动是城市品牌提升国际知名度的重要机会，因此，深圳应积极申办重要国际活动，通过大型主场国际交流活动，提升城市品牌的国际影响力。具体而言，积极承办和申报各类主场国际交流活动，同时充分利用自身所具备的优势传播技术资源，对主场国际交流活动进行具有良好传播效果的定时、定点、定位的精准传播，进而形成其国际传播能力的社会化网络。例如，充分利用国际艺术节、国际赛事、国际会议及国际论坛等文化、体育、商业等平台和资源，多层次做好深圳城市品牌的国际传播工作。

第 五 章

超大城市代表性城市：
深圳国际传播能力建设的现实路向

在经济全球化、发展城镇化、传播全媒化的 21 世纪，国际传播能力尤其是大城市、特大城市、超大城市的国际传播能力是一项长期性、艰苦性、科学性和系统性的巨大工程。它既是全球化、全媒化的题中应有之义，又是事关一个国家、一个地区、一个城市的文化硬实力和软实力提升的重要组成部分，更是国家、地区或城市影响力、竞争力和发展力的重要体现、重要支撑和重要抓手。城市国际传播能力关涉话语霸权、价值观与意识形态竞争，具有跨文化、跨交际等多重因素，是超大城市建设发展不可或缺的重要方面。研究以深圳为代表的中国超大城市的国际传播能力建设案例及其传播实践，为我国大城市、超大城市的国际传播能力建设提供可资借鉴的成功经验和可能路径，具有极其重要的理论价值和实践意义。

第一节 技术与媒介：超大城市国际
传播能力建设的理论逻辑

城市世界向世界城市的转变进程，离不开作为媒介的城市的国际传播能力建设。其建设的好与坏、大与小、多与少、快与慢，无不是其传播能力尤其是国际传播能力的重要体现。

在这一进程中，超大城市的现实发展，为传播学研究提供了丰富的学术研究土壤。以深圳为代表的中国超大城市独具特色的建设与发展之路,更是中国城市化进程中的一道亮丽风景线,值得利用最新的跨时空、跨交际、跨话语、跨文化的国际传播理论与方法为其进一步的国际化发展提供新的学术支撑与智力应对。基于"价值—互动—网络"的城市品牌国家传播效能的评价逻辑和"管理力—沟通力—关系力"的框架构建,将城市记忆纳入检验城市文化传播效果的参照,我们尝试以"驱动力—创新力—融合力"的维度从技术与媒介的视角来观照以深圳为代表的超大城市国际传播能力建设的理论维度。

一 驱动力:超大城市国际传播能力建设的现实起点

超大城市国际传播能力建设的内生性驱动,是这一城市的历史积淀、地理位置、区位优势、文化特色、经济规模、发展潜力、管理能力等多维驱动合力之结果。

为便于进行"深圳"样本的个案分析,这里对深圳何以快速发展乃至崛起的内生性驱动力相关建设数据做一个简单梳理。

其一,是深圳城市发展的基本情况。

深圳,简称"深",别称鹏城,是广东省下辖的副省级市、计划单列市、超大城市,国务院批复确定的中国经济特区、全国性经济中心城市和国际化城市。截至2018年,全市下辖9个区,总面积1997.47平方千米,建成区面积927.96平方千米,城镇化率100%,是中国第一个全部城镇化的城市。

深圳之名始见史籍于明朝永乐八年(1410),清朝初年建墟,1979年成立深圳市,1980年设置经济特区,是中国设立的第一个经济特区,中国改革开放的窗口和新兴移民城市。深圳在中国高新技术产业、金融服务、外贸出口、海洋运输、创意文化等多方面占有重要地位,也在中国的制度创新、扩大开放等方面肩负着试验和示范的重要使命。

其二,是深圳在各种较具影响力的排行榜中的表现。

第一个榜单是全球城市竞争力报告。这一报告为中国社会科学院与联合国人居署共同推出《全球城市竞争力报告2019—2020:跨入城市的世界300年变局》,报告选择全球50万人口以上的1006个城市做样本。并发布全球城市经济竞争力200强和全球可持续竞争力200强两个排行榜。在全球城市经济竞争力200强中,中国有39个城市上榜,有20个城市进入前一百名。其中前十位分别是：深圳（世界排名第4）、上海（10）、香港（13）、北京（17）、广州（18）、苏州（25）、南京（42）、武汉（42）、台北（44）、成都（54）。中国291个城市中有103个城市经济竞争力水平排名上升，182个城市经济竞争力排名下降。这一报告显示，在中国城市中，深圳已经成为竞争力位居中国第一、全球第四的城市。

第二个榜单为全球城市综合排名和全球城市潜力排名。2021年10月25日，全球管理咨询公司科尔尼发布2021年全球城市指数报告，共分为两个榜单，由《全球城市综合排名》（GCI）和《全球城市潜力排名》（GCO）两部分构成。报告显示，纽约、伦敦、巴黎、东京继续位列全球TOP4城市，来自中国的北京、香港、上海也跻身全球前十。其中，跻身全球前80的中国城市依次为：北京（6）、香港（7）、上海（10）、台北（49）、广州（61）、深圳（72）、杭州（80）。

第三个榜单为城市500强榜单。由全球城市实验室编制的《全球城市500强》分析报告2021年12月30日在纽约发布。纽约继续当选为全球最有价值城市，伦敦、东京紧随其后。中国共有40个城市上榜，深圳以4350.34亿美元的品牌价值位居榜单第34。该榜单显示，中国上榜的40座城市中，上海成为中国最具价值的城市，位列总榜单第9。以北京、深圳、广州为代表的中国城市分别排位第10、13、34。其中深圳的世界500强企业有10家。

第四个榜单为世界GDP排名排行榜。2021年世界GDP排名前十的城市分别是纽约、东京、洛杉矶、上海、伦敦、巴黎、北京、芝加哥、费城、深圳。其中深圳位居世界第10。

第五个榜单是中国GDP排行榜。根据最新2021年全年GDP数据，中国十强城市依次为上海、北京、深圳、广州、重庆、苏州、成都、杭州、武汉和南京。其中深圳位居中国第3。

第六个榜单为城市商业魅力排行榜。2022年6月1日，第一财经·新一线城市研究所发布了《2022城市商业魅力排行榜》，对全国337个地级及以上的城市进行了排名。该指标体系有商业资源聚集度，城市活跃度等5个平衡指标。其中，一线城市4个，其排名分别为上海、北京、广州、深圳。

第七个榜单是"2021第二十届全球（国家）城市竞争力排行榜"。这一榜单由中国香港学者桂强芳研究团队牵头，香港中外城市竞争力研究院、香港中国城市竞争力研究会、世界城市合作发展组织、香港世界论坛等机构研究结题并发布。该榜单含2021"中国城市竞争力排行榜""中国城市成长竞争力排行榜""中国最安全城市排行榜""中国十佳食品安全城市排行榜"四个榜单。其中，在"中国城市综合竞争力排行榜"上，深圳居首，香港、上海排二、三。该"城市综合竞争力"是指城市整合自身经济资源、社会资源、环境资源与文化资源参与区域资源配置竞争及国际资源配置竞争的能力。深圳居首，说明了深圳极其强劲的城市发展能力和潜力。

第八个榜单是深圳国内营商环境排名。该排名显示深圳在国内营商环境方面居首位。2020年12月21日，粤港澳大湾区研究院、21世纪经济研究院联合发布《2020年中国296个地级及以上城市营商环境报告》。该报告显示，深圳位居第一。上海紧随其后，北京排名第三。本测算采用软环境、基础设施、社会服务、市场总量、商务成本、生态环境6个维度，纳入的具体指标达到50多个。

第九个榜单是中国超大城市排行榜。根据国家统计局第七次全国人口普查特大、超大城市基本情况，中国超大城市增至7个，分别是上海、北京、深圳、重庆、广州、成都、天津。深圳以1744万人的城区人口规模位居第三（常居人口1756万）。对深圳进行数据细分，可以发现，其城区人口1744万，占比99.3%；性别比122.43（女性100），0—14岁人口占比15.08%，15—59岁人口占比79.59%，60岁及以上人口占比5.33%。其城区人口占比、年轻人口占比等几个数据都位居全国第一，说明了深圳的城市活力和发展潜力。

第十个榜单是中国城市海外影响力排行。在2020年全国城市品牌建设（上海）论坛上，参考消息报社发布《中国城市海外影响力分析报告（2020）》，提供了一个国际上观察中国城市的切口。报告显示，北京、上海、深圳、广州、成都的海外影响力居于前五。这项报告设置了海外交往连接、海外媒体呈现、海外网络关注、海外智库关注、海外旅游评价、海外品牌塑造6个影响力维度指标。该榜单显示，在海外影响力方面，深圳位居全国第三。

以上历史源流、地域特点以及各类城市发展指标等，都是深圳这一超大城市的国际传播能力建设的原动力。

二 创新力：超大城市国际传播能力建设的技术赋能

超大城市国际传播创新能力的高低关乎超大城市国际传播能力建设的成败。这些能力包括传播融合生产能力、传播渠道利用能力、传播工具整合能力、精准传播能力和传播效果导向能力等。当今时代，超大城市国际传播创新能力在互联网、人工智能等新媒介技术手段的加持下得以产生技术赋能的传播效果放大效应。

深圳作为一个创新之城，其技术创新、产业创新、生态创新、社会创新、文化创新等的形成与发展，不仅是深圳城市领导力、城市传播力和经济保障力、社会发展力的综合体现，更是其技术创新的科技赋能使然。为深入了解深圳国际传播能力建设的技术赋能情况，根据本书课题组所做的《深圳国际传播能力研究的数据分析报告——基于深圳市管理者和服务者的内群体视角》的报告，这里截取 9 个比较有代表性的数据指标做进一步分析（以如下图、表的形式展示）。

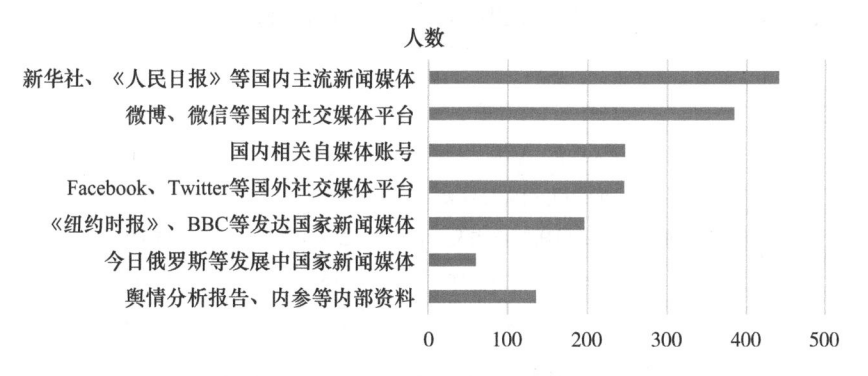

图 5-1　深圳市城市管理和服务者获取国际信息使用的媒介分析

该图显示，除国内媒体外，深圳的管理与服务者的国际媒介素养无论是在发达国家的新闻媒体还是发展中国家的新闻媒体来看，均表现不佳。所以，深圳管理服务者的国际媒介素养有进一步提升的可能与必要。

表 5-1　　　　　受访者对深圳文化的地标认知统计分析

	地标	频数	占受访者总人数的百分比（%）
代表深圳文化的地标	深圳市博物馆	335	67.00
	深圳国际会展中心	331	66.20
	邓小平画像	288	57.60
	深圳革命烈士纪念碑	255	51.00
	世界之窗	240	48.00
	深圳市图书馆	167	33.40
	民俗文化村	139	27.80
	地王大厦	135	27.00
	红树林海滨生态公园	134	26.80
	中英街	118	23.60

表 5-1 显示，人们对深圳的文化地标认知偏低。这也从另外的侧面反映了其文化地标在全国、全世界范围内的不高的知名度和并不太大的影响力。

表 5-2　　　　　受访者对深圳文化的仪式统计分析

	仪式	频数	占受访者总人数的百分比（%）
代表深圳文化的仪式	鞭打土牛催春耕	357	71.40
	参观天后宫，朝拜妈祖	253	50.60
	老人60岁开始庆祝寿宴	252	50.40
	出海前后去"天后庙"祭祀及"辞沙"	228	45.60
	元宵悬挂"沙头角鱼灯"	183	36.60
	初入学堂拜孔子	162	32.40
	渔民娶亲时跳"旱船舞"	159	31.80
	家中添男丁，祖祠上挂灯庆贺	150	30.00
	吃"大盆菜"凝聚族人	148	29.60
	打醮，求福驱灾，辟邪祈福	144	28.80

表 5-2 说明受访者对深圳文化仪式的频数及受访者占比，说明其仪式的相关认同感。总体来看，频数较低，占比较少。表 5-3 则说明其文

化话语认可度。

表5-3　　受访者对深圳文化的话语认知统计分析

	话语	频数	占受访者总人数的百分比（%）
代表深圳文化的话语	改革创新是深圳的根、深圳的魂	381	76.20
	深圳精神不是喊出来的，而是干出来的	330	66.00
	深圳，与世界没有距离	328	65.60
	时间就是金钱，效率就是生命	229	45.80
	来了就是深圳人	211	42.20
	胆子更大一点，步子更快一点	191	38.20
	鼓励创新，宽容失败	144	28.80
	让城市因读书而受人尊重	134	26.80
	有困难找义工，有时间做义工	84	16.80
	杀出一条血路	52	10.40

表5-4　　受访者对深圳文化的表述认知统计分析

	表述	频数	占受访者总人数的百分比（%）
代表深圳文化的表述	创新	432	86.40
	开放	312	62.40
	包容	269	53.80
	效率	256	51.20
	国际	254	50.80
	智慧	246	49.20
	年轻	215	43.00
	改革	201	40.20
	活力	116	23.20
	务实	56	11.20

表 5-4 说明市民对深圳的文化认知感较强。

表 5-5　受访者对深圳市的国际形象推广认知分析

评价	具体指标	得分
国际形象推广	社交媒体推广	4.18
	国际宣传广告	4.34
	城市形象宣传	4.35
	国际传播平台	4.33

表 5-6　受访者对深圳市的国际传播效果认知分析

认知	具体指标	得分
国际传播效果	海外受众点击访问	4.27
	海外受众点赞支持	4.31
	海外受众转发推介	4.24
	海外受众评论互动	4.31

表 5-7　受访者对深圳市的综合能力评价分析

评价	具体指标	得分
深圳市城市综合能力	公共服务水平	4.34
	生态宜居环境	4.41
	经济发展环境	4.45
	文化培育环境	4.35
	居民公共素养	4.37
	城市宣传力度	4.45

表 5-8　受访者对深圳市综合影响力评价分析

评价	具体指标	得分
深圳市综合影响力	综合国际影响力	8.62
	深圳媒体国际传播力	8.62
	粤港澳区域影响力	8.72

表 5-5 至表 5-8 说明深圳的国际形象较好，国际传播效果较佳，综合能力很高，综合影响力很好。

超大城市的城市智慧治理、城市品牌塑造乃至国际精准传播，需要基于共识机制，利用人工智能、大数据、区块链等技术，强化城市国际传播技术赋能的刚性逻辑，凸显传播效果。

三 融合力：超大城市的国际传播能力建设的媒介进路

深圳作为中国改革示范区，作为极具代表性的在世界格局中具有非常独特的快速发展历史的新兴之城，它还有很多开创性的、独特性的数据、指标和现象，比如：（1）粤港澳大湾区经济总量15万亿元，位居全球湾区第一。（2）全球首个5G组网的5G社会。（3）全球新能源汽车占比最高的地区。（4）作为全球文明城市典范，专门在南方科技大学成立城市文明研究院，创建品牌型城市文明论坛。在深圳大学成立全球传播创新研究基地。（5）阅读之城、设计之都、产业重镇。（6）少数民族样本最多的城市之一（仅次于北京）。（7）会展中心、科创中心极具影响力。（8）英文媒体 Shenzhen Daily 在华南地区被境外媒体转载最高。（9）外文版政府网站 Eyeshenzhen 极具影响力。但是，极具代表性的超大城市——深圳究竟应该成为什么样的国际空间？它与世界如何连接？它如何实现从世界之窗到世界之家的转变？如此等等，这些现实问题都需要我们从超大城市国际传播能力的媒介进路来梳理新时代新语境下其与其他城市、其他地区的融合与连接。

基于以上数据、现象的分析，不难得出以下基本结论：第一，1979年成立的深圳市，是一个极具活力的年轻城市、新兴城市；第二，作为一个成立仅40余年的经济特区，深圳以其超快发展成为极具国际发展潜力、国际影响力的超大城市；第三，深圳是经济总量高、竞争力凸显、营商环境优越、魅力彰显的超大城市；第四，深圳是综合能力、综合影响力等多个数据位居全国前三的超大城市；第五，深圳是具有自身话语认知、独特文化符号的创新之城、开放之城、包容之城、效率之城、智慧之城和改革之城。

深圳之所以能够取得以上成绩，既有城市领导力的原因，更有城市传播力尤其是城市国际传播能力——特别是媒介融合的国际传播能力。深圳基于 QQ、微信等数字媒介技术、移动网络技术、交互技术、智能技术等新一代信息化变革的技术与媒介的红利，放大了城市国际传播能力建设效能；深圳基于诸如大疆、华为、比亚迪、平安等诸多极具创新力、品牌传播力的代表性企业，凸显了城市国际传播能力的品牌效应。在这些新兴传播技术红利和代表性文化、品牌符号的加持下，深圳得以在智慧城市、创新城市、设计城市、改革城市、智能城市等的加持下适应新的历史语境和现实场景，超越很多历史积淀深厚的老城市，驶入国际化大都市发展的快车道。其发展成效无法复制，毋庸置疑。

总之，无论是帕克的城市生态说，还是当下的"万物皆媒""物融万物"的观念，媒介技术的变革，进一步重塑城市国际化的进程，重构城市国际传播的方式方法。这些方式方法为我们在更高层面、更深层次挖掘深圳作为超大城市的国际传播实践提供了思想资源和实践路径。我们如何厘清作为极具竞争力、极富影响力的超大城市、新兴城市的深圳的特质与个性，仍然需要进一步挖掘其国际传播能力建设之不足、问题与挑战。只有发现不足与问题，勇敢迎接挑战，我们才可能在历史与现实的新的时间节点，利用最新的国际传播的理论与方法，为深圳这一超大城市的新的创新性传播提供逻辑、路径与方法，为其发展提供新的持续不竭的、源源不断的发展动力。

基于以上数据的深入分析，结合驱动力、创新力和融合力的机制，笔者发现，与世界其他极具影响力的国际性超大城市比较，深圳初创及发展建设之时，不是首都，不是直辖市，不是省会；不是政治中心、资源中心、金融中心；不是历史名城，不是旅游名城。但是，历经几十年的建设和发展，深圳成为极具典型性的后发先至、一流超大城市。但从更高发展水准、更高发展要求、更大国际影响看，其国际传播能力仍然有一些亟须注意、亟须改变、亟待提升的东西。基于本课题组的数据分析、文本分析、文化研究、实地调研等，深圳国际传播能力建设方面还存在以下问题与挑战。

其一，同中国其他城市在国际传播能力建设不足的共性一样，中文在国际传播能力话语建设方面表现较弱，一定程度上影响了超大城市的国际传播效果。

其二，深圳作为改革之城的政治话语建设仍然任重而道远。

其三，世界跨文化城市中还没有中国城市的身影。作为可沟通的、流动的、整体的、跨文化的超大城市国际传播能力，改革与国际传播前沿阵地的深圳在顶层设计、战略选择方面仍显不足。

其四，深圳市民国际媒介使用存在短板，在新兴技术加持下的政府、社会与个人共谋共为的国际传播能力网络和传播生态暂未形成。

其五，深圳独特的城市名片、城市品牌的空间激活和空间转向尚需时日，国际知名企业品牌转化为城市品牌还没实现，其"管理力—沟通力—关系力"的框架构建存在不足，动力机制尚不健全。

其六，国际媒体推广不足，国际传播效果不佳，"国际化、开放、包容、和谐"的文化定位的国际传播暂未实现，导致深圳文化的深度、厚度与广度在国际传播能力建设方面略显薄弱。

其七，中国独特的改革开放的国际交往的城市记忆暂未激活，"设计之都""阅读之城""产业重镇"等城市名片的国际传播还有很大可开发空间。

第二节 以深圳为代表的超大城市国际传播能力建设的现实路向

超大城市空间性的存在价值，表明它是地理、组织和制度的兼容体。"城市是地理的网络工艺品，是经济组织和制度的过程，是社会行为的剧场"。这一剧场、网络与场域，在新的技术媒介的影响下，不可避免地呈现结构化重组与重构。不同城市的国际传播进路，需要不同的传播理念、方法与进路。基于超大城市的独特价值和独特文化与社会的深度挖掘，城市空间的层级、结构、辐射都在本质上呈现出不同的空间与逻辑。

超大城市空间关系关涉政治、经济、文化、社会、技术、教育、交往等方面。这些"断连"既受城市治理的水平影响，也受新的媒介技术制约。从地理而言，超大城市的地理疆域有具体强制规定性。其城市化规模、速率、程度等都是空间连接的产物。其文化地理的再造需要考虑"多元主体"和"主体间"概念。从组织而言，按照西美尔的形式社会学理论,其基本出发点就是"关系",超大城市就是空间关系的本质。从制度而言,超大城市空间关系复合体的社会网络是政府、社会与个人的交互与流动。在这一庞杂的社会网络交互中,文化与社会是连接其所有方面的两面。离开了文化,社会将变成一潭死水,了无生气;离开了社会,文化将变成无源之水,无本之木。而文化与社会的任何勾连,传播又在其中随时随地地起着举足轻重的、不可或缺的作用。

超大城市的国际传播能力建设,正是基于其地理、组织与制度的多层面、多维度、多面向的社会网络的关系的文化与社会的深度融合。直面深圳国际传播能力建设方面的问题与不足,进一步拓展深圳这一独特的、新兴的、年轻的、创新的、包容的超大城市的国际传播进路,笔者提出以下以深圳为代表的超大城市国际传播能力建设策略。

第一,创新国际传播理念,拓展以深圳为代表的超大城市国际传播活力。

基于深圳发展的特点,创新"互构""互融"的新型超大城市传播理念,将创新之城、包容之城、未来之城等作为深圳城市发展名片和城市品牌,将可沟通城市、跨文化城市作为城市发展的重要目标,以主动、平等、公开、透明等作为政府公报等的基本规范,进而提升城市的公信力、影响力、竞争力和美誉度。

第二,做好国际传播顶层设计,盘活以深圳为代表的超大城市国际传播公共资源。

深圳这一超大城市的空间特性,使之国际传播显得更趋复杂,更加多变,更为艰难。如何做好顶层设计,需要在地理、组织、制度乃至技术等多方面实事求是,形成各司其职、各负其责的城市国际传播管理部门和执行机构,将低清晰度的城市空间打造成具有国际话语权的、国际影响力和国际竞争力的高清晰度的具体、可感的城市实体空间。

首先,可以设计由相关市领导兼任的城市国际传播领导小组负责人,形成由外宣办等部分职能部门协同的国际传播责任部门,借此盘活城市国际传播资源和活力。

其次，从其特殊的生命历程中挖掘养料，"深圳特区精神"就是深圳有别于国内其他城市乃至世界其他城市的独特的"文化资本"，是深圳提升自身文化软实力、建设城市形象的王牌资源。此外，深圳作为国内超一线的大都市，应充分利用其政治经济资源优势，拓展交往范畴，其中尤为重要的是"开展更多国际知名文化活动、跨国的文艺演出与交流，如国家级、国际化的展会，以及节庆、论坛等文化活动""推动更多国际企业或组织的引进与落地""加大国际人才的引进"。

再次，目前国外对深圳城市形象在科技领域的认知仍然多停留在制造业、硬件层面，缺乏对"创新创业创意之都"的认知。当前国际媒体对于深圳形象的认知包括"十大工业城市""家用电器制造中心""南方制造业中心""创新技术中心""国家科技革命的中心"，总体来看，这些形象虽然意味着国际对于深圳工业和高新科技发展成果的肯定，但在创新创意层面还有一定的提升空间。在后期的深圳城市宣传中可以强调自身为企业提供了一个实现自身价值与梦想的平台，并成功孕育了如比亚迪、大疆、华为、腾讯这样的优秀本土企业，让更多人了解深圳"创新""创业""创意"的精神。

最后，深圳城市品牌形象的传播还处于较为被动的阶段，主动对外宣传得较少，且多依靠传统媒体进行外宣。在后期的国际传播中，可以借鉴香港模式，建立起深圳城市品牌官方网站，并设置互动的区域，与网民进行沟通互动，了解其需求和反馈。此外，深圳城市品牌的宣传要更多结合新媒体的发展优势，充分利用社会化媒体，在微信、Facebook、Twitter上建立深圳城市品牌官方号，通过打造话题、发布形象宣传城市内容并及时互动，建立起与国内外网友的良性互动关系，树立积极的城市品牌形象。

第三，促成城市、文化、技术、媒介的多维合力，形成以深圳为代表的超大城市国际传播能力建设的政府、社会、个人三维主体的社会化网络。

文化是超大城市国际传播的能力的内在动因，技术与媒介是国际传播能力的外在推力。三者缺一不可。三者交互，将成为城市国际传播的巨大推动力。作为只有数十年建市历史的深圳，其文化资源并不具有优势。但是深圳作为前沿研发基地，创新之城，其技术优势无可比拟。两相比较，我们可以扬长补短。这就需要挖掘深圳独特的文化资源和文化品牌，形成兼具中国文化资源厚度和自身特质的深圳文化资源、文化品格、文化品位和文化品牌，利用自身所具备的优势传播技术资源进行具有良好传播效果的定时、定点、定位的精准传播，并进而形成其国际传播能力的社会化网络。如提供政策、经费、人员支持，激发政府、社会、个人三维主体形成；充分利用大中小学、公共图书馆、博物馆、纪念馆、书店、历史文化街区、体育赛事、公园、大型购物广场等文化、教育、体育、商业甚至旅游平台和资源，借助各自优势，凸显国际传播能力。

深圳市需要重视国际传播人才队伍建设，提升传播人员的互惠性理解素养。鼓励深圳加强国际传播人才培养，特别是国际传播素养的培训，鼓励业界进行国际传播理论研究，鼓励外宣媒体和科研机构进行深度理论与实践合作，提高国际传播实操水平和理论水平。培养讲究传播策略、话语体系的人才，重视媒介的国际感知方式创新。提升队伍专业化水平，加强国际传播知识培训，定期组织深圳城市品牌国际传播相关工作人员积极学习国际传播、跨文化传播等专业知识，持续关注国际政治、经济、文化的最新动态，进一步提升理论修养和业务水平，提高其国际传播互惠性理解素养，熟练应对不同话语和叙事体系的切换，做到既开放自信又谦逊谦和。鼓励和支持深圳市国际传播队伍的多元文化建设，通过交流与合作打破文化壁垒和区隔。

深圳市还需要通过政府引领和市场化相结合的方式支持深圳自有媒体的国际传播发展。在加快构建新发展格局的背景下，深圳城市品牌国际化建设的公共政策供给亟须进行扩展和深化。在政府为主导和引领下，广泛调动企业、社会组织和市民参与，借助多方力量主动拓展国际舆论场。同时，支持深圳报业集团、深圳广电集团创新国际传播内容，打造特色节目栏目，提升城市品牌国际传播的关注度与影响力。支持深圳英文门户网站扩充全媒体外宣力量，推进多渠道海外落地，打造成为发布权威信息的多语种融媒体国际传播平台。英文《深圳日报》作为全市乃至大湾区的重要外宣平台，要统筹讲好深圳故事、湾区故事、中国故事、传播好中国声音的光荣使命。

尤其是在文化国际传播方面，深圳市大有可为。

其一，是从城市文化传播的角度讲，需要引入战略传播的思维，明确现阶段城市文化传播的主导者、投入者、推动者以及参与者，组织提炼城市文化的内核，设定较为清晰的传播目的和内容，并注重其符号化、媒介化。特别是在明确城市文化传播的目标和内容之后，需要跳出以招商引资为目标的城市形象、城市品牌传播模式，针对城市形象受众的不同类型，开展差异化的城市文化传播。在全球化时代，诸如深圳这样的国际大都市需要注重面向全球受众开展国际传播，以城市为内容，更以城市为媒介，打造深圳的国际文化形象。

其二，是充分调动文化仪式、文化活动等非物质文化资源，实现多种城市文化符号之间的连通，共同塑造旅行者的旅游体验和城市记忆。具体而言，针对具有高度本地属性的文化仪式，一方面应注入更大的宣传，使本地文化仪式得到更多外来者的了解，另一方面应让旅行者有更多的机会切实地接触本地文化仪式。此外，文化活动也是进行国际传播的重要媒介，举办更多的科技、体育和艺术文化活动是提升国际旅行者旅游体验、感受深圳作为现代化都市的文化魅力的重要手段。以体育赛事为例，英国、西班牙、意大利、德国等欧洲国家有高度国际化的足球赛事，每年都有大量外国游客参与和观看赛事，去英国看英超，去意大利看意甲，已经成为很多游客的重要旅行项目。相较于普通的观光，参与和观看比赛能让参与者更多地卷入城市生活和城市文化，从而将难忘的赛事经历与城市高度绑定，形成深刻的城市记忆。目前，深圳比较重视承办国际化赛事，但将体育赛事与旅游相结合还需要走很长的路，尚未通过城市的赛事、球队助力城市记忆的构建。因此，应加强体育赛事的规划，推动体育对城市国际传播的支持。此外，深圳还应建设具有本土特色，有国际吸引力的文化活动，特别是与网络技术密切相连的活动，如国际电竞赛事等在我国有一定优势、容易实现"弯道超车"的活动，吸引海外游客的关注和参与，进一步提升文化活动对城市品牌国际传播的支撑。

其三，为旅行者提供更深层次的文化体验，促进旅行者的旅游体验从知觉体验向意义体验、情感体验转化。如何将优越的自然景观和现代城市景观条件充分利用，使旅行者在旅游的过程中不仅得到感官上的享受，同时在"故事性"层面得到满足，形成每个旅行者所独有的深圳故事和记忆，是城市国际传播能够实现更高层次突破的重要方面。

其四，深圳拥有大量的与人们日常生活密切联系的创新性品牌和企业，可以激发其在塑造旅行者城市记忆的作用，从而发挥城市文化国际传播的潜力，进一步实现企业、城市和游客的多元共赢。例如，美国的苹果公司，在硅谷有著名的苹果总部游客接待中心，有非常强的游客接待能力，为游客创造了近距离接触品牌文化、品牌信息的空间和媒介，每年接待大量境外游客，同时也成为硅谷重要的旅游和访问目的地，给外国游客留下了印象深刻的旅行体验和记忆，在传播和建构硅谷品牌文化方面发挥了重要作用，强化了硅谷作为创新之都的形象。借鉴硅谷的经验，深圳可以联合华为、腾讯等具有国际品牌影响力的企业建设"游客接待中心"，大力推动其成为重要的旅游目的地，让国内外游客近距离地感受企业的创新与文化，进而丰富旅行者的旅行经历，形成更加多元的城市记忆。

其五，注重与深圳市民的沟通，传播和推广深圳的城市品牌内涵，激发市民（特别是有国际交流、跨国生活经验和需要，从事涉外工作的市民）作为国际传播节点的能动性。此外，提升深圳文旅资源的数字化程度，加强数字记忆建设。继续加强线上博物馆、艺术馆和档案馆的建设，逐步丰富数据库的内容和呈现方式，让更多的"线上游客"能感受到深圳的历史文化和民俗风情。提升深圳的数字接待能力和传播能力，并注重在海外社交媒体建设数字接入端口和传播，吸引海外的"数字到访"，在数字世界中做好与世界的沟通和链接，传播城市品牌。

第四，梳理材料、符号、话语和表达，提升以深圳为代表的超大城市国际传播效果。

谁来传播，传播什么，怎么传播是摆在任何超大城市国际传播面前的一道难题。一方面，当我们利用还不是世界语言的中文面对西方世界进行传播的时候，其传播效果会打折扣。另一方面，掌握传播话语权的西方社会在国际传播方面的天然优势给我们很大压力。所以在进行国际传播能力建设的时候，就要认真梳理传播材料、符号、话语和表达，选择最好的时机、最佳的材料、最好的工具、最恰当的方式、最有效的话语进行恰如其分的传播，将传播效果好坏当作国际传播的前提进行充分考量。为此必须保持文化定力，在城市国际传播话语取向上借鉴中国传统文化的中庸、和谐思想，执两用中，和而不同，和合之道，以和为美，各美其美；与此同时利用深圳极有影响的英文刊物 Shenzhen Daily、极具国际影响力的政府英文网站"Eye Shenzhen"等平台适时开展富有影响的国际传播；此外，新建相关外文公众号、推特等，拓展传播渠道，提升传播效果；深圳"充满魅力、动力、活力、创新力的国际化新型城市"的城市定位以及其各区清晰而各具特色的发展定位都充分体现了深圳国际化、开放、包容、和谐的跨文化价值内涵，这一具备普适性的价值内涵是典型的"全球伦理"，可以支撑着一切跨文化的接触、交流、适应、融合。

第五，设计流动的圈层，构建良好的以深圳为代表的超大城市国际传播动力机制。

城市既是一个多维的空间，也是一个流动的脉络，还是一个驱动的社会。作为接近2000万人口的大都市，深圳这个移民社会有着巨大的流动性。"流动性"有其好的一面，也有其不利的一面。好的一面是带来社会的巨大活力与动力，不好的一面是对文化的传承、稳定与积淀带来一定的负面影响。城市的扩张，自然带来移民的涌入与融入。移民的涌入与融入，又带来资本的投入。资本的投入则带来生产、生活、生存的驱动。生产、生存的驱动又导致消费、居住和生活的流动。消费、居住和生活的流动则带来去圈层的变化……当城市不再扩张，不再流动，则往往导致圈层固化。所以，设计跨时空、跨语境、跨交际和跨地域的流动的圈层，有利于构建国际传播的动力机制，形成更具影响力的城市品牌和城市文化。

首先，完善深圳城市品牌管理与制度建设，健全城市品牌国际传播的专业化机制。目前，推进城市国际化已成为深圳市各级党委政府的共识，但深圳市的城市品牌国际化传播工作缺少专业和全局谋划、品牌传播未能形成合力。城市品牌的国际化传播是一项涉及面广、整合城市多种要素的复杂而系统的工作，需要有专门的组织机构来负责这项工作的开展，使得城市品牌管理的各个环节可协同发挥作用，为共同的城市品牌建设目标服务。

其次，制定城市品牌建设专项战略规划作为推进深圳城市品牌国际化发展的着力点。当前，深圳城市品牌国际化建设存在城市发展战略目标与城市品牌目标的匹配度不清晰问题，缺少专业性、长期性和统领性的城市品牌建设专项战略规划。推进深圳城市品牌国际化建设需要有全局性的战略思维，通过制定城市品牌建设专项战略规划，与城市发展的中长期发展规划相结合，在规划、建设、宣传和管理构成的品牌工作链条中，将城市品牌工作的重点落在建设环节。推动深圳市社会团体、行业协会、民间组织建好用好多边交流合作机制，全方位展现深圳发展成就和发展前景。通过科学的评价机制对深圳城市品牌国际化建设的绩效与得失进行评价、反馈与及时改进，助力提升深圳城市品牌国际影响力和竞争力的稳步提升。

再次，通过系统性思维，打造深圳城市品牌的国际传播矩阵。在系统性思维的指导下，深圳城市品牌国际化视野应涵盖城市品牌与城市群、省域、都市圈及所辖区域的品牌网络合作。同时，应根据系统化思维，鼓励相关行动者在推进"双招双引"、促进文旅融合、优化营商环境、提升宜居宜业及深化城乡融合等重点领域与形塑深圳城市品牌国际形象相结合，着力打造与先行示范区地位相匹配的品牌国际传播矩阵，为深圳先行示范区建设和我国深化改革开放营造有利外部舆论环境，为深圳走向世界、中国走向世界，让世界读懂深圳、读懂中国做出应有的贡献。

最后，聚焦大型主场国际交流活动，提升城市品牌的国际影响力。举办具有广泛影响力的主场活动是城市品牌提升国际知名度的重要机会，因此，深圳应积极申办重要国际活动，通过大型主场国际交流活动，提升城市品牌的国际影响力。具体而言，积极承办和申报各类主场国际交流活动，同时充分利用自身所具备的优势传播技术资源，对主场国际交流活动进行具有良好传播效果的定时、定点、定位的精准传播，并进而形成其国际传播能力的社会化网络。

总之，我们强调超大城市形成与自身身份、地位相匹配的国际传播能力。对于深圳而言，其人口规模、城市品质、经济总量、发展潜力、营商环境等都表明它是特大城市中的佼佼者；其包容、创新、活力、效率与未来之城的城市名片已然成为世界范围内的普遍共识。在未来的国际传播能力建设的当中，作为改革前沿的代表性城市深圳，有必要在国际传播能力建设方面深入思考"谁来传播""传播什么""怎么传播"等核心问题，思考新的媒介环境下的人与人、人与城市在文化、情感、精神等方面的连接，逐步在创新理念、顶层设计、话语建构、技术合力、圈层流动等多方面进行多元的、科学的、恰当的、带有营销性的多维互动、互构与互融，逐步形成极具正能量的，兼具传播手段创新、传播方式创新与传播效果彰显的，可沟通的、跨文化的新型城市国际传播能力。

后　　记

2020年底，正值新冠疫情蔓延之际，学术界仍然进行着有限的线下学术交流活动。我在深圳大学参加学术会议期间，拜访了深圳市社会科学院院长吴定海先生，讨论当时的一些学术前沿问题，以及武汉大学新闻与传播学院与深圳市社会科学院进行学术研究合作的可能性。定海院长敏锐地指出："加强国际传播能力建设，将会是未来一段时期内我们从国家战略层面考量的重大问题。习近平总书记自党的十八大以来，对此已作了一系列的重要论述，这会成为我们学术研究的重要方向。"由此我们达成了合作研究"深圳市国际传播能力建设"的初步意向。2021年5月，定海院长率领深圳市社会科学院一行来到我院，对课题进行了进一步的磋商。定海院长还为我院师生作了题为《文明的本质与现代文明》的学术讲座。在商讨的基础上，我们确定由武汉大学新闻与传播学院的部分教师、深圳市社会科学院的部分研究人员，以及适当吸收其他高校的相关专家，共同成立"深圳市国际传播能力建设研究"课题组。由吴定海和姚曦担任联合主持人，并请武汉大学新闻与传播学院院长强月新教授、武汉大学媒体发展研究中心主任单波教授担任学术指导。由姚曦教授主持完成课题的初步论证与工作方案。2021年6月，"深圳市国际传播能力建设研究"作为深圳市社会科学院年度重大课题正式立项。

我们将课题的核心思想与问题描述为：城市是国家形象的一种整体性媒介。提升我国国际传播能力，需要在整体上提升城市的国际传播能力。而提升城市的国际传播能力，需要超越单一的城市形象建设逻辑，并且摆脱过于关注对内的、以网络舆情为主的"刺激—反应"

模式。从总体上系统地理解与研究国际传播能力，即从信息生产能力、信息整合能力、信息扩散能力以及信息修复能力维度，展开综合的、立体的研究，进而有效推动我国城市的国际传播能力建设。具体关注五个子问题：一是我国城市国际传播能力建设现状、问题及其原因分析；二是城市文化记忆与文化形象研究；三是城市品牌建设与跨文化营销研究；四是城市跨文化传播能力建设研究；五是提升深圳市国际传播能力的对策研究。

课题组成员及分工如下：
学术指导
单　波　教育部人文社科重点研究基地武汉大学媒体发展研究中心主任
强月新　武汉大学新闻与传播学院院长

主持人
吴定海　深圳市社会科学院院长
姚　曦　武汉大学新闻与传播学院教授

成　员
肖　珺　武汉大学新闻与传播学院教授
刘金波　武汉大学新闻与传播学院编审
吴世文　武汉大学新闻与传播学院教授
黄玉波　深圳大学新闻与传播学院教授
肖劲草　武汉大学新闻与传播学院副编审
贾　煜　武汉大学新闻与传播学院副教授
张春雨　上海外国语大学新闻传播学院讲师
郭晓譞　武汉大学新闻与传播学院博士生
任文姣　武汉大学新闻与传播学院博士生
何国勇　深圳市社会科学院办公室主任
卢　晓　深圳市社会科学院助理研究员
苏会军　深圳广电集团总编辑

项目内容及分工

1. 我国城市国际传播能力建设现状、问题及其原因分析

   负责人：黄玉波、何国勇、卢晓、苏会军

2. 城市文化记忆与文化形象研究

   负责人：吴世文、刘金波、肖劲草

3. 城市品牌建设与跨文化营销研究

   负责人：姚曦、贾煜、郭晓譞、任文姣

4. 城市跨文化传播能力建设研究

   负责人：肖珺、张春雨

5. 提升深圳市国际传播能力的对策研究

   负责人：吴定海、姚曦、肖珺、刘金波、吴世文、贾煜、黄玉波

经过2年多的努力，课题组成员在文献分析，数据采集与研究讨论的基础上，顺利地完成了课题设计的基本内容，发表了6篇研究论文，完成了本书的初稿《深圳市国际传播能力建设研究》，6篇文章的作者及发表期刊如下：

《价值·互动·网络：城市品牌国际传播效能评价指标体系建构》（《新闻与传播评论》，2022年第7期，姚曦、郭晓譞、贾煜）

《网络游记中的旅行体验与城市记忆——以深圳的城市旅行者为例》（《新闻与传播评论》，2022年第7期，吴世文、房雯璐、贺一飞、肖劲草）

《内部融合与国际交往：中国跨文化城市建设路径与评估指标建构》（《新闻与传播评论》，2022年第11期，张春雨、肖珺）

《超大城市国际传播能力建设研究》（《新闻与传播评论》，2022年第11期，刘金波）

《深圳城市品牌国际传播效能的评测与分析》（《深圳社会科学》，2022年第11期，姚曦、郭晓譞、贾煜）

《迈向"世界之家"：中国式现代化城市发展的跨文化路径探索》（《深圳社会科学》，2023年第8期，肖珺、张琪云）

2022年8月完成了初稿《深圳市国际传播能力建设》,在湖北咸宁召开了初稿的小型研讨会,课题组成员详细汇报了各子课题研究成果,单波教授、强月新教授进行了现场指导,吴定海院长也在线上提出了具体的修改意见。经过课题组成员的反复修改,最后完成了书稿的撰写。在中国社会科学出版社的支持下与读者见面,专著由五章构成:

第1章对深圳市国际传播能力现状进行深入分析,历数深圳在新战略定位下打造国际化城市品牌所做出的诸多努力,并提出了"多元主体跨文化传播"的城市形象国际传播维度。主要撰稿人员:黄玉波、姚思薇。

第2章通过国内外城市传播与跨文化城市的研究脉络和传播实践,参照欧洲"跨文化城市项目",探讨深圳从"世界之窗"转向"世界之家",建设跨文化城市的可能路径。本章基于认可和践行跨文化多元、平等和包容的价值理念和跨文化对话的工作方法,初步构建了中国跨文化城市的评估指标,提出从城市的内部融合建设和城市的国际交往建设两个维度考察中国城市的跨文化能力与状况。主要撰稿人员:肖珺、张春雨、张琪云、黄枫怡。

第3章跳出以往过度注重大众媒介传播的窠臼,将城市文化记忆作为城市国际传播能力建设水平的重要参照,凸显了数字时代社交媒体和个人体验对城市品牌形象塑造的重要性。并指出深圳在国际传播领域的不足之处,在此基础上提出激活城市记忆、丰富城市形象等意见和建议。主要撰稿人员:吴世文、贺一飞、常笑雨霏、房雯璐。

第4章关注城市品牌国际传播的高级效能,基于关系视角,建构了城市品牌国际传播效能的评价指标体系,并从价值层(管理力)、互动层(沟通力)与网络层(关系力)三个维度对城市品牌国际传播的有效性进行可视化测量,对城市品牌国际传播的自我评估与发展进行了探索。主要撰稿人员:贾煜、郭晓譞、姚曦。

第5章在前述研究的基础上,探讨了以深圳为代表的超大城市在国际传播能力建设上,如何通过"驱动力—创新力—融合力"三个维度的相互作用,从技术与媒介视角观照以深圳为代表的超大城市国际传播能力建设,并提出了系统性、建设性意见。主要撰稿人员:刘金波。

最后，由吴定海撰写序言，姚曦、贾煜统稿、定稿。学术研究的一个重要面向就是关注国家重要战略与社会建设之间需要解决的重大现实问题。党的二十大报告中指出"加强国际传播能力建设，全面提升国际传播效能，形成同我国综合国力和国际地位相匹配的国际话语权"。我们的研究项目——"深圳市国际传播能力建设研究"正是对这一国家战略和社会发展需求的积极响应。它不仅是一次尝试，更是对超大城市如何提升国际传播能力的深入探索和实践，旨在为在全球舞台上发出中国声音提供有力的学术支撑和实践指导。

衷心感谢深圳市社科院、武汉大学新闻与传播学院、武汉大学媒体发展研究中心为本课题研究提供的人力、物力和财力支持。同时，对于中国社会科学出版社以及张潜主任在书稿编辑和出版过程中的辛勤付出，我们表示深深的敬意。每一位课题组成员的不懈努力和贡献，是我们研究能够顺利进行并取得成功的坚实基石。

我们期望深圳市作为我国超大城市，在国际传播能力建设方面取得的成功经验能够得到更广泛地传播和应用，成为其他城市学习和借鉴的典范。我们相信，深圳市的实践和经验将为我国城市国际传播能力的提升提供宝贵的参考。

至于本课题的研究成果，虽然起源于"深圳市国际传播能力建设研究"这一重大项目，但我们最终决定将书籍命名为《中国超大城市国际传播能力建设研究：以深圳市为例》。这一选择背后，是我们对课题研究深度和广度的深思熟虑。深圳作为中国改革开放的窗口和国际化大都市，其国际传播的实践和经验具有代表性和示范性。通过以深圳为案例，我们希望能够更全面地探讨和展示中国超大城市在国际传播领域的挑战、机遇和应对策略。这样的命名不仅凸显了深圳的特殊地位，也体现了我们对研究成果普遍价值和应用前景的期待，希望能够为中国乃至全球城市国际传播能力的提升提供思路与借鉴（喻锦妍、刘章迪、裴桐、杨林娜、李思睿参加了清样的校改工作）。

姚　曦

武汉大学新闻与传播学院